부모와 교사를 위한

반응성 교수 교육과정

Gerald Mahoney · James D. MacDonald 공저 | 김정미 역

The **Responsive Teaching** Curriculum for Parents and Professionals

학지사

Autism and Developmental Delays in Young Children
by Gerald Mahoney and James D. MacDonald

8700 Shoal Creek Boulevard
Austin, Texas 78757-6897
www.proedinc.com

지난 20년간 반응성 교수(Responsive Teaching: RT) 프로그램 개발에 직접적으로 관여해 주신 분들께 이 책을 바칩니다. RT 교육과정을 개발하도록 지원해 준 정책 담당자들, 우리의 연구와 검증 프로젝트를 지도 · 감독해 준 미국 교육부 특수교육 프로그램 사무국 담당자들 그리고 무엇보다도 우리가 RT를 발전시키고 보완할 수 있도록 함께 애써 주시고 우리를 믿어 주고 도전하게 해 준 수많은 부모와 전문가들에게 감사의 마음을 전합니다. 특별히 우리가 RT 프로젝트를 완성할 수 있도록 결정적인 지원과 통찰을 준 프리다 페럴러스(Frida Perales)에게 감사의 마음을 전합니다.

역자 서문

반응성 교수(RT) 중재는 가족 중심적 접근 철학에 근거한 아동 중심적 중재 프로그램이다. 아동발달을 촉진하는 목적을 달성하기 위하여 부모의 적극적 참여를 중요시하며 부모를 매개로 하여 궁극적으로 아동의 변화를 가져오는 중재 프로그램이라 할 수 있다. 중재 장면을 보면 중재자와 아동은 물론 부모(또는 주 양육자)가 함께 참여해야 한다. 따라서 아동을 위한 치료 상황은 아동에게만 적용되고 필요에 따라 부모를 위한 조치는 따로 이루어지는 것이 아니라 한 번의 중재회기 동안 아동은 물론 부모 중재, 즉 일반적인 용어로 하면 부모교육이 함께 이루어지는 조기중재 형태다. RT 중재를 직접 경험하거나 또는 관찰하기 전에 RT 중재 장면을 설명하면 대부분 잘 이해하지 못하고 부모교육의 하나로 인식하기도 한다. 그것은 우리나라에서 아직 진정한 부모 참여 프로그램의 경험이 부족하기 때문이다. RT 중재는 저자인 마호니(Mahoney) 교수와 본 역자의 연구 검증 결과를 보더라도, 분명 장애 영유아 및 일반 영유아의 발달 촉진을 위해 어떤 프로그램보다 효과적이며 바람직한 치료 중재적 서비스임을 강조하고 싶다.

역자는 석사과정부터 자폐와 발달지체 아동을 대상으로 현장에서 치료교육을 해오면서 전문가와 아동으로 이루어지는 치료 접근보다는 부모 개입, 통합 등 보다 일반화에 접근할 수 있는 프로그램에 관심을 두었다. 역자가 마호니 교수의 연구를 처음 접한 것은 1998년 박사학위 논문을 준비하는 과정에서였다. 자폐와 발달지체 영유아를 대상으로 치료교육 프로그램을 적용하는 응용연구를 계획하고 있던 중 마호니 교수의 부모·아동 상호작용 행동 평가척도(Maternal Behavior Rating Scale: MBRS)와 그의 중재 프로그램 검증 연구를 접하게 되었다. 사실 당시 역자가 적용하던 치료적 접근은 근본 철학에서 RT와 상반된 접근이었으나, 어떤 계획된 이끌림이었는지, 그동안 준비해 오던 연구 계획과 그간의 진행을 모두 버리고 마호니 교수의 프로그램과 연구를 탐색하게 되었다. 1986년 MBRS에 관한 연구부터 시작하여 최근 연구까지 모두 읽고 마호니 교수와 연락을 시도하였다. 그리고 6개월 후 그와 연락이 되었고, 박사학위 논문을 「부모 · 아동 반응성 증진 프로그램 적용 효과: 발달장애 아동을 대상으로」란 제목으로 완성하게 되었다. 박사학위 논문을 마치고 그해에 미국 오하이오 주 클리블랜드의 케이스 웨스턴 리저브 대학교(Case Western Reserve University)의 사회복지 학부인 Madel school of social sciences에서 박사 후 과정 연구자로서 마호니 교수와 함께 2년간 RT 프로그램을 연구하고 실제로 경험하는 기회를 가졌다.

사실 현재 출판하는 본 『부모와 교사를 위한 반응성 교수 교육과정』은 RT 중재를 위한 프로그램 매뉴얼이다. 이 프로그램이 미국에서 2007년 출판되기 전까지 여러 번의 보완과 수정과정을 겪었다. 1980년대에는 '교류분석 중재 프로그램(Transactional Intervention Program: TRIP)', 1990년대에는 '가족/아동 커리큘럼: 부모교육/조기중재를 위한 관계 중심적 접근(Family/Child Curriculum: A Relationship Focused Approach to Parent Education/Early Intervention)'이란 이름으로 사용되다가, 2003년에 마호니 교수의 부모를 매개로 한 '반응성 중재 프로그램'과 맥도널드(MacDonald)의 '자폐아동 의사소통 중재를 위한 ECO 프로그램'이 만나 RT 교육과정을 개발하게 되었다. 이것이 현재 출판되는 반응성 교수 교육과정 매뉴얼이다.

마호니 교수는 장애 영유아를 대상으로 RT 중재의 효과에 대한 풍부한 임상 검증 결과를 가지고 있고, 본 역자 또한 미국과 우리나라 영유아를 대상으로 임상 연구 검증 결과와 부모교육 강좌를 통하여 RT 중재 및 이론이 자폐와 발달지체가 있는 영유아 그리고 일반 아동에게 매우 효과적이고 바람직한 중재 접근이라는 확신을 가지고 있다.

우리나라에서는 2004년에는 서울시립 지적장애인복지관에서 그리고 현재는 서울 광성하늘빛학교, 부산 천사의 학교를 비롯한 유아특수학교와 전국 사설 치료기관에서 장애 영유아 중재 프로그램으로서 RT 교육과정을 적용하고 있다. 그 결과, 아동들의 발달적 성과는 물론 어머니들이 반응적으로 변화함에 따라 자녀와의 관계를 회복하였다고 보고하였다. 실제로 어머니들은 처음 회기 방문 시에는 표정이 차갑고 어두웠으며, '이 아이를 데리고 아무것도 할 수 없다.' 는 태도였다. 그러나 RT 중재를 받으면서 회기가 거듭할수록 말수가 많아지고 집에서 아이가 무엇을 했는지, 내가 어떻게 했더니 아이가 어떠한 반응을 보였는지를 설명하고 싶어 했다. 특히, 아이들은 자발적인 발성과 함께 눈을 맞추며 상호작용하는 기회가 늘어났고, 자신이 가진 능력을 주도적으로 수행하며 자신감을 보여 주었다. 이러한 경험을 통하여 더욱 RT 연구에 자신감을 가지게 되었다.

사실상 부모와 아동은 일상에서 '네가 변하면 나는 얼마든지 네가 원하는 것을 해주고 받아 줄 수 있다.' 라면서 닭이 먼저냐 달걀이 먼저냐는 식의 공허한 싸움을 자주 벌인다. 하지만 아동이 가진 생물학적으로 변하기 힘든 특성을 가지고 언제까지 실랑이를 하는 것보다 성인이 먼저 아동에 맞춰 주면, 이것은 허용이나 지는 것이 아니라 아동으로부터 또 다른 협력을 가져오며, 오히려 아동을 주도적인 사람으로 만들어 주게 된다. 그리고 결국에는 능동적으로 흥미롭게 활동하며 동기부여된 자녀가 자신과 함께 있는 것을 즐거워하는 것을 보고 부모 또한 매우 행복해진다. 발달상 문제가 있거나 또는 일반적인 발달을 하더라도 자녀와의 관계를 힘들어하는 부모들 모두 이러한 경험을 함께 나누었으면 한다.

현재 우리나라에서는 장애 영유아 진단 및 치료교육에 관한 정책적 틀을 마련하는 시발점에 있고 그 움직임도 매우 적극적이다. RT 교육과정은 장애 영유아를 대상으로 하는 체계적이고 준비된 프로그램임을 알리고 싶다. 그리고 역자가 약 20여 년이 넘게 RT 프로그램 연구에 매달려 오면서 장애 영유아는 물론이고 일반적인 발달을 하는 영유아 교육에 힘쓰는 전문가 및 현장교사 그리고 부모들 모두 RT 철학을 이해하고 반응적인 관계를 가졌으면 하는 욕심을 가진다. 아동이 하고 싶을 때, 자신이 능동적으로 참여할 때 학습의 성과가 이루어진다. 그러나 능동적으로 참여하는 상황은 정해진 시간과 장소에 따라 만들어지는 것이 아니라 일상생활 속에서 언제든지 나타날 수 있다. 따라서 일상생활 속에서 자연스러운 상호작용 중에 아동과 바람직한 반응적인 상호작용이 이루어지는 것은 매우 중요하다. 마치 RT는 공기와 물처럼 일부러 애쓰거나 얻으려 하지 않아도 일상 중에서 얻게 되는 매우 중요하고 필수적인 요소라고 생각한다. RT 중재 방법이 아동과 가족들의 건강한 발달과 심리적 안정을 위해 효율적으로 그리고 더욱 보편적으로 쓰이길 바란다.

먼저, RT 연구에 대한 통찰과 우리나라에서 RT 보급에 지원과 격려를 아끼지 않으신 마호니 교수님께 진심으로 감사드린다. '반응성 교수 교육과정'에 관한 지침서를 우리나라에서 출판하면서 정말 많은 분들의 격려와 기대를 받았다.

또한 RT를 우리나라 장애 영유아 프로그램으로서 적용하는 시작점에서 정말 열성적이고 진심으로 RT 프로그램의 효과와 가치를 인정하고 함께 연구에 동참해 주고 후원해 준 서울시립 지적장애인복지관 교육재활팀의 진영현 (전)팀장님, 그리고 박은주 (현)팀장님, 누구보다 열정과 사랑으로 RT를 고민하고 적용하는 광성하늘빛학교 선생님들과 특히 김춘옥 교장선생님과 성정아 교감선생님 그리고 애살 맞은 부산 천사의 학교 박지영 교장선생님, 격려의 말을 아끼지 않으며 번역에 도움을 준 케이스 웨스턴 리저브 대학교의 남성희 박사과정생 그리고 RT 중재 프로그램에 참여하며 감동의 메시지를 보내 주어 더욱 힘을 북돋워 주신 부모님께 진심으로 감사의 말을 전하며 아동과 가족의 건강을 위해 기도한다. 그리고 일반적인 개론서가 아닌 생소한 이름의 전문서적을 젊은 학자의 열의를 믿고 출판을 허락해 주신 학지사 김진환 사장님과 꼼꼼히 읽어 주고 교정해 준 편집부 직원들께도 감사드린다.

약 20여 년 동안 연구하고 늘 보아 왔던 지침서이지만 정식 출판을 위한 작업은 또 다른 노력이 필요했다. 이 과정 중에 영어 문장의 의미를 확인해 준 큰딸 수진, 함께해 주지 못하는 시간들을 잘 매꿔 준 민형과 남편에게 진심으로 사랑과 고마움을 전한다.

무엇보다 이 주제를 나의 학문의 중심으로 선택하게 이끄신 하나님께 감사드리며 앞으로의 길도 계획하신 대로 쓰임받는 도구로 사용되길 기도한다.

2008년 8월

역자 김정미

저자 서문

반응성 교수(RT)의 방법과 절차는 각 저자들이 수년에 걸쳐 교육과정 개발, 현장 검증과 연구 그리고 기존 모델을 수행해 온 결과로 완성되었다. 연구를 진행하면서 우리는 본 교육과정에서 제시하는 여러 개념과 전략이 조기중재에서 일반적으로 사용되는 많은 실행적 부분들과 상반된다는 것을 조심스럽게 인식하게 되었다. 우리는 많은 전문가들이 RT 접근의 이론적 배경을 이해하고 부모와 자녀가 함께 이러한 중재를 수행하는 것이 쉽지 않다는 사실을 알고 있다. 그럼에도 우리는 이러한 난재를 최소화하고 RT 중재를 효과적으로 수행하는 데 필요한 도구와 지원을 제시한다는 희망을 가지고 RT를 개발하였다.

본 RT 교육과정에서는 다음 사항을 중심으로 정리 · 기술하였다.

- 연구 결과에 근거하여 아동발달을 증진시키는 데 효과적인 RT 전략에 대하여 자세히 기술하였다.
- 중재자가 RT 전략이 아동발달에 어떻게 영향을 미치는지에 대해 부모를 이해시키기 위해 사용할 수 있는 논의점(discussion point)을 규정하고 기술하였다.
- 아동발달을 위하여 필요한 사항을 설명하는 데 사용될 수 있는 RT 전략과 논의점 내용을 규정하는 데 도움이 되는 RT 중재계획과 진행 기록표를 제시하였다.
- 아동의 발전 정도를 평가하고 중재회기를 계획하기 위한 절차를 기술하였다.
- 중재회기를 수행하고, 이러한 프로그램을 가정에서 수행하기 위한 형식을 제시하였다.

RT 교육과정 계획과 진행과정 프로그램은 RT를 수행하는 데 필요한 도구와 형식을 담은 CD-ROM(별도 구매)으로도 이용 가능하다.

RT 교육과정은 조기중재가 장기적인 과정이라는 관점에서 만들어졌다. 대부분의 부모는 RT 전략을 배우는 것뿐 아니라, RT 프로그램의 효과를 신뢰하고 자녀와의 일상생활에서 이를 사용하기까지는 다소 시간이 걸린다. 따라서 서비스 제공자는 부모에게 자녀와 이러한 중재를 수행할 수 있도록 쉽게 따라올 수 있는 절차를 고안하고 다양한 구상을 제공해야 한다. 때로는 능숙하게 이러한 전략을 사용할 수 있어야 하고, 다양한 RT 전략 모델을 제시할 수 있어야 하며, 부모가 RT 전략을 사용하는 것을 코치하고, 이러한 전략이 아동의 행동에 어떻게 영향을 미치는지 지적하고 설명해 줄 수 있어야 한다. 또한 RT가 어떻게 아동발달을 촉진하는지, 발달에 관하여 부모가 가지는 개인적인 생각과 RT를 연관시켜 아동발달 개념을 논의할 수 있어야 한다. RT 교육과정은 이와 같이 복잡하면서도 많은 요구가 있는 과제들을 수행하는 데 필요한 정보와 도구를 제공한다.

RT 중재에 대한 우리의 열정은, RT 중재를 적용했던 부모와 아동에게 놀라운 변화가 일어나는 것을 경험하면서 더욱 뜨거워졌다. 우리는 RT 중재를 하면서 아동들이 매우 반응적이고, 함께 참여하는 부모와 상호작용할 때, 새롭게 태어나는 것을 직접 체험하였다. 발달적으로 지체되어 보이는 아동들, 그래서 놀이하는 동안 많은 것을 하지 못하고, 다른 사람들과 거의 대화를 나누지 못하며, 격한 행동으로 자주 소란을 일으키고, 다른 사람들과 교류하거나 활동하는 것에 대해 그다지 흥미를 느끼지 못하던 아동들이 사람들과 대화하고 함께 지내는 것에 흥미를 보이는 아동으로 변화되었다. 그들은 매우 즐거워했고 만족스러워했으며, 사람들과 함께하는 것뿐 아니라 장난감을 가지고 능동적이고 상호적이며 지속적으로 활동할 수 있게 되었다.

이러한 변화가 발달 지연 아동들에게는 대단히 큰 성취이며, 부모에게도 심리적으로 큰 위안이 되는 것은 사실이지만, 이것이 RT를 사용해야 하는 일차적인 이유는 아니다. 어떤 중재 모형을 사용하는 가장 합당한 이유는 그것이 얼마나 효과적인가 하는 것이다. 즉, 중재에서 가장 중요한 것은 '목표한 것을 효과적으로 성취할 수 있는가' 다. 우리는 RT 중재에 참여하였던 아동 중 50명을 대상으로 평가한 결과에 근거하여 RT가 매우 효과적인 발달적 중재임을 증명하였다. 제6장에서 제시하였는데, RT에 참여하였던 아동들은 12개월 중재 후에 발달적으로 극적인 증진을 나타냈다. 아동들은 평균적으로 인지발달에서 60%, 표현 언어발달에서 125% 그리고 수용 언어발달에서 150%의 증가를 보였다.

평가에 참여한 아동 중 20명은 자폐나 전반적 발달지체 진단을 받은 아동들로서, 심각한 사회적 · 정서적 문제를 가지고 있었다. 그런데 이 아동들은 사회적 · 정서적 기능에서도 극적인 증진을 나타냈다. 표준화된 검사도구를 사용하여 사회적 · 정서적 기능을 측정한 결과에 따르면, RT 중재 이후 검사 점수는 약 25% 증가한 것으로 나타났다.

이처럼 RT는 분명히 효과적인 중재이며, 지금까지 보고된 그 어떤 발달적 중재보다도 월등히 효과적인 결과를 보여 주고 있다. 게다가 RT가 아동의 조기 발달에 미치는 영향력보다 더 중요한 것은, 이 중재가 평생을 통해 부모와 아동에게 미치는 영향력이다. RT 중재에 참여했던 부모들 대부분은 조기중재가 끝난 이후에도, 아동의 학습과 사회 · 정서적 행동을 촉진하기 위해 RT 전략을 계속해서 사용하고 있다고 보고하였다.

본 교육과정 지침은 총 4부로 구성되었다. 제1부 '서론'은 RT에 대한 이론과 이론적 배경 정보를 기술하고 있다. RT 중재 모형의 구성요소는 무엇인지, 부모를 매개로 한 접근이 조기중재에서 수행하는 역할이 무엇인지에 대해 설명하고 있다.

제2부 '이론과 연구의 기초'에서는 본 교육과정의 초석이 되는 RT 전략과 중심축 중재 목표에 대해 이론적으로 자세하게 설명하고 있다. 여기서는 각 구성요소의 개발을 위해 기초가 되었던 이론과 연구에 대해 고찰하고, RT의 효과를 평가하기 위해 수행했던 연구에 대해 기술하고 있다. 이러한 검증 결과를 통해 RT가 심각한 발달적 문제가 있는 어린 아동의 발달적 · 사회적 · 정서적 요구를 해결하는 데 효과적이라는 강력한 증거를 제시하고 있다.

제3부 '반응성 교수 실행' 에서는 아동의 RT 중재회기 계획과 진행과정 기록을 위한 지침, 부모가 중재과정을 잘 따라오도록 돕기 위한 권고 사항 그리고 부모와 아동이 함께 개별회기를 수행하기 위해 필요한 형식을 제시하고 있다.

제4부 '교육과정 자료'에서는 RT 수행을 위한 중재 도구 자료를 포함하고 있다. 중재 도구는 RT 중재계획과 진행 기록표(RT 전략, 논의점 그리고 각 16개 중심축 행동에 대한 평가 기준이 포함됨), 교육과정의 개요로 구성되어 있다. 각 중심축 중재 목표에 대한 교육과정의 개요에서는 중심축 행동의 정의, 이러한 행동들과 관련된 사실

에 대한 논의, 부모와 함께 이 같은 사실을 고찰해 보기 위한 논의점 목록 그리고 행동 촉진을 위해 권장되는 RT 전략에 대해 자세히 기술하고 있다. 이와 같은 정보는 편리하게 RT 교육과정을 사용하도록 개발된 RT 교육과정 계획과 진행과정 기록 프로그램에도 포함되어 있다.

RT를 계획하고 수행하는 데 필수적인 교육과정 내용의 각 부분은 제4부에서 다루고 있다. 전문가와 부모들이 본 교육과정을 활용하고자 하는 경우에는 먼저 제1부 '서론'과 제3부 '반응성 교수 실행'에서 제시한 정보를 숙지하는 것이 좋다. 제2부에 기술된 정보는 본 프로그램에 대한 이론과 연구 기초에 관하여 심층적인 정보를 원하는 현장 전문가들을 위한 것이다. 대부분의 경우, 이러한 정보는 RT 방법이 아동과 부모에게 효과가 나타나기 시작할 때, 의미 있게 다가올 것이다.

차 례

II. 이론과 연구의 기초

III. 반응성 교수 실행

IV. 교육과정 자료

제1부 서 론

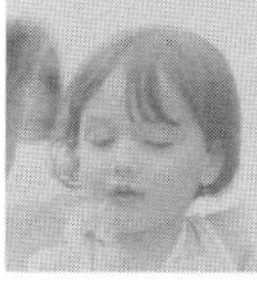

제1장
반응성 교수의 목적

반응성 교수(Responsive Teaching, 이하 RT라 칭함)는 어린 아동을 양육하는 부모나 많은 시간 어린 아동과 상호작용하며 보내는 양육자들이 수행하도록 명확한 근거 자료가 있는(evidence-based) 아동발달 교육과정이다. RT는 부모, 양육자 및 교사를 비롯한 성인들이 일상생활에서 아동과 상호작용하는 능력을 최대화하도록 도움으로써 아동의 발달과 안정을 도모하고 증진시키기 위한 것이다. RT 교육과정은 아동의 발달적 학습의 기초가 되는 사회적 놀이, 주도성, 문제 해결, 실행, 공동 주의, 대화, 신뢰, 협력, 자신감 등으로 이루어지는 '중심축 행동(pivotal behaviors)'을 배워 나가고 사용하도록 촉진한다. RT의 중심인 교수 전략은 성인들이 아동과 매일 함께하는 일상적인 활동에 쉽게 접목할 수 있는 것들로 구성되어 있다. 이러한 전략들은 부모가 지속적이면서도 서서히 아동의 발달적 학습을 자극할 수 있게 해 준다.

1. 반응성 교수의 구조

RT는 다음과 같은 세 가지 발달 영역을 촉진한다.

- **인지** 아동이 사고하고, 논리를 세우고, 문제를 해결하고, 자신의 세계와 관련된 새로운 정보를 학습하는 능력
- **의사소통** 아동이 자신의 감정, 관찰 내용, 의도를 표현하고, 다른 사람의 감정, 관찰 내용, 의도에 대해 비언어적이거나 상징적으로 또는 언어로 표현함으로써 반응하는 능력
- **사회 · 정서적 기능** 아동이 부모를 비롯한 어른 또는 다른 아동들과 발달 수준에 적합한 상호작용을 하고, 적당한 규칙과 예상되는 행동에 순응하는 능력

RT의 교수 방법과 목적은 최근 아동발달 연구와 이론에 부합하는 것이다. RT 교수는 부모가 아동과의 상호적인 활동에 반응적으로 참여하는 정도가 아동의 발달과 사회 · 정서적 안정에 미치는 가장 중요한 환경적 요소라는 선행연구 결과에서 도출된 것이다. RT 전략은 다음과 같이 다섯 가지의 반응성 상호작용 차원으로 구성되어 있으며 각 차원별로 실행적인 제안 사항을 제시함으로써 부모가 이와 같은 반응성 유형으로 자녀와 상호작용할 수 있도록 돕는다.

- **상호성** 주고받기(give and take)식과 같은 상호작용 관계에서 균형을 이루며 빈번하게 일어나는 상호작용
- **수반성** 부모가 아동의 행동에 대해 즉각적이고 직접적으로 관여하기 위해 아동의 행동, 의도, 대화를 지지함으로써 촉진해 주는 상호작용
- **통제 분배** 아동이 주도하는 활동과 대화를 촉진하고 확장해 주는 지침과 지시
- **애정** 아동과 상호작용하는 경우, 즐겁고, 활기차고, 온정적인 방식으로 표현하는 상호작용
- **조화** 아동의 발달 수준, 일반적인 관심, 행동 유형 또는 기질에 따르는 적응적인 상호작용

RT를 통해 아동이 배우고 사용하게 하고자 하는 중재 목표 또는 아동 행동을 '중심축 행동'이라고 한다. 최근 아동발달 이론들은 중심축 행동이 초기 발달학습의 근본이 되는 행동이라고 설명하고 있다. RT는 다음과 같은 이론에 기초한다.

- 학습과 발달에 대한 구성주의 이론(Piaget, 1963; Vygotsky, 1978)
- 언어발달에 대한 의사소통 이론(Bruner, 1974, 1983)
- 애착 이론(Bowlby, 1969; Goleman, 1995)
- 성취동기 이론(Atkinson, 1964; Weiner, 1980)

이와 같은 이론에 따르면, 아동의 발달적 학습은 아동이 일상적인 활동과 사회적 상호작용에 능동적으로 참여함으로써 일어난다. RT는 다른 일반적인 아동발달 교육과정과는 달리, 아동의 발달적 성숙을 촉진하기 위해 특별히 제작된 장난감이나 교육 활동을 제시할 필요가 없다. 더욱이 RT는 앞서 제시한 네 가지 이론에 근거하여 아동이 다른 사람과 놀이하고, 의사소통하고, 상호작용하면서 보내는 일상생활에 참여하여 즐거움을 느끼도록 지지하고 촉진하는 데 초점을 둔다.

2. 반응성 교수의 장점: 아동

RT는 본래 6세 이하의 장애 아동을 둔 부모가 자녀의 발달을 촉진하기 위해 가정에서 사용할 수 있는 중재 프로그램으로 개발되었다. 이 프로그램에 참여하였던 30명의 아동들은 발달적 장애가 있었고 20명의 아동들은 자폐증 또는 전반적 발달장애(PDD: Pervasive Developmental Disorders)로 진단받은 아동들이었다(Mahoney & Perales, 2005).

발달적 장애가 있는 30명의 아동 대부분은 경도와 중도 사이의 지적 장애를 가지고 있었다. 이 아동들은 모두 언어발달 영역에서 지체를 보였고, 대부분은 중재 시작 시기에 언어를 제대로 사용하지 못하였다. 또한 대부분의 아동들은 연령이 3세 이하였기 때문에 공식적인 진단을 받지는 않았다. 하지만 모든 아동들이 정신지체, 언어발달 지체, 발달적 운동 불능(apraxia)으로 보이는 발달 특성을 나타냈다. 그리고 일부 아동들은 다운증후군과 같은 유전적인 염색체 이상과 관련된 장애가 있었다.

RT 중재 시작 시기에 대상 아동 20명의 평균 연령은 32개월로, 23~54개월의 연령 범위에 속해 있었다. 대부분의 아동들은 자폐증 또는 PDD로 진단받았으며 인지와 의사소통에서 경도에서 중도 사이의 발달지체를 나타냈다. 또한 심각한 조절장애를 보였는데, 이는 심각한 다른 문제들, 예컨대 이탈(detachment), 과소반응(underreactivity), 과잉민감-과잉행동(hypersensitivity-hyperactivity), 자기 규제(self-regulation) 등의 문제를 일으켰다.

최근에는 6세 이하 아동의 각기 다른 두 집단, 즉 정신건강 문제 또는 행동 문제를 가진 아동 집단과 입양 아동 집단을 대상으로 RT 효과를 검증하였다. 정신건강 관련 문제가 있는 아동들에게 주로 나타나는 행동 문제 또는 사회·정서적 문제는 자폐 또는 전반적 발달장애(PDD) 아동들에게서 나타나는 문제들과 대부분 비슷하였다. 부모의 반응성은 다양한 배경이 원인이 되는 아동의 사회·정서적 기능과 관련되기 때문에(Bornstein, 1989; Bradley, 1989), RT가 자폐증 또는 PDD 아동들에게 효과적인 것처럼 자폐나 PDD 진단을 받지 않은 사회·정서적 문제를 보이는 영유아기 아동에 대해서도 동일한 효과가 나타났다.

입양 아동을 대상으로 한 RT 효과 검증은 RT가 예방적 차원의 중재 프로그램으로서 유용한지를 살펴보기 위해 수행되었다. 대부분의 입양 아동들은 입양 당시에는 심각한 발달적 또는 사회·정서적 문제를 가지지 않지만 대부분 아동기 후기에 이러한 발달적 문제로 발전될 위험이 크다. 검증 결과, RT는 심각한 발달적 문제가 있는 아동의 발달을 촉진하는 데 매우 성공적인 것으로 확인되었다. 본 연구자들은 입양 아동들이 지금까지 RT 중재 대상자였던 아동들에 비해 발달적으로 덜 취약하기 때문에 RT가 입양 아동들의 발달적 또는 사회·정서적 문제를 예방하는 데 효과적이라고 확신한다.

1) 반응성 교수 대상자 규명

어떤 아동과 부모에게 RT를 적용할 것인가 하는 문제를 결정하기 위해서는 RT 프로그램의 예후를 살펴보는 것이 좋다. RT는 이미 다양한 아동과 부모 집단을 대상으로 타당성이 입증된 발달 원리를 적용한 반응적인 상호작용과 중심축 발달 행동에 기초를 두고 있다. 따라서 RT는 아동에게 발달적 문제가 있든 혹은 특별한 문제가 없든지에 상관없이, 모든 아동을 대상으로 하는 아동발달 프로그램에 적용할 수 있다.

(1) 발달 능력

RT에서는 모든 아동의 발달은 동일하게 두 가지 요인의 영향을 받는다고 보고 있다. 첫 번째는 아동의 발달 능력이다. 아동의 발달 능력은 아동의 유전적 구성, 기질, 건강 상태나 생물학적인 장애 또는 학대나 무시에 의한 파괴적이거나 외상적 조기 경험과 같은 다양한 요인에 의해 영향을 받는다. 대개의 경우, 이러한 발달 능력은 평생 동안 변화되기 어려운 특성들이지만, 교육이나 RT와 같은 발달 중재를 통하여 시간이 흐르면서 점차적으로 변화될 수 있다. 하지만 발달 능력이 아동발달의 운명을 미리 결정하거나 절대 불변할 수 없음을 의미하는 것은 아니다. 즉, 아동의 발달 능력은 단지 아동이 성취할 수 있는 발달의 성과 범위를 제한할 뿐이다.

예컨대, 한 아동이 다운증후군과 같은 증상을 가졌거나 또는 다른 생물학적 장애가 있는 경우, 어떠한 교육이나 발달적 중재로도 이 아동의 발달적 능력 조건을 완전하게 정상적으로 복구할 수는 없다. 다운증후군 아동들 대부분은 이러한 조건에 의해 일생 동안 학습과 발달상에 어려움을 겪을 것이다.

그러나 다운증후군이라는 장애 때문에 아동이 정신적으로 지체될 것이라고 미리 단정 지을 수는 없다. 더 정확히 말하면, 다운증후군 아동들이 성취할 수 있는 발달의 성과 범위는 조금 더 낮은 수준이라고 할 수 있다. 일반 발달 아동들의 IQ는 75～125이며, 그중 과반수가 이 범위의 중간인 약 100이다. 한편 다운증후군 아동들의 IQ는 30～100으로 과반수가 이 범위의 중간인 약 70에 해당한다. 다운증후군 아동들이 정신지체를 보일 가능성이 높기는 하지만, 이들의 발달적 능력은 충분히 정상 수준의 IQ(즉, 100)를 성취할 수 있는 수준이다.

(2) 중심축 발달 행동

두 번째로 RT에서 중요하게 강조하는 것은 중심축 발달 행동이다. 아동이 얼마나 대단한 발달적 능력을 가졌는가에 상관없이, 성취하는 발달적 · 사회적 · 정서적 성과는 아동이 일상생활에서 놀이하고, 수행하고, 다른 사람과 상호작용하면서 사용하는 중심축 발달 행동의 양에 따라 인생 초기에 영향을 받는다. 따라서 아동이 유전적으로 천재적 재능을 가졌다고 하더라도 중심축 행동을 사용하지 않으면 학령기에 접어든 아동의 IQ는 '평균 이하' 또는 '평균' 범위 정도에만 도달하기 쉽다. 그러나 자폐증과 같은 장애가 있는 아동에게 발달 능력이 부족하더라도 중심축 행동을 빈번하게 매우 높은 수준으로 사용하도록 도와준다면, 아동은 정상 수준의 IQ(즉, 100)와 일반적인 사회 · 정서적 안정을 성취할 수 있다.

아동의 학습 능력이 어떠하든지 간에 RT 전략을 사용함으로써 부모는 효과적으로 아동의 중심축 발달 행동을 촉진하고, 이를 통해 아동의 발달과 사회 · 정서적 기능을 증진시킬 수 있다. 아동이 자폐증 또는 다운증후군이 있든지, 학대나 무시받은 경험이 있든지 또는 이와 같은 발달적 문제가 전혀 없든지와는 상관없이, 누구도 아동이 실제로 가지고 있는 발달적 능력의 정도에 대해 정확하게 알 수 없다. 그러나 최근의 아동발달 연구 결과에 따르면, 어떤 아동이든지 간에 부모나 양육자가 아동 초기에 아동과 반응적인 상호작용을 하는 경우, 아동은 최대 범위의 발달적 잠재 능력을 성취하게 된다(MacDonald, 2004).

3. 반응성 교수의 장점: 부모와 교사

RT에 따른 일차적인 효과는 부모와 양육자가 어린 아동의 발달과 안정을 효과적으로 촉진하고 증진시킨다는 것이다. 많은 전문가들은 지난 50년 동안 부모가 아동의 발달적 성취에 영향을 미치는지, 만약 그렇다면 얼마나 영향을 미치는지, 또 부모의 영향력이 아동의 생물학적 구성이나 질적 · 양적 학습 기회가 지니는 영향력보다 큰지, 작은지에 대해 검증하는 데 많은 관심을 쏟았다. 연구 결과에 따르면, 다른 많은 요인들도 아동발달에 영향을 미치지만 부모의 영향력은 아동이 받는 개별 치료 서비스(예: 언어치료)나 유치원 또는 보육기관 등에 의한 그 어떤 것보다 큰 것으로 나타났다.

예컨대, 보육기관이 아동발달에 미치는 효과에 대한 연구를 보면 대부분의 아동의 경우, 아동이 받는 질적 또는 양적인 보육 서비스는 아동발달에 별로 영향력이 없었다(Applebaum et al., 2000). 반면, 부모가 자녀와 상호작용하는 방식은 아동발달에 상당한 영향력이 있었으며, 이는 보육 서비스가 아동발달에 미치는 효과의 약 5배에 달했다.

심지어 아동이 장애 때문에 조기중재 서비스를 받는 경우에도, 이러한 서비스보다 부모가 아동발달에 더 큰 영향을 미칠 수 있다는 연구 결과도 있다. 예를 들면, 영아 건강 및 발달 프로그램(Infant Health and Development Program)은 저체중 아동을 위한 종합적인 중재 프로그램으로, 아동이 12개월부터 3세가 될 때까지 집중적으로(주당 25시간씩) 우수한 유치원 서비스 프로그램을 받도록 하는 것이다. 연구 결과, 이와 같은 유치원 교육 서비스를 받은 아동들은 중재 기간 동안 IQ 점수가 평균 10점 증가하였다(Brooks-Gunn et al., 1994). 그러나 후속 연구 결과, 어머니가 자녀와 상호작용했던 방식은 대부분의 아동에게 아동발달 성취 정도를 예견할 수 있는 것으로 나타났다(Mahoney, Boyce, Fewell, Spiker, & Wheeden, 1998). 더욱이 아동이 받았던 유치원 프로그램은 아동이 5세가 되었을 때는 더 이상의 유의미한 효과가 없었으나, 어머니가 아동과 상호작용하는 방식은 7세가 될 때까지 아동발달과 학업 성취 수준에 지속적인 영향을 주는 것으로 나타났다(Fewell & Deutscher, 2004).

본 연구자는 또 다른 연구를 통해 다양한 유치원 교육 유형이 장애 아동의 발달에 미치는 영향을 비교 · 분석하였다(Mahoney, Wheeden, & Perales, 2004). 연구에서 아동들은 학기 중 일주일에 나흘 반 동안 유치원 특수교육 교실에 출석하여, 세 종류의 다양한 유치원 교수 유형, 즉 발달적(놀이 지향적), 수업 중심적(교수 지향적) 또는 두 가지가 혼합된 발달 · 수업적 교수 유형 중 하나를 받았다. 그 결과 이와 같은 교수적 모형들은 연구 기간 동안 아동의 발달 지수를 증가시키지 못하였다. 그러나 어머니가 아동과 상호작용하는 방식은 아동의 발달 정도와 상관이 있었다.

이러한 결과들에 비추어 볼 때, 어린 아동의 조기 발달에 미치는 부모의 영향력은 실로 대단한 것이다. 부모가 자녀와 상호작용할 때, 특히 부모의 반응성 정도는 아동의 발달 수준, 의사소통 능력, 사회 · 정서적 안정 그리고 학습 준비 능력에 중요한 차이를 가져왔다. 아동이 전형적인 발달을 하거나 또는 발달적 문제가 있어서 특수교육을 받고 있거나 다른 치료 서비스를 받고 있는 경우와 상관없이 부모의 영향력이 나타났다. 이와 같은 연구들은 부모가 자신의 영향력을 인식하는지의 여부와 부모가 효과적으로 상호작용하는지의 여부와 상관없이 부모는 아동발달에 영향을 미친다는 사실을 입증한다.

RT는 부모가 일상적인 일과 중에 적용할 수 있도록 명확하고 실행적인 전략을 제시함으로써 아동을 돌보는 데 부가적인 부담을 지우지 않으면서 부모가 아동발달과 안정을 촉진하는 능력을 증가시켜 준다. RT는 부모가 아동의 학습과 발달에 영향을 미치는 방법에 관한 가장 최근의 연구에 기초를 두고 있다. 또한 RT는 일반적인 중

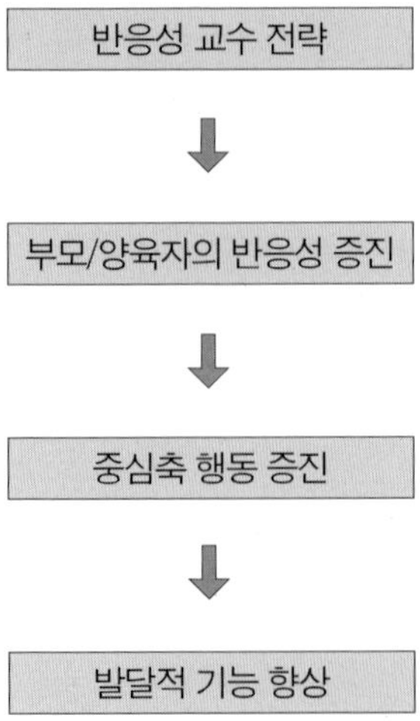

[그림 1-1] 반응성 교수 모형

재 방법에 심하게 저항하는 자폐증과 발달장애가 있는 아동의 발달과 사회 · 정서적 안정에 대단한 영향을 미치는 것으로 입증된 아동발달 프로그램이다. 본 연구 결과는 [그림 1-1]에 제시한 반응성 교수 모형과 일치한다. RT를 적용한 지 1년 이후에는 부모가 아동과 반응적이고 즐거운 상호작용에 참여하게끔 변화하며, 결과적으로 아동은 중심축 행동의 사용이 극적으로 개선되었으며, 인지발달은 평균 64%, 언어발달은 150% 증가하였다. 자폐증과 PDD 아동들의 경우에는 이탈, 과잉민감-과잉행동 그리고 자기 규제와 같은 심각한 사회 · 정서적 문제 행동에 있어서 임상적으로 유의한 개선이 나타났다(Mahoney & Perales, 2003, 2005).

4. 반응성 교수 계획

RT는 매우 융통성 있는 교육과정으로, 아동발달과 정신건강 전문가가 어린 아동과 부모 모두와 함께 수행하거나 또는 부모가 적용할 수 있도록 만들어졌다. RT 프로그램은 계획적이어서 이 프로그램을 잘 아는 사람이라면 누구든지 아동 개개인의 독특한 발달적 요구에 맞추어 아동발달 계획이나 일련의 중재회기 계획안을 구성할 수 있다. 이러한 계획안은 교육과정 개요('제4부 교육과정 자료' 참조)를 활용하여 완성할 수 있다. 교육과정 개요는 인지, 의사소통 그리고 사회 · 정서발달과 이들의 기초가 되는 중심축 행동, 중심축 행동을 설명하는 데 사용되는 RT 전략, 중재 주제, 평가 항목에 대한 것으로 구성되어 있다. 그리고 RT 중심축 행동 마법사('제4부 교육과정 자료 2' 참조)는 아동의 발달적 요구와 현재 행동에 적합한 중심축 행동 목표를 선택하는 데 참조하도록 고안된 사용자 중심 도구(user-friendly tool)다. 먼저 중심축 행동을 선택하였다면, 교육과정 개요를 참조하여 1～2개의 중재 주제와 RT 전략을 선정한다. 회기 계획은 이 책에 있는 RT 전략과 중재 주제에 관한 기술 내용을 보고 직접 수기 작성하여 중재 계획안을 만들거나, 아니면 별책 자료로 제작한 『RT 중재 계획 진행 기록표』 또는 진행과정 프로그램을 사용하여 중재 계획안을 만들 수 있다.

RT는 조기중재 전문가, 교사, 부모교육 강사 또는 작업치료사 등 아동의 인지발달에 초점을 두고 있는 전문가나, 말 · 언어 병리사 등 아동의 언어발달에 관심이 있는 전문가 또는 간호사, 심리학자, 소아과 의사, 사회복지사 등 아동의 사회 · 정서발달에 관심이 있는 전문가 등 다양한 배경을 가진 전문가들이 세 개 발달 영역을 효과적으로 촉진하는 데 사용할 수 있는 프로그램이다.

본 교육과정의 구조는 특수 영역에서 가족을 포함하는 교육 및 중재 서비스를 수행하고자 하는 간학문적 전문가 팀에서 사용하는 것이 이상적이다. RT의 강점은 비록 전문가들이 서로 다른 발달적 관점을 적용하고 있다고 하더라도, 서로를 보완해 주는 정보와 제안을 준다는 점에 있다. 이는 부모들이 중재를 위한 권고 사항 모두를 쉽게 따라서 실행할 수 있게 해 준다. 또한 RT 교육과정은 전문가들이 가족과 단독으로 수행하는 상황에서 자신의 전문 영역을 넘어서는 문제나 일들도 처리할 수 있도록 해 준다.

제2장 아동발달 중재의 부모 역할

RT의 중심 철학 가운데 하나는 부모가 어린 아동의 발달과 안정의 핵심이라는 것이다. 아동이 가정에 있는 장난감과 교구들로부터 자극을 받는다거나, 유치원, 보육기관, 특수교육 또는 치료를 통한 학습활동이 아무리 특별하다고 하더라도, 궁극적으로는 부모가 아동에게 제공하는 경험의 질이 아동이 장차 자신의 발달 잠재 능력을 최대한으로 성취할지를 결정한다. 유치원, 보육기관 그리고 심리치료와 같은 아동발달 프로그램은 아동의 발달과 안정을 촉진하는 데 중요한 역할을 수행하지만, 그것은 부모가 아동발달을 지지하고 향상시키는 데 진심으로 책임을 가지는 경우에 한해서다(Bronfenbrenner, 1974, 1979). 이는 발달상 전혀 문제가 없는 아동이나 발달적 문제가 있는 아동 모두에게 적용되는 사실이다(MacDonald & Blott, 1974; Mahoney, Boyce, Fewell, Spiker, & Wheeden, 1998).

1. 부모의 중요성

부모가 아동발달에 대단히 중요한 역할을 수행한다는 것은 세 가지 중요한 근거에 의하여 설명할 수 있다. 첫째, 모든 부모는 (생물학적인 부모나 양부모 모두) 다른 사람이 대신할 수 없고 대신해서도 안 되는 자녀와의 특별한 사회 · 정서적 유대와 애착 관계에 있다. 이러한 연대감 형성의 문제 때문에 부모가 직장을 다니거나 해야 할 많은 일들 때문에 자녀와 함께하는 시간이 부족한 경우에도, 어린 아동의 생활에 가장 강력한 영향력을 미치는 역할은 부모에게 있다. 이 연대감은 어린 자녀가 부모와 함께 있는 것을 좋아하는 이유일 뿐 아니라, 이에 따라 부모가 하는 말이나 행동은 그것이 무엇이든지 다른 어른들이 하는 말이나 행동보다 어린 자녀에게 더 큰 영향을 끼친다.

둘째, 아동의 학습과 발달은 아동이 능동적으로 참여하는 상황이면 어느 상황에서나 발생할 수 있는 지속적인 과정이다. 아동이 새로운 정보나 기술을 학습하는 시기나 장소는 아동이 주의를 기울이는지, 흥미롭거나 신나 할 만한 것이 있는지에 따라 결정된다. 어쨌든 그것은 어른이 아동을 가르치려 하거나 또는 아동이 학습하도록 경험시키는 것과는 다르다. 어린 아동은 아침에 일어나서 아침식사를 하고, 씻고, 부모와 함께 놀거나, 차를 타고 돌아 다니면서 새로운 정보나 기술을 배우기도 하는데, 이는 아동이 유치원이나 보육기관에 있거나 또는 치료사나 아동발달 전문가에게 특수교육을 받을 때도 마찬가지다. 부모가 아동의 발달학습에 큰 영향을 미치는 특별한 이유는 아동이 배울 준비가 되었을 때 부모가 가장 자주 '거기에' 있는 사람이라는 사실 때문이다.

셋째, 부모는 전문가나 그 밖의 어른들보다 아동발달에 영향을 미치거나 함께 상호작용할 수 있는 기회가 훨씬 더 많다. 부모에게 이러한 영향력이 있다고 말할 수 있는 것은 대부분의 부모들이 아동 초기에 일관되게 영향을 미치기 때문이다.

이와 같은 부모의 영향력을 설명하기 위하여, 본 연구자들은 유치원의 특수교육이나 조기중재를 받는 아동을 대상으로 교사, 치료사 또는 중재 전문가와 비교하여 부모가 아동발달에 영향을 미치게 되는 기회에 대해 가설적 분석을 실시하였다. 〈표 2-1〉에 제시한 것처럼, 유치원 특수교육 수업은 1년에 약 30주 동안 하루 약 2시간 30분씩 일주일에 4일간 이루어진다고 가정하였다. 만일 아동이 말・언어치료나 물리치료와 같은 특수치료도 받고 있다면, 1년에 35주 동안 일주일에 하루 30분씩 중재를 받는다. 또한 대부분의 부모가 적어도 일주일에 아동과 일대일로 직접 대면하며 접촉하는 시간으로 하루 1시간을 보내는 것으로 가정하였다.

유치원 교사가 일주일 동안 교실에서 아동과 상호작용하는 전체 시간을 분석하였을 때(한 교실에서 2명의 교사가 12명의 아동을 돌보며 집단 교육, 일대일 상호작용, 관리

〈표 2-1〉 조기중재를 받는 영유아를 대상으로 한 일대일 상호작용 참여 기회의 비교

	교사/수업	치료사/전문가	어머니/주 양육자
상호작용 내용	2시간 30분/일, 4일/주 아동 12명/ 교사 2명, 집단수업 시간, 관리 시간, 직접 대면 시간	30분/회기 1일/주	1시간/일, 7일/주 함께 머묾, 안정감을 줌, 놀이, 의사소통, 돌봄, 음식을 줌, 이동
직접 대면 시간(분)/주	33	25	420
주/년	30	35	52
분/년	990	750	22,000
상호작용 건수/분	10	10	10
상호작용 건수/년	9,900	8,750	220,000
어머니와의 상호작용 비율과 비교	4.5%	3.4%	92.1%

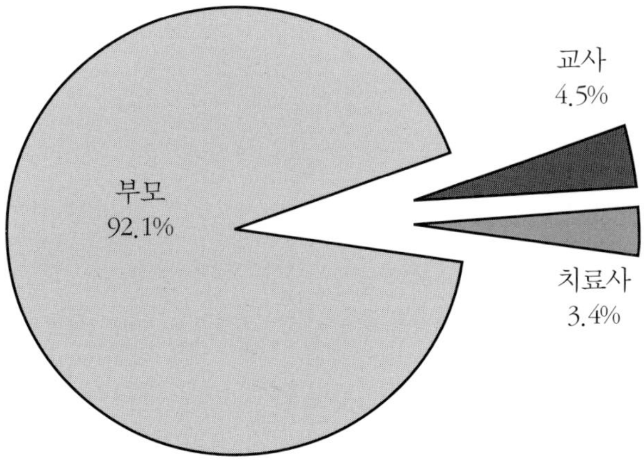

[그림 2-1] 아동발달에 가장 많은 영향을 미치는 사람은 누구인가?

활동을 하며 시간을 보내는 것으로 가정함), 본 연구에서는 아동이 일주일에 교사와 일대일로 상호작용하며 보내는 시간이 33분으로 평가되었다. 상대적으로 치료사와 일대일로 상호작용하며 보내는 시간은 대략 25분, 부모의 경우는 420분으로 측정되었다.

한편 교사와 치료사가 아동과 함께 보내는 시간은 1년에 30~35주로, 부모는 1년에 52주를 아동과 함께 보내기 때문에, 주당 부모가 아동과 일대일 대면하며 함께

보내는 시간의 양은 1년 내내 부모가 아동과 함께 지내는 주의 횟수를 감안하면 더 많아진다. 특히 대부분의 어른들이 분당 10건의 상호작용을 하는 것으로 가정했을 때 부모들은 자녀와 매년 최소한 22만 건의 구체적인 상호작용 상황에 참여하는 데 반하여, 동일한 시간 동안 교사는 약 9,900건, 치료사는 8,750건의 상호작용 상황에 참여하게 된다.

따라서 [그림 2-1]에 제시한 것처럼, 만일 어떤 아동이 특수교육이나 조기중재 또는 놀이 집단 프로그램에 참여하면서 일주일에 한 번씩 치료를 받는다면, 1년 동안 부모는 교사와 치료사의 경우를 합한 것보다 적어도 20만 건 이상 더 상호작용하거나 아동발달에 영향을 끼칠 기회를 가지게 된다.

2. 부모의 의미

부모가 아동발달에 핵심이라는 것은 만일 부모가 아동발달 또는 사회 · 정서적 안정을 증진시키는 것에 대해 진심으로 관심을 가진다면, 부모는 자녀의 발달에 영향을 미치는 자극을 제공하는 데 중요한 역할을 수행하며, 또한 책임을 가져야 한다는 것을 의미한다. 유치원, 보육기관 또는 그 밖의 아동발달 프로그램이 부모와 협력적으로 이루어지지 않는다 하더라도 부모는 여전히 자녀의 발달을 증진시키는 데 중요한 역할을 한다. 교육자와 전문가들이 자녀의 발달 문제를 알아서 해결해 주는 것이 부모에게는 편리하겠지만, 부모는 자녀의 발달에 일차적인 영향을 미치기 때문에 그 역할이 간과될 수 없다. 아동이 교사와 전문가들로부터 받는 자극은 부모로부터 받는 자극에 비하여 더 이득이 많지 않은 것은 물론이고, 부모로부터 학습되는 것을 간단하게 중지시킬 수도 없다.

RT는 부모에게 심한 스트레스를 주지 않으면서 아동에게는 질적으로 기본적이고도 발달에 대단한 변화를 가져오는 자극을 줄 수 있도록 도와준다. 부모는 아동과 연간 22만 건 이상의 상호작용을 하게 되는데, 여기에 RT 전략을 사용하도록 배움으로써, 부모는 자녀에게 질적으로 대단히 향상된 발달적 자극을 줄 수 있다. 또한 부모는 자녀와의 일상적인 상호작용을 통해 지속적으로 RT 전략을 사용함으로써, 자녀에게 함께 놀이하고 상호작용하면서 중심축 행동을 사용하는 습관을 가르치게 된다. RT는 아동이 경험하는 일상적인 활동에서 발달적 학습의 잠재 능력을 극대화시키고, 아동이 가지고 있는 최대한의 발달적 잠재 능력을 명확히 인식하게 해 준다.

부모는 자신에게 맞는 RT를 선택하여 수행하거나, 자녀와 함께하는 RT 중재 수행 방법을 배우기 위해 교사와 그 밖의 전문가들과 협력하여 수행할 수 있다. 부모가 어떤 경우를 선택하든지, 반응성 교수는 아동발달과 안정을 촉진하는 효과를 최대한으로 높일 수 있을 것이다.

3. 전문가의 의미

많은 전문가 훈련 프로그램을 보면, 교사와 아동발달 전문가들은 일차적으로 아동에게만 직접 적용하는 계획된 절차를 수행하도록 훈련받는다. 설령 부모에게 적용시키는 내용을 포함하는 전문가 훈련 프로그램이 있다고 하더라도, 부모가 아동과 함께 무엇을 촉진해야 하는지, 그러기 위해서 어떻게 진행해야 하는지에 대해 가르쳐 주는 프로그램은 매우 드물다. 교실, 병원에서 또는 가정방문을 통하여 전문가가 적용하는 교육적 · 치료적 절차는 효과적으로 어린 아동들이 중요한 발달적 행동을 배우고 실행하도록 촉진한다. 그러나 아무리 유능한 전문가라 하더라도 그들이 아동과 함께하는 활동으로 부모가 아동에게 미치는 영향을 축소시키지는 못한다.

비록 중재에서 부모와 전문가 간의 공동 협력이 필요하다고 해도, 그것이 동등한 협력을 의미하는 것은 아니다. 아무리 전문가가 아동을 중재한다고 해도, 궁극적으로 중재가 아동의 발달을 얼마나 촉진하는가 하는 것은 부모가 자녀와 함께 상호작용하면서 주는 자극에 달려 있다. 앞서 제시한 시간 양의 분석 결과에서 보듯이 만일 아동이 매일의 일과 중에 성인과 함께 상호작용하면서 배우는 잠재 능력을 가지고 있다면, 아동과 가장 많이 상호작용할 기회를 가지는 사람, 즉 부모를 포함하지 않고는 아동의 학습과 발달을 증진시킬 수 없을 것이다.

그렇다고 해서 전문가와 조기중재 교사가 아동에게 제공하는 직접적인 서비스 형태를 중단해야 한다는 것은 아니다. 전문가는 아동에게 흥미진진하고 자극적인 발달적 · 교육적 경험을 제공해야 한다. 아동은 이러한 활동을 통하여 부모나 다른 사람들과 늘 해 온 것과는 다른, 색다른 경험을 하면서 사고의 범위를 넓히게 된다. 전문가는 이러한 경험을 통하여 아동 개개인의 유형과 능력에 대해 독특한 관점을 가지고, 아동이 부모나 그 밖의 사람들과 함께 지낼 때는 거의 드러내지 않았던 재능을 발견할 수 있다. 전문가는 아동에게 다양한 교육적 전략 모델을 제시하고 시험해 봄으로써 아동 개개인의 독특한 학습 유형과 습관을 잘 이해해야 한다. 이렇게 얻은 정보는 부모를 비롯한 다른 성인들이 아동과 일상 중에 상호작용하는 동안 자신들의 영향력을 최대한 효과적으로 발휘하도록 하는 데 활용될 수 있다. 이때 무엇보다 중요한 것은, 전문가가 아동의 중재 목표가 충족되고 있는지를 확인하고, 상황에 따라 부모가 현재 진행 중인 중재 노력을 유지해야 할지, 중재 목표나 교수 전략을 변경해야 할지 등을 판단할 수 있도록 아동의 발달 진행 상태를 점검하는 것이다.

다시 말하면, 전문가는 이전에 받았던 다른 유형의 임상 서비스를 계속해서 적용할 수 있다. 그러나 이러한 서비스는 제한적으로 수행되어야 하는데, 부모가 자녀와 일상적인 상호작용 중에 '반응적인 상호작용'을 함으로써 아동에게 발달적 · 사회적 · 정서적 안정을 도모할 수 있도록 부모가 아동과 직접 수행하는 시간을 충분히 가져야 하기 때문이다.

이와 같은 유형의 임상적 실행의 예로서 쾨겔, 쾨겔, 쇼산 및 맥너니(Koegel, Koegel, Shoshan, & MacNerney, 1999)는 6명의 자폐 아동에 대해 개별 시도 훈련 중재를 실시한 사례연구 결과를 보고하였다. 연구 결과에 따르면, 이 아동들이 개별 시도 훈련으로부터 얻은 효과의 정도는 아동이 어머니와 상호작용하는 동안 '주도적'으로 참여한 정도와 관계가 있는 것으로 나타났다. 그리고 몇 년 후, 주도성이 낮았던 아동들의 발달적 역할 비율은 이 아동들이 수정된 개별 시도 훈련 중재를 받았음에도 불구하고 감소하였으나, 주도성이 높았던 아동들은 눈의 띄는 발달상의 성장을 보여 주었다.

이와 같은 연구 결과에 근거하여, 쾨겔과 그의 동료들(Koegel et al., 1999)은 주도성이 낮게 나타났던 자폐증 자녀를 둔 어머니 4명에게 자녀의 주도성 비율을 높이도록 RT 전략을 가르쳤다. 그 결과, 어머니가 RT 전략을 사용함에 따라 아동의 주도성 비율이 성공적으로 향상되었다. 부가적으로 몇 년간의 중재 후에 아동의 개별 시도 훈련의 효과는 앞서 기술했던 사례연구에서 주도성이 높게 나타났던 아동과 동일하였다. 연구자들은 이 연구 결과를 바탕으로, 부모에게 가정에서 자녀와 반응적인 상호작용을 하도록 전략을 가르쳤는데, 수년 동안 사용해 왔던 중재 절차에 부모 요소를 첨부하였을 때 그 효과가 더욱 증가하였다.

비슷한 방식으로, 전문가는 현재 사용 중인 임상적 절차를 아동에게 사용하면서, 부모와 협력적으로 수행하기 위해 현재의 서비스에 RT를 통합시킬 수 있다. 이러한 수행을 위해서 전문가는 체계적인 중재회기를 기획해야만 했는데, 이는 전문가가 아동에게 직접 수행하는 것뿐 아니라 부모가 충분히 시간을 가지고 RT를 배워서 아동과 상호작용할 때 직접 사용하도록 하기 위해서다.

유치원과 보육기관에서 이루어지는 수업에서 여러 중요한 학습과 발달적 경험이 주어지더라도, 전문가의 경우와 마찬가지로 이러한 수업에 더불어 가정에서 부모가 아동과 반응적인 상호작용을 하면서 수업 목표를 지지하지 않는다면, 이와 같은 수업은 아동발달과 사회·정서적 안정에 의미 있는 발달을 가져오지 못할 것이다 (Mahoney, Wheeden, & Perales, 2004). 유치원과 보육기관 프로그램은 학교 상황의 규칙, 구성요소, 예측 상황에 대한 대처 능력을 학습시키는 것과 더불어 부모와의 분리를 받아들이도록 돕는 중요한 기능을 한다. 이러한 프로그램은 아동에게 즐겁고 재미있으며 풍부한 발달적 학습활동을 접하게 해 준다. 아동은 그러한 활동으로부터 혜택을 얻을 뿐 아니라, 아동의 사회화에서 가장 중요한 또래들과 우정을 쌓는 방법도 배우게 된다.

지난 수년 동안 본 연구자들은 두 가지 모형, 즉 RT를 유치원 교실에서 수행하는 것과 가정에서 부모가 자녀에게 RT를 사용하는 것에 대한 현장 검증을 통하여 특수교육을 필요로 하는 영유아기 아동을 대상으로 모형검증 프로젝트를 수행해 왔다 (Mahoney & Wheeden, 2000). 그 결과, 아동들이 함께 있는 유치원 교실에서 부모에게 RT 전략을 가르치는 모형은 효과가 없는 것으로 나타났다. 교사는 한 교실에서 목적한 방식으로 의미 있게 부모를 대하면서 동시에 활동적인 12명의 유치원생과 분주하게 뛰어다니며 수업하는 것이 매우 어렵다는 것을 깨달았다. 따라서 후속 모형에서는 수업을 주당 2일 또는 3일 반으로 줄이고 나머지 시간에는 교사가 부모와 아동을 개별적으로 만나도록 하였다. 이 모형에서 아동은 우수한 유치원 프로그램에 정규적으로 참여함으로써 발달적으로 적합한 활동을 많이 경험하고, 또래와 우정을 쌓으면서 사회화를 위한 기회를 가질 수 있었다. 또한 교사는 가정에서 부모가 아동과 함께하면서 RT를 사용할 수 있도록 도울 수 있었다. 그 결과, 부모는 아동의 발달을 보다 잘 촉진해 줄 수 있는 방법을 배우게 되어 즐겁고, 더불어 아동이 계속해서 우수한 유치원 프로그램에 참여할 수 있어서 기쁘다고 보고하였다.

전문가들은 일상생활에서 과연 부모가 자녀와 얼마만큼 RT를 사용하는 것이 효과적인지 고민해 왔다(McCollum & Hemmeter, 1997). 대부분의 교사와 치료사들은 자신의 일을 아동을 '가르치는 것' 으로 보았고 부모가 아동을 위해 무엇인가를 해 줄 수 있도록 하는 것을 좋아하지 않는다. 또한 교사와 전문가들은 가족 중심적 서비스(Family-centered service) 철학이 부모들이 삶에서 겪는 고충과 스트레스를 최소화시키는 것인지, 아니면 본질적으로 부모들에게 부모 중재라는 짐을 부가시키는 것은 아닌지와 관련해 상반된 논쟁을 벌여 왔다(Baird & Peterson, 1997). 이와 같은 논쟁은 당연한 것으로 신중히 짚어 볼 만한 문제다.

그러나 반응성 중재에서 부모가 참여하는 것은 부모에게 과중한 부담을 주기보다는 오히려 부모가 자녀와 함께 지내기 쉽고 즐겁게 만들어 준다(Mahoney & Wheeden, 1997). RT에 참여한 부모들 대부분은 자녀의 학습 요구에 맞추어 일상생활에서 상호작용하는 방법을 배우고 나서, 자녀를 양육하는 일이 이전보다 쉽고, 생산적이며, 즐겁게 느껴진다는 것을 알게 되었다. RT 전략은 부모가 본래 자녀와 하던 자연스러운 상호작용을 거스르는 일이 아니다. 가족 중심적 서비스 철학에 따른 RT 전략은 오히려 부모와 자녀 간의 상호작용을 질적으로 증진시키고 이러한 상호작용을 매우 효율적인 학습 기회로 전환시킨다.

전문가가 부모로부터 얻는 중요한 사실을 배제하는 것은 '가족 중심적' 이 아니다. 중재를 통하여 아동이 하루 동안 받는 발달적 자극 면에서 본질적인 개선이 없다면, 그 중재는 아동의 발달을 증진시키지 못한다. 최근 연구 검증 결과에서 나타나듯이 중재를 통하여 아동발달에 가장 강력한 영향을 주는 '반응적인 부모 · 아동의 상호작용' 을 촉진하지 못한다면, 그 중재는 아동의 발달적 기능을 촉진하지 못한다(Mahoney et al., 1998). 영아기, 걸음마기, 유치원기 아동들이 단지 어떤 서비스를 받고 있다고 해서 그 중재가 효과적인 것은 아니다. 진정한 중재는 단지 교실이나 치료 상황에서만 일어나는 것이 아니다. 전문가들은 중재가 아동의 일상생활에서 놀이적인 상호작용과 활동에서 지속적으로 이루어지도록 발전시켜야 한다. 그렇게 되기 위해서는 무엇보다도 부모의 협력이 절실히 필요하다. 부모의 협력 없이는 절대 이러한 효과를 거둘 수 없기 때문이다.

요 약

이 장에서는 부모가 어떻게 어린 아동의 발달과 사회·정서적 기능에 가장 중요한 영향을 미치는지에 대하여 논의하였다. 조기중재나 특수교육 서비스를 받는 아동을 대상으로 교사나 치료자와 상호작용하게 되는 기회의 양을 부모와 비교하여 가설적 분석을 실시한 결과를 제시하였다. 이 분석 결과, 단기 집중적인 아동발달 서비스를 받는 아동의 경우 역시, 부모가 아동발달에 미치는 기회의 양이 교사와 치료사 모두를 합한 것보다 최소 10배 이상이라는 놀라운 결과에 비하면 비중이 덜하다는 사실이 드러났다.

이 자료들은 효과적인 중재를 위한 핵심 요소는 부모라는 것을 알려 주며, 최근 발표된 연구 결과와도 일치한다. 결국 중재는 부모가 자녀와의 반응적 상호작용에 참여함으로써 발달적 중재 목표를 지지할 때 더욱 효과적이다.

이러한 관찰 결과에 따라 두 가지 결론을 도출할 수 있다. 첫째, 부모는 자녀발달의 중재자가 될 수 있다. 부모는 스스로 RT를 사용할 수 있고, 자녀와 보다 반응적인 상호작용을 할 수 있으며, 자신이 자녀에게 가장 강력한 아동발달 중재를 수행하고 있다는 것에 만족할 수 있다. 둘째, 전문가와 교사는 아동에게 일차적으로 직접적인 서비스를 제공하고 있으며 계속해서 그렇게 해야 한다. 그러나 전문가들이 아동의 발달과 사회·정서적 안정을 촉진하는 데 우선적 관심을 둔다면, 서비스 제공에만 그칠 것이 아니라 부모가 자녀발달을 촉진하는 방법을 배울 수 있도록 도와야 한다. RT는 명확한 자료에 근거한 교육과정(evidence-based curriculum)으로서, 전문가들이 부모에게 RT 전략을 가르치고, 이 전략이 자녀들의 성취를 어떻게 도울 수 있는지 이해시키는 데 활용될 수 있다.

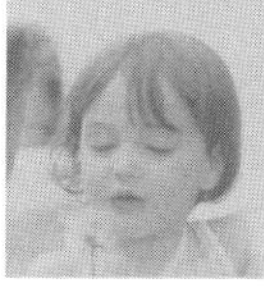

제3장
반응성 교수 교육과정 개요

반응성 교수(RT) 교육과정은 부모들이 수행하기도 하지만, 다음에 제시한 구성과 요구 사항에 따라 전문가가 수행한다는 전제하에 만들어졌다. 전문가들은 훈련을 통하여 점차적으로 개별 가족 서비스 계획(IFSP: Individualized Family Service Plan) 또는 개별 교육 프로그램(IEP: Individualized Educational Program) 등의 계획안 또는 보고서 양식을 사용하여 서비스를 수행해야 한다. 계획안은 다음과 같은 질문에 응답하는 형식으로 구성된다.

- 중재 목표는 무엇인가?
- 주제를 달성하기 위해 제시될 목표나 중간 단계는 무엇인가?
- 각 목적에 도달하기 위하여 어떠한 활동을 수행하는가?
- 목적의 성취 여부를 평가하기 위하여 사용되는 기준은 무엇인가?
- 목표를 성취해 가는 진행과정은 어떻게 측정하는가?

일반적으로 이러한 고려사항은 IEP나 IFSP 형태로 완성할 필요는 없으며, 단순히 자녀를 위해 어떻게 해야 하는지에 대해 알고 싶어 하는 부모들에게는 그다지 중요하지 않다. 그러나 부모에게 이러한 교육과정의 구성은 계속 필요할 수 있다. 교육과정의 내용은 다음과 같은 의문점을 보다 명료하게 해 준다.

- 부모가 자녀를 돕기 위해 할 수 있는 것은 무엇인가?
- 부모가 전략을 사용한 결과로 아동이 해야 하는 것은 무엇인가?
- 부모가 전략을 사용함으로써 자녀에게 바라는 발달적 · 사회적 · 정서적 성과를 어떻게 촉진할 수 있는가?

〈표 3-1〉에 제시한 RT 퀵스타트(Quick Start)는 RT 중재회기나 아동발달 계획을 개발하고 수행하는 경우, 활동들의 순서와 교육과정의 구성 내용을 요약하여 제안한 것이다. 또한 [그림 3-1]에서는 RT의 주 구성 내용을 목적, 목표 그리고 중재 절차로 분류하여 제시하였다.

〈표 3-1〉 반응성 교수 퀵스타트

반응성 교수	부모를 매개로 한 중재로서 세 발달 영역에서 아동의 기능을 증진시키기 위하여 고안되었음
발달 영역	인지, 의사소통, 사회 · 정서적 기능(RT에서 다루는 목적)
중심축 행동	목표로 정한 발달 영역에서 발달하기 위해 아동이 일상적인 상호작용 중에 사용해야 하는 행동(중재 목표)
논의점	중심축 행동이 무엇인지 명확히 정의하고, 중심축 행동이 학습과 발달면에서 수행하는 역할에 관하여 부모와의 토론을 이끄는 주제
RT 전략	부모나 그 밖의 사람들이 일상생활에서 아동과 상호작용하는 동안 아동의 중심축 행동을 촉진하기 위해 사용할 수 있는 중재 활동
중심축 행동 프로파일	아동이 각 중심축 행동을 습득하는 진행과정을 평가하기 위한 평정척도
가족행동계획	부모가 RT 전략과 지시 사항을 잘 따라 하도록 약술된 계획안
중심축 행동 마법사	아동에게 부족한 것을 가장 잘 충족시킬 수 있는 중심축 행동을 선택하도록 돕는 도구
중재계획과 진행 기록표/프로그램	중재회기에서 진행하는 논의점과 RT 전략을 선택하고 기록하기 위해 사용하는 기록표 또는 CD-ROM
교육과정 개요	다음과 같은 중재회기 내용으로 구성됨 • 각 중심축 행동에 관한 실제와 고려사항 • 부모와 진행하는 논의점 • 각 중심축 행동을 촉진하기 위한 RT 전략

발달 영역			
중재 목적	인지(C)	의사소통(CM)	사회 · 정서(SE)
중심축 행동			
중재 목표	1. 사회적 놀이 2. 주도성 3. 탐색 4. 문제 해결 5. 실행	1. 공동 활동 2. 공동 주의 3. 언어화 4. 의도적 의사소통 5. 대화	1. 신뢰 2. 감정이입 3. 협력 4. 자기 규제 5. 자신감 6. 통제감
정의/고려사항/논의점			
중재 절차	1. C-101-C-107 2. C-201-C-207 3. C-301-C-307 4. C-401-C-407 5. C-501-C-507	1. CM-101-C-108 2. CM-201-C-206 3. CM-301-C-306 4. CM-401-C-406 5. CM-501-C-508	1. SE-101-SE-110 2. SE-201-SE-206 3. SE-301-SE-309 4. SE-401-SE-409 5. SE-501-SE-507 6. SE-601-SE-607

RT 전략

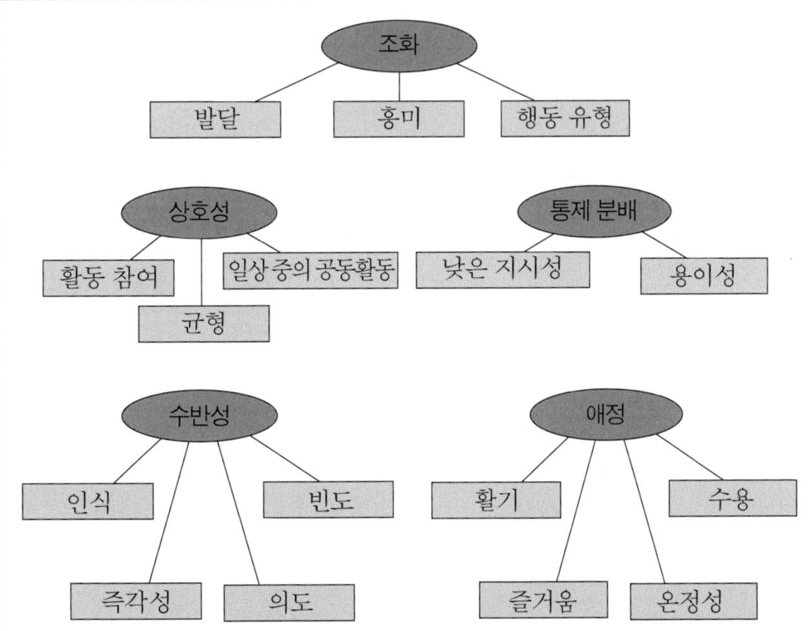

가족행동계획

무엇을	언제/어디서	장해물 해결 방법

[그림 3-1] 반응성 교수 교육과정

1. 발달 영역

RT에서 제시하는 목표는 아동발달 연구를 통해 부모의 반응성에 따라 영향력이 있는 것으로 나타난 발달 영역들이다. RT는 인지, 의사소통 그리고 사회·정서적 기능에 초점을 두고 있다. 왜냐하면 반응적인 부모의 상호작용은 이들 아동발달 영역을 촉진하는 것으로 검증되었기 때문이다.

RT에서는 각 발달 영역에 대해 단 한 개의 목적만을 선정한다. 이 중재 목적에는 중재를 통해 기대되는 성과를 반영한다.

발달 중재는 단순히 전문가가 아동에게 가르치는 개별 기술과 행동을 아동이 학습하는 것이 아니라, 아동발달에서 근본적인 변화를 촉진하는 것이다. 이때 발달적 목적은 중재에서 수행하는 활동 지침의 근거이며 중재가 계획한 대로 이루어지고 있는지를 평가하는 기준이 된다.

목적을 정하고 RT를 수행할 때 주의해야 할 두 가지 유의사항이 있다. 첫째, 중재 목적은 발달적 문제의 심각성 정도에 상관없이, 모든 아동에게 동일하다는 점이다. 아동들이 단순한 언어발달 지체에 의해 발달적으로 단지 '위험'한 정도인지 아니면 심각한 의사소통의 문제가 있는지에 상관없이, 보다 유창하고 유용한 의사소통발달이 이루어지도록 하는 중재 목적에는 차이점이 없다. 둘째, 부모가 아동에 대해 이루고자 하는 발달 성취 결과는 대부분 RT 목적 가운데 하나 또는 하나 이상의 조합으로 표현할 수 있다는 것이다. 예컨대, 부모가 자녀와 의사소통을 하고 아동이 느끼는 감정을 공유하기를 바란다면, 부모의 관심은 의사소통이나 사회·정서적 기능 영역에 있는 것으로 해석하고 이 영역에서 목적을 찾을 수 있다. 이때의 초점은 아동에 따라 개별화된 중재 프로그램의 중점인 일반적인 목적 또는 발달 영역에 중점을 둔다.

2. 중심축 행동

[그림 3-1]을 보면, RT는 각 발달적 목적에 대해 일련의 하위 중재 목표를 제시하고 있다. 이 목표들은 선정한 발달 영역을 촉진하기 위해 아동이 사용해야 하는 중심축 행동이다. RT 중재 목표는 아동의 발달적 기능을 평가하는 데 사용되는 검사 항목이나 행동이 아니라, 오히려 아동발달 이론과 연구에서 발달 학습에 기초가 되는 것으로 입증된 행동을 만들어 가는 과정이라 할 수 있다. 즉, 중심축 행동이란 부모나 성인들이 아동과 RT 전략을 사용할 때마다 촉진해야 하는 행동들이다.

RT 중재 목표에는 주목할 만한 세 가지 특징이 있다. 첫째, 비록 중심축 행동이 발달 학습에 기여하는 것으로 밝혀진 과정 모두를 대변하는 것은 아니지만, 현재 아동발달 이론에서 대부분 공통적으로 제시하는 학습 형성과정을 대변한다. 둘째, 이 목표들은 아동이 전체 발달 시기를 통하여 그대로 사용해야 하는 행동이다. 이 목표들은 중재를 통해 장기간에 걸쳐 다루어져야 하며, 아동이 중심축 행동을 사용하지 않는 경우에는 재중재를 실시해야 한다. 셋째, 개별 중재 또는 아동발달 계획안은 대부분 아동에게 발달적으로 부족한 부분과 연관이 있는 중심축 행동을 세부 목표로 삼아 작성된다. 따라서 중재자들은 각 아동에 대해 직접 목표를 세울 필요는 없고, RT 교육과정에서 개별적으로 아동에게 부족한 부분과 가장 부합하는 중재 목표를 선정하기만 하면 된다.

3. 논의점

RT 중재회기는 부모가 일상의 상호작용에서 수행할 수 있는 전략과 활동에 초점을 둔다. 따라서 RT 회기 동안 수행하는 활동은 부모에게 다음과 같은 도움을 주어야 한다.

- 중재 목표로 선정된 중심축 행동이 어떻게 아동의 발달학습을 증진시키는지, 부모가 아동에 대해 원하는 결과를 성취할 수 있도록 어떻게 도와야 하는지 이

해시킨다.

• 아동이 중심축 행동을 사용하도록 촉진하는 RT 전략을 이해하고 사용할 수 있도록 한다.
• 아동의 일상적인 활동 안에서 RT 전략을 통합시키도록 한다.

본 교육과정에는 약 130개의 논의점이 개발되어 있다. 이들은 본 교육과정에서 근거하고 있는 발달 이론에 대하여 간략하게 서술하여 제시한다. 논의점에서는 어떤 행동이 아동의 학습과 발달에 근본이 되는 '중심축 행동(pivotal behaviors)' 인지 그리고 RT 전략이 어떻게 아동으로 하여금 이 중심축 행동을 사용하도록 촉진하는지에 대해 설명한다.

논의점은 부모가 RT 전략에 부합하는 생각을 가지고 각 중재회기를 잘 수행할 수 있도록 돕기 위하여 설계되었다. 이는 전문가 입장에서 일반적으로 바람직하다고 여겨지는 사항을 정형화한 것이다. 바람직한 전문가들은 부모에게 아동발달에 관한 정보를 제시할 때 중점적이고 핵심적인 내용을 중심으로 한다.

전문가들이 부모에게 RT에 관한 이론적 배경을 설명할 때, 많은 경우에 두 가지 문제가 발생한다. 첫째, 전문가들은 너무 많은 정보를 제공한다. 이들은 부모가 다음 회기까지 한두 가지 관점에만 초점을 두고 깊이 생각할 수 있도록 정보의 양을 적당히 조절하지 못한다. 결과적으로 일부 부모들은 중재회기 동안 설명된 RT 전략과 논의된 것이 어떻게 관련되는지 완전히 이해하지 못한 채, 다소 어리둥절하게 중재회기를 마친다. 매일의 일과와 바쁜 일상생활로 정신이 없는 부모들에게 중재회기 중에 너무 많은 정보를 준다면 논의한 것들을 기억해 내는 데 어려움을 겪게 될 것이다.

둘째, 전문가들은 같은 사항을 반복하는 경향이 있어서, 종종 날카로운 통찰이나 새로운 이면을 제시하지 못한다. 그 결과, 중재회기에서 아동의 발달학습을 지원하고 증진시키기 위해 부모가 할 수 있는 것을 이야기할 때 참신성이 사라지면서 전문가의 효과는 축소되고 만다.

논의점은 이러한 문제를 해결하는 데 도움을 준다. 각 논의점은 아동이 발달적으로 부족한 부분을 해결하기 위해 RT 전략을 사용하는 것이 중요하다는 핵심 관점을 강조한다. 전문가와 부모들은 아동의 발달적 향상을 위해 한두 가지 관점으로 중심축 행동이 중요하다는 것을 강조하기 위하여 이 논의점을 사용할 수 있다. 또한 중재자들은 각 회기에 포함된 논의점을 계속 기록함으로써 이어지는 회기에서 이전의 기록 사항을 쉽게 훑어보고 다음 회기에서 다른 논의점을 쉽게 선정함으로써, 부모는 아동의 발달학습에 관한 여러 주요 관점을 배울 기회를 가지게 된다.

4. 반응성 교수 전략

RT는 약 70개의 반응성 교수(RT) 전략으로 구성되어 있다. 이 전략들은 제안이나 주지 사항을 기억하기 쉽게 간단하게 표현하여(예: '하나 주고 기다리기' '아동의 행동 모방하기') 부모가 언제 어느 상황에서든 자녀와 상호작용하는 방법을 점검하고 변화시키는 데 사용할 수 있다. 여기에서 반응성(responsive)이란 용어는 제1장에서 설명한 5개 범주로 분류되는 반응적인 상호작용을 부모가 배워서 사용하도록 돕는 것을 말한다. 그리고 교수(teaching)란 이 전략들이 아동의 발달학습에 기초가 되는 중심축 행동을 아동이 사용하도록 촉진하는 교수적인 절차임을 강조하는 것이다.

RT를 개발하기 위하여 본 연구자들은 120개 이상의 다양한 '관계 중심적(relationship-focused)' 교육과정을 조사하였고, 결과적으로 66개 전략으로 축소하여 목록화하였다. 이 전략들을 목록화하는 과정에서 반응적 상호작용을 5개 범주, 즉 상호성(reciprocity), 수반성(contingency), 통제 분배(shared control), 애정(affect) 그리고 발달적 조화(developmental match)로 분류하였으며, 또 다시 각 범주는 여러 개의 하위 목록으로 구성된다. 다시 말하면, 66개 전략은 반응적인 상호작용에 관해 다양하고 질적인 부모의 역할을 설명하고 있다.

RT 전략만큼 다양한 범주의 반응성을 설명하는 것은 없다. 또한 동일한 범주를 설명하는 여러 전략들을 제시함으로써, RT는 이러한 행동을 수행하도록 학습시키는 경우에 다각적인 선택을 할 수 있게끔 도와준다. 예컨대, '놀이 상대자로서 행동하기' '재미있게 상호작용하기' '일상생활을 놀이식으로 바꾸기' 전략들은 어른이 아동과 '즐겁게' 상호작용하는 것이 중요하다는 점을 강조하기 위해 고안된 동일 범주에 있는 세 가지 다른 방식이다. 이 세 가지 전략 모두를 한꺼번에 사용할 필요는 없다. 그러나 어른이 특정의 반응성 상호작용 영역을 배우는 데 어려움을 겪는다면, 여러 중재회기를 통하여 다각적인 전략을 적용할 수 있다.

5. 중심축 행동 프로파일

중재 교육과정에서 가장 중요한 고려사항 가운데 하나는 계획한 목표를 얼마만큼 달성하였는지를 판단하는 것이다. RT에서 일차적인 목표는 중재 목표로 선정된 발달 영역의 기초가 되는 중심축 행동을 아동이 더욱 많이 사용하게 하는 것이다. 부모가 자녀와 함께 지내면서 사용하도록 권장되는 RT 전략들은 아동에게 목표로 주어진 중심축 행동을 촉진하기에 적합하기 때문에 선정된 것들이다. 문제는 부모가 이 RT 전략을 사용하는 것이 실제로 아동의 중심축 행동을 얼마나 촉진하는지를 평가해야 한다는 것이다.

중심축 행동 프로파일('제4부 교육과정 자료 3' 참조)은 아동의 진행 상태를 평가하는 도구이다. 이 프로파일은 RT에서 설명하는 16개 중심축 행동과 이에 상응하는 16개 항목 각각에 대한 평정척도로 구성되어 있다. 이 척도들은 아동이 중심축 행동을 얼마나 잘 사용하는지에 대해 10점 척도로 평가한다(1 = 매우 낮다, 10 = 매우 높다). 또한 이 척도는 기본적으로 자기 설명적이며, 중심축 행동과 기준을 쉬운 말로 명확하게 기술하고 있다. 중심축 행동 프로파일은 부모와 전문가들이 주기적으로 아동의 행동을 평가할 수 있도록 계획되었다. 부모는 이 프로파일을 복사하여 집 안의 냉장고나 보드판 등 가까이에서 쉽게 볼 수 있는 곳에 붙여 놓고, 일상생활에서 RT 전략을 자주 떠올리고 통합하여 성취할 수 있게 하는 것이 바람직하다.

6. 가족행동계획

가족행동계획('제4부 교육과정 자료 5' 참조)은 RT의 가장 중요한 구성 내용이라 할 수 있다. 중재회기가 아주 효과적이거나 중재회기 동안 부모가 모든 것을 이해하고 RT 전략을 수행했다 하더라도, 만일 부모가 중재 내용을 일상적인 일과 속에 통합하여 사용하지 않는다면 중재는 아동의 발달적 기능에 영향을 미치지 못할 것이다.

가족행동계획은 부모가 주도하는 중재 영역이다. 부모에게 정보를 주고 RT 전략을 수행하게 하였다면, 이 정보를 가지고 어떻게 사용할 것인지를 판단하는 것은 부모에게 달렸다. 가족행동계획에 포함된 활동들은 부모가 RT를 이해하고, 받아들이고, 사용하는 것과 관련되어 있다. 만일 부모가 아직 이 접근의 효과에 대한 믿음이 없다면, ① 중재회기 동안 제시된 정보에 관하여 생각하기, ② 배우자 또는 다른 사람들과 중재 개념에 관해 논의하기, ③ 다른 상황에서 아동 관찰하기와 같은 활동들을 실행해 볼 수 있다. 그리고 부모가 이제 막 RT 전략을 배우기 시작했다면, ① 놀이에 초점을 둔 활동 전략 실행하기, ② 매일의 일상적인 일과 중에 전략 통합하기 등을 포함시켜 볼 수 있다. 또한 부모가 아동과의 반응적인 상호작용의 기회를 늘리고 싶다면, ① 다른 사람(배우자, 형제, 친척 등)이 전략을 사용하도록 가르치기, ② 아동과 함께하는 전문가와 RT 중재 프로그램에 관해 논의하는 활동들을 수행해 볼 수 있다.

가족행동계획에는 부모가 무엇을, 언제, 어디서, 얼마의 기간 동안 할 것인지를 상세히 명시해야 한다. 가족행동계획은 명백하고 특정한 제안과 주지 사항(예컨대, 아기의 기저귀를 갈아 줄 때 '아기 발성 모방하기', 목욕시키는 동안에 '하나 주고 기다리기' 등을 할 수 있다.)으로 이루어져 있다. 가족행동계획은 부모가 이 중재를 아동의 자연스러운 환경에 통합하도록 해 줌으로써 아동발달에 미치는 RT의 효과를 증진시킨다.

7. 메뉴에 따른 교육과정

RT는 메뉴에 따른(menu-driven) 교육과정이다. 이는 전문가들이 아동의 현재 기능 수준에 반응적이고, 부모의 지식, 능력 그리고 그들의 가족 상황에 따라 개별화된 중재회기 계획을 개발하도록 한다.

RT 중재계획과 진행 기록표('제4부 교육과정 자료 4' 참조)는 중재자가 각 중재회기의 내용을 계획하고 기록해 나갈 수 있도록 하기 위하여 고안되었다. 이 형식에서는 각 중심축 행동을 촉진하기 위해 선정한 논의점과 RT 전략을 목록으로 제시한다. 중재자나 부모들은 이 형식을 사용함으로써, 이전 회기에서 제시된 내용을 토대로 아동과 부모의 필요 사항에 따라 각 회기를 계획하고 기록해 나갈 수 있다.

RT 교육과정 개요('제4부 교육과정 자료 6' 참조)는, ① 각 중심축 행동에 관한 실제와 고려사항, ② 부모와 함께하는 논의점 토론, ③ 각 중심축 행동을 촉진하기 위해 사용하는 RT 전략으로 이루어진 중재회기에 대한 내용을 기술하고 있다. 부모나 전문가는 중재회기 계획안을 작성하는 경우, 중재계획과 진행 기록표에서 선택한 RT 전략과 논의점을 기술하는 회기 계획 형식만 작성하면 된다.

또한 교육과정을 보다 쉽게 사용할 수 있는 CD-ROM을 이용한 RT 교육과정 계획과 진행과정 기록 프로그램이 있다. 이 프로그램에는 RT 교육과정이 모두 포함되어 있다. 치료 대상 아동에 대한 파일이 설정되면, 중재자는 메뉴에 따라 그 회기에서 사용하고자 하는 목적, 중재 목표, RT 전략, 논의점 등을 선택할 수 있고, 중재계획안도 구성할 수 있다. 또한 중심축 행동 마법사는 이 프로그램을 토대로 중재목표를 선택하도록 도와준다. 중재자는 이 프로그램을 사용하여 2분 이내에 개별화 중재회기 계획안을 작성할 수 있다. 프로그램은 전문가와 부모 모두가 계획안을 자동적으로 구성하고 인쇄할 수 있도록 도와준다.

이 메뉴 형식은 조기중재에서 사용되는 가장 바람직하고 일반적인 두 가지 교육과정 접근을 조합한 것이다. 첫째, RT는 임상적 중재 교육과정이다. 메뉴 형식은 중재회기 동안 부모가 드러내는 새로운 문제나 관심에 대해 반응적일 뿐 아니라, 아동과 부모가 필요로 하는 요구와 학습 유형에 맞출 수 있도록 매우 유동적으로 조기중재를 계획할 수 있게 되어 있다. 중재자들은 수행하고자 하는 중재 목표, RT 전략 그리고 논의점을 선정할 때 여러 가지 중에서 선택할 수 있을 뿐 아니라 각 회기 동안 얼마만큼의 내용을 다룰 것인지, 이 내용을 얼마 동안 수행할 것인지 등을 선택할 수 있다.

둘째, RT는 구조적인 교육과정이다. 임상적 중재 절차가 아동과 부모가 지니는 다양한 문제점을 다루는 데 아무리 유익하더라도, 대부분의 전문가들은 개별화된 서비스를 계획하고 수행하는 데 충분한 시간을 가지지 못한다. 때때로 고정된 일련의 활동을 따르지 않는 임상적 중재 상황에서는 당장 직면한 문제를 해결하는 데 급급해 아동발달을 촉진하고자 하는 장기적인 목적을 상실함으로써 주목적에서 벗어나는 위험에 빠질 수 있다.

메뉴에 따른 RT의 구조는 이러한 문제로부터 벗어날 수 있게 도와준다. RT는 전문가들이 그들의 임상적 판단을 근거로 중재회기에서 사용할 목표와 내용을 선택하게 되는데, 여기에는 두 가지 중요한 전제가 있다. 첫째, 중심축 행동 마법사를 이용하여 아동에게 부족한 면을 가장 잘 충족시키는 중재 목표를 선택하도록 돕는다. 둘째, RT 중재계획과 진행 기록표, RT 교육과정 계획과 진행과정 기록 프로그램 그리고 교육과정 개요에 있는 내용들에 한해서 아동에게 기대하는 발달 성취와 관련한 RT 전략과 논의점을 회기 계획의 내용으로 정한다. 이 두 가지 전제는 프로그램을 통한 중재가 기대하는 목적을 촉진하기 위하여 논리적이고 일관적으로 순서 있게 행해진다는 것을 다시 한번 확인시켜 준다.

8. 반응성 교수 교육과정의 다양한 형태의 활용

반응성 교수(RT)의 핵심은 66개 RT 전략이다. 반응성 교수 교육과정의 일차적 목표는 부모가 보다 반응적으로 자녀와 상호작용하도록 돕는 것이다. 어떤 부모나 양육자든지 간에 RT 전략을 배우는 데 시간을 투자하고 자녀와 함께하는 일상적인 상호작용 중에 이 전략을 사용한다면 아동의 중심축 행동을 촉진하고 아동발달과 사회·정서적 안정을 최대화하는 데 큰 효과를 얻게 될 것이다. 그 밖에 앞서 기술한 RT 교육과정의 구성 내용들은 부모들이 이 전략을 간단하고 손쉽게 배우도록 하거나 조기중재, 말·언어 병리, 아동 초기 정신건강과 같은 어린 아동을 위한 대부분의 임상적 서비스 프로그램의 구성과 요구 사항에 따라 RT를 조절하는 데 도움을 준다.

RT에 포함된 다양한 구성 내용들(중재 목표, 반응성 중재 전략, 논의점, 가족행동계획, 중심축 행동 프로파일, 중심축 행동 마법사, RT 중재계획과 진행 기록표, RT 교육과정 계획과 진행과정 기록 프로그램)은 이 책에서 기술하는 절차대로 사용하거나 아니면 부모와 전문가의 특별한 요구에 따라 선택적으로 사용할 수 있다.

1) 부모는 어떻게 반응성 교수를 사용할 수 있는가

부모가 혼자서 RT를 수행하고자 하는 경우에는 본 지침서에서 제안하는 절차에 따라 RT 중재회기 계획를 세워 나감으로써 자녀의 발달 계획안을 개발할 수 있다. 대안적으로 부모는 간단하게 RT 전략 가운데 몇 가지만 선택하여 아동에게 수행하고, 이들 전략이 아동의 중심축 행동에 어떠한 영향을 미치는지 평가하기 위해 중심축 행동 프로파일 중 한 가지 이상의 항목을 선택함으로써 이 프로그램을 활용할 수 있다. 이와 같이 선택적으로 RT를 사용하는 경우는 부모가 특히 이 프로그램이 기초하는 아동발달 이론과 원리를 잘 알고 있을 때 더욱 효과적이다. 만일 부모가 이 프로그램에서 강조하는 이론적 배경에 대해 명확하게 알고 있지 않다면, 논의점을 다시 살펴보면서 중심축 행동이 아동의 발달과 안정에 얼마나 영향을 미치는가에 대해 이해의 폭을 넓히는 것이 도움이 될 것이다.

2) 부모 집단에 어떻게 적용할 수 있는가

본 연구자들은 여러 전문가들과 함께 집단 부모교육 프로그램에 RT를 채택하여 사용해 보았다. 전문가들은 그 집단에서 공통적으로 흥미를 보일 만한 한 가지 이상의 중심축 행동을 선정하였다. 그리고 RT 교육과정 개요에서 각각 한 가지 이상의 논의점과 RT 전략을 선정하였다. 그런 다음 목표로 선정한 중심축 행동에 관한 집단 토론과 더불어 RT 전략을 사용하는 방법에 대한 실제 예시와 비디오 자료를 보여 주었다. 이러한 집단 형태의 단점은 각 부모의 특별한 요구나 관심에 대해 개별화된 접근을 하지 못한다는 것이다. 그러나 아동발달을 위한 사회적 놀이의 역할과 같은 일반적인 주제는 대다수의 부모와 각 아동에게 유익하였으며, 부모가 이미 아동과 상호적인 사회적 놀이를 하고 있더라도 그 결과는 효과적이었다.

요 약

이 장에서는 RT의 네 가지 주요 구성 내용, 즉 중재 목표, 논의점, RT 전략, 가족행동계획에 관하여 기술하였다. 이 교육과정의 구성은 대부분의 전문가들이 목적, 목표, 중재 활동 그리고 아동의 진행과정을 평가하기 위한 준거를 특정화하고 요구사항을 충족시키기 위해 고안되었다. 또한 우리는 중재회기 계획을 개발하기 위하여 이 교육과정에 포함되어 있는 도구와 절차를 기술하였다. RT 구성 내용과 권고되는 절차는 전문가들이 부모와 아동과 함께 쉽게 RT를 사용하도록 하기 위해 고안되었다. 또한 RT는 부모와 전문가들에 따라 다양한 방식으로 사용될 수 있는 유동적인 교육과정임을 설명하였다. RT가 성공적으로 수행되는 경우에, 부모의 반응성과 아동의 중심축 행동에 중요한 영향을 미친다. 이에 따라 아동이 일상적인 활동이나 상호작용을 하면서 중심축 행동을 하는 습관을 키워 나가는 것은 인지, 의사소통 그리고 사회 · 정서적 기능 등 여러 영역에 걸쳐 발달하는 데 상당한 도움이 될 것이다.

제2부 이론과 연구의 기초

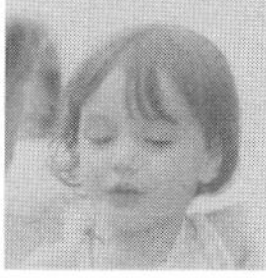

제4장
반응성 교수 전략

반응성 교수(RT) 내용을 개발하는 데 있어 강조를 둔 논리는 매우 간단하다. 즉, 발달 중재에서 아동의 학습과 발달을 촉진하는 데 효과적인 부모 역할이나 특성을 증진할 수 있다면, 그 중재과정은 부모가 자녀의 발달에 미치는 영향을 극대화시켜 줄 것이라는 데 있다. 결론적으로 말하면, 중재 교육과정을 전개해 나가기 전에 다음 두 가지 질문에 대해 답변할 수 있어야 한다. 첫째, 어린 아동의 발달과 사회·정서적 안정을 촉진하는 데 가장 효과적인 부모 특성은 무엇인가? 둘째, 어떤 유형의 중재 절차가 부모와 자녀 간의 상호작용에서 부모 역할의 특성을 강조하고 습득하도록 도와주는가?

1. 긍정적인 부모 특성

지난 수년 동안 연구자들은 부모가 어떻게 아동발달을 촉진하는지를 밝히는 데 관심을 가져왔다. 가장 일반적인 생각 중의 하나는 부모가 자녀에게 제공하는 자극의 양이 일차적으로 발달에 영향을 미치는 요인이라는 것이다. 하트와 리슬리(Hart & Risley, 1995)는 소규모로 표집된 세 부류의 사회적 계층(생활보호 가족, 노동 계층 가족 및 전문직 가족)에 대해 아동 연구를 실시하여 이러한 관점을 지지하는 결과를 보고하였다. 이 세 집단의 아동들은 생후 첫 3년 동안 부모로부터 받은 언어적 자극의 양에서 상당한 차이를 나타내었다. 전문직 부모들은 노동 계층 부모들보다 대화의 양이 50% 더 많았고, 노동 계층 부모들은 생활보호 계층 부모들보다 자녀와 100% 더 많이 말하는 것으로 나타났다. 이 세 집단의 부모에게 나타난 언어적 자극 양의 차이는 3세와 9세 때 아동의 발달적 수준과 관련이 있었다. 생활보호 계층에서 자란 아동들은 기본적으로 다른 두 집단 아동들보다 발달적 지수가 낮았다.

그러나 만약 '자극의 양'이 아동발달에 미치는 일차적인 영향이라면, 유사한 가정 배경에 있는 부모들이 아동에게 주는 자극 양의 차이 또한 아동의 발달과 상관이 있어야 할 것이다. 본 연구팀은 대부분 중류층 가정에 있는 다운증후군 증상이 있는 아동을 대상으로 언어발달 연구를 실시한 결과, 이와 같은 관점을 지지할 수 없었다. 비록 아동의 의사소통 능력에서 상당한 차이가 있었지만, 어머니가 아동과 의사소통하는 양이나 질은 아동의 언어발달에 영향을 미치지 않았다. 또한 언어 능력이 뛰어난 아동의 어머니는 아동과 대화할 때 최소한의 말만 하고 간단한 언어를 사용하였다(Mahoney, 1988a, 1988b). 그렇다고 해서 이러한 결과가 아동발달은 아동이 받는 자극의 양에 따라 촉진된다는 생각을 반박하지는 못한다. 여기서 우리가 제안하고 싶은 것은 아동이 부모와 상호작용하는 기회를 자주 가진다면, 아동이 받는 자극의 양은 아동의 언어발달에 가장 중요한 영향력은 아니라는 것이다.

또 다른 의견은 부모가 아동의 현재 발달 수준에 알맞은 자극을 제공하는 것이 아동발달을 촉진한다는 것이다. 예컨대, 언어발달 영역에 대해 대부분의 학자들은 부모가 자녀와 이야기할 때 아동의 언어를 수정해 주는 방식에 관심을 가져왔다. 부모는 무의식적으로 자녀와 의사소통하기 위해 사용하는 언어를 조정해서 더욱 짧은 발음, 단순한 문법 구조, 같은 말의 반복, 심한 억양, 그리고 높은 톤을 사용하며 말한다.

소위 '아기 말투(motherese)'와 같은 의사소통 유형은 아동이 가지고 있는 의사소통 수준과 조화를 잘 이루고 쉽게 이해할 수 있기 때문에 아동이 언어를 잘 배우도록 해 주는 이상적인 모형으로 보인다. 실제로 영유아들은 어른이 쓰는 언어 형태보다 아기 말투에 더 주의 집중을 잘한다. 그러나 아기 말투를 잘 사용하는 부모가 아동의 언어발달에 영향을 미치는지에 관하여는 아직 밝혀지지 않았다(Hampton & Nelson, 1993). 아기 말투는 아동이 언어를 배우도록 돕는 역할을 하고 있지만 '자극의 양'과 비슷하게, 이러한 양상이 그 자체만으로 확실히 아동의 언어발달에 미치는 주요 영향이라고 볼 수는 없다.

일반적으로 아동의 발달을 촉진하는 것으로 알려진 부모 양육 행동 연구에서도 동일한 결과를 보여 주고 있다. 예를 들면, 보육에 관한 책들은 흔히 아동에게 정적 강화를 주는 것이 매우 중요하다고 강조한다. 그러나 부모의 강화가 아동의 발달에 어떠한 영향을 주는지를 밝힌 연구는 없다(Brown & Hanlon, 1970; Nelson, 1973).

아동의 학습과 발달에 영향을 미친다고 여겨지는 또 하나의 부모 역할 전략은 '아동에게 모방하도록 요청' 하는 것이다(즉, 모방을 이끌어 낸다). 비록 영유아들이 언어 학습 시기 동안 자발적으로 빈번하게 모방하는 경향이 있지만, 아동이 부모를 모방하도록 요구함으로써 아동의 언어발달 비율을 증가시켰다는 연구 결과는 없다. 심지어 많은 중재 교육과정에서 아동에게 발달 행동을 가르치기 위해 모방을 이끌어 내지만(예: '손뼉 치기' '사과라고 말하기'), 연구에 따르면, 이러한 전략을 사용하여 질문할 때 아동이 그 단어를 말하는 것을 배울 수는 있지만, 아동이 자발적으로 의사소통하도록 증진시키는 데는 효과적이지 않은 것으로 나타났다(Camarata, Nelson, & Camaratta, 1994).

2. 부모의 반응성은 아동발달을 촉진한다

부모가 어떻게 아동의 학습에 영향을 미치는가를 설명하는 연구 중에서 우리에게 유익한 정보를 가져다주는 연구들은 대부분 아동의 장기간에 걸친 발달 결과와 다양한 부모 양육 특성 간의 관계를 설명하고자 하였다. 이러한 연구에서는 '부모가 개별 행동이나 개념을 어떻게 가르치는지'가 아니라, '부모의 양육 태도가 아동의 인지 또는 언어적 능력과 같은 일반적인 발달 결과에 어떻게 영향을 미치는지'를 살펴보고자 하였다. 또한 '구체적인 부모 양육 행동이 어떻게 발달 학습을 돕는지'에 관해 미리 계획된 생각을 검증하는 대신에, '부모와 아동이 서로 어떠한 방식으로 상호작용하는가'에 대해 설명하고 있다. 이러한 연구 관찰에 따르면, 부모 양육 특성은 적어도 다음과 같은 네 가지 유형을 지닌다.

- 성취 지향성(부모가 상위 발달적 행동을 사용하도록 아동을 촉구하는 정도)
- 애정적인 상호작용 특성(부모가 나타내는 즐거움과 따뜻함 그리고 에너지와 열정)
- 반응성(부모가 아동이 함께 활동하고 행동하도록 유지하고 촉진하는 정도)
- 통제(아동과 함께 있을 때 무엇을 할지에 대해 아동이 아닌 부모가 결정하는 정도)

부모는 자녀와 상호작용하는 매 순간 대부분 이와 같은 특성들을 나타낸다. 또한 부모가 아동을 대할 때 나타내는 광범위한 양육 유형은 이러한 특성으로 분류할 수 있다. 연구자들은 부모가 자녀와 함께 지내면서 상호작용하는 동안 이러한 특성을 분명하게 드러내는 정도가 아동발달과 관련이 있다는 결과가 입증될 때 부모가 아동발달에 영향을 미치는 것으로 여긴다.

부모가 아동의 인지발달을 어떻게 증진시키는지를 밝히기 위한 연구를 살펴보면, 앞서 제시한 상호작용 특성 중 반응성 부모 양육 특성이 유일하게 일관적으로 아동의 발달연령 또는 지능지수(IQ)를 예측할 수 있게 해 준다는 것을 알 수 있다(Beckwith & Cohen, 1989; Bradley, 1989; Fewell, Casal, Glick, Wheeden, & Spiker, 1996). 격려해 주는 자극의 양, 장난감, 자극을 받는 기회는 발달연령이나 지능지수에 영향을 미치지 못했으나, 반응성은 일관되게 아동발달과 정적인 관계가 있는 것으로 나타났다.

반응성은 의사소통발달에 일차적으로 영향을 미치는 부모 양육 특성으로 밝혀져 왔다(Bornstein, Tamis-LeMonda, & Haynes, 1999; Hoff-Ginsberg & Shatz, 1982; Nelson, 1973). 부모가 자녀의 말에 즉시 반응해 주고 아동이 시도한 말을 의미 있는 것처럼 해석해 줄 때, 아동의 의사소통 수준은 더욱 높은 성취를 나타내었다. 예컨대, 넬슨(Nelson, 1973)은 아동이 부정확한 단어를 사용할 때 정확하게 고쳐 주는 부모의 아동과 아동이 부정확한 단어를 사용할 때 마치 그것이 의미가 담긴 것처럼 그대로 반응해 주는 부모의 아동에 대해 언어발달을 비교하였다. 아동이 잘못 발음하거나 부정확하게 단어를 사용하였을 때 이를 올바로 수정해 준 부모의 아동보다 정확하지 않은 언어라도 마치 대화하는 것처럼 반응해 주었던 부모의 아동이 더 높은 의사소통 수준을 성취하였다.

반응성은 또한 사회 · 정서발달을 촉진하였다. 여러 연구에 따르면, 반응성은 생의 초기에 가장 중요한 사회 · 정서 행동 중 하나인 부모와의 애착 형성과 관계가 있었다(Birigen & Robinson, 1991; Kochanska, Forman, & Coy, 1999; Vereijken, Ricksen-Walraven, & Kondo-Ikemura, 1997). 부가적으로 유치원 시기 동안 아동이 또래와 잘 지내고 자주적인 행동을 나타내는지를 예측하는 부모 특성은 바로 아동에 대한 부모의 반응성이다(Crockenberg & Litman, 1990; Isabella, 1993; van den Boom, 1995).

이와 같은 연구에서 제안하는 것은, 부모가 자녀와 반응적인 상호작용을 하면서 함께하는 것은 발달적으로 매우 효과적인 교수 전략을 수행하는 것과 같다는 것이다. 교수(teaching)라는 용어가 아동이 보다 높은 수준의 능력을 성취하는 데 필요한 기술과 행동을 습득하도록 돕는다는 것을 의미하는 것이라면, 실제로 부모는 자녀와 반응적으로 상호작용할 때마다 발달에 기초가 되는 것을 가르치고 있는 것이다.

3. 반응성은 효율적인 부모 특성으로 문화 보편적이다

반응성이 학습과 발달에 미치는 영향력은 문화 보편적인 현상으로 서구사회나 중류층 문화 또는 일반적인 발달 아동에게 한정되지 않는다. 문화적 차이에 따라 부모가 자녀를 양육하는 방식에 차이가 있고, 각 문화 집단 내에서도 부모와 아동이 상호작용하는 방식에 차이가 있다. 문화적 집단들 내에서 효율적인 부모 유형을 조사한 결과, 각 집단에서 가장 반응적인 부모가 가장 효과적으로 아동발달을 촉진하였다. 예컨대, 일본인 부모는 다른 서구 문화권의 부모들과는 다른 부모 양육 형태를 가지는 것으로 보고되었지만(Bassani, 2003), 그럼에도 불구하고 본스테인(Bornstein, 1989)의 연구에 따르면, 아동에 대한 일본 어머니의 반응성은 적어도 아동 초기에 아동의 발달적 성장과 관계가 있는 것으로 나타났다.

미국의 경우, 사회경제적 수준(SES)과 인종에 따라 부모가 자녀를 양육하는 방식에 차이가 있다. 사회경제적 수준이 중간 정도인 가정의 부모보다 사회경제적 수준이 낮은 백인과 흑인 부모가 더 권위주의적인 아동 양육 형태를 나타내는 경향이 있다. 그럼에도 불구하고 사회경제적 수준이 낮은 집단 내에서 부모의 반응성은 아동의 발달에 영향을 미치는 중요한 요인 중 하나였다(Bradley, 1989).

발달적 문제가 있는 아동의 부모는 자녀와 매우 지시적인 상호작용을 하는 경향이 있는데, 이는 아동이 나이에 적합한 행동을 하도록 촉구하고자 부모들이 지시적인 상호작용을 하는 것으로 보인다. 그러나 아동이 발달상 문제가 있다고 하더라도, 아동이 가지고 있는 문제의 심각성 정도에 상관없이 부모의 지시성이 아닌 반응성이 아동발달에 중요한 영향을 미친다(Brooks-Gunn & Lewis, 1984; Mahoney, 1988a, 1988b; Mahoney, Finger & Powell, 1985; Siller & Sigmon, 2002).

4. 반응성은 복합적인 행동이다

본 연구팀은 연구를 통하여 반응성은 여러 상호적인 특성으로 이루어져 있다는 것을 알게 되었다. 이러한 특성들은 바로 반응성 상호작용의 범주 또는 구성 내용이며, 이는 아동발달을 촉진하는 데 중요한 역할을 수행하는 것들이다(Mahoney, 1988a; Mahoney et al., 1985; Mahoney, Fors, & Wood, 1990; Mahoney & Powell, 1988).

반응성에 대해 좀 더 적합한 용어로 표현하자면 '아동 지향적(child orientation)'이라 할 수 있다. 즉, 반응성과 관련된 상호작용 특성은 일차적으로 아동의 관여와 참여를 유지하고 촉진해 주는 데 초점을 두는 어른의 특성을 말한다. 반응적인 어른은 아동과 함께 상호작용할 때, 상호성, 수반성, 통제 분배, 애정 그리고 조화의 특성을 나타낸다. 반응적인 어른은 아동에 대해 어른이 말하고 생각하는 세계가 아닌, 아동이 느끼고 활동하는 세계에서 이해한다. 아동 지향적이란 엄격한 훈련자(아동이 반드시 하도록 만드는), 교사(아동이 반드시 상위 수준의 능력을 배우도록 학습시키는) 또는 감독자(아동이 안전한지 확인하는)와 같은 부모 역할과는 대조적인 개념이다. 다음에 기술하는 다섯 가지 반응성 범주는 아동 지향적인 상호작용 유형이 가지는 특징들이다.

1) 상호성

부모와 아동이 서로 주거니 받거니 하며 교환하는, 균형 있는 상호작용을 할 때 상호 호혜적이라고 할 수 있다. 부모와 자녀 간에는 각각 상대방이 한 행동에 대해 반응해 주면서 상호작용을 통해 자신의 행동을 나타내 보인다. 호혜적인 상호작용(interaction)은 부모와 자녀 간에 서로 주의를 기울이면서 공유하고 협력하는 활동이다. 이와 대조되는 상호작용은 다음과 같다.

- 아동은 자신이 하고 싶은 것에 우선적으로 참여하고, 어른에게 거의 주의를 기울이지 않는다.
- 어른은 아동에게 하고 싶은 것을 할 기회를 주지 않으며, 어른이 주도하는 것을 우선적으로 받아들이도록 아동을 수동적인 역할자로 만들면서 상호작용을 어른이 지배한다.
- 어른이나 아동 누구도 자신이 하고 싶은 것을 상대방이 함께하도록 활동에 끌어들이거나 상대방에게 협력하지 않는 등 조정이 되지 않는 상호작용이다.

비록 상호성이 부모와 자녀 간의 균형 잡힌 상호작용 정도라고 말할 수 있지만, 상호성에 있어서 가장 중요한 점은 부모와 자녀 간에 일상 중 공동 활동의 빈도가 더욱 많아지고 기간이 더욱 길어져야 한다는 것이다. 골드버그(Goldberg, 1977)에 따르면, 상호성이 부모에게도 유익한 영향을 미치는데, 그 증거로 부모가 아동과 효율적으로 함께 공동 활동을 할 때 부모는 자신의 양육 기술이 괜찮은 편이라고 생각하며 아동과 함께 있는 것에 즐거워하는 것으로 나타났다. 부모가 아동과 함께하는 상호작용을 통하여 성취감과 즐거움을 얻게 되면서 부모는 더욱더 빈번하게 자녀와 상호작용하게 된다.

2) 수반성

수반성은 아동이 먼저 만들어 낸 행동과 직접적인 관계가 있는 어른의 상호작용이라 할 수 있다. 대부분의 부모들은 자녀와 놀아 주고 매우 생동감 있고 표현적이지만, 아동이 먼저 만들어 낸 행동에 대해서는 그렇게 하지 않는 경우가 많다. 이러한 경우 부모들은 아동과 따뜻하고 사랑스러운 관계이고 아동과 발달적으로 적합한 활동을 함께했을 수도 있다. 그러나 부모와 자녀 간의 상호작용이 아동이 먼저 했던 행동과 직접 관련된 것이 아니라면, 이들의 상호작용은 반응적이라 할 수 없다.

부모의 상호작용은 다음 두 조건하에서 아동의 행동에 수반되어야 한다. 첫째, 부모와 아동의 행동 간 '시간 간격'이 매우 짧아야 한다. 수반적 상호작용은 아동의 행동 이후, 또는 적어도 아동이 다른 두 개의 행동을 하기 전에 즉각적으로 일어나야 한다. 둘째, 부모의 행동은 아동의 행위뿐 아니라 의도도 유지시킨다. 이와 같이 되려면 부모는 아동의 활동이나 관심에 민감해야 한다. 부모는 아동을 예민하게 관찰하고, 아동의 행동을 지속적으로 점검하고, 아동의 응시 대상이 무엇인지, 아동의 표정 등 미묘한 의사소통을 나타낼 수 있는 관심거리를 간파해야 한다. 또한 부모는 아동이 하고 있는 것의 의미를 해석할 수 있어야 한다. 예컨대, 만일 아동이 장난감 냄비와 팬을 장난감 레인지에 두드리고 있다면 부모는 '요리하는 시늉'에 대하여 탁탁 두드리고 소음을 만들어 내고자 하는 아동의 의도에 따라 보충해 주는 방식으로 반응해 주어야 한다. 수반성은 아동이 울거나 부모를 부르면서 부모의 반응을 요구할 때 부모는 반응해 주는 것뿐 아니라 심지어는 아동이 요구하거나 반응해 주기를 기대하지 않았지만 아동이 나타내는 미묘한 것들에 대해서조차 부모가 반응해 주는 것을 나타낸다.

3) 통제 분배

반응적인 부모는 가급적 아동을 지시하는 횟수를 제한하고 부모가 아동에게 지시하는 것보다는 아동에게 더 많이 반응해 주도록 노력하며, 지시를 하더라도 일차적으로는 아동이 주도하는 행위와 의사소통을 용이하게 할 목적으로 한다. 통제 분배는 반응성에서 중요한 요인이다(MacDonald & Gillette, 1986). 반응적인 부모는 아동에게 지시와 지침을 주더라도, 지시의 횟수를 제한함으로써 아동에게 지시하는 것보다는 반응해 주는 것이 더 많도록 한다. 이는 아동에게 어른의 행동을 통제하는 것을 배울 기회를 주는 동시에 어른의 요구에 어떻게 반응하는 것이 좋은지 학습할 기회를 주게 된다.

4) 애 정

반응적인 부모는 자녀와 함께할 때 표현적이고 생동감 있어 보이는 경향이 있다.

반응적인 부모는 자녀와 함께 있을 때 즐거움을 나타내고, 그리고 아동은 부모와 함께 있을 때 즐거움과 흥분으로 반응한다. 부모는 애정적인 표현을 드러내지 않으면서도 반응적일 수 있기 때문에, 애정적인 면 하나만 가지고 부모가 자녀에게 반응적이라고 하지는 않는다. 그러나 애정은 반응성의 중요한 부분이다. 애정 표현은 아동이 부모와 함께 상호작용하는 것에 흥미를 가지도록 해 주고 상호작용의 주요 목적이 재미나게 노는 것임을 전달해 준다.

그 밖에 반응성과 관련된 두 가지 애정적 특성으로는 온정(warmth)과 수용(acceptance)이 있다. 온정은 부모의 다정함과 신체적인 애정 표현을 말한다. 수용은 부모가 자녀가 하는 것에 동의하는 것을 나타내는 언어적 · 비언어적 행동의 정도를 말한다. 매우 수용적인 부모는 아동이 하는 언어적 · 비언어적 상호작용에 대해 그것이 무엇이든지 간에 그것을 가치 있게 여긴다는 것을 전달한다. 수용적인 부모는 아동의 행동에 대해, 그것이 얼마나 '정확한지' 또는 '적합한지'에 상관없이, 의미 있고 적합한 것으로 대해 준다.

5) 조 화

반응적인 부모는 아동의 행동에 맞추고 조정함으로써 아동이 부모가 하는 말, 행동 또는 요구하는 것을 쉽게 이해할 수 있도록 한다. 이렇게 함으로써 아동은 부모에게 적합하게 반응하게 되고 부모가 제시하는 정보나 활동을 잘 학습하게 된다.

반응적인 부모는 다음의 세 가지 아동 특성에 맞춘다. 첫째, 부모는 아동의 발달적 수준에 맞춘다. 즉, 부모는 아동이 하는 말, 행동 또는 요구와 비슷하게 또는 약간만 복잡하게 한다. 만일 아동이 한 단어 말로 대화한다면, 부모는 한 단어에서 세 단어로 된 문장으로 말한다. 만일 아동이 장난감을 땅땅 치면서 놀고 있다면, 부모는 장난감을 땅땅 치거나 다른 것을 땅땅 치면서 사물을 치는 것을 보여 주거나 또는 말과 함께(예: '땅땅땅') 치는 행동을 보이는 등 이러한 활동을 약간만 수정하며 함께 놀이한다.

둘째, 반응적인 부모는 아동의 흥미에 초점을 맞춘다. 반응적인 부모는 아동이 무엇을 하든지 간에 그 순간에 아동이 흥미를 보이는 활동과 행동을 안다. 아동이 현재 주의를 두는 것, 아동의 의사소통, 행동에 초점을 맞춤으로써 부모는 아동의 흥미를 유지시키고 증진시키며 촉진한다.

셋째, 반응적인 부모는 아동의 행동 양식에 맞추어 아동이 가지고 있는 성향에 상응하도록 자신의 기대를 조정한다. 만일 아동이 느린 속도로 상호작용하고 부드러운 말투이고 상냥한 편이라면, 반응적인 부모는 자신의 상호작용 속도를 늦추고, 목소리를 부드럽게 하며, 아동을 친절하게 다룬다. 만일 아동이 활동적이거나 충동적이거나 또는 신체적 활동에 능하다면, 부모는 아동과 활동적인 신체 활동을 함께하여, 아동이 상호작용에 계속 참여하게 하거나 또는 아동이 할 수 있는 정도보다 더 오랫동안 머물러 있도록 강요하지 않도록 한다.

아동의 행동 유형에 잘 맞추는 부모는 아동의 본래 성향에 상응하도록 자신의 기대를 조정한다. 만일 아동이 잠이 없다면, 부모는 아동에게 일찍 잠자리에 들라고 하지 않으며, 낮에 자는 시간을 억제하여 밤에 잘 자게 할 것이다. 반응적인 부모는 아동의 개별적인 행동 특성들 대부분은 생물학적인 성향에서 온 것이라고 생각한다. 반응적인 부모는 생물학적 성향과 싸우기보다는 아동이 요구하는 것을 유지시키고 아동과 거리를 두고 유동적으로 대처함으로써 아동의 성향에 맞게 조정한다.

6) 결 론

선행연구에 따르면, 반응성이 아동의 발달에 일차적으로 영향을 주는 부모 양육 행동이라 할 수 있지만, 반응성과 함께 일어나는 상호작용 특성 역시 아동발달에 영향력을 미친다. 자녀와 지속적으로 반응적인 상호작용을 하는 부모는 다음과 같은 특성을 갖는다.

- 자녀와 균형 있고 호혜적인 상호작용을 한다.
- 아동이 주도하는 활동에 수반적으로 반응한다.
- 부모는 자신이 상호작용 주제나 초점을 관리하는 만큼 아동도 관리하도록 하면서 통제를 공유한다.
- 자녀와 상호작용할 때 애정적이고 생동감 있다(즉, 아동에게 상위 수준의 행동을 배우거나 실행하도록 부추기기보다는 아동과 재미있고 즐거움을 나누는 것에 더 초점을 둔다).
- 부모는 아동의 행위, 상태 또는 행동 양식에 따라 부모의 요구나 기대를 맞춘다.

5. 반응성을 촉진하는 중재 절차

중재자들은 아동에 대한 부모의 반응성을 촉진하기 위해 다음의 세 가지 절차를 사용할 수 있다. 첫 번째는 반응성이 무엇이며 반응성이 어떻게 아동의 발달을 도울 것인지에 대해 부모와 논의하는 것이다. 두 번째는 부모와 자녀가 해야 할 반응적 상호작용의 모델을 제시하는 것이다. 모델을 관찰함으로써 부모는 자녀와 함께 상호작용하는 유형을 배울 수 있다. 세 번째는 ① 자녀와 반응적으로 상호작용하는 방법을 설명하고, ② 아동과 상호작용하는 동안 부모의 특정 행동을 수정하도록 해 주고, ③ 부모에게 피드백을 주기 위하여 상호작용 전략을 사용하도록 한다.

일부 부모들은 첫 번째와 두 번째 절차로도 효과적이지만, 대부분의 부모들은 이것만으로는 충분하지 않다. 중재자들이 부모에게 자녀와 어떻게 반응적으로 상호작용할 것인지에 대해 전반적으로 논의할 때, 대부분의 부모들은 중재자가 제안한 대로 이미 그렇게 하고 있다고 생각한다. 자녀와 그다지 반응적이지 않고, 반응성의 중요성에 대해 동의하지도 않으며 자신은 이미 자녀와 이러한 유형으로 상호작용하고 있다고 생각하는 부모들에 대해 연구해 보았다. 그 결과, 부모들은 이러한 토론에 참여하는 것만으로는 자녀와 상호작용하는 방법에서 거의 변화를 보이지 않았다.

두 번째 절차인 모델링은 반응성의 의미를 부모에게 정확히 이해시키는 데 효과적이다. 그러나 모델링에는 여러 단계가 있어서 많은 부모들이 어려움을 느끼게 된다. 우선, 모델링에서 부모는 관찰을 통하여 모방해야 하는 중요한 행동을 밝혀내야 한다. 그다음으로 부모는 이러한 행동을 자신이 이해한 사실에 근거하여 부모가 하는 상호작용에 적용시켜 사용해야 한다. 그러고 나서 만일 부모가 전문가가 모델로 보여 준 행동을 따르지 못하며 무의적으로 하는 상호작용 행동이 있다면(예: '너무 많은 질문하기' '아동이 참여하는 놀이 활동을 변경하기' 등), 부모는 또한 이러한 행동을 인식하고 그것들을 중단하도록 해야 한다.

앞의 두 접근과는 달리, 세 번째 절차인 상호적 전략(interactive strategies)은 부모와 함께 수행하는 데 많은 장점이 있다. 첫째, 상호적 전략은 중점을 두고자 하는 구체적인 반응적 행동을 제시한다. '더욱 반응적으로' 상호작용하기와 같이 광범위한 목표를 성취하도록 요구하기보다는 더욱 반응적이 되도록 좀 더 작은 단계를 제시한다. 둘째, 전략은 기억하기 쉬워서 부모가 아동과 함께 놀이하고 상호작용하는 동안 전략들을 생각해 내기 쉽다. 셋째, 전략은 목표 기준을 제시함으로써, 부모가 자녀와 통상적으로 어떻게 상호작용하는지에 대해 피드백을 주고 수행할 구체적인 목표를 설정할 수 있도록 한다.

RT 전략은 '능동적 학습' 원리에 근거한다. RT 전략은 부모가 자녀와 본래 유형대로 상호작용하기 전에, 반응적인 상호작용을 하도록 돕는다. 부모는 RT 전략을 사용하면서, 반응성 유형이 아동의 참여에 영향을 미치는 것을 발견하게 된다. 이러한 경험을 통하여 부모는 반응적인 상호작용이 자녀와 함께하며 부딪히게 되는 모든 것들에 대해서 내포하는 함의를 인식하고 가치를 인정하게 된다. 부모에게 자연스러운 상호작용 중에 RT 전략을 사용하도록 동기를 부여하고, 결국 자녀와 함께하는 동안 무의식적으로 반응성 유형을 사용하도록 이끈다.

6. 반응성 교수에는 66개 상호작용 전략이 있다

반응성 교수(RT)에 포함되어 있는 전략들 대부분은 본 저자가 개발한 중재 프로그램인 ECO 모형(MacDonald, 1989)과 상호 교류 분석 중재 프로그램(Transactional Intervention Program: TRIP; Mahoney & Powell, 1986)에 기술되어 있고 그 외에도 여러 다른 발달적 중재 프로그램, 즉 Floor Time(Greespan & Weider, 1998), It Takes Two to Talk(Pepper & Weitzman, 2004), 그리고 Enhanced Milieu Language Intervention(Kaiser & Hester, 1994)에서 설명해 온 것들이다. 이 교육과정들에 근거하여 본 연구팀은 120개 이상의 RT 전략을 구성하였다. 서로 중복된 전략은 삭제하고, 일부는 이름을 바꾸고, 남은 전략들은 5개 영역의 반응성 상호작용으로 분류하였다. 반응성 상호작용의 각 영역에서, 전략들은 그 영역을 구성하는 하위 구성 내용으로 분류된다. 이러한 과정을 통하여 RT 교육과정에 포함되어 있는 각각의 전략들은 부모가 반응적인 상호작용에서 절대적으로 필요한 상호작용 행동에 초점을 맞춰 사용할 수 있게 해 준다. 따라서 [그림 4-1]~[그림 4-5]에 제시한 것처럼, 반응성 교수에 포함된 전략들은 어른들이 아동과 반응적으로 상호작용하도록 가르치는 데 있어서 매우 구체적이고 확실한 역할을 수행한다.

본 연구자들은 이 프로그램에 전략을 많이 포함시킴으로써 부모와 전문가들이 반응적인 상호작용을 위하여 복합적인 행동들을 촉진할 때 다양한 선택을 할 수 있도록 하였다. RT 프로그램 개발을 위해 수행했던 임상 연구를 통하여, 많은 부모들이 다양한 전략을 사용하는 것을 더 편안해 한다는 것을 발견하였다. 예컨대, '하나 주고 기다리기' 와 같은 전략을 배우고 사용하는 데 어려움을 겪었던 부모가 동일한 반응성 상호작용 특성을 가지고 있는 다른 전략, 즉 '아동 모방하기' 또는 '아동이 말하는 것처럼 대화하기' 와 같은 전략은 성취할 수 있었다. 반응성 교수 프로그램의 장점 중 하나는 66개 RT 전략이 부모와 그 밖의 어른들이 반응적이고 아동 지향적으로 상호작용 행동을 수정하고 아동을 관찰하는 방법을 선택하고 배울 수 있도록 다양한 배열을 제시한다는 것이다. '제4부 교육과정 자료' 에서 이러한 전략을 수행할 수 있도록 자세한 설명과 제안 사항을 소개하고 있다. 따라서 이러한 전략을 사용하고자 노력하는 부모라면 누구라도 실제로 자녀와 더욱 반응적이고 효과적인 상호작용을 할 수 있을 것이다.

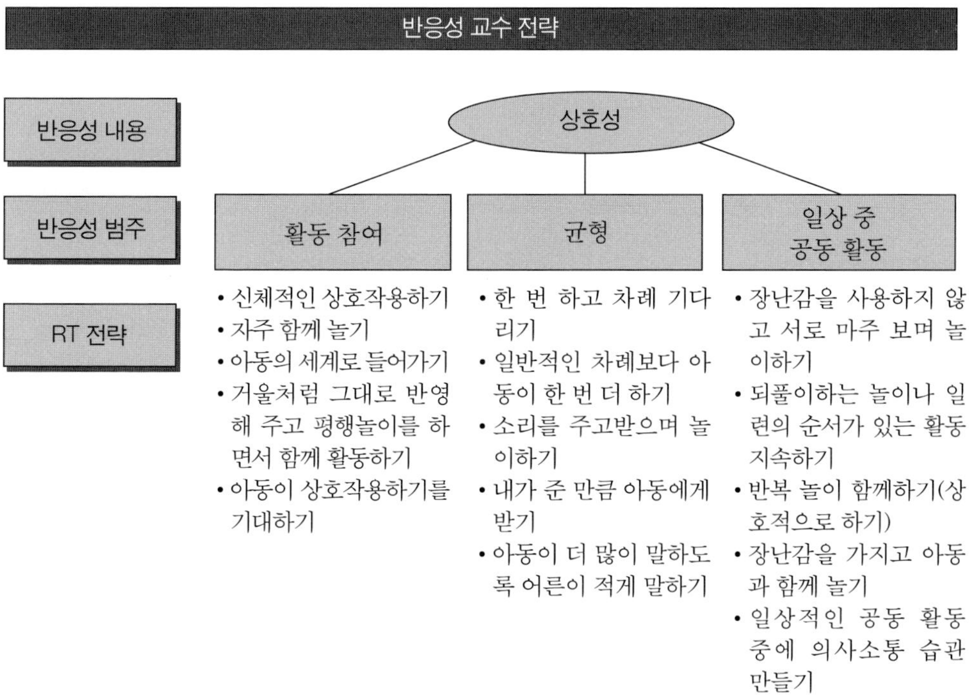

[그림 4-1] 상호성 전략

반응성 교수 전략

반응성 내용	수반성			
반응성 범주	인식	즉각성	의도	빈도
RT 전략	• 아동의 행동 관찰하기 • 아동의 관점 택하기 • 아동의 상태에 민감하기	• 아동의 신호, 울음 또는 비언어적 요구에 즉시 반응하기 • 작은 행동에도 즉각적으로 반응하기 • 즉시 훈계하고 위로하기	• 비의도적인 발성, 얼굴 표정, 몸짓에 마치 의미 있는 대화인 것처럼 반응하기 • 부정확한 단어 선택, 발음 또는 유사 단어를 아동의 의도대로 반응해 줌으로써 인정해 주기 • 아동의 행동, 감정 및 의도를 단어로 표현해 주기 • 아동의 명확하지 않은 발성과 비슷한 단어를 아동의 행동이나 의도에 알맞은 단어로 바꾸어 말하기 • 불순종을 아동의 선택이나 능력 부족으로 해석하기	• RT 전략이 일상 중에서 아동의 참여를 어떻게 촉진하는지 탐색하기 • 많은 양육자들이 RT 전략을 사용하도록 촉진하기

[그림 4-2] 수반성 전략

반응성 교수 전략

반응성 내용	통제 분배	
반응성 범주	낮은 지시성	용이성
RT 전략	• 질문 없는 의사소통하기 • 아동의 행동과 의사소통 모방하기 • 아동에게 선택할 기회를 자주 주기	• 아동에게 다음 발달단계를 보여 주어 확장하기 • 아동의 의도를 명확히 표현해 주거나 아동의 주제를 발전시키며 확장하기 • 더욱 성숙한 반응을 만들어 내는 동안 조용히 기다려 주기 • 목적을 가지고 놀이하기 • 환경 변화시키기

[그림 4-3] 통제 분배 전략

반응성 교수 전략				
반응성 내용	애정			
반응성 범주	활기	즐거움	온정성	수용
RT 전략	• 활기 있게 행동하기 • 기대하며 수행을 기다리기 • 놀이적인 방식으로 아동에게 반응하기 • 아동의 주의를 빼앗기지 않도록 더욱 흥미롭게 놀이하기 • 억양, 손짓 그리고 비언어적 몸짓을 사용하여 의사소통하기	• 놀이 상대자로서 행동하기 • 재미있게 상호작용하기 • 일상적인 일을 게임으로 전환하기 • 아동이 즐거워하는 활동 반복하기	• 과격하지 않게 신체 접촉하기 • 주의를 끌기 위한 아동의 울음이나 요구에 애정적으로 반응하기 • 아동이 소란스럽거나 짜증을 내고 화낼 때, 달래 주기	• 아동이 하는 것에 가치 두기 • 아동의 두려움을 의미 있고 이유 있는 것으로 대하기 • 아동이 하는 것은 무엇이든지 수용하기 • 아동이 하는 신기하고, 재미있고, 바람직한 행동에 대해 이야기하기

[그림 4-4] 애정 전략

반응성 교수 전략			
반응성 내용	조화		
반응성 범주	발달	흥미	행동 유형
RT 전략	• 아동의 행동을 발달적으로 해석하기 • 아동이 학습할 수 있는 발달적 기술 인식하기 • 아동의 발달적 수준에 맞는 행동을 요구하기 • 아동이 할 수 있는 방식대로 행동하기 • 아동이 의사소통하는 방식으로 대화하기 • 발달적으로 적합한 규칙과 기대 가지기	• 아동의 행동을 흥미의 표시로 이해하기 • 아동이 주의를 집중하는 것에 따르기 • 아동의 주도에 따르기	• 아동의 기분에 민감해지기 • 아동의 일반적인 상호작용 활동 관찰하기 • 아동의 행동 상태에 반응하기 • 아동의 행동 유형에 적합한 기대 가지기 • 아동의 상호작용 속도에 맞추기

[그림 4-5] 조화 전략

7. 반응성 교수 전략은 모든 부모에게 유용하다

반응성 교수 전략은 아동발달 촉진에 효과적인 부모의 상호작용 유형에 관한 연구 결과들로부터 도출된 것이다. 이 전략들은 좋은 부모, 좋지 않은 부모를 설정하기 위한 것이 아니다. 오히려 어린 아동의 발달과 사회 · 정서적 안정을 가장 효과적으로 증진시키고 유지시키는 상호작용 유형의 특성을 부모들이 습득하고 사용하도록 하기 위해 만들어졌다.

본 연구자들이 이 전략을 개발하기 위해 함께했던 부모들은 처음 중재를 시작할 때 이미 매우 반응적이었다. 하지만 RT 전략이 이미 부모들이 하고 있는 상호작용을 촉진하는 수준에 그친다고 하더라도 이 전략들은 여전히 매우 중요한 효과를 가져온다. 부모는 이미 아동의 발달과 학습을 촉진하는 데 필요한 행동을 수행하고 있었다는 것을 느끼게 되었다. 이는 부모 자신에게 자신감을 안겨 주었다. 더욱이 부모가 이러한 전략에 중점을 두고 사용하면 할수록, 부모는 자신의 성향을 더욱 반응적으로 상호작용하도록 변화시켰고, 따라서 아동의 발달과 사회 · 정서적 기능을 효과적으로 증가시켰다('제6장의 결과' 참조).

만일 반응성 교수 전략을 좋은 부모 또는 좋은 상호작용을 촉진하는 방법만으로 개념화한다면, 반응성 상호작용이 발달적 교수(developmental teaching)에 관한 것이라는 점을 간과하는 것이다. 그러나 중재 초기에 부모가 너무 반응적이어서 RT 전략이 자녀에게 아무런 효과를 가져오지 못하는 경우도 있다. RT 전략은 자녀와의 관계에 문제가 있는(예: 학대, 무시) 부모들에게 적용할 때 효과가 있다. 그렇지만, 다른 교수 기법과 마찬가지로, 더 많이 증가시켜야 하는 것이 아니라면, 반응성 교수 전략은 부모가 아동의 발달과 사회 · 정서적 안정을 유지하고 성장하도록 돕는 데 효과적이다.

요 약

이 장에서는 RT에서 사용되는 교수 전략들의 목록을 제시하였고 이 전략들에 대한 이론적 배경을 설명하였다. RT 전략은 어른이 아동과 매우 반응적인 상호작용을 하도록 촉진하기 위해 개발되었다. 반응성 상호작용은 아동에게 반응하는 단순한 행위가 아니라 복합적인 행위다. 아동발달 연구를 통하여 지금까지 밝혀진 바로는 반응성 상호작용이 가장 강력한 발달 교수 모형 중 하나다. 이 전략들에 대해서는 '교육과정 개요' 에서 자세히 설명하고 있다('제4부 교육과정 자료 6' 참조).

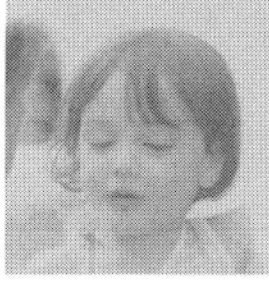

제5장
중심축 행동

반응성 교수(RT)를 적용할 때 고려해야 할 가장 중요한 사항은 RT 전략이 촉진하는 아동 행동 유형과 이러한 행동들이 어떻게 아동의 발달적 기능을 증진시키는지 이해하는 것이다. 중재를 통하여 아동이 배워야 하는 행동들은 중재 목표, 즉 아동의 발달과 안정을 촉진하는 것과 분명히 관련이 있어야 한다. 부모와 그 밖의 사용자들은 이 전략들이 강조하는 논리를 이해하고, 이것이 아동의 발달적 안정을 촉진할 것이라는 확신이 있을 때 RT 전략들을 쉽게 사용할 수 있다.

1. 반응성 교수 전략은 독립적 아동발달 기술을 촉진하지 않는다

현재 아동발달 중재 실행에 있어서, 중재 목표로 선정하는 행동은 일반적으로 아동들이 할 수 없는 발달 기술과 개념들이다. 이러한 기술들은 발달학습의 최종 결과이며 대개는 발달적 기능을 평가하는 데 사용되는 검사 항목들이다. 대부분의 조기중재 프로그램에서는 발달 검사나 목록상에 있는 항목 중에서 완전하게 수행할 수 있는 것을 넘어서는 다음 단계의 항목을 찾아 중재 목표로 선정한다.

이러한 접근에서 발달이란, 특정 연령이나 발달 수준에 있는 아동이 일반적으로 할 수 있는 기술이라고 정의하고, 그 관점에 근거하여 중재 목표를 정한다. 그리고 발달상 문제가 있거나 지체된 아동들은 학습을 통해 '따라잡을 수 있으며' 그렇게 해서 더 높은 수준의 발달 기술을 사용할 수 있다고 가정한다.

이러한 가정은 비록 논리적으로 문제가 있지는 않지만, 반응성 상호작용으로 아동 발달을 촉진하는 방법과는 차이가 있다. 부모가 반응적으로 상호작용할 때, 아동은 이미 할 줄 아는 것을 말하고 수행하게 된다. 부모는 자녀가 하는 것과 비슷하게 수행하거나 말하고 또 함께 활동을 함으로써 아동을 촉진한다.

비록 반응성 상호작용 전략이 아동발달을 촉진하는 데 매우 효과적이라 하더라도, '아동을 모방하기' 또는 '아동의 주도에 따르기'와 같은 전략이 아동이 목표로 선정한 높은 수준의 특정한 행동을 효과적으로 하거나 말하게 하지는 못한다. 카이저와 그의 동료들(Kaiser et al., 1996)은 이 점에 대해 중요한 실증 연구를 보여 주었다([그림 5-1] 참조).

언어 지연이 있는 자녀를 가진 어머니 12명을 대상으로 반응성 중재 전략을 사용하여(예: '균형 있는 주고받기' '아동의 주도에 따르기' 등) 아동의 언어를 촉진하고자 하

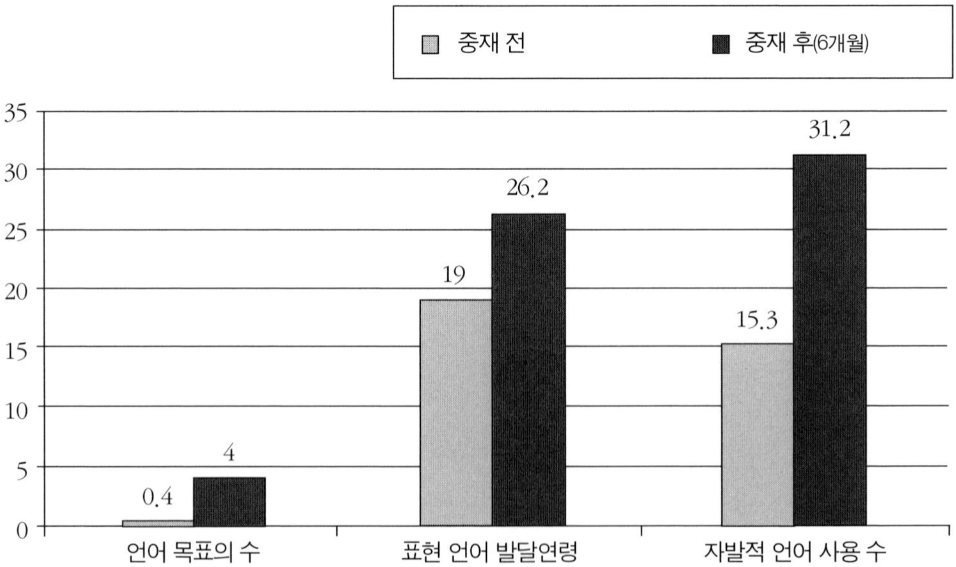

[그림 5-1] 반응성 상호작용 전략이 유아의 의사소통 능력에 미치는 영향(N=12)

출처: Impact of responsive interaction strategies on the communication of preschool-aged children(N=12). *Note*, Data are adapted from "The Effects of Teaching Parents to Use Responsive Interaction Strategies" by A. P. Kaiser et al., 1996, *Topics in Early Childhood Special Education, 16*(3), pp. 375-406.

였다. 반응성 중재 전략을 사용하면서 동시에 어머니로 하여금 아동에게 아직 알지 못하는 일련의 독립적 언어 기술(discrete language skills) 또는 목표를 가르치도록 하였다. 6개월간의 중재 후, 반응성 중재 전략은 아동이 학습한 언어 목표 수에는 영향력이 없었다. [그림 5-1]의 첫 번째 막대그래프에서 나타난 것처럼, 표적행동으로 선정된 언어 목표의 자발적 생산은 중재 초기에는 0.4였는데 6개월 중재 후에는 4로 증가하였다. 다시 말하면, 아동들은 중재 동안 2개월에 한 개의 언어 목표 또는 단어를 학습한 셈이다.

이와 같은 결과에 더불어 표준화된 검사를 실시한 결과에 따르면([그림 5-1] 중간에 위치한 막대그래프 참조), 아동의 언어발달 비율은 중재 전에는 월간 1/2개월의 언어발달 수준에서 6개월간의 중재 후에는 월간 1개월의 언어발달 수준으로 100%에 가까운 증가를 나타내었다(100%는 28.5개월). 게다가 아동이 대화 중에 자발적으로 사용하는 언어의 양([그림 5-1]의 오른쪽 막대그래프 참조)은 같은 중재 기간 동안 2배로 증가하였다.

2. 반응성 상호작용은 중심축 행동을 가르친다

RT 전략이 표적행동으로서 더 높은 수준의 발달 기술을 아동에게 가르치는 것을 별로 중요하게 여기지 않는 것처럼 보이는 데도 불구하고, 왜 RT 전략이 아동발달을 촉진하는 데 그렇게 효과적인가? 본 연구자들은 이러한 역설적 논리를 설명하기 위해 두 가지 연구를 수행하였다.

첫 번째 연구는 조기중재 프로그램에 참여하고 있으며, 발달적 문제가 있는 영유아 45명을 대상으로 하였다(Mahoney, Kim, & Lin, 2007). 대상 아동의 평균 월령은 25개월이었고 그들은 다양한 발달적 문제를 가지고 있었다. 우리는 어머니가 아동과 상호작용하는 방식에 대한 평가에 근거하여 아동들을 두 집단, 즉 반응성이 높은 어머니의 아동 집단($n=28$)과 반응성이 낮은 어머니의 아동 집단($n=17$)으로 나누었다. 그리고 이 아동들에게 아동 상호작용 행동 평가척도(Child Behavior Rating Scale: CBRS; Mahoney & Wheeden, 1998)를 사용하여 아동들이 어머니와 상호작용하는 방식을 측정하였다. [그림 5-2]에 나타난 것처럼, 반응성이 높은 어머니 집단

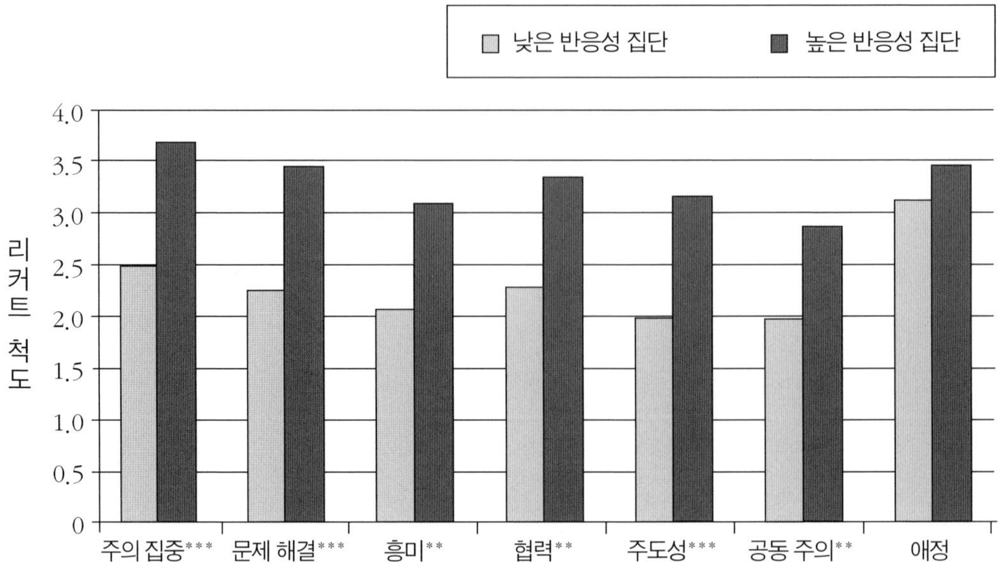

**$p < .01$; ***$p < .001$

[그림 5-2] 장애 영유아의 CBRS(Mahoney & Wheeden, 1998) 점수와 어머니의 반응성 간의 관계($N=45$)

의 아동이 반응성이 낮은 어머니 집단의 아동보다 7개 CBRS 항목에서 모두 높은 점수를 나타내었다.

두 번째 연구는 동일한 연구를 유치원에서 특수교육을 받는 아동 70명을 대상으로 교사와의 상호작용에 대해 실시하였다. 대상 아동의 평균 월령은 57.4개월이었으며, 평균 발달 월령은 36.9개월이었다. 우리는 교사의 상호작용 방식에 근거하여 아동을 두 집단, 즉 높은 반응성 집단의 아동($n=35$)과 낮은 반응성 집단의 아동($n=35$)으로 나누었다. [그림 5-3]에 나타난 바에 따르면, 반응적인 상호작용을 하는 교사는 어머니를 대상으로 한 연구에서 나타난 것처럼 아동발달에서 마찬가지로 중요한 영향력을 미쳤다. 반응적인 상호작용을 하는 교사 집단의 아동들은 CBRS 항목에 대해 높은 수준을 나타내었다.

본 연구자들이 수행한 두 연구 결과에 따르면, 비록 반응성 상호작용이 표적행동으로 선정한 발달 기술이나 개념을 가르치는 데는 효과적이지 않더라도, 다른 보다 중요한 발달 행동들을 가르치는 데는 매우 효과적이라는 것을 알 수 있다. 아동발달 전문가들은 CBRS에서 평가하는 행동들은 아동이 스스로 해야만 배울 수 있는 과정 또는 활동이라고 말한다. 아동이 특정 활동이나 경험을 통하여 얼마나 많은 것을 배우

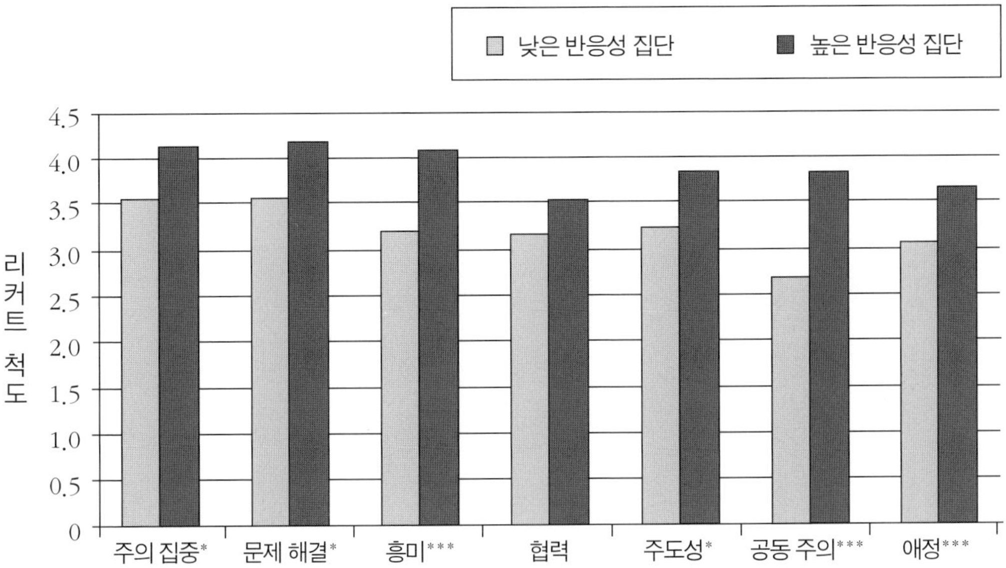

*$p < .05$; ***$p < .001$

[그림 5-3] 장애 영유아의 CBRS(Mahoney & Wheeden, 1998) 점수와 교사의 반응성 간의 관계(N=70)

는가 하는 것은 아동이 이러한 상황에서 얼마나 능동적으로 참여하는가에 달려 있다.

CBRS를 사용하여 측정한 아동의 상호 활동 참여 정도가 아동의 발달학습에 영향을 미치는지 검증하기 위하여, 45명의 영유아를 상호 활동 참여 비율이 높은 아동과 낮은 아동, 두 집단으로 나누었다. 높은 상호 활동 참여 집단은 CBRS 평균 점수가 중간 이상을 나타낸 아동들이었고, 낮은 상호 활동 참여 집단은 중간 점수 또는 그 이하를 나타낸 아동 집단이다. 그리고 두 가지 발달 척도, 즉 바인랜드 적응행동 검사(Vineland Adaptive Behavior Scale: VABS)와 초학문적 놀이중심 평가(Transdisciplinary Play-Based Assessment: TPBA) 점수 결과에 따라 두 집단의 평균 발달연령을 비교하였다. [그림 5-4]에 나타난 것처럼, 두 척도에서 산출한 9개 하위 발달 영역을 살펴보면 낮은 상호 활동 참여 집단 아동들에 비해 높은 상호 활동 참여 집단 아동의 발달연령이 유의하게 높았다. 이와 같은 결과는 아동의 학습발달 비율은 CBRS에서 측정하는 상호 활동 참여 유형과 관련이 있다는 주장을 지지하는 것이다.

또한 이러한 결과는 부모가 자녀와 반응적으로 상호작용하는 동안 촉진하는 행동들이 학습 발달에 도움을 주는 기초 학습과정임을 설명한다고 볼 수 있다. 쾨겔, 쾨겔 및 카터(Koegel, Koegel, & Carter, 1999)의 연구에 근거하여 우리는 이를 중심축 행동이라고 하였다. 즉, 그림 [그림 1-1]에 나타난 것처럼, 부모가 반응적으로 상호

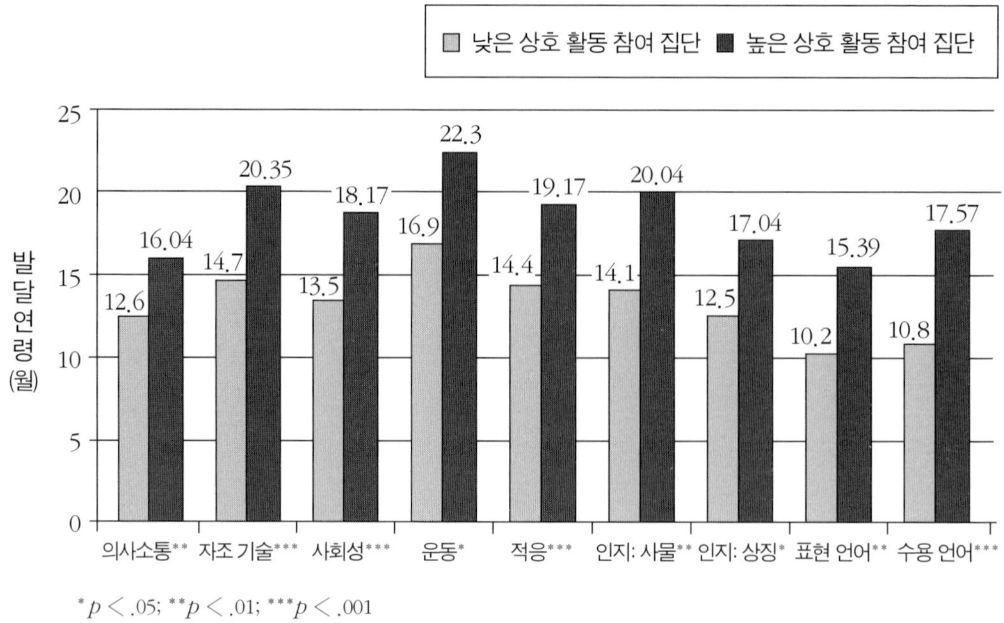

[그림 5-4] 아동의 상호 활동 참여 정도와 발달 수준 간의 관계

작용함에 따라 아동의 행동을 촉진하는 것은 아동이 높은 수준의 발달 기능을 수행하는 데 기초가 되며, 넓은 영역에서 아동의 능력을 증진시키는 중심축이 되는 행동들이다.

따라서 RT는 부모가 상위 수준에 이르는 기술과 개념을 직접적으로 가르치게 되면 오히려 아동발달을 잘 촉진하지 못하고, 중심축 발달학습 행동에 상호적으로 관여하도록 아동을 격려하면 아동발달을 더욱 촉진하게 된다는 관점에 기초한다. 부모가 자녀와 반응적으로 상호작용하면 할수록 아동은 이와 같은 중심축 행동을 더욱 자주 사용하도록 촉진된다. 부모가 매년 20만 건 이상의 상호작용 에피소드를 통해 지속적으로 반응적인 유형으로 상호작용할 때, 아동은 점차 이러한 중심축 행동을 사용하는 습관 또는 학습과정을 발전시키게 되며, 아동의 발달과 사회·정서적 안정은 극대화된다.

3. 중심축 행동과 독립적 기술 비교

독립적 기술(discrete skill) 중재 목표는 주로 상위 수준의 기준이 되는 특정 행동이나 행동 목록으로 정해진다. 독립적 기술은 발달학습의 최종 결과인 동시에 발달 기능을 평가하기 위한 검사에서 추출한 항목이기도 하다. 대부분은 아동이 다음 단계에 학습해야 하는 발달 행동을 하기 위해 전제가 되는 위계적 행동들이다.

〈표 5-1〉에 일반적으로 조기중재 목표와 중심축 행동으로 상용되는 독립적 기술과 중심축 행동 간의 주 차이점을 요약하여 제시하였다. 아동이 중재에서 독립적 기술 목표를 완수하였다면, 이러한 행동은 더 이상 중재 목표로 선정될 수 없다. 어떤 경우에는 초기 목표를 강화하여 아동에게 특정 수행을 더욱 효과적으로 하게 하는 새로운 기술을 가르치기 위해, 이미 중재 목표로 선정된 독립적 기술을 그만 사용하도록 중단시킬 필요가 있다. 예컨대, 기는 행동은 아동 초기에 학습했던 독립적 목표 행동이기는 하지만, 걷기를 학습시키기 위하여 기는 행동을 점점 줄여 나가야 하는 것이다.

한편 중심축 행동은 아동 초기 동안 발달적 기술과 능력을 배우는 데 사용하는 일련의 작은 행동이다. 중심축 행동은 대부분의 아동이 생의 처음 시기부터 할 수 있는 행동들이다. 비록 일반 발달 아동보다 빈도나 강도의 수준이 낮기는 하지만, 발달상 문제가 있는 아동들 대부분이 일반적으로 이러한 행동을 할 수 있는 능력이 있다. 중심축 행동은 아동의 발달적 기능 수준을 평가하는 데 사용되지는 않지만, 각 발달 수준에서 아동 능력의 질적인 차이나 특징을 밝히고자 할 때 사용될 수 있다.

〈표 5-1〉 중심축 행동과 독립적 행동 기술의 비교

중심축 행동	독립적 기술
• 능동적 학습과정은 발달 학습과정의 근본이다.	• 학습의 산물이다.
• 발달 기간을 통하여 지속적으로 사용하는 동시 발생적 행동이다.	• 보다 복잡한 행동을 위한 전제조건이다.
• 아동이 생의 처음 시기부터 할 수 있는 행동이다.	• 아동이 하는 방법을 알지 못하는 행동이다.
• 상황에 맞게 사용할 수 있는 행동이다.	• 행동의 적용은 그 상황에서만 가능하다.
• 발달 평가에서 거의 사용되지 않는 행동이다.	• 대개 능력을 평가하는 데 사용되는 행동이다.
• 평가: 아동이 행동을 사용하는 빈도와 강도	• 평가: 기준대로 행동을 수행하는가?

4. 반응성 교수는 인지, 의사소통, 사회 · 정서 기능의 중심축 행동을 촉진한다

RT에서 중재 목표로서 선정하게 되는 행동들은 〈표 5-2〉에서 제시한 16개의 중심축 행동들이다. 이 중심축 행동들은 현대 발달 이론, 즉 아동발달에 대한 구성주의 이론, 언어발달에 대한 의사소통 이론, 사회 · 정서발달에 대한 심리사회 이론 등에서 발달이 학습되는 과정에서 중요한 행동들로 인식되어 왔다. 이러한 행동들은 모두 반응성 상호작용을 통하여 촉진될 수 있음이 연구를 통해 증명되었다. 다음에서는 세 가지 발달 영역에 해당하는 중심축 행동에 대해 설명하고자 한다.

〈표 5-2〉 반응성 교수의 중심축 행동

발달 영역	인 지	언 어	사회 · 정서 기능
중심축 행동	• 사회적 놀이 • 주도성 • 탐색 • 문제 해결 • 실행	• 공동 활동 • 공동 주의 • 언어화 • 의도적 의사소통 • 대화	• 신뢰 • 감정이입 • 협력 • 자기 규제 • 자신감 • 통제감

1) 중심축 행동은 인지발달을 촉진한다

인지발달은 아동의 지각, 인식, 이해, 추론, 판단 등의 영역에 걸쳐 매일의 일상생활에서 이러한 능력을 사용함으로써 변화되는 것을 의미한다. 인지 능력에는 지각, 기억, 이해, 상징적 표상, 문제 해결, 목적 있는 계획, 의사결정, 변별 그리고 생각이나 의도들이 포함된다. 인지는 가장 기본적인 발달 능력이며, 사회성과 적응 능력 그리고 의사소통과 언어발달의 기초다. 아동이 다른 사람과 의사소통하고, 서로 상호작용하며 자신을 돌보는 능력은 궁극적으로는 아동의 이해나 추론 수준에 따라 달라진다. 발달적 문제가 있는 아동들은 필수적인 수준의 인지 능력을 습득해야만 다른 사람과 의사소통하거나 상호작용할 수 있다(Dunst, Mahoney, & Buchan, 1996).

아동발달에 대한 구성주의적 관점은 피아제(Jean Piaget)의 연구를 통하여 대중화되었다. 피아제(1963)는 아동의 놀이를 주의 깊게 관찰하고 분석함으로써, 어린 아동이 사물, 물체, 사람과 함께 놀이하는 동안에 겉으로 보기에는 닥치는 대로 의미없이 하는 것 같은 활동들이 사실 많은 사람들이 생각하는 것만큼 그렇게 무작위적인 것도, 무의미한 것도 아니라는 것을 밝혀냈다. 피아제는 또한 아동이 성장함에 따라 놀이 활동 방식이 변화하며, 거기에는 상당히 예측 가능한 순서가 있다는 것을 관찰하였다. 이러한 변화는 아동이 사물, 도구 그리고 사람과 상호작용하는 방식이 일차적으로 아동이 현재 자신의 세계를 지각하고 추론하고 이해하는 방식을 반영하고 있다. 예컨대, 어린 아동이 손에 닿는 사물을 계속해서 두드리는 것은 사물을 '두드릴 수 있는 물체'로 이해하고 인식하기 때문이다. 주로 용기 안에 사물을 넣고 빼면서 놀이하는 아동들은 사물 간의 공간적 관계를 이해할 수 있는 인지 기능 단계에 있는 것이다. 의도된 기능에 따라 사물을 사용하기 시작하는 아동들, 예컨대 인형의 머리를 빗기기 위해 빗을 사용하는 것은 사물이 독특한 기능이나 목적을 가진다는 것을 이해하기 시작했다는 뜻이다. 아동이 가장놀이 단계에서 장난감을 사용하기 시작한 것은 사물과 장난감이 현실에서는 불가능한 사건이나 행동을 표상하는 도구로서 사용될 수 있다는 사실을 이해하기 시작한 것이다.

구성주의적 접근에서는 학습에 대해, 특히 생후부터 7세 사이의 인지발달은 아동에게 직접적으로 새로운 정보, 이를테면 사물 사용, 추론, 아동의 세계에 대한 이해 방법을 가르치는 것에 영향을 받지 않는다는 입장을 고수한다. 오히려 아동의 학습 능력은 일과 중에 사물, 도구 또는 사람과 함께 놀이하고 상호작용하면서 겪는 개인적 경험의 정도에 따라 다르다고 본다. 아동의 자신의 세계에 대한 이해 수준은 환경과의 상호작용을 통하여 받아들이는 만큼, 현재에서 스스로 그 이해 방식을 적용해 보면서 발달해 간다. 이렇게 함으로써 아동은 현재 가지고 있는 행동과 사고방식이 유용한지 그렇지 않은지를 배운다. 특히 아동은 동일한 활동을 반복함으로써 자신의 한계와 부족한 점을 발견하게 되고, 점차 사고와 추론 양식이 풍부해진다. 현재 자신의 사고 양식과 추론 양식이 지닌 한계를 인식하는 것은 아동이 자신의 세계를 상세하게 인식하게 됨에 따라 다양한 사고 또는 인식 방법을 발달시키거나 구성하도록 동기화시킨다.

구성주의 학습에는 두 가지 중요한 핵심 사항이 있다. 첫 번째는 선천적으로 아동은 자신의 행동 유형과 결과를 간파하고 다른 활동과 경험을 서로 연결시키는 능력이 있다는 것이다. 선천적 능력이 뛰어난 아동은 그렇지 못한 아동들에 비해 능동적 학습 경험을 조금만 가져도 상위 수준의 사고와 추론 능력을 발전시킨다. 두 번째는 아동이 경험한 능동적 학습 경험의 양이다. 모든 아동들에게서 구성주의 학습은 아동이 가진 선천적 능력 수준에 상관없이 사물, 도구 그리고 사람과의 능동적인 상호 관계 활동을 통해서만 발생할 수 있다. 아동은 주도성, 탐색, 실행 그리고 문제 해결과 같은 인지 영역에 속하는 중심축 행동을 반복적으로 사용함으로써 자신의 세계에 대한 통찰과 이해를 얻는다. 이 행동들은 아동이 현재 가진 기술과 능력을 더욱 풍부하게 사용하도록 도와줄 뿐 아니라, 아동이 복합적인 자신의 세계를 다루면서 자신의 행동에 한계를 느낄 때 보다 효과적인 사고와 추론을 만들어 내도록 동기화시킨다(Mahoney, Robinson, & Powell, 1992; Spiker, Ferguson, & Brooks-Gunn, 1993).

놀이는 분명 아동 초기의 인지적 성장을 위해 가장 중요한 활동 중 하나다. 놀이를 하는 동안 아동은 장난감과 도구를 가지고 놀면서 구성주의적 학습의 기초인 중심축 행동들을 지속적으로 사용한다. 부모와 그 밖의 어른들 역시 아동의 인지 성장에서 중요한 역할을 한다. 아동이 혼자서 놀거나 또는 다른 아동들과 놀면서 배우는 것보다는 어른 상대자와 함께 놀면서 배우는 것이 더욱더 많다. 그렇기 때문에 사회적 놀이(예: 아동이 어른 상대자와 상호적으로 하는 놀이)는 인지발달을 위해 가장 중요한 중심축 행동 중 하나다. 어른이 아동과 함께 놀면서, 특히 부모가 매우 반응적으로 상호작용할 때, 아동의 주도성이나 탐색, 실행, 문제 해결 능력을 최대한 발휘할 기회를 가진다. 즉, 어른이 아동과 상호적인 사회적 놀이를 많이 할수록 아동의 놀이 영역은 더욱더 확장되고 복잡하게 구성해야 할 상황이 증가된다. 즉, 아동이 인식하지 못하는 상황적인 면에 아동의 주의를 끌고, 아동이 하는 행동과 의도에 보충하여 새롭거나 약간 다른 활동을 아동에게 보여 주는 것이 좋다. 어른은 사회적 놀이를 통하여 아동이 다음 발달단계의 사고와 추론을 위해 필요한 개념과 능력을 쉽게 만들어 내거나 발견할 수 있도록 아동의 마음에 씨를 뿌리고, 새로운 생각을 심어 주게 되는 것이다.

〈표 5-3〉에 부모와 다른 어른들이 다양한 반응성 행동을 사용할 때 아동의 인지 학습에 기초가 되는 중심축 행동들이 어떻게 촉진되는가를 개략적으로 제시하였다.

〈표 5-3〉 반응성 행동은 인지 영역의 중심축 행동을 촉진한다

반응성 행동	인지 영역의 중심축 행동
• 균형 있고 호혜적인 상호작용하기 • 아동의 상호작용 속도에 맞추기 • 아동이 이해하기 쉽게 행동하기	사회적 놀이
• 아동의 행동 모방하기 • 장난감과 도구를 가지고 아동이 하는 방식대로 놀이하기 • 아동의 주도에 따르기	주도성
• 반복 놀이 지속하기 • 놀이 상대자로서 행동하기	탐색
• 아동의 의도에 맞추면서 아동의 행동 확장하기	문제 해결
• 아동이 할 수 있는 대로 하기 • 일상생활 중에 아동에게 반응하기	실행

반응적인 부모는 균형 있고, 호혜적인 상호작용을 하고 아동의 상호작용 보조에 맞추고 그리고 단순 명료하게 행동함으로써 사실상 아동이 사회적 놀이에 능동적으로 참여하게 한다. 또한 반응적인 부모는 아동의 행동을 모방함으로써, 즉 장난감과 교구를 가지고 아동이 하는 방식대로 놀고 아동이 이끄는 대로 따름으로써 아동이 활동을 주도하도록 촉진한다. 마찬가지로 아동의 의도에 맞추는 방식으로 아동의 놀이 상대자가 되어 주고 반복 놀이로 상호작용하고 그리고 아동의 활동을 확장해 줌으로써, 아동이 탐색과 문제 해결과 같은 능동적 학습 전략을 사용하도록 촉진한다(van den Boom, 1994). 더욱이 반응적인 부모는 일상생활 중에 아동에게 반응적인 상호작용 전략을 수행하기 때문에 아동에게 현재 인지 기술을 실행해 보고 완전히 숙련할 수 있는 충분한 기회를 주게 된다(Feldman & Greenbaum, 1997; Tamis-LeMonda, Bornstein, & Baumwell, 2001).

2) 중심축 행동은 의사소통과 언어발달을 촉진한다

언어 중재를 위한 RT 접근은 언어발달에 대한 의사소통 이론으로부터 도출되었다(Bates, Benigni, Bretherton, Camaioni, & Volterra, 1979; Bruner, 1974, 1983; Dale, 1976). 의사소통 이론에서는 음성적 언어가 아동이 최근에 한 사회적 상호작용이나

부모 또는 그 밖의 어른과 함께한 일차적이고 상호교환적인 비언어적 의사소통에서 발전되어 온 괴변적 형태라고 주장한다(Tamis-LeMonda, Bornstein, & Baumwell, 2001).

아동은 언어에 대한 의사소통의 기본을 구축하기 위하여, 어른 및 그 밖의 다른 사람들과 함께하는 다음과 같은 사회적 상호작용에서 여러 중심축 행동을 배우고 사용해야 한다.

- 사회적 의사소통을 할 기회가 되는 공동 활동에 함께 참여하기(Bruner, 1983)
- 다른 사람과 관심 공유하기(Mundy, Sigman, & Kasari, 1990)
- 구어의 소리와 비슷한 범위의 복잡한 발성을 만들어 내기
- 비언어적 행동, 발성 그리고 언어화를 통하여 뚜렷한 의도나 의미를 전달하기 (Bruner, 1983)
- 단어와 전통 언어 형태를 사용하여 대화하기(Bornstein et al., 1999)

의사소통 이론에서는 비록 인지와 음성 근육 행동 등 다른 요인들이 아동의 의사소통발달에 영향을 미치더라도, 언어발달에 미치는 가장 중요한 사회적 영향력은 아동이 부모와 다른 사람들을 대할 때 자발적으로 하는 주고받는 행동이라고 주장한다. 다음에서는 아동이 의사소통 능력을 발전시키기 위하여 이러한 주고받는 행동을 할 때 도움이 되는 중심축 행동에 대해 더욱 자세히 설명하였다. 또한 어른이 아동의 이러한 중심축 행동을 촉진하기 위해 일반적으로 사용하는 반응적인 의사소통 내용에 대해서도 기술하였다.

(1) 공동 활동

언어발달에 대한 의사소통 이론은 언어학습이 사회적 활동이라는 생각에 기초하고 있다. 아동의 언어발달은 어른이 아동과 친밀한 상호작용 관계를 가지며, 아동이 관심 있어 하는 활동이나 사건에 초점을 두고 말하는 경우에 이루어진다. 의사소통 이론에서는 만일 아동이 현재의 경험과 관련이 없는 언어적 자극에 노출되거나(예: 어른의 대화 경청, 라디오 듣기, 텔레비전 보기) 아동의 현재 관심과 경험에 별 의미가 없는 단어나 구를 반복하도록 요청받는 것은, 아동이 언어를 학습하는 데 별 도움이

되지 못한다고 주장한다. 아동의 현재 언어 능력 수준에 적합하고 아동의 활동과 관심에 직접적으로 관련된 언어를 접했을 때, 아동은 비로소 효과적으로 언어를 학습하게 된다(Bornstein et al., 1999).

반응적인 어른의 가장 중요한 특성은 아동과 공동 활동을 하면서 아동이 상호적인 행동에 참여하도록 유도하는 것이다. 이러한 어른들은 마치 아동이 어른의 사회적 상대자인 것처럼 아동과 상호작용한다. 반응적인 어른의 목적은 아동이 하는 것을 지나칠 정도로 관찰하거나 자극을 주거나 또는 교육하는 것이 아니라, 오히려 어른과 아동 모두가 능동적 역할을 수행하면서 공동 활동 형태에 아동이 상호적으로 참여하도록 격려하는 것이다. 반응적인 어른은 아동과 멀리 떨어져서 이야기하지 않으며, 아동을 가만히 지켜보거나, 아동에게 지시하면서 놀이하지 않는다. 오히려 아동과 빈번하게 마주 보며 상호작용하려는 노력을 뚜렷이 보인다.

〈표 5-4〉 반응성 행동은 의사소통 영역의 중심축 행동을 촉진한다

반응성 행동	의사소통 영역의 중심축 행동
• 아동의 세계로 들어가기 • 한 번 하고 아동의 차례 기다리기 • 아동이 더 많이 의사소통하도록 어른이 적게 말하기	공동 활동
• 서로 마주 보며 상호작용하기 • 균형 있고 호혜적인 상호작용하기 • 아동이 주의를 집중하는 것에 따르기	공동 주의
• 아동의 비의도적인 행동을 마치 의미 있는 것처럼 대하기 • 아동의 감정, 요구, 관찰에 맞는 비언어적 행동과 의사소통에 반응하기 • 아동의 부정확한 단어 사용에도 아동의 의도를 헤아려 인정해 주기	의도적 의사소통
• 아동이 표현하는 언어 수준에 맞추기 • 아동의 행동이나 의도에 맞는 유사한 발성과 단어로 표현해 주기 • 비언어적 맥락 단서를 사용하여 의사소통하기 • 잘못된 발음이나 부적합하게 사용된 단어를 명확히 해 주거나 다시 말해 주기 • 복잡한 문장의 사용 줄이기 • 아동의 의도를 명확히 해 주기 위하여 상위 수준의 문장으로 시범 보이기	대화

〈표 5-4〉에 나타난 것처럼, 반응적인 어른은 상호작용하는 동안 아동의 수준에 맞게 신체를 낮추고 아동의 활동을 함께 공유하며 아동의 세계로 들어간다. 반응적인 어른은 상호작용에서 능동적인 참여자이며, 아동에게 또한 능동적인 역할을 하도록 격려한다. 반응적인 어른은 한 번하고 아동의 차례 기다리기(즉, 어떤 것을 하도록)를 잘하며, 말과 행동의 양을 상황에 따라 의도적으로 줄인다. 어른은 아동보다 적게 말하고 행동함으로써(즉, 지배적이지 않은 상호작용 상대자가 됨으로써), 아동이 더 많은 활동을 하여 능동적인 참여자가 되도록 촉진한다. 반응적인 어른은 아동만, 혹은 어른만 활동하게 내버려 두지 않으며, 오히려 아동과 함께 활동과 경험을 공유하는 데 더욱 중점을 둔다(Bruner, 1983; Mahoney, 1988a, 1988b).

(2) 공동 주의

부모와 함께 눈높이를 맞추어 상호작용하는 맥락은 아동이 어른과 함께하는 감정, 요구, 상태에 초점을 맞추는 상호작용, 즉 '일차적 상호주관성(primary intersubjectivity)'에서 아동이 어른과 함께하는 상호작용 속에 사물을 영입하는 '이차적 상호 주관성(secondary intersubjectivity)' 또는 공동 주의로 진보해 간다.

공동 주의는 아동이 부모나 다른 사람들과 함께하는 '마음의 만남' 이다. 그것은 외부 세계에 대한 언급과 관련된 의사소통에서 가장 기초가 된다. 일단 아동에게 공동 주의를 주는 상호작용을 하는 능력이 있다면, 다른 사람으로부터 자신의 환경과 관련된 언어를 배울 수 있다(Carpenter, Nagell, & Tomasello, 1998; Landry & Chapieski, 1989).

일반적인 발달 아동들의 경우, 단어 사용(즉, 9~12개월경)에 앞서 3, 4개월경에 공동 주의가 나타나며 이는 3단계로 발달된다. 1단계는 '주의(관심) 공유하기(shared attention)' 다. 이는 부모와 아동이 장난감을 가지고 놀이하는 상황에서 아동이 장난감을 보다가 어른의 얼굴로 시선을 옮기고 다시 장난감으로 시선을 돌리는 모습으로 설명할 수 있다. 즉, 아동과 어른이 장난감을 가지고 상호적인 행동을 할 때, 아동은 어른의 초점을 인식한다.

2단계는 '주의(관심) 따르기(following attention)' 다. 이 단계에서 아동은 자신이 주의를 주고 있음을 보여 주기 위한 단서로서 시각적 응시, 손짓, 몸짓 등을 사용한다. 이 행동은 어른이 의도적 또는 목적 지향적 행동을 할 수 있다는 것을 아동이 이해하기 시작했다는 표시로 여겨진다. 일반적인 발달 아동에게 이 행동은 약 9개월 경에 나타나기 시작해서 약 15개월 이후에 완성된다.

마지막 단계는 '주의(관심) 끌기(directing attention)' 다. 이 단계에서 아동은 의도적인 의사소통 행동을 함으로써 외부 사물로 어른의 주의를 이끈다. 이러한 발달단계에서 아동은 명령문(어른에게 무엇을 하라고 말하는 것)과 단정적인 의사소통(어른에게 어떤 것을 보여 주는 것)을 기본으로 보여 준다(Carpenter et al., 1998).

아동의 상호작용을 이끌기 위하여 어른은 아동의 생애 초기에서부터 공동 주의 기술을 사용하여 아동발달을 촉진하는 것이 중요하다(Morales et al., 2000). 〈표 5-4〉에 공동 주의를 촉진하는 여러 반응성 상호작용 행동들이 제시되어 있다. 예컨대, '서로 마주 보며 상호작용하기' '균형 있고 호혜적인 상호작용하기' 그리고 '아동이 주의를 집중하는 것에 따르기' 다.

또한 부모 · 자녀 놀이와 양육 유형은 공동 주의를 촉진한다. 부모가 상호적인 게임을 반복적으로 하거나 일상적인 행동을 함께할 때, 아동은 사회적인 상호교환 안에서 놀이의 역할을 배우기 시작하고 어른이 하는 행동이나 의사소통을 예측하기 시작한다. 이러한 일상적인 일과가 잘 형성될 때, 어른은 아동이 놀이하기를 기대하는 시간, 언어 또는 역할을 변화시킴으로써 아동의 흥미를 유지할 수 있다. 결국 이러한 변화가 있을 때, 아동이 능동적으로 참여하게 되고, 어른을 계획적인 관리자로 이해하게 된다.

(3) 의도적 의사소통

의도적 의사소통(intentional communication)은 어떤 임의의 행동 형태를 나타내는 다른 사람에게 아동이 자신의 관찰, 요구, 감정 그리고 생각을 전달하는 능력을 말한다. 의도적 의사소통이 발달되려면 적어도 두 가지 기본적인 사항이 전제되어야 한다. 첫째, 자신의 감정, 요구 그리고 지각을 인식해야 한다. 둘째, 자신의 감정, 요구 그리고 지각을 다른 사람에게 전달할 수 있다는 느낌이 발달되어야 한다.

반응적인 부모는 아동의 의도적 의사소통을 촉진하는 데 가장 적합한 상호작용을 반복적으로 한다. 부모가 아동의 비의도적인 행동을 마치 의미 있는 것처럼 대할 때, 아동은 대화에 능동적으로 참여하게 되고, 점차 이 상호작용의 목적이 서로 간에 정보를 교환하기 위한 것임을 인식하게 된다(Bruner, 1983). 아동이 능동적으로 주고받는 스스럼없는 대화에 많이 참여할수록, 아동은 자신의 행동이 의미를 전달하는 것임을 배울 뿐 아니라 상호작용하는 사람의 '의도'도 알아채는 기회를 가지게 된다.

또한 반응적인 부모는 자신의 감정, 요구 또는 관찰에 알맞은 행동이나 의사소통을 함으로써 아동의 비언어적인 발성이나 몸짓에 반응한다(van den Boom, 1994). 이러한 상호작용의 특성은 기본적인 의도적 의사소통을 가르치는 데 매우 효과적이다. 예컨대, 생의 초기에 아동의 울음은 배고픔이나 고통과 같은 생래적인 감정을 나타내는 자동적이거나 비의도적인 반응이다. 반응적인 부모는 아동의 울음에 즉각적으로 안아서 달래고 시행착오(예: 아기를 흔들어 주거나 아기에게 젖을 먹여 주는 등)를 겪으면서 아기가 요구하는 것을 알아차리고 그에 반응한다. 아동은 이러한 상호작용을 통하여, ① 감정, 요구 또는 관찰, ② 자신이 만들어 내는 신호, ③ 이러한 신호로 부모가 자신의 요구나 감정에 반응하게 된다는 것을 발견하기 시작한다. 그리고 아동은 역동적인 상호작용 과정을 통하여, ① 부모의 주의를 끌고, ② 요구를 충족시키고, ③ 자신의 요구와 감정을 부모에게 전달하는 수단으로 울음을 사용할 수 있다는 것을 발견하게 된다. 아동이 이처럼 기본적인 의도적 기술을 배우고 나면, 감정과 요구의 인식이 증가함에 따라 다른 형태의 요구를 위하여 다른 형태의 울음을 만들어 내기 시작한다.

반응적인 부모는 아동이 기본적인 의도적 의사소통을 학습하고 난 뒤 단어를 사용해 의사소통하기 시작할 때도 아동이 사용한 부정확한 단어를 수용해 주는 것의 일환으로 아동의 의도대로 반응해 줌으로써 의사소통발달에 지속적으로 중요한 영향을 미친다(Koegel, Koegel, & McNerny, 2001; Nelson, 1973). 예컨대, 넬슨(Nelson)의 보고에 따르면, 일반적인 발달 아동의 경우, 생후 3세 때 부모가 아동의 오류를 교정해 주는 것과는 반대로, 아동이 의도했던 대로 반응해 주면서 아동이 사용한 부정확한 단어나 언어를 그대로 받아들여 주었을 때, 더 높은 수준의 언어 능력 발달을 나타냈다. 넬슨의 연구에서는 아동의 언어발달은 자신의 의도를 전달하려는 필요에 따라 동기화되는 것으로 나타났다. 부모가 아동이 선택한 단어나 문법을 교정하려고 할 때, 오히려 아동의 의사소통 노력을 방해하게 되고, 자녀의 의도를 해석하려고 애쓸 때 자녀의 언어발달을 촉진하게 된다.

(4) 대 화

아동은 어른과 빈번하게 그리고 점차적으로 긴 이야깃거리로 대화하고 함께 상호작용하면서 단어와 문법을 배운다(Girolametto, Pearce, & Weitzman, 1996). 대화(conversation)에 아동이 참여하도록 격려하고 새로운 단어를 쉽게 이해하고 사용하도록 이끌어 주는 반응적인 부모는 의사소통을 할 때 다음과 같은 특징을 보인다.

첫째, 아동이 표현하는 언어에 조화를 맞춘다. 반응적인 부모는 언어발달의 초기 국면에 있는 아동과 대화를 할 때, 아동이 말하는 것보다 약간만 더 복잡한 구조의 문법으로 된, 한 단어 말이나 짧은 문장을 사용하는 경향이 있다(MacDonald & Gillette, 1984; Mahoney, 1988a). 아동은 보통 자신이 표현할 수 있는 말보다 더 복잡한 언어를 이해할 수 있다. 그러나 반응적인 부모는 아동의 표현 언어 능력에 알맞은 언어를 사용하여 아동이 현재 사용하고 있거나 아니면 학습하는 과정에 있는 언어를 모델로 제시한다. 아동은 현재 능력 수준에 가까운 단어나 행동에 쉽게 반응하고, 쉽게 모방하고, 쉽게 기억할 수 있다. 어른이 사용하는 언어가 아동의 표현 언어 능력 수준을 넘어서는 것일 때, 아동은 언어를 반복하거나 사용하거나 또는 기억하는 것을 어려워한다(MacDonald, 1985).

둘째, 반응적인 부모는 아동의 발성, 이해할 수 없는 단어 그리고 웅얼거리는 알아들을 수 없는 말을 아동의 행동이나 의도에 맞게 해석한다. 이로써 부모는 자녀의 의도에 알맞고 그에 부응하는 단어를 만들어 낸다. 또한 아동이 정확한 단어를 사용하도록 요청하기보다는 아동이 계속해서 능동적으로 대화에 참여하게 하는 것에 중점을 둔다. 이러한 유형이 반복해서 일어남에 따라, 아동은 점차 자신의 언어 능력의 한계를 인식하게 되고 좀 더 적합하거나 또는 정확한 단어와 문법을 사용하려고 애쓰게 된다.

셋째, 반응적인 부모는 언어를 맥락에 맞는 비언어적인 단서와 함께 사용한다. 아동은 단지 부모의 말을 경청하는 것으로 언어를 배우는 것이 아니다. 아동은 부모의 응시, 손짓, 보여 주는 것, 얼굴 표정 그리고 목소리 억양 등의 비언어적인 단서가 주어질 때 언어의 의미를 보다 정확히 이해한다. 반응적인 부모는 맥락에 맞는 비언어적 단서를 자주 사용함으로써 아동이 상호적으로 주고받는 활동을 통해 쉽게 대화에 참여하게 만든다. 이러한 행동은 주로 아동의 활동에 함께 참여하고, 언어와 함께 손으로 몸짓을 보여 주고, 억양을 과장되게 표현하고, 장난스러운 얼굴 표정을 짓는 것들이다.

넷째, 반응적인 부모는 아동이 잘못 발음하거나 부적합하게 사용한 단어를 명확하게 또는 고쳐 말해 준다. 아동이 의도적으로 단어를 사용하기 시작할 무렵에 효과적으로 언어발달을 촉진하기 위해서는 적합한 모델을 제시해 주고 아동이 대화하려는 노력을 기울일 때는 격려해 주어야 한다. 언어발달은 ① 적합한 언어 형태에 대한 아동의 자기 인식이 증가되고, ② 아동이 성공적인 대화 상대자로서의 경험을 많이 가지고, ③ 아동이 지속적으로 대화하려는 노력을 기울일 때 효과적으로 촉진된다.

구문과 문법적 구조는 아동이 다른 사람과 대화할 때 점차적으로 복잡한 의도를 전달할 수 있도록 도움을 준다. 반응적인 어른은 의사소통 능력에 영향을 미치는 방법과 유사한 방식으로 아동의 구문론적인 성숙을 촉진한다. 먼저, 반응적인 부모는 문법적으로 간단명료하게 의사소통하면서 아동의 문법 형태와 유사한 방식으로, 그리고 때에 따라 아동의 문법 형태를 그대로 모방하면서 대화한다. 반응적인 어른은 언어발달단계가 한두 단어를 말하는 시기에 있는 아동과 대화할 때, 아동들이 일반적으로 사용하는 초기 두세 단어로 된, 행위자, 대상, 행동 순서(예: '나 우유 마실래요.')로 된, 평서문과 의문문 형태를 모델로 제시한다. 더욱이 몇 개의 문법 형태소만을 사용하는데 그것들은 사용되는 맥락에서 말의 최소한의 의미만을 담고 있다(예: '저게 뭐야?').

또한 대화하는 동안 어른은 아동의 말의 의도나 의미를 명확히 파악해서, 경우에 따라서는 상위 수준의 문법 형태를 모델로 제시해 준다. 이와 같은 상호작용을 통하여 아동은 상위 수준의 언어 형태를 접하게 될 뿐 아니라, 상위 수준의 언어 형태가 보다 효과적으로 자신의 의도를 전달하는 의사소통 수단이 된다는 것을 배운다. 따라서 아동의 사고가 의심할 여지없이 자연 발생적으로 발전해 간다 하더라도, 상위 수준의 언어 형태를 습득하는 것은 아동이 다른 사람과 대화할 때 자신의 의도를 보다 명백하게 그리고 효과적으로 전달하려는 욕구에 따라 동기화된다.

3) 중심축 행동은 사회・정서적 안정을 촉진한다

최근 아동발달 이론과 연구에 응해 준 어린 아동이 심한 짜증, 때리기, 찌르기, 비명, 불순종과 같이 심각한 행동 문제를 나타내는 것은 대부분 사회・정서적 행동 발달에서 한 가지 이상의 심각한 결함이나 결핍에서 온다고 본다. 이러한 관점에 따르면, 공격성 행동은 어린 아동이 자신의 환경으로부터 배우는 것이 아니라, 사회·정서발달의 중요한 중심축 행동, 예컨대 아동이 긴장과 공포를 해결하기 위한 자기 규제 또는 대처 기술을 발달시키지 못해서 나타나는 것이다. 이 관점은 모든 아동은 공포와 좌절을 겪지만, 모든 아동이 다른 사람에게 공격적으로 행동하지는 않는다는 사실에 기초한다. 아동은 자신의 분노와 좌절감을 다루는 데 필요한 자기 규제 기술이 부족할 때 다른 사람들에게 공격적으로 행동하게 된다는 것이다.

애착 이론은 어린 아동의 사회·정서발달을 설명하는 가장 일반적인 이론이기는 하지만, 아동기 초기에서 부모와 안정 애착을 형성한 아동이 왜 여전히 심각한 행동 문제를 드러내는지에 대해서는 정확한 설명을 하지 못한다. RT에서 애착은 사회·정서발달의 중요한 중심축 행동임을 인정하고 있지만, 아동의 사회·정서적 건강에 영향을 미치는 중요한 중심축 행동의 하나일 뿐 그 이상의 의미는 부여하지 않는다. RT 교육과정에 포함되어 있는 다른 중심축 행동들은 어린 아동에게 명백하게 나타나고, 아동 초기에 공통적으로 보이는 행동 문제와 직접적인 관계가 있으며, 부모의 반응성과 연관이 있는 것들이다. 이러한 중심축 행동은 애착(attachment)이나 신뢰(trust) 이외에도 감정이입(empathy), 협력(cooperation), 자기 규제(self-regulation), 자신감(feeling of confidence) 및 통제감(feeling of control)을 포함하고 있다.

사회·정서발달의 중심축 행동은 아동이 점차적으로 그리고 아동기 초기 동안 각기 다른 연령 단계에서 발달함에 따라 보이는 행동들이다. 예를 들면, 일차 양육자에 대한 애착은 대부분의 아동이 생후 첫 12개월 동안 발달하는 행동이다. 한편 자기 규제와 같은 중심축 행동은 아동 초기 동안 특히 3~6세에 발달되어 나가는 중요한 행동이다. 사회·정서적인 중심축 행동의 특성 가운데 하나는 아동이 변화를 겪는다든지, 낯선 사람들과 친밀한 사교적 모임을 갖는 것과 같은 스트레스 상황을 잘 다루도록 돕는다는 것이다. 다음에서는 RT 교육과정에서 기술하고 있는 여섯 가지 사회·정서발달 영역의 중심축 행동에 대해 좀 더 구체적으로 설명하기로 한다.

(1) 신뢰와 애착

애착은 생애 초기에 아동과 부모 간에 발달하는 독특하고 강력한 사회·정서적 관계라 할 수 있다. 중심축 행동으로서 애착은 일차 양육자를 신뢰하는 아동의 능력이라고 할 수 있다. 어린 연령의 아동이 생후 12개월이 되기까지 어머니와 얼마나 신뢰를 쌓고 또는 애착을 형성하는지는 아동발달에 상당한 차이를 가져온다(DeWolff & van Ijzendoorn, 1997). 이 차이점들 중 몇몇은 아동의 타고난 생물학적 특성에서 기인한다(예: 활동 수준, 사회성, 신체적 접촉에 대한 내성 등). 이는 특히 아동이 자폐증과 같이 유전적인 소인 또는 임신 중 알코올과 약물 노출에 따른 신경학상의 장애를 가지고 있을 때 더욱 그러하다. 그럼에도 불구하고, 생후 1년 동안 어머니가 보여 준 반응성은 생후 2년 동안 아동의 애착 특성에 많은 영향을 미치는 것으로 나타났다(Mangelsdorf, McHale, Diener, Heim, Goldstein, & Lehn, 2000). 어머니가 온정적이고, 민감하고, 반응적으로 상호작용할 때, 아동은 더욱 안정적이고 신뢰할 수 있는 관계를 형성한다(DeWolff & van Ijzendoorn, 1997).

온정성, 민감성 그리고 반응성 상호작용 특성은 아동이 부모와 신뢰할 수 있는 상호 관계를 형성하는 데 큰 영향을 미친다. 물론 다른 상호작용 양상들 역시 아동의 애착 형성에 중요하다. 예를 들면, 〈표 5-5〉에 제시한 것처럼, 부모가 아동과 함께 상호작용하는 빈도, 부모가 아동에게 놀이적으로 대하는 성향 그리고 주의를 끌기 위한 아동의 울음과 요구에 대해 부모가 애정적으로 반응해 주는 정도는 아동이 부모와 보다 신뢰할 수 있는 관계를 맺도록 촉진하는 데 영향을 미친다. 따라서 애착은 부모의 반응성뿐 아니라 부모가 아동과 보내는 시간의 양과 정서적, 신체적으로 적합한 정도 등 그 외의 양육 특성에 따라 영향을 받는다(Kochanska et al., 1999).

아동이 일차 양육자와 성공적으로 신뢰 관계를 형성하는 것은 아동 초기 동안 여러 사회 · 정서 능력에 영향을 미친다. 이는 아동이 3세 때 어머니로부터 벗어나 혼자 할 수 있는 능력과 관련이 있으며, 3~5세 때 보육기관에 얼마나 잘 적응하고 또래와 원만히 상호작용할 수 있는가와 관련이 있다(Kochanska, 1997).

아동의 애착을 일반적으로 생후 첫 1년 동안 나타나는 '고정된' 특별한 연대감으로 생각하기에는 이러한 관점을 지지하는 증거들이 불충분하다. 대부분의 부모는 자녀와 상호작용하는 방식에서 시간이 지나도 상당히 일관적인 경향이 있으며, 이러한 이유 때문에 자녀가 5세 때의 애착 관계는 12개월 때와 비슷한 유형일 것이라고 쉽게 가정할 수 있다.

그러나 대부분의 부모는 연령에 따라 아동과 관계를 형성하는 방식이 다르다. 발달적 문제가 있는 아동의 부모 중 일부는 생후 1년 동안 아동의 상태를 받아들이고 아동과 관계를 형성하는 데 어려움을 겪는다. 그러나 이들 중 대부분의 부모는 생후 2년째에 아동에 대한 태도와 지각에서 극적으로 변화하게 된다. 그러나 많은 경우에, 생후 1년 동안 아동과의 관계가 애착을 촉진하기에 최적의 상태는 아니더라도, 아동이 2세가 되면 부모는 아동과 반응적이고 지지적인 관계를 형성하게 된다. 또한 대부분의 경우, 생후 1년 동안 부모가 아동과 대립적인 관계를 가진 것이, 이후 아동 초기 동안 아동의 사회·정서적 적응에 큰 영향을 미치지 않는다.

어떤 사례에서는, 생후 1년 동안 아동의 애착을 촉진하기에 매우 적합한 부모·자녀 관계를 나타냈지만 2년째와 그 이후 시기 동안 실질적으로 나빠지기도 한다. 이와 같은 현상은 부모가 아동의 생후 첫 1년 동안에는 해결할 필요가 없었던 심각한 신체적·사회적·정서적 어려움에 직면하면서 발생할 수도 있다. 이 사례에서 볼

〈표 5-5〉 **반응성 행동은 사회·정서 능력을 촉진한다**

반응성 행동	사회·정서 영역의 중심축 행동
• 아동과 빈번하게 상호작용하기 • 아동에게 놀이적인 방식으로 반응하기 • 주의를 끌기 위한 아동의 울음과 요구에 애정적으로 반응하기	신뢰
• 서로 마주 보며 상호작용하기 • 비언어적 신호에 반응하기 • 아동의 정서 표현을 모방하기	감정이입
• 균형 있고 호혜적인 상호작용하기 • 비지시적으로 행동하기 • 아동의 발달 수준에 맞는 행동 요구하기 • 아동의 흥미에 맞추기 • 불순종을 아동의 선택이나 능력 부족으로 해석하기 • 아동에게 자주 선택할 기회 주기 • 아동이 과제를 완수하도록 돕기	협력
• 발달적으로 적합한 규칙과 기대 가지기 • 아동의 행동 양식에 맞추기 • 아동의 행동 상태에 반응하기 • 즉시 훈계하고 위로하기	자기 규제
• 아동이 하는 것에 가치 두기 • 아동이 하는 것은 무엇이든지 수용하기 • 아동의 행동을 적합하고 의미가 있는 것으로 대하기	자신감
• 아동이 주도하는 행동에 즉각적으로 반응하기 • 아동에게 자주 선택할 기회 주기	통제감

때, 아동의 사회 · 정서 능력은 생후 첫 1년 동안 부모와 가졌던 관계의 질보다는 현재 부모와 갖는 관계의 질에 더 많은 영향을 받는다고 할 수 있다(Kochanska, 1998).

RT에서는 신뢰와 애착이 어떤 아동에게는 생애 초기 동안 지속적으로 관찰될 필요가 있는 중심축 행동이라는 데 동의한다. 아동의 사회 · 정서적 행동은 부모가 그 순간 아동과 맺는 관계 방식에 따라 영향을 받기 때문에(Kochanska, 1998), 부모가 아동과 보다 반응적인 상호작용을 하는 데 필요한 신체적 · 심리적 자원을 갖춤에 따라 아동이 갖는 신뢰나 애착의 질이 높아질 수 있다.

(2) 감정이입

아동은 '상호 주관성'으로 일컫는 과정을 통하여 부모와 그 밖의 사람들의 정서와 감정을 마음으로부터 공감하거나 그에 맞추는 것을 배우게 된다. 감정이입은 아동의 사회 · 정서발달에 대단히 중요하다. 왜냐하면 감정이입은 아동이 ① 자신의 감정 상태를 조절하게 되고, ② 모든 정서(예: 슬픔, 분노, 혐오, 공포, 즐거움, 관심, 놀람 등)를 어떻게 표현하는지를 배우고, ③ 다양한 사람과 사건에 대해 정서적으로 어떻게 반응하는지를 배우는 과정이기 때문이다.

감정이입은 아동과 부모 간의 친밀한 상호작용을 통해 일어나는 학습된 행동이다. 이 과정은 ① 애정적 조화 단계에서, ② 상호 주관적인 공유 단계로, ③ 사물과 사건에 대한 주관적인 상태의 공유 단계로 발전해 간다. 결국 부모가 아동과 상호작용하는 방식은 아동이 이 과정을 발달시키는 데 영향을 미친다(Kochanska et al., 1999).

아동의 정서 표현이 촉진되는 것은 애정의 조화를 이루기 위해 어른이 아동과 눈높이를 맞추면서 반복적으로 상호작용할 때 일어난다. 부모와 아동은 애정의 조화 단계에서 서로의 애정 어린 표현을 모방한다. 그러나 아직 아동은 자신의 내적 상태를 애정 표현으로 나타낼 수 있는 상호 간의 연계성을 완전히 이해하지 못하며 부모의 애정 어린 표현이 의미하는 감정이나 정서를 인식하지 못한다.

아동이 이후 아동기에 미소 짓는 빈도와 또래와 사회적 관계를 맺는 빈도는 어머니가 눈높이를 맞추고 마주 보며 상호작용하는 빈도와 미소 짓는 빈도와 관계가 있다. 만일 어머니가 눈높이를 맞추고 마주 보며 하는 상호작용을 지나치게 억제하거나 혹은 너무 억제하지 않는다면, 아동은 눈 맞추기를 회피하는 경향을 보이기 쉽고, 사회적으로도 회피 행동을 많이 하게 된다. 또한 만일 어머니가 상호작용을 하는 동안 우울해 보인다면, 아기는 우울 감정을 전달하는 얼굴 표정과 몸짓을 보일 수 있다(Leadbeater, Bishop, & Raver, 1996).

상호 주관적 공유 단계에서 아동은 자신의 감정이나 정서를 부모와 의사소통하거나 공유하기 위해 애정 표시를 사용할 수 있다. 이러한 정서는 외적인 사물과 사건에 관한 감정보다는 개인적이거나 내적인 것을 나타내는 것이다.

사물과 사건에 대해 주관적인 상태를 공유하는 단계에서 아동과 부모는 외부에 있는 사물에 관한 감정과 정서를 공유할 수 있다. 부모와 주관적 상태에 대해 상호 공유함으로써, 아동은 사람, 사물 및 사건에 대해 사회적으로 적합하게 반응하는 것을 배우게 되고, 사회적 사건에 대해 인습적인 규범에 적합한 방식으로 정서적 반응을 할 수 있게 된다. 아동이 사람과 사건에 대해 적합하게 반응하는 것을 학습함에 따라, 아동은 타인과 함께하면서 불편한 것을 참거나 또는 편안하게 느낄 수 있는 사람이나 활동의 범위를 확대해 나가게 된다(Lay, Waters, & Park, 1989).

자폐증과 같이 심각한 사회 · 정서 장애가 있는 아동은 능동적으로 눈 맞춤을 피하거나 얼굴을 마주 보며 하는 상호작용을 회피하기도 한다. 그 결과 부모와 자녀 관계에서 쉽게 발생하는 풍부한 정서 형태를 놓치게 된다. 이것이 바로 이러한 아동들이 ① 남다른 정서 표현을 발달시키고, ② 다른 사람들과 상호적으로 정서를 공유하지 못하고, ③ 사람, 사물 및 사건에 대해 적합하지 않은 정서적 반응을 하도록 이끄는 원인이기도 하다.

반응적인 부모는 〈표 5-5〉에 제시한 것처럼, 계속적으로 간헐적인 눈 맞춤을 유지한다. 즉, 아동의 비언어적 신호(예: 몸짓, 얼굴 표정, 발성 등)에 반응하고 아동의 정서 표현을 모방하는 것으로 눈높이를 맞추며 직접 마주 보고 상호작용함으로써 감정이입 능력을 촉진한다.

(3) 협 력

협력은 아동이 부모와 상호적으로 공동 활동에 참여하는 능력을 말한다. 이는 아동이 어른 상대자와 협력적인 에피소드를 반복하는 상호 활동에 참여하면서 발달되는 중요한 사회적 행동이다. 아동이 협력하지 못하거나 협력하기를 거부하는 것은 특히, 부모 입장에서는 아동이 일부러 불순종하거나 반항하거나 고집 부리는 것으로 여겨지기 때문에, 부모와 아동 간의 갈등을 유발하는 주요 요인이 될 수 있다. 이러한 유형의 부적응 행동을 주로 '불순종' 이라고 말하지만, RT에서는 아동이 중요한 중심축 행동을 배우는 것과 관련된 부모와 아동 간의 상호적인 과정을 강조하기 위하여 '협력' 이라는 용어를 사용한다.

반응적인 어른이 어떻게 아동과 함께 지내는지를 보면, 아동이 부모와 함께 상호작용하는 동안 얼마나 협력적일지를 예측할 수 있다(Mahoney et al., 1985). 아동은 어른이 매우 반응적일 때, 더욱 능동적으로 상호작용에 참여하고 어른이 요청하는 것에 쉽게 순응한다(van den Boom, 1995). 아동이 어른에게 협력하고 순응하는 정도는 단지 아동의 생물학적 성향이나 본질적인 상태를 반영하는 것뿐 아니라, 어른이 아동과 어떻게 상호작용하며 어떤 종류의 요구를 제시했는지를 반영한다.

아동의 협력을 촉진하는 반응성은 일곱 가지 특성을 보인다. 첫째, 반응적인 부모는 아동과 균형 있고 호혜적인 상호작용을 한다. 반응적인 부모는 뒷전에 앉아 수동적으로 아동이 하는 것을 지켜보거나 관찰하는 것이 아니라, 아동의 놀이에 자신이 개입할 기회를 찾는다. 아동과 함께하는 상호작용에서 부모는 적극적으로 참여하고 균형적이지만 결코 지배적이지 않다. 반응적인 부모도 제안을 하거나 지시를 하지만, 아동에게 동등하게 기회를 주어 상호작용의 주제를 결정하게 하고 아동이 흥미있어 하는 것을 표현하도록 한다. 반응적인 부모는 놀이하는 동안 아동이 자신의 존재를 인식하게 해 주며, 그럼으로써 아동으로 하여금 상호작용은 '주고받는' 과정이라는 것과, 어른과 협력함으로써 자신이 원하는 것을 할 수 있는 기회를 얻게 된다는 사실을 배우게 한다.

둘째, 반응적인 부모는 비지시적인 경향이 있다. 발달적 문제가 있는 어린 아동을 대상으로 한 연구에 따르면, 자녀에게 매우 지시적인 부모는 지시적이지 않은 부모들보다 아동에게 무엇을 하도록 요구하는 비율이 50% 더 많았다(Mahoney et al., 1990). 그러나 부모의 요구 비율이 증가한다고 아동의 순응 횟수가 증가하는 것은 아니었다. 아동에게 거의 요구하지 않는 부모든 아니면 많은 행동을 하도록 요구하는 부모든 아동이 부모에게 복종하는 횟수는 동일하였다. 그러나 지시성이 높은 부모는 그렇지 않은 부모들에 비해 두 배 더 많은 요구를 하였기 때문에, 아동이 지시성이 높은 부모에게 순종하는 비율은 지시성이 낮은 부모에게 순종한 비율보다 50% 낮은 것이다. 다시 말하면, 아동에게 능력을 넘어서는 수준으로 반응하도록 요구하는 것은 명백히 아동을 불순종하게 만드는 원인이 된다. 반응적인 부모는 상대적으로 비지시적이고 단지 필요한 경우에 반해 아동에게 어떤 것을 하도록 요청하기 때문에, 아동에게 활동을 주도할 수 있는 기회를 주면서 동시에 협력하는 방법을 배울 기회를 준다.

셋째, 반응적인 부모는 일상적으로 현재 아동의 발달 수준에 적합한 행동을 요구한다. 본 연구자의 또 다른 연구에서는, 아동이 부모에게 순종할 가능성은 부모의 요구가 현재 아동의 발달 수준 내에 있는지 여부와 관계가 있다는 것을 밝혔다 (Mahoney & Neville-Smith, 1996). 현재 12개월의 발달 수준에 있는 2세 된 아동에게, 24개월의 발달단계에서 수행할 수 있는 행동을 하도록 요구하자, 아동은 그 행동을 수행할 능력이 없기 때문에 순종한다는 것이 불가능했다. 그러나 이 아동들에게 현재 발달 수준이나 그 이하 수준의 행동을 하도록 요청하자, 아동이 순종하는 비율은 극적으로 증가하였다.

넷째, 반응적인 부모는 아동의 흥미에 맞춘다. 앞서 언급한 동일한 연구에서 (Mahoney & Neville-Smith, 1996), 순종이 현재 아동이 지닌 흥미와 어떤 상관관계를 갖는지 살펴보았다. 그 결과, 아동의 흥미는 아동이 그 순간에 하고 있는 것으로 표현되었다. 만일 아동이 장난감 소꿉놀이를 하고 있다면, 그 순간에 아동은 소꿉놀이 장난감에 관심이 있을 뿐 다른 근처에 있는 장난감에는 관심이 없다고 볼 수 있다. 어머니는 현재 아동의 흥미와 관련이 없거나 약간만 관련이 있거나 또는 매우 관련이 있는 것들을 하도록 요청할 수 있다. 그런데 이때 아동의 순종 비율을 비교한 결과 현재 아동의 흥미와 약간만 관련이 있거나 또는 관련이 없는 요구에 비해 현재 아동의 흥미가 높은 행동과 관련된 요구를 할 경우에 두 배 더 많이 순종하는 것으로 나타났다.

다섯째, 반응적인 부모는 불순종을 선택 또는 능력의 결여로 해석한다. 특히 아동이 부모의 요구에 순종하지 않는 것을 반항으로 해석하면, 갈등이 생겨난다. 부모는 아동이 고집이 세거나 공격적이거나 저항적이라고 판단하고, 대개의 경우 아동을 더욱 강제적으로 순종시키려고 하거나 아동이 하려는 것을 저지하려고 한다. 이렇게 되면 아동은 기분이 나빠지고 울음을 터뜨리게 되며, 결국 부모와 아동 모두 좌절감을 느껴 불화 상태에 빠지게 된다.

그러나 부모가 아동의 불순종에 대해 ① 아동이 부모가 요구한 것을 할 수 없거나, ② 아동이 어떤 것을 하지 않겠다는 선택으로 해석할 때, 상호작용은 쉽게 정서적으로 격화되는 사건으로 확대되지 않을 것이다. 반응적인 부모들은 대개 이렇게 대처한다. 이들은 아동이 순종하지 않는 것에 대해 아동을 반항적으로 보기보다는 협력을 얻기 위하여 다른 대안을 찾는 식으로 반응한다.

여섯째, 반응적인 부모는 아동이 선택하도록 자주 기회를 준다. 부모가 아동에게 선택권을 많이 줄 때, 아동은 단지 하나의 선택권만 주어질 때보다 훨씬 더 잘 협력한다. 만일 선택권으로 주어진 것들이 아동의 관점에서 모두 바람직한 것들이라면, 아동의 협력을 얻는 데 보다 효과적일 것이다. 만약 아동에게 두 가지 선택 사항이 주어졌을 때 오직 하나만이 아동에게 바람직한 것이라면, 사실상 아동이 선택하는 것이라고 볼 수 없다(예: 저녁식사나 잠자기 중 선택하도록 하는 것). 따라서 아동이 모두 바람직하다고 생각하는 대안들 중에 선택할 수 있을 때, 아동이 협력할 가능성은 더욱 증가한다.

일곱째, 반응적인 부모는 아동이 과제를 완수하도록 돕는다. 협력에 관한 문제는 주로 아동에게 어떤 과제를 완수하도록 요청하는 상황(예: '장난감을 집어라.' '저녁을 먹어라.' 등)에서 발생한다. 그러나 대체로 부모가 아동에게 요청하는 것이 비록 아동의 능력 수준에 맞는 것이어도, 현재 발달 수준에서 아동 혼자서 완수할 수 있는 것은 아니다. 반응적인 부모는 아동과 함께 과제를 함으로써 이러한 상황을 해결한다. 부모는 아동이 혼자서 과제를 완성하도록 요구하기보다는 아동과 함께 협력하여 수행하면서 아동이 참여하도록 비계(scaffolding) 역할을 한다. 그리고 아동이 더욱 책임감을 가지고 과제를 완성하도록 격려하기 위하여, 점차적으로 부모의 도움을 줄여 나간다.

(4) 자기 규제

자기 규제는 아동이 감정과 좌절 상황에 대처하는 능력을 말한다. 이는 아동 초기 동안에 서서히 발전해 가는 능력이다. 아동은 정서적 만족을 위해 욕구를 지연시킬 뿐 아니라 스트레스를 줄이는 전략을 발달시키게 된다. 정서를 조절할 수 없는 아동은 울음이나 심한 짜증과 같은 부정적 행동을 통해 스트레스를 표현한다.

외현적 행동(acting out)은 심한 짜증이나 과도한 울음, 때리거나 찌르거나 비명을 지르는 공격적 행동, 새롭거나 변화되는 상황에 대처하지 못하는 것, 던지거나 더럽

히는 파괴적인 행동, 멀리 달아나는 등의 지나친 행동, 그리고 두려움 등을 일컫는다. 이러한 외현적 행동은 아동 초기에는 정상적으로 발생한다. 경우에 따라, 모든 아동들이 이러한 행동 중 한두 개 또는 모두를 나타내기도 한다. 예컨대, 9개월 된 대부분의 아동들은 먹을 때, 몸에 음식물을 묻힐 뿐 아니라 음식물을 다른 사람이나 탁자, 바닥에 흘려서 지저분하게 만든다.

그러나 이러한 외현적 행동은 어느 정도는 정서 조절에 필요한 인지, 언어 및 정서 기술을 가지고 있지 않은 아동에게서 나타난다. 예컨대 외현적 행동은 보통 약 18개월에 나타나기 시작하여 대부분의 경우 2~3세에 절정에 달해 심한 짜증(tantruming) 행동을 보이는데, 이는 아동의 인지와 정서는 빠르게 발달하고 있는데 감정과 요구를 표현하는 능력(예: 미성숙한 의사소통)에는 한계가 있기 때문에 나타나는 것으로 보인다. 또한 두려움은 아동이 사람이나 사건이 자신을 해치지 않을 것이라고 이해하는 데 필요한 경험이 부족하더라도 점차 더 많은 사람과 사물을 지각하고 인식하게 됨에 따라 증가한다.

외현적 행동의 정도는 아동에 따라 상당한 개인차를 보인다. 이러한 차이는 기질과 활동 수준 등 아동의 생물학적인 성향과 상당히 관련되어 있다. 쉬운 기질의 아동과 낮은 활동 수준을 선호하는 아동들은 단지 이따금씩만 외현적 행동을 나타내는 반면, 까다로운 기질의 아동, 즉 새롭거나 변화되는 상황에 민감하게 반응하고, 높은 신체적 활동 수준을 요구하는 아동들은 자주 외현적 행동을 나타낸다(van den Boom, 1995). 더욱이 자폐증과 주의력 결핍/과잉행동 장애와 같은 생물학적 조건은 아동으로 하여금 보통 대부분의 아동에게는 영향을 미치지 않는 상황에서도 강하게 그리고 부정적으로 반응하게 하는 분명한 소인이다.

아동의 행동에 대한 부모의 태도가 특히 매우 반응적일 때, 아동이 외현적 행동을 나타내는 빈도와 강도에 긍정적인 영향을 미친다. 외현적 행동의 발생을 줄이는 반응적인 부모의 특성은 다음과 같다.

① **반응적인 부모는 발달적으로 적합한 규칙과 기대를 가진다.** 우리는 상점, 식당, 교회에서 아동을 가만히 앉아 있게 하거나 조용히 시키고, 아동이 물건을 만지거나 던지지 않도록 하기 위해 아동과 티격태격하는 부모의 모습을 공공연하게 목격하게 된다. 이때 아동은 부모가 제지하지 않았을 때보다 더 자주 울거나 비명을 지르거나 심

한 짜증을 내거나 형제끼리 치고 때리거나 멀리 달아나거나 물건을 바닥에 던지면서 이러한 상황에 대응한다. 이러한 상황에서 아동의 행동에 대해 부모가 기대하는 것은 대부분 초기 발달단계에 있는 아동이 할 수 있는 수준을 능가하는 것이다. 2세 아동 가운데 일부는 이와 같은 사회적 기대에 응할 수 있을지 몰라도, 2세의 아동들 대부분에게 긴 시간 동안 단순히 가만히 앉아 있고, 조용히 하고 그리고 주의를 집중하도록 기대할 수는 없다. 이러한 아동들이 상점, 식당, 교회에서 행동하는 방식은 집이나 다른 장소에서 행동하는 방식과 같다. 2세 아동들은 이러한 상황에서 사회적 요구에 응할 수 있는 사회적 인식 수준에 아직 이르지 못했다.

부모가 아동에게 아직 발달적으로 준비가 안 된 수행을 하게끔 하면 할수록, 아동은 더 이상 자신의 감정과 신체적 반응을 통제하지 못할 만큼 더욱더 좌절하고 교란 상태에 빠지게 된다. 부모는 아동에게 능력 이상의 것을 요구함으로써, 사실상 외현적 행동의 원인을 제공하는 셈이다. 부모는 아동이 그렇게 반응하는 것이 아동의 발달 능력 단계에서는 전형적이라고 인식하기보다는 아동의 행동을 나쁘다고 해석하고 아동에게 벌을 줌으로써, 대개는 이러한 상황을 더욱 악화시킨다.

반면에 반응적인 부모는 아동의 발달적 한계를 이해함으로써 이러한 문제를 해결한다. 반응적인 부모는 아동의 발달적 나이 수준에서 아동이 전형적으로 하는 방식을 아동이 행하도록 기대한다. 뿐만 아니라 아동이 아직 사회적 기대에 응할 능력이 없는 상황에 처하지 않도록 한다. 반응적인 부모는 아동을 이러한 상황에 두어야 할 때는, 아동에게 아동의 현재 발달적 기능 수준에 적합한 대안적인 활동을 제공하여(예: 아동에게 가지고 놀 장난감을 주기 등) 아동이 사회적으로 적합한 행동을 하도록 돕는다.

또한 반응적인 부모는 아동이 순응할 수 있는 규칙을 이행한다. 예컨대, 아동이 어떤 사물을 만져서는 안 된다는 규칙을 고수하기보다는 이러한 사물을 아동이 닿지 않는 곳으로 치운다(예: 탁자 위의 꽃병을 치운다). 만일 저녁식사 때 아동이 가족과 함께 앉아 있어야 한다는 규칙이 있다면, 반응적인 부모는 나이가 더 들기 전에는 장시간 앉아 있는 것이 어려울 것이라고 인식하여 몇 분간으로 기대의 한계를 정한다. 즉, 부모는 아동이 무리 없이 할 수 있을 것으로 기대되는 행동 맥락에서 규칙을 제시한다.

② **반응적인 부모는 아동의 행동 양식에 맞춘다.** 토머스, 체스 및 버스(Thomas, Chess, & Birth, 1968)가 학령기 초기에 기질이 아동의 사회·정서적 적응에 미치는 영향을 검증한 것은 대표적인 아동발달 연구로 꼽힌다. 기질은 생후 초기에 아동이 나타내는 생물학적 특성에 따라 결정되는 행동 성향으로 여겨진다. 토머스, 체스, 및 버스는 생후 첫 1년에 아동은 세 가지 기질 유형 중 하나를 보인다고 제안하였다. 첫 번째로 '쉬운' 아동은 새로운 상황이나 변화에 쉽게 적응하는 아동이다. 쉬운 아동은 사회적 상호작용을 즐거워하는 편이며 아동이 울 때 쉽게 달랠 수 있었다. 두 번째로 '더딘' 아동은 변화나 새로운 사건에 처했을 때 괴로워하고 흥분하게 된다. 그러나 더딘 아동은 비교적 짧은 시간 안에 이런 상황에 적응하게 되며, 흥분하고 당황하는 상황에서 비교적 쉽게 진정된다. 세 번째로 '까다로운' 아동은 새로운 사건이나 변화에 적응하는 것이 매우 어렵거나 매우 느리게 적응한다. 까다로운 아동은 새로운 상황에 민감하게 반응하며 흥분하게 되면 진정시키기가 매우 어렵다.

이 아동들을 대상으로 초등학교 2학년까지 추적 조사하였다. 교사 보고에 따라 학령기 초기에 행동 문제가 있는 것으로 보고된 아동들은 생후 첫 1년 때 까다로운 기질 유형으로 분류된 아동들이었다. 생후 첫 1년에 쉬운 또는 더딘 기질 유형의 아동들은 학령기 초기에 아무런 문제 행동도 나타내지 않았다. 이러한 결과는 생물학적으로 결정된 아동의 행동 성향과 사회적 상황에서 자신의 행동을 통제하고 관리하는 능력 간에 강한 연관이 있음을 보여 준다(Kochanska, 1998).

토머스와 그의 동료들(Thomas et al., 1968)이 수행한 연구에서 가장 흥미로운 것은 까다로운 기질을 지닌 아동의 발달적 결과다. 연구자들이 까다로운 기질로 분류된 아동 모두를 조사한 결과, 그들의 일부만이 학교에서 행동 문제를 보이는 것으로 나타났다. 까다로운 기질의 아동 중 여러 명이 학급에서 요구하는 사항에 잘 적응하고 행동 문제를 나타내지 않았다.

까다로운 아동의 발달 결과는 다양했는데, 이는 부모가 아동과 상호작용하는 방식과 관련이 있었다. 학교에 잘 적응하지 못했던 까다로운 아동은 부모가 엄격하거나 요구적인 아동 양육 방식을 가지는 경향이 있었다. 이러한 부모는 아동이 사회적으로 적합한 행동 규범에 따르기를 기대하고, 아동의 부적응 행동에 대해 벌이나 다른 훈육 절차로 응하였다. 대조적으로 학교생활에 잘 적응했던 까다로운 아동은 부모가 유동적인 아동 양육 방식을 가지고 있었다. 이러한 부모는 생물학적으로 영향을 받은 아동의 행동 특성을 부모의 양육 방식으로 조절하였다. 이러한 부모는 사회적으로 적합한 행동 규범을 따르도록 하는 데 별로 관심이 없고 아동의 독특한 특성을 지지해 주는 방식으로 반응하였다. 부모는 아동이 새로운 스트레스를 받는 상황에서 어떻게 반응할 것인지 예측했고, 어려운 변화 상황에 처했을 때 아동이 편하게 하고 싶은 대로 하도록 아동에게 여유를 줌으로써 아동을 격려하였다.

이 연구 결과는 아동의 행동 유형에 조화를 맞추는 것이, 특히 까다로운 기질을 가진 아동의 외현적 행동을 줄이는 데 매우 효과적인 전략일 수 있다고 제안한다. 반응적인 부모는 아동이 더욱 효과적으로 자신의 감정을 다루고 행동을 관리하는 능력을 발전시키는 데 필요한 시간, 수용 능력, 격려 그리고 양육 형태를 제공한다. 반대로, 아동의 기질에 맞게 조절하지 못하는 부모는 외현적 행동 에피소드들을 정서적으로 격한 사건으로 확대시킬 위험을 안고 있다. 이러한 에피소드들은 아동을 격양시키고 따분하게 만들고 감정과 행동을 관리하는 데 필요한 대처 기술을 더욱 발전시키지 못하게 만든다.

③ 반응적인 부모는 아동의 행동 상태에 따라 반응한다. 상태(state)란 아동이 사회적 상호작용에 대해 민첩하고, 기뻐하며, 수용적인지, 아니면 사회적 상호작용에 대해 귀찮아하고, 지루해하며, 굶주려 하고, 수용적이지 않은지와 같이 때에 따라 변하는 특성을 말한다.

매우 반응적인 부모는 또한 매우 민감하다. 민감성은 아동의 흥미뿐 아니라 아동의 상태에 대해 인식하는 것을 말한다. 반응적인 부모는 아동의 상태를 읽고 적합하게 반응한다. 아동이 피곤해 하거나 귀찮아 할 때, 반응적인 부모는 아동을 달래 주거나, 재워 주거나 또는 짧은 시간 동안 혼자 놀게 하여 간섭하지 않는 것으로 반응을 한다. 아동은 항상 주의를 주고 수용적으로 상호작용할 때, 부모와 함께 상호적인 놀이와 의사소통을 한다. 이렇게 함으로써, 반응적인 부모는 아동이 상호작용할 준비가 되어 있지 않을 때, 아동을 억지로 상호작용하도록 강요하지 않는다. 왜냐하면 아동은 지루하거나 짜증이 날 때 종종 외현적인 행동을 나타내기 때문이다.

④ 반응적인 부모는 즉각적으로 훈계하고 달래 준다. 매우 반응적인 부모는 일반적으로 아동의 협력을 얻어 내고 행동 문제의 빈도를 효과적으로 줄여 나간다(Kochanska et al., 1999). 그럼에도 불구하고, 반응적인 부모도 가끔은 아동을 훈계할 필요가 있는 상황이 있게 마련이다. 반응적인 부모가 아동을 훈계하는 것은 훈육에 효과적이며 그 내용은 다음과 같다.

- 반응적인 부모는 훈계가 필요한 행동 범위를 정한다. 다시 말하면, 아동의 안전과 건강(예: 아동이 부모로부터 멀리 달아나거나 아동이 뜨거운 불에 손을 대는 것 등)을 위해 불가피하거나 또는 가족의 중심 가치를 지키기 위해 중요한 제한선(예: 아동이 고의적으로 부모를 때리는 것을 절대로 용납하지 않는다.)을 설정한다. 모든 경우에서, 아동을 위해 설정한 제한은 아동의 현재 발달적 수준을 고려하여 그에 합당하게 정해진다.
- 반응적인 부모는 아동이 규칙이나 제한을 위반한 경우 즉각적으로 훈계한다. 부모는 나중에 혼내겠다고 훈계를 미루거나 위협하지 않는다(예: 아버지가 집에 올 때 아동을 훈계한다). 그리고 훈계는 아동이 훈계받았다는 것을 인식할 수 있을 만큼 엄하게 하지만, 그렇다고 아동이 신체적으로나 심리적으로 해를 입을 만큼 심하게 하지는 않는다.
- 반응적인 부모는 훈계로 자녀와의 관계를 손상시키지 않는다. 훈계는 아동이 신뢰하고 애착을 가지는 사람에게 받았을 때 효과적이다. 반응적인 부모는 아동을 훈계한 후 바로 아동을 사랑과 애정으로 위로하고 다시 용기를 주어, 아동을 훈계한 것이 아동을 미워해서가 아니라 아동이 했던 행동 때문이었다는 것을 인식하게 해 준다.

(5) 자신감

자신감은 아동이 실제로 얼마나 많은 능력을 가지고 있는가보다는 아동이 자신의 능력에 대해 어떻게 인식하는가를 말한다. 어떤 사람들은 성공을 위해 필요한 능력을 명백히 가지고 있음에도 불구하고, 자신을 무능력하다고 여긴다. 특히 완벽주의자나 비현실적으로 높은 기대를 가지는 사람들이 이러한 자기 지각을 발달시키기 쉽다. 자기 자신을 판단하는 방식 때문에 시간이 지날수록 낮은 자존감을 갖게 되는 사람들은 성공할 만한 능력을 가지고 있음에도 불구하고 무능력하게 행동하게 된다.

이처럼 아동의 자기 능력에 대한 자기 지각은 아동의 학업 수행에 대해 설명력 있는 예측 요인이다. 심지어 능력 있는 학생들 중에서도 자신을 무능력하게 지각하는 아동은 기대보다 형편없는 성적을 보였다(Miserandino, 1996; Phillips, 1984, 1987; Phillips & Zimmerman, 1990). 예컨대, 능력은 있지만 자신의 능력에 대해 자신 없어하는 3, 4학년 학생을 대상으로 조사한 결과, 학업에 대한 호기심과 즐거움은 낮고 불안, 분노, 지루함은 높게 나타났다. 부가적으로 그들은 수학과 사회 과목에서 열악한 수행을 나타냈다(Miserandino, 1996; Eccles, Wigfield, & Schiefele, 1998).

반응적인 부모가 아동의 자신감을 고양시키는 방식에는 두 가지가 있다. 첫째, 반응적인 부모는 아동이 하는 것을 가치 있게 여긴다. 심지어 아동의 나이와 비교해 기대할 수 있는 것보다 낮은 수준이더라도, 아동의 주도를 유지하고 격려해 주며 아동의 행동을 중요하고 의미 있는 것으로 받아들인다. 이러한 부모는 아동이 하는 신기한 행동뿐 아니라 새로운 발달 기술에 대해서도 기뻐해 준다. 이는 부모가 다른 어른과 아동에 관하여 이야기할 때뿐 아니라 아동에게 말할 때도 나타난다.

둘째, 반응적인 부모는 아동이 할 수 있는 활동을 함께하면서 아동에게 성공의 기회를 자주 갖게 한다. 이러한 상호작용 속에서 아동은 자신의 요구나 기대를 매우 성공적으로 충족시킨다. 그러나 설령 아동들이 적합하게 반응하지 못하거나 기대를 충족하지 못하는 경우에도 이러한 부모는 여전히 아동이 하는 것은 그것이 무엇이든 받아들이고 아동의 행동을 적합하고 의미 있는 것으로 대한다. 이와 같은 상호작용 유형은 아동이 수행한 정도와 상관없이 아동에게 성공적이란 느낌을 갖게 한다.

발달적 문제가 있는 아동은 대개 또래와 잘 어울릴 수 없기 때문에, 자신을 무능력하게 지각하는 경향이 있다. 이러한 경향은 심지어 아동 초기부터 나타날 수 있다. 그러나 발달적 문제가 있는 아동들이라도 ① 어른이 아동에게 요구하는 과제가 아동의 능력 범위 내에 있다거나, ② 심지어 아동의 수행이 보통 정도의 성취 수준에 이르지 못해도, 어른이 아동의 수행을 성공적이라고 인정해 주면, 대개는 높은 단계의 성공을 보여 준다. 이러한 긍정적인 경험의 반복은 아동의 제약에도 불구하고, 자신을 유능하다고 인식하도록 돕는다.

(6) 통제감

통제감은 개인이 외적 사건에 영향을 미치는 자신의 능력에 대한 인식을 말한다. 통제감이 높은 아동은 사건이 자신의 통제하에 있고 자신이 자신의 삶을 변화시킬 수 있는 힘을 가지고 있다고 확신한다(Rotter, 1990). 반면에 통제감이 낮은 아동은 자신이 하는 것과 자신에게 일어날 일 사이에 어떤 관련이 있다는 것을 확신하지 못한다.

자신의 삶을 통제하게 되는 기회를 가지는 것은 아동이 자신의 통제 능력을 지각하는 데 상당한 영향을 미친다. 아동이 ① 스스로 선택하고, ② 자신이 좋아하는 것을 하고, ③ 자신의 결과물에 영향력을 행사할 기회를 많이 가질수록, 아동의 통제감은 더욱더 높아지게 된다. 반대로 만일 아동이 ① 자신이 하고 싶은 것을 선택할 기회를 갖지 못하고, ② 다른 사람이 만든 구조나 요구 사항에 따라 지배되는 활동과 일과에 참여하고, ③ 그들에게 일어나는 일에 영향력을 미치는 경험을 갖지 못하면, 아동의 통제감은 잘 발달되지 못한다.

통제감은 어린 아동의 수행에서 강력한 예언 요인이다(Findley & Cooper, 1983; Stipek, 1980; Stipek & Weisz, 1981). 통제감이 높은 아동은 행동을 주도하고, 노력을 다하고, 심지어는 도전적인 상황에서도 과제를 끝까지 해낸다. 소위 학습된 무력감이라 불리는 통제감이 낮은 아동은 수동적이고, 무기력하고, 심지어는 우울증을 보이는 경향이 있다(Seligman, 1975). 이러한 아동은 쉬운 과제를 선택하거나 문제를 구조적으로 파악하지 못하고 행동 단계를 순서적으로 밟지 못하는 경향이 있다. 통제감이 낮은 아동은 도전이나 실패에 직면했을 때, 혼란스러워 하고 집중력과 초점을 잃고, 시간이 지남에 따라 노력이 감소하고, 인지적 해체와 제한된 아이디어 생성을 겪게 되고, 약간의 반응만을 주도하고, 낙담하고, 의기소침해지며, 수동적이게 된다(Skinner, Zimmer-Gemeck, & Connell, 1998, pp. 10-11).

아동의 통제감은 자신에게 일어나는 일에 영향을 미치는 기회를 자주 가질 때 보다 발달된다. 반응적인 부모가 통제감을 촉진시키는 데 사용하는 두 가지 행동 특성이 있다. 첫째, 반응적인 부모는 아동이 주도하는 행동에 즉시 반응한다. 반응적인 부모는 아동의 행동에 수반하여 자신의 행동을 즉각 아동에게 제공하되 상호작용의 중심을 아동이 통제하도록 격려한다. 특히 어른이 아동을 모방하거나 아동처럼 행동하는 것으로 반응할 때, 아동은 어른에게 영향을 미치는 자신의 능력을 인식하게 되고(즉, 자신이 사회적 환경을 통제한다는 인식) 점차 적합한 방식으로 이러한 기술을 사용하도록 배우게 된다.

둘째, 반응적인 부모는 아동에게 자주 선택할 기회를 줌으로써 최대한으로 통제력을 발휘할 기회를 제공한다. 반응적인 부모는 아동이 일상생활을 통하여 바람직한 대안들을 선택할 기회를 주며, 아동이 선택을 바꿀 때 아동이 원하는 것으로 선택하게 해 준다.

발달적 문제가 있는 아동은 대개 자신에 대해 부정적인 지각을 습득할 것이다. 일단 부정적인 지각이 형성되면, 이것은 오랫동안 지속되고 변화시키기 어려울 수 있다. 만일 낮은 통제감과 같은 부정적인 자기 지각이 생애 초기에 뿌리 내린다면, 아동은 심지어 이러한 감정 때문에 마비 상태가 되어 흥미가 있고 자신의 능력으로 잘할 수 있는 과제임에도 불구하고, 과제를 수행하는 데 참여하는 것을 회피하게 된다. 이에 반해 긍정적인 자기 지각은 반응적인 부모와 함께 상호작용함으로써 획득하게 되며, 일생의 통제감을 형성하는 데 중요한 역할을 수행한다.

요 약

이 장에서 아동발달의 요구와 관심을 설명하기 위하여 RT에서 목표로 선정하는 중심축 행동의 근거가 되는 이론과 연구를 살펴보았다. 그리고 반응적인 상호작용이 아동의 발달학습에 기초가 되는 중심축 행동이나 학습과정을 발달시키고, 사용하도록 돕는지에 관하여 논의하였다. 또한 최근 심리학적 이론 맥락에서 반응적인 상호작용이 아동의 중심축 행동에 대해 얼마나 분명한 영향력이 있는지와 관련하여 설명하였다.

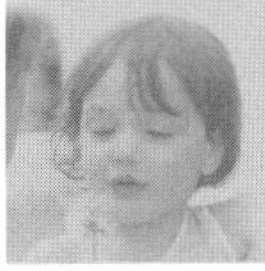

제6장
반응성 교수의 효과

이 장에서는 반응성 교수(RT) 교육과정을 개발하는 데 참여했던 아동과 부모를 대상으로 한 1년간의 평가 결과를 제시하였다. 이 평가 결과는 과학적 검증 절차를 거쳐 2개의 전문 학술지에 발표하였다(기술적인 평가 방법에 관한 자세한 정보는 Mahoney & Perales, 2003, 2005 참조).

RT의 효과는 평가를 통해 엄격한 검증을 실시하였다. 이 과정에서 RT를 받았던 아동들의 발달과 사회·정서적 증진이 유의미한 수준인지, 또한 중재를 통하여 아동이 성취한 증진이 제1장의 [그림 1-1]에서 제시한 RT 모형 또는 인과적 사건과 관계가 있는지 등을 검증하였다. 평가는 다음 네 가지 질문에 대해 설명하는 방식으로 이루어졌다.

- RT 전략은 실제로 부모가 자녀와 더욱 반응적으로 상호작용하도록 돕는가?
- 아동이 RT에 참여하는 동안 아동의 중심축 행동은 증진되는가?
- 아동이 RT에 참여할 때 발달과 사회·정서적 기능에서 중재 초기보다 더 많이 증진되었는가?
- 아동이 RT를 통하여 나타낸 발달적 증진은 부모의 반응성이나 아동의 중심축 행동의 증진과 관계가 있는가?

1. 연구 대상

이 평가를 위한 연구 대상은 50쌍의 어머니와 아동이었다. 아동의 연령 범위는 12~54개월이었으며, 중재 시작 시기에 아동의 85%가 36개월 이하였다. 어머니와 아동의 특성은 〈표 6-1〉에 제시하였다.

어머니의 평균 연령은 32.6세였고, 대부분은 백인(89.1%)이었으며, 기혼(92.7%)이었다. 어머니는 2년제 전문대 이상의 학력을 가졌으며, 그중 절반은 시간제나 전일제 직업을 가지고 있었다.

아동 중 20명은 소아과 의사에게서 자폐 스펙트럼 장애(Autism Spectrum Disorder: ASD)가 있는 것으로 진단되었다. 〈표 6-1〉에 제시된 것처럼 이들 아동들은 인지적·상징적 및 의사소통 발달이 지체되었다. 또한 기질 및 부적응 행동 척도(Temperament and Atypical Behavior Scale: TABS; Bagnato, Neisworth, Salvia, & Hunt, 1999) 점수 결과에 따르면, 사회적 상호작용과 자기 규제에 심각한 문제가 있었다.

그리고 30명의 아동은 발달장애(Developmental Disorders: DD)가 있었다. 이 아동들은 인지나 의사소통발달(〈표 6-1〉 참조)이 유의미하게 지체되었다. 비록 발달장애 아동들(평균 월령 23.3개월)은 자폐 스펙트럼 장애를 가진 아동(평균 월령 32.4개월)보다 어렸지만, 이들 두 집단 간의 발달연령은 거의 동일하였다. 즉, 발달장애 아동들은 자폐 스펙트럼 장애 아동들보다 사회·정서발달 점수가 높았다.

2. 중재

연구 대상자들은 약 1년 동안 주 1회 1시간씩 부모·아동 회기 동안 RT를 받았다. RT는 기관 또는 대상자 가정에서 수행되었다. 연구 대상자는 일주일에 1회기로 계획되었고 1년 동안 평균 33회기의 중재를 받았다. 중재가 종료될 때, 부모는 가정에서 아동과 중재 활동을 수행하기 위하여 일주일에 평균 15시간을 할애했다고 보고하였다.

〈표 6-1〉 중재 전 부모와 아동의 인구통계학적 특성

	ASD 아동 (*n*=20)		DD 아동 (*n*=30)		전체 (*n*=50)	
	M	*SD*	*M*	*SD*	*M*	*SD*
어머니						
나이(년)	32.1	7.1	31.7	5.5	32.6	5.2
교육 수준(년)	15.5	2.6	14.3	1.9	14.8	2.2
결혼 상태(% 혼인)	100.0	–	88.2	–	92.7	–
인종(% 코카시안)	95.2	–	85.3	–	89.1	–
직업(%)	52.4	–	44.1	–	47.3	–
반일제(%)	28.6	–	14.7	–	20.0	–
종일제(%)	23.8	–	29.4	–	27.3	–
아버지						
나이(년)	35.6	6.0	33.7	5.5	34.5	5.8
교육 수준(년)	15.9	2.6	14.7	2.6	15.2	2.6
아동						
나이(월)	32.4	7.3	23.3	6.1	26.9	7.9
남성(%)	65.0	–	67.0	–	66.0	–
사회 · 정서적 특성[a]						
이탈[b]	22.1	21.7	47.3	11.2	37.0	20.4
과잉민감/과잉행동[b]	41.0	14.8	46.2	16.4	44.1	15.8
과소반응[b]	34.3	12.4	47.3	12.4	42.0	13.9
자기 규제[b]	35.3	16.1	46.8	10.3	42.1	14.1
전반적 부적응 행동[c]	58.0	37.0	91.2	24.8	77.6	34.2
아동발달[d]						
사물 능력[e]	16.5	6.0	17.8	6.5	17.3	6.3
상징적 행동[e]	15.2	5.3	15.1	5.5	15.1	5.4
표현 언어[e]	13.8	6.7	12.6	5.5	13.1	6.0
수용 언어[e]	12.1	7.2	15.3	6.1	14.0	6.7

참고: ASD=자폐 스펙트럼 장애, *DD*=발달장애, *M*=평균, *SD*=표준편차

[a] Temperament and Atypical Behavior Scale(Bagnato, Neisworth, Salvia, & Hunt, 1999)

[b] T-점수(*M*=50, *SD*=10)

[c] 표준점수(*M*=100, *SD*=15)

[d] 초학문적 놀이중심 평가-개정판(Linder, 1993)

[e] 발달연령(개월)

3. 평가도구

중재 시작과 종료 시기에 종합적인 아동발달 평가를 실시하였다. 아동발달과 사회 · 정서적 기능을 평가하기 위하여 세 종류의 평가도구를 사용하였다.

초학문적 놀이중심 평가-개정판(Transdisciplinary Play-Based Assessment-Revised Edition: TPBA; Linder, 1993)은 6세까지의 아동을 대상으로 하는 놀이중심적 평가다. 40분 관찰 동안 아동이 수행한 놀이와 사회적 행동을 비디오 녹화한 자료를 보면서 전사하고 발달 레인보우(Developmental Rainbow; Mahoney & Perales, 1996)의 발달 연령 수준에 따라 부호화하였다. 발달연령은 두 개의 인지 영역(사물 사용 능력과 상징적 행동)과 두 개의 언어 영역(표현 언어와 수용 언어)에 대해 산출하였다. 발달연령은 각각 네 가지 발달 영역을 관찰하는 동안, 아동이 일관적으로(즉, 10번 이상) 나타낸 발달 행동 중 가장 높은 연령 수준으로 보았다.

발달 레인보우(Mahoney & Perales, 1996)는 0~5세 아동을 대상으로 아동의 발달적 관찰과 놀이중심적 평가를 위해 만들어졌다. 이 관찰 도구는 어린 아동이 5개 발달 영역(인지, 의사소통, 사회 · 정서 기능, 운동발달, 자조 기술)에서 아동이 할 수 있는 기술과 행동에 대한 구체적인 목록으로 구성되었다. 이 프로파일에 포함된 항목들은 여러 표준화된 발달 평가도구와 유치원 교육과정 그리고 발달연령 체계에 따라 만들어졌다.

기질 및 부적응 행동 척도(TABS; Bagnato et al., 1999)는 1~6세 아동의 문제 행동을 평가하기 위해 고안된 표준화된 도구다. 이 부모 보고에 의한 도구는 4개 요인 55개 문항으로 구성되었다. 즉, 고립 행동, 과민성/과활동성, 저반응성, 조절 문제의 네 가지 요인에 대해 아동발달을 평가하고 또한 중재 전과 후에 어머니의 상호작용 유형과 아동의 중심축 행동을 평가하였다. 이 평가를 위하여 발달적으로 적합한 일련의 장난감을 가지고 아동과 부모가 함께 놀이하는 장면을 7분간 비디오 녹화하였다.

어머니 행동 평가 척도-개정판(Maternal Behavior Rating Scale-Revised: MBRS; Mahoney, 1999)는 아동과 상호작용하는 어머니의 상호작용 유형을 평가하기 위해 사용되었다. MBRS는 4개 요인(반응성, 애정, 성취 지향성, 지시성) 12개 항목으로 구성되었으며, 각 항목은 5점 리커트 척도(예: 1=낮은, 5=높은)로 평가한다.

아동 행동 평가 척도(Child Behavior Rating Scale: CBRS; Mahoney & Wheeden, 1998)는 비디오 녹화된 부모와 아동의 놀이 장면으로부터 아동의 중심축 행동을 평가하기 위하여 사용되었다. CBRS는 아동의 상호적인 행동을 평가하기 위한 7개 항목(주의 집중, 지속성, 관여/흥미, 협력, 주도성, 공동 주의, 애정)으로 구성되었으며, 각 항목은 5점 리커트 척도로 평가한다(예: 1 = 낮은, 5 = 높은).

4. 결 과

평가에 따른 주요 결과는 다음에 요약하여 제시하였다.

1) 반응성 교수는 어머니의 상호작용을 증진한다

아동과 상호작용하는 어머니의 유형에 대한 비율은 [그림 6-1]에 제시하였다. 자료에 따르면, 중재 동안 어머니의 반응성과 애정은 각각 20%와 13% 증가하였으나, 성취 지향성과 지시성은 약 7% 감소하였다. 다변량분산분석(MANOVA) 결과, 어머

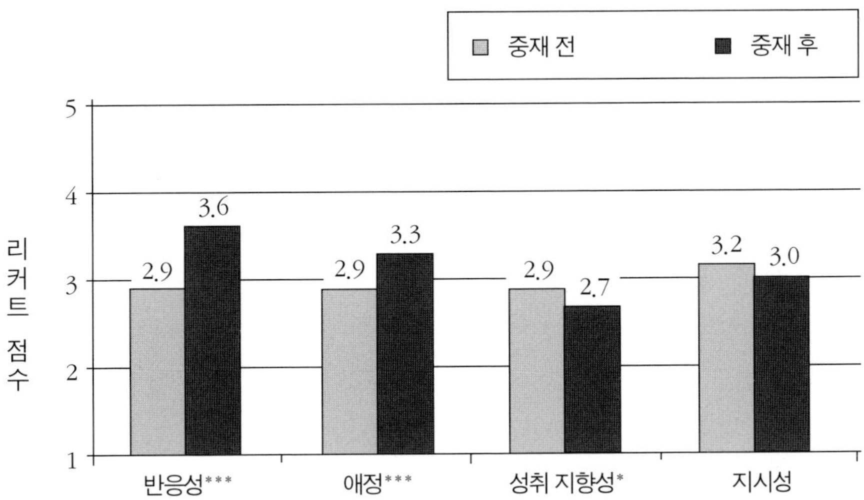

$^{*}p < .05$; $^{***}p < .001$

[그림 6-1] RT가 아동과 상호작용하는 어머니 유형에 미치는 영향 (MBRS; Mahoney, 1999)

니의 상호작용 행동은 통계적으로 유의하게 변화하였다($F(4,46)=8.66$, $p<.001$). 중재 전과 비교할 때, 중재 후 어머니의 반응성과 애정은 유의한 상승을 보였으나 성취 지향성은 유의하게 감소하였다. 지시성의 차이는 유의하지 않았다.

2) 반응성 교수는 아동의 중심축 발달 행동을 증진한다

[그림 6-2]에 나타난 것처럼, 부모와 상호작용하는 아동의 상호적 행동을 관찰한 결과를 보면 중재 동안 아동의 중심축 행동 사용은 유의하게 증진되었다($F(7,43)=11.28$, $p<.001$). CBRS의 7개 항목에 대해, 아동의 중심축 행동 비율은 중재 전과 비교해 중재 후 평균 35% 증가하였다.

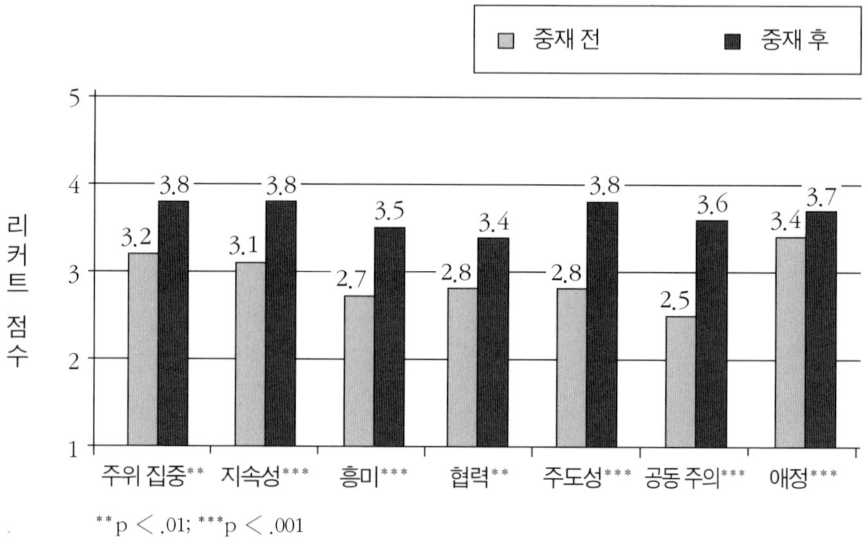

[그림 6-2] RT가 아동의 중심축 발달 행동 사용에 미치는 영향 (CBRS; Mahoney & Wheeden, 1998)

3) 반응성 교수는 아동발달을 촉진한다

중재 전후 발달연령은 [그림 6-3]에 제시하였다. 아동의 인지발달과 언어발달에 대한 중재 영향력을 평가하기 위하여 중재 후 시점에서 중재를 받지 않고도 성취할

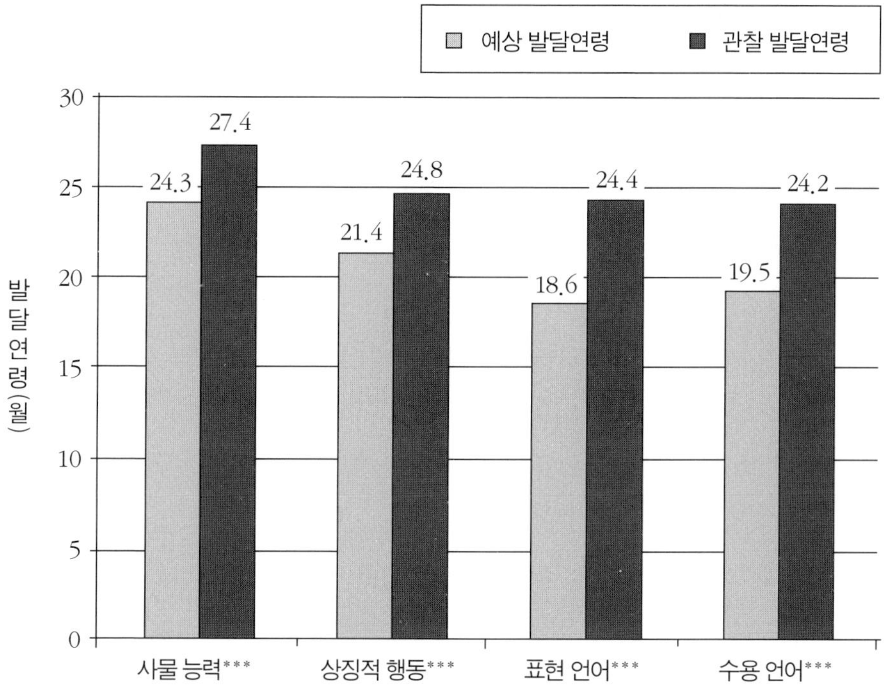

*p < .05; ***p < .001

[그림 6-3] 중재 후 RT가 아동의 발달연령에 미치는 영향
발달 레인보우(Mahoney & Perales, 1996)

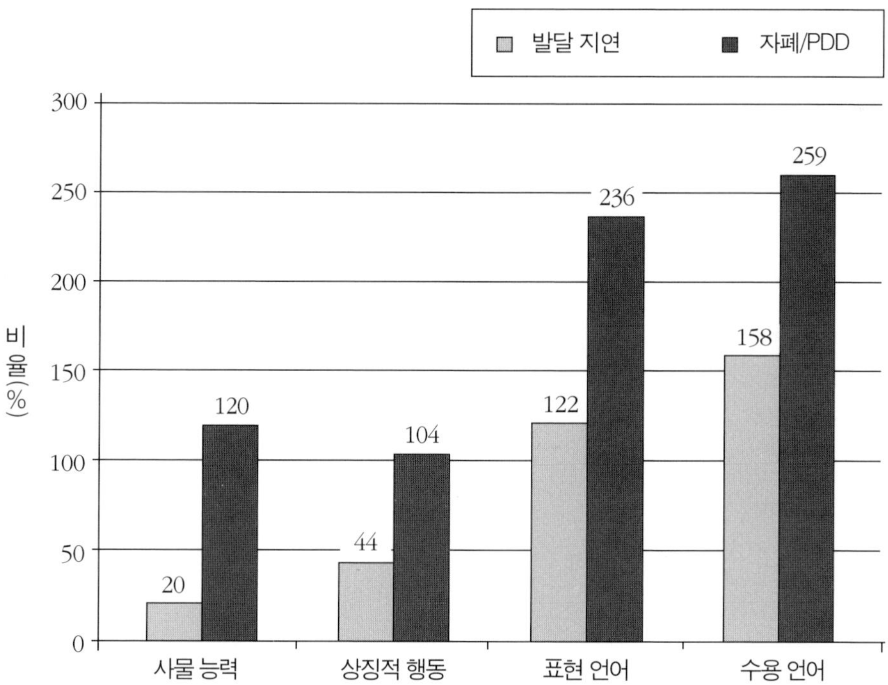

[그림 6-4] 중재 중 아동의 발달 증가 비율
발달 레인보우(Mahoney & Perales, 1996)

것으로 예상되는 발달 수준(예상 발달)과 아동 관찰을 통한 실제 발달적 기능 수준을 비교하였다. 예상 발달연령은 만일 중재가 효과적이지 않다면, 중재 전과 동일한 비율로 중재 동안에도 발달할 것이라는 가정하에 산출되었다. 다변량분산분석 결과, 중재 후 아동의 발달연령 점수는 예상 발달연령보다 높게 나타났다. [그림 6-3]에서 제시한 바와 같이 아동은 4개 발달 영역에서 예상 발달 수준보다 높은 발달적 증진을 보였다.

또한 아동이 중재 동안 실제로 나타낸 발달적 증진의 정도를 평가하기 위해 두 가지 분석을 실시하였다. 분석을 위하여 비례변화지표(Proportional Change Index: PCI)란 통계적 수치를 산출하였다. 비례변화지표는 중재기 동안 아동의 발달 비율을 중재 전 발달 비율과 비교하는 것이다. [그림 6-4]에 나타난 것처럼, 평균 점수에서 중재 동안 아동의 발달 비율은 중재 전에 비해 133% 증가하였다. [그림 6-4]의 자료에 따르면, 발달지체 아동보다 자폐증/광범위성 발달장애 아동들이 2배 이상 더 높은 발달적 증진을 나타내었다.

4) 반응성 교수는 아동의 사회 · 정서발달을 향상시킨다

TABS 점수 결과에 따르면, 발달지체 아동은 중재 초기에는 사회 · 정서적 문제를 보이지 않았다. 더불어 발달지체 아동들은 중재 동안 사회 · 정서발달 영역에서 거의 증진을 나타내지 않았다. 그러나 중재 전 심한 사회 · 정서적 문제가 있던 자폐스펙트럼 장애 아동들은 중재과정 동안 사회 · 정서발달 영역에서 임상적으로 상당히 유의한 증진을 나타내었다($F(5, 15) = 9.64$, $p < .001$). [그림 6-5]에 나타난 것처럼, 이러한 효과는 TABS의 전체 점수와 세 가지 하위 척도(고립 행동, 저반응성, 조절 문제)에서 분명하게 나타났다.

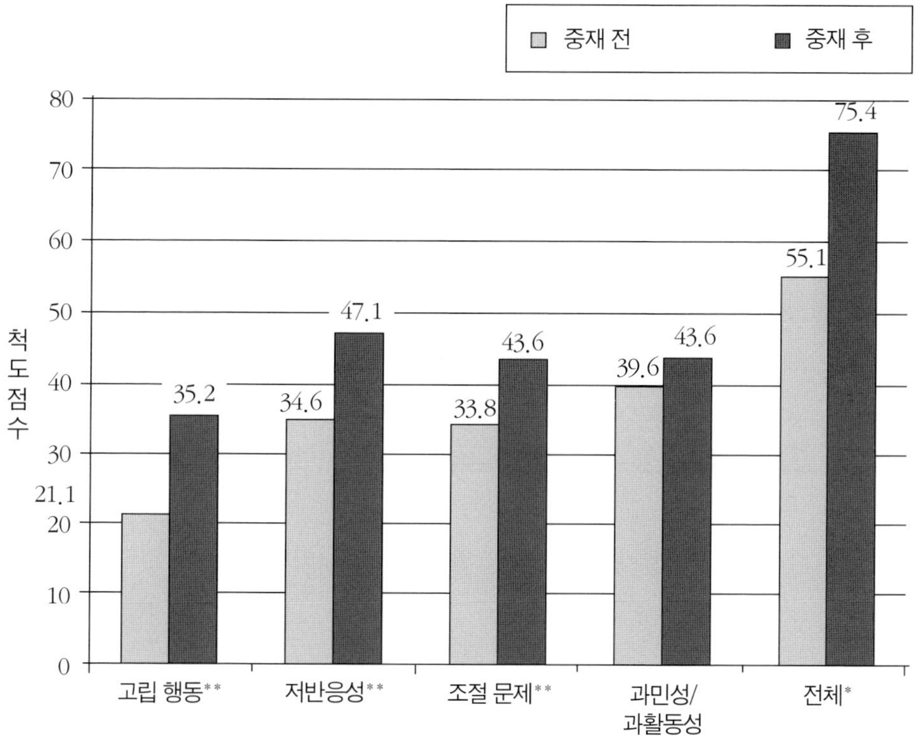

[그림 6-5] RT가 자폐 스펙트럼 장애 아동의
TABS(Bagnato & Neisworth, 1999) 점수에 미치는 영향

5. 반응성 교수 적용 효과

RT가 앞서 기술한 발달적 증진을 가능하게 한다고 결론을 내리려면, RT를 통하여 촉진된 어머니의 반응성과 아동의 중심축 행동의 변화가 아동에게 나타난 발달과 사회 · 정서적 증진과 관련 있다는 것을 증명해야 한다. 만일 발달과 사회 · 정서적 증진이 가장 높게 나타난 아동이 아동의 중심축 행동 증진과 어머니의 반응성 변화가 나타난 아동이라면, RT가 매우 효과적인 발달 중재 교육과정이라는 강력한 논리가 선다. 이것을 설명하기 위하여, 여러 회귀 분석을 실시하여 ① RT 전략에 의해 촉진된 어머니 반응성의 증진이 아동의 중심축 행동의 증가와 얼마나 관련이 있는지, ② 아동발달과 사회 · 정서발달의 증진이 아동의 중심축 행동 사용의 증진과 얼마나 관련이 있는지를 분석하였다. 분석 결과는 마호니와 페럴러스(Mahoney &

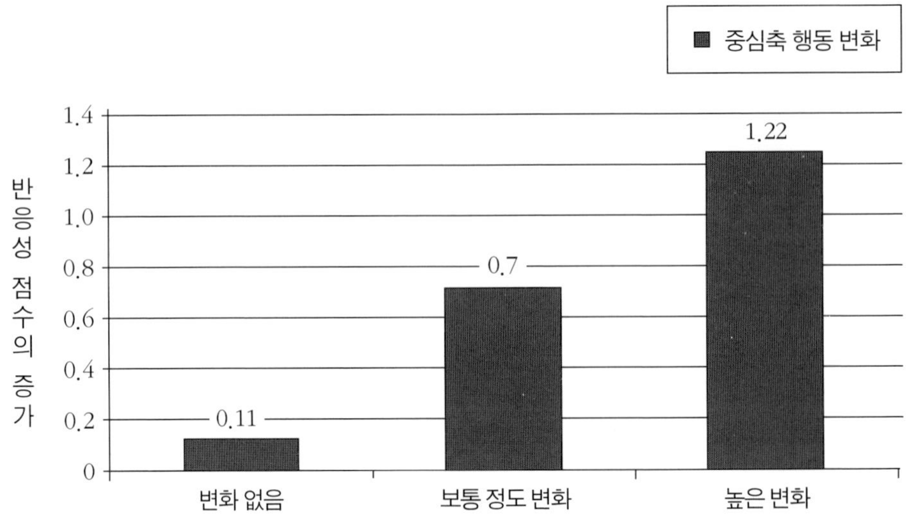

[그림 6-6] 어머니의 반응성 변화가 아동의 중심축 행동 변화에 미치는 영향

Perales, 2005)의 연구에서 자세하게 보고하였기 때문에, 여기서는 주요 결과만을 요약하여 제시하였다.

첫째, 중재 동안 어머니 반응성의 변화는 아동의 중심축 행동 변화에 대해 변수의 20%를 설명하였다. 이와 같은 결과를 설명하기 위하여 중재 동안 어머니가 반응적으로 변화된 정도에 근거하여 세 집단으로 나누었다. 그 결과, 수준 1 집단 어머니(n=16)는 반응성에서 전혀 변화가 없었고, 수준 2 집단 어머니(n=12)는 중간 정도의 변화가 있었으며, 수준 3 집단 어머니(n=22)는 유의미한 변화가 있었다. 그런 다음 세 집단 어머니의 아동들의 중재 동안 중심축 행동 수준이 변화된 정도를 살펴보았다. [그림 6-6]에서 나타난 것처럼, 어머니 반응성의 변화와 아동의 중심축 행동의 변화 간에는 비례 관계가 있었다. 어머니의 반응성이 변화하지 않았을 때, 아동의 중심축 행동은 약간의 증가만 나타내었다. 그러나 어머니가 매우 반응적으로 변화되었을 때, 아동의 중심축 행동의 변화 정도는 부모의 반응성 변화 정도와 직접적으로 관계가 있었다. 중재 동안 어머니가 반응적으로 많이 변화할수록, 아동의 중심축 행동도 많이 증가하였다.

둘째, 아동의 중심축 행동의 변화는 중재 초기 아동발달의 효과를 통제하였을 때, 네 가지 발달 영역에서 측정한 아동발달 비율의 증진에 대해 변화량의 평균 9.5%를 설명하였다. 이와 같은 결과를 설명하기 위해 중재 동안 아동의 중심축 행동 변화량에 근거하여 아동을 세 집단으로 나누었다. 수준 1 집단 아동(n=13)은 중심축 행동에 변화가 없었고, 수준 2 집단 아동(n=19)은 중간 정도의 변화가 있었으며(즉, 1점 척도 점수 이하), 수준 3 집단 아동(n=18)은 유의한 변화가 있었다(즉, 1점 척도 점수 이상).

일반적으로 중재 동안 발달적 기능의 증진과 아동의 중심축 행동의 변화 간에는 '약물 반응' 관계가 있었다. 이러한 관계는 수용 언어 영역을 제외한 모든 발달 측정 결과에서 나타났다. [그림 6-7]에 나타난 것처럼, 중재 동안 아동의 중심축 행동이 증가하지 않았을 때, 발달 비율은 중재 초기의 발달 비율에 근거하여 보면 예상 발달과 거의 비슷한 수준을 나타내었다. 그러나 중재 동안 아동의 중심축 행동이 증가하였을 때, 아동의 발달은 예상 발달 비율보다 훨씬 더 많이 증가하였다. 더욱이 아동의 중심축 행동이 증가하면 할수록, 중재 동안 발달적 기능은 더욱 향상되었다.

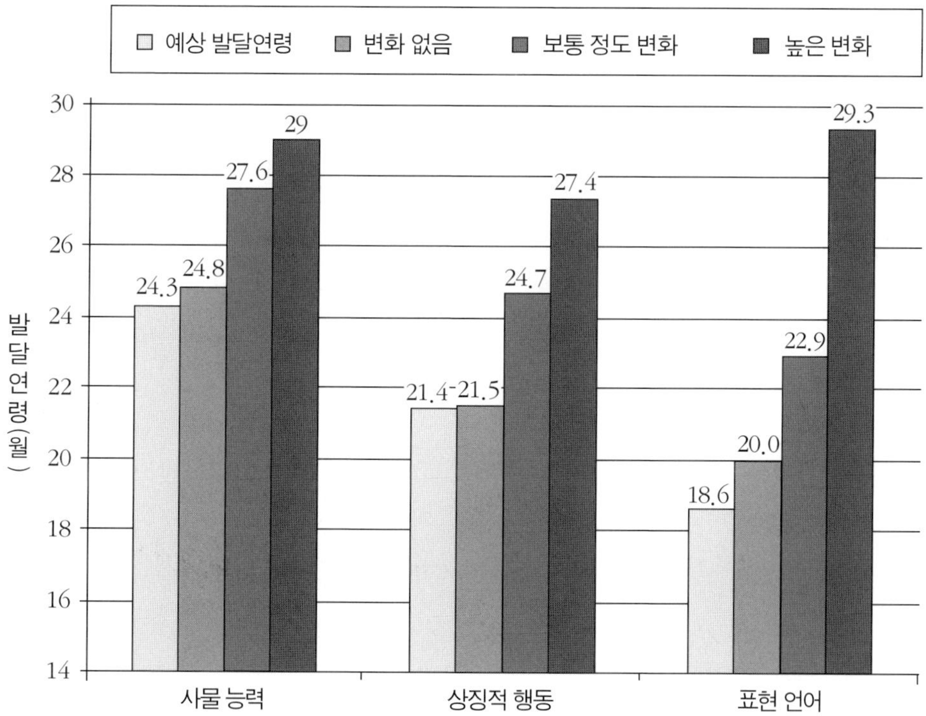

[그림 6-7] 중재 후 예상 발달연령과 비교하여 아동의 발달연령에 대한 중심축 행동의 변화의 관계(발달 레인보우(Mahoney & Perales, 1996))

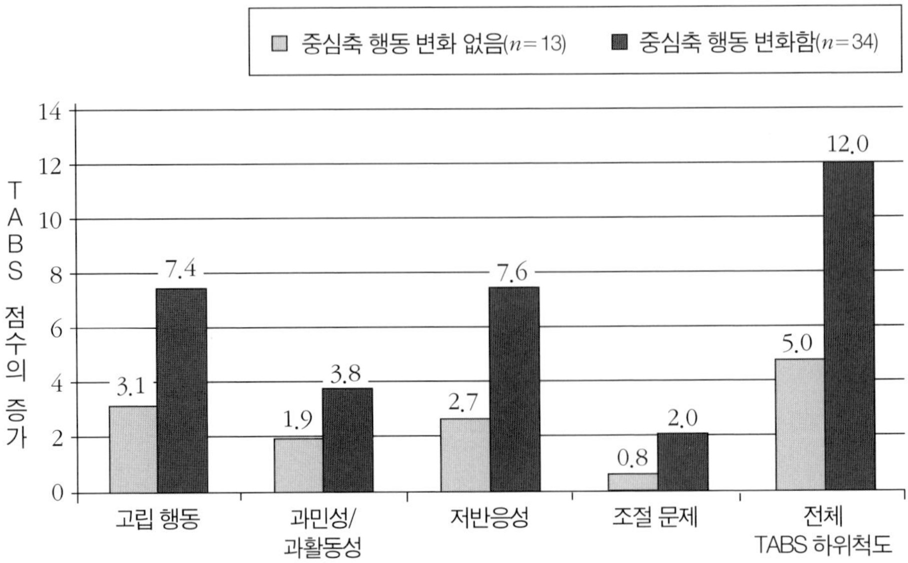

[그림 6-8] 아동의 중심축 행동 변화와 TABS(Bagnato & Neisworth, 1999) 점수의 변화 간의 관계

또한 아동의 중심축 행동 변화가 사회·정서적 발달의 변화에 어떠한 영향을 미치는지를 검증하기 위하여 TABS 측정 결과에 대해 회귀분석을 실시하였다. 결과에 의하면, 아동의 중심축 행동 변화는 사회·정서발달 향상과 관계가 없었다. 그럼에도 불구하고 [그림 6-8]에 제시한 바와 같이 대상 아동을 중재 동안 중심축 행동이 변화하지 않은 아동($n=13$)과 약간의 변화를 나타낸 아동($n=34$)으로 나누었을 때, 변화가 있는 집단의 아동들은 TABS의 5개 하위 영역 중 4개 영역에서 변화가 없는 집단보다 약 100% 더 높은 향상을 나타냈다.

요 약

이 장에서는 약 1년 동안 반응성 중재를 받은 아동과 부모 50쌍에 대한 평가 결과를 제시하였다. 비록 반응성 중재가 부모와 아동 쌍이 적당한 수준의 전문가와 접촉하는 것을 필요로 하더라도, 반응성 중재는 참여한 부모의 2/3가 아동과 더욱 반응적인 상호작용을 하도록 촉진하는 데 효과적이었다. 더욱이 중재 동안 부모가 반응적으로 변화된 정도는 아동의 중심축 행동 사용이 증가한 정도와 매우 높은 관련성이 있었다.

RT는 결과적으로 아동의 인지·의사소통발달을 향상시키는 데 매우 효과적이었다. 중재 동안 아동의 인지발달 비율은 중재 초기보다 평균 60% 이상 증가하였다. 심지어 RT는 아동의 의사소통발달에 있어서도 상당한 효과를 나타냈다. 언어발달에서 아동의 표현 언어발달 비율은, 중재 초기보다 약 167% 그리고 수용 언어발달은 138% 향상되었다.

RT가 아동발달에 미치는 효과는 중재 연구에 관한 문헌에서 보고된 결과 이상이었다. 더욱 주목할 만한 것은 수용 언어발달을 제외한 각 발달 영역의 효과는 RT 교육과정의 일차적인 목표인 아동의 중심축 행동 사용을 증가시키는 정도와 상당히 관련이 있다는 점이다.

RT는 또한 아동의 사회·정서적 문제를 줄이는 데 효과적이었으나, 이러한 효과는 중재 초기에 이와 같은 문제를 분명하게 드러냈던 아동에게서만 나타났다. 중재 초기에 사회·정서적 문제가 없던 발달지체 아동은 이 영역에서 아무런 개선이 나타나지 않았다. 그러나 중재 초기에 심각한 사회·정서적 문제가 있는 자폐 스펙트럼 장애 아동들은 중요한 발달 영역에서 주목할 만한 증진이 있었다. 대부분의 전문가들은 부모가 더욱 반응적이 되도록 촉진하는 중재를 통하여 아동의 사회·정서적 건강을 효과적으로 촉진할 수 있어야 한다고 생각하였다(Zeanah, 2000). 그러나 직접적으로 이것을 연구하고 출판한 것은 이번 RT 교육과정이 처음이다.

여기에서 제시된 자료들은 RT의 효과를 강력하게 지지하고 있다. 무엇보다 중요한 것은 RT가 부모의 상호작용 행동에 미치는 영향과 아동이 성취한 발달적 결과 사이에 일관된 관련성이 있다는 것이다.

이와 같은 검증 결과는 자신감을 가지고 RT를 수행하는 전문가와 가족들에게 나타나야만 한다. 이로써 부모가 아동의 중심축 발달 행동을 촉진시키기 위한 RT 전략이 아동의 발달과 사회·정서적 건강을 촉진하는 데 매우 효과적인 중재라는 것을 입증하는 강력한 증거가 된다.

제3부 반응성 교수 실행

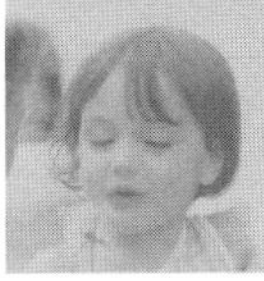

제7장
중재 계획

반응성 교수(RT) 중재는 특별한 필요조건과 학습 형태를 가진 아동과 부모에 따라 개별화된 계획을 세우고 새로운 문제나 관심에 따라 반응적인 일련의 활동을 유동적으로 제공할 수 있도록 만들어졌다. 지침에 따른 RT 형식은 부모와 전문가들에게 그들이 수행하기를 원하는 중심축 행동 목표, RT 전략, 논의점을 선택할 수 있도록 여러 대안을 제시한다. 또한 각 회기에서 중점을 두는 정보의 양과 정보를 수행하는 길이에 대해 결정하도록 한다.

부모와 전문가들은 각 중재회기에 대해 개별화된 계획을 세워야 한다. 본 교육과정에 포함된 자료와 도구들은 회기 계획을 직접 작성하여 완성하는 데 약 10분 정도를 소요하도록 만들어졌다. RT 중재계획과 진행 기록표(별도 구매)를 이용하면 더욱 쉽게 계획안을 작성할 수 있다. 한 아동에 대해 약 2분 이내에 회기 계획을 세울 수 있다.

[그림 7-1]은 RT 계획안 과정에 대한 개략적 내용이다. 계획을 세우는 데 필요한 모든 도구와 정보는 '제4부 교육과정 자료' 또는 'RT 중재계획과 진행 기록표'에 포함되어 있다. 다음에 각 단계별 과정을 기술하였다.

1단계: 부모의 관심 사항을 확인하고 한 가지 이상의 발달 영역으로 분류하기

미국에서 정부 지원하에 운영되는 대부분의 조기중재 프로그램들은 개별 가족 서비스 계획안(Individualized Family Service Plan: IFSP)에 아동발달에 관한 부모의 관심사를 반드시 규명하도록 되어 있다. 개별 가족 서비스 계획안을 사용하지 않는 프로그램에서는 중재자들이 간단히 부모가 자녀와 함께할 때 일어나기를 바라는 사항에 관하여 비공식적으로 논의해 보는 것으로 부모의 관심사를 확인한다. 부모의 관심사는 전형적인 자녀에 대한 요구 사항에서부터 놀이 방식을 배우고 색깔, 숫자 또는 요일 배우고, 말하고 단어를 학습하거나 또는 자신의 요구를 전달하는 방식을 학습하고, 행동하거나, 형제자매와 잘 지내는 방법(예: 비명 지르지 않기, 밤에 잘 자기, 형제자매와 상호작용하기, 즐거워하기) 그리고 자신에 대해 주장하고 좋은 감정을 가지는 것을 학습하는 것에 이르기까지를 포함하고 있다. [그림 7-2]에 제시한 것처럼,

단계	도구
1단계: 부모의 관심 사항을 확인하고 한 가지 이상의 발달 영역으로 분류하기	[그림 7-2](p. 125)
2단계: 첫 번째 중심축 행동으로서 사회적 놀이를 목표로 하기	교육과정 개요(p. 215)
3단계: 아동의 발달 촉진과 가장 관련된 중심축 행동 선정하기	중심축 행동 마법사(p. 171)
4단계: 아동의 중심축 행동 변화 평가하기	중심축 행동 프로파일(p. 175)
5단계: 중재회기를 위한 논의점과 RT 전략 선택하기	중재계획과 진행 기록표(p. 193) 또는 RT 교육과정 계획과 진행과정 프로그램
6단계: 중재회기 계획안 작성하기	중재회기 계획 양식(p. 211) 교육과정 개요(p. 215)
7단계: 중재계획과 진행 기록표 또는 프로그램을 사용하여 중재회기 활동 기록하기	중재계획과 진행 기록표(p. 193) 또는 RT 교육과정 계획과 진행과정 프로그램

[그림 7-1] 반응성 교수 계획 과정의 개관

부모의 진술	발달 영역
"내 아이가 정상 수준에 도달했으면 좋겠다." "내 아이가 학교에서 필요한 것들을 배웠으면 좋겠다." "내 아이가 장난감에 흥미를 더 많이 가졌으면 좋겠다." "내 아이가 의미를 두고 놀이를 했으면 좋겠다." "내 아이가 색깔, 모양, 글자, 숫자를 배웠으면 좋겠다." "내 아이가 함께 공유하는 법을 배웠으면 좋겠다."	인지
"내 아이가 사람에 대해 관심을 가졌으면 좋겠다." "내 아이가 나를 알아봤으면 좋겠다." "내 아이가 자신의 요구를 내게 표현할 수 있으면 좋겠다." "내 아이가 단어를 말하거나 배웠으면 좋겠다." "내 아이가 나와 대화를 나눴으면 좋겠다." "내 아이가 말로 표현하고 다른 사람들이 아이의 말을 이해할 수 있었으면 좋겠다."	의사소통
"내 아이가 산만하게 돌아다니고, 울고, 성을 내는 행동을 하지 않았으면 좋겠다." "내 아이가 내 말을 잘 들었으면 좋겠다." "내 아이가 다른 아이들이 자는 시간에 잠자리에 들었으면 좋겠다." "내 아이가 식당, 공공기관, 친척 집에서 적합하게 행동했으면 좋겠다." "내 아이가 때리거나 물거나 또는 비명을 지르지 않았으면 좋겠다." "내 아이가 좀 더 능동적이었으면 좋겠다." "내 아이가 스스로 행동했으면 좋겠다."	사회 · 정서 기능

[그림 7-2] 반응성 교수 발달 영역

이러한 관심사들 대부분은 한 가지 이상의 RT 발달 영역으로 분류될 수 있다.

이때 중재는 관심사를 확인하는 데 그치는 것이 아니라 부모가 가져왔던 관심사들과 직접적으로 관계가 있는 발달 영역 또는 중재 목적에 중점을 두어야 한다. 예를 들면, 만일 부모가 일차적으로 아동의 언어에 관심이 있다면, 중재는 언어발달에 영향을 미치는 인지와 사회 · 정서 기능과 같은 다른 발달 영역 또한 촉진할 필요가 있다.

중재자는 이렇듯 관련된 목적 영역을 설명하기 위해 내용과 활동을 하나로 통합함으로써, 이들 각기 다른 목적들이 아동에게 기대하는 발달적 결과를 성취하는 데 도움이 된다는 것을 부모에게 이해시켜야 한다.

대부분의 아동들은 여러 영역에 걸쳐 발달적 문제를 가진다. 경험적으로 볼 때,

한 중재회기 동안 2개 이상의 목표를 수행하지 않기를 권한다. 그렇게 함으로써, 중재회기에서 중점을 두는 것을 계속 유지하고 부모가 결과로 이끄는 정보를 보다 쉽게 얻을 수 있게 해 준다. 제6장에 제시한 평가 자료에 따르면, 한 번에 발달 영역을 최대 2개로 중재 범위를 제한하는 것이 다른 영역에 있는 아동의 발달에 부정적인 영향을 미치는 것은 아니다. 목표로 정한 중재 목적을 위하여 부모가 사용하는 RT 전략은 또한 직접적인 중재에서 초점을 두지 않은 그 영역에 포함된 발달을 촉진하도록 도울 것이다.

2단계: 첫 번째 중심축 행동으로서 사회적 놀이를 목표로 하기

중재는 모든 부모와 아동에 대해 아동의 발달적 요구에 상관없이, 중심축 행동 가운데 사회적 놀이를 다루는 것으로 시작한다. 사회적 놀이는 아동이 부모 또는 다른 양육자와 빈번하게 호혜적으로 상호작용하는 것을 배우게 해 주며, RT에서 다루는 세 가지 발달 영역(즉, 인지, 의사소통 및 사회 · 정서 기능)에서 기본이 되는 상호작용 기술이다. 사회적 놀이는 아동발달이 기본적으로 부모와 그 밖에 다른 사람과 함께 친밀하고 호혜적인 상호작용 에피소드를 지속적으로 갖는 아동의 능력에 따라 좌우되는 두 사람 간의 과정이라는 관점을 강조한다.

중재에서 사회적 놀이에 초점을 두는 시간의 양은 부모와 아동에 따라 상당한 차이를 보인다. 본 연구자들은 사회적 놀이가 중심축 행동 프로파일('제4부 교육과정 자료 3' 참조)에서 적어도 중간 점수 5에 도달하거나 또는 부모가 RT 전략 중 '아동의 세계로 들어가기' 와 '하나 주고 기다리기' ('교육과정 자료 6: 인지' 참조)를 능숙하게 사용하게 될 때까지는 일차적인 중재 목표, 즉 사회적 놀이로 계속 진행하기를 권유한다. 그러나 만일 이러한 조건 중 하나 또는 둘 다를 충족시키는 경우가 4회기 이상이라면, 사회적 놀이에 초점을 두고 계속 진행하면서 새로운 중심축 행동을 소개하도록 한다.

3단계: 아동의 발달 촉진과 가장 관련된 중심축 행동 선정하기

RT에서 다루고 있는 세 가지 발달 영역(즉, 인지, 의사소통 및 사회 · 정서 기능)은 발달적 학습에 영향을 미치는 중심축 행동 5～6개의 목록으로 이루어졌다. '제4부의 교육과정 자료 6' 에 제시된 이 행동들이 나열된 순서는 어린 아동에게 나타나는 일반적인 출현 순서에 따른 것이다. 또한 일부 행동들은 다른 행동들에 대해 필수조건이라는 사실을 반영하는 것이다. 예컨대, 의사소통 영역 가운데 중심축 행동 목록의 공동 주의는 아동이 중심축 행동 목록의 공동 활동에 함께 참여했을 때 나타날 수 있는 행동이다. 마찬가지로 아동은 인지 영역에서 먼저 탐색 활동을 할 수 있어야 문제 해결을 위한 상황을 겪을 수 있다.

아동의 의사소통 능력은 이 영역에 있는 5개 중심축 행동을 향상시킴으로써 촉진될 수 있다. 실제로 선정하는 중심축 행동과 이들을 다루게 되는 순서는 아동의 현재 중심축 행동 수준에 따라 달라진다. 이는 임상적 판단 또는 '제4부 교육과정 자료 2' 의 중심축 행동 마법사를 사용하여 평가될 수 있다.

중심축 행동 마법사는 아동이 현재 관심을 두는 발달 영역의 중심축 행동에 근거하여 중재 목표를 설정하기 위한 중심축 행동을 선택하도록 도와준다. 이것은 대부분의 부모와 전문가들이 아동의 현재 발달에서 가장 필요한 중심축 행동을 선정하는 데 도움을 주기 위하여 만들어졌다. [그림 7-3]에 중심축 행동 마법사의 일부를 제시하였다.

예컨대, 만일 아동의 발달적 요구가 인지발달과 관련이 있고 아동이 장난감이나 도구를 가지고 다양한 방식으로 놀이하지 못하는 경우라면, 아동이 현재 사용하는 중심축 행동을 마법사에서 확인할 수 있다. 아동의 현재 행동 특성과 발달적 요구에 근거하여 마법사를 사용하면 '탐색' 이 중재 목표로 선정하기에 적합한 중심축 행동일 것이다. 마법사에 포함된 내용들 모두는 각 세 가지의 RT 영역에 대해 중재 목표를 선정하는 데 도움을 준다. 자세한 내용은 '제4부의 교육과정 자료 2' 에 제시되어 있으며 별책 자료, 『RT 중재계획과 진행 기록표』에서도 확인할 수 있다. 대부분의 아동들에 대해서 마법사를 이용하여 잠재적인 중재 목표로 선정할 기본적 행동들을

인지	
아동 행동	중심축 행동
• 부모나 다른 양육자와 일대일로 놀이하는 경우가 흔하지 않다. • 부모나 다른 양육자와 놀이를 하거나 그 밖의 상호작용 에피소드에 오랫동안 머물러 있지 않는다. • 하루 일과 중 부모나 그 밖의 사람들과 놀이에 참여하는 것이 놀이 활동이거나 즐거운 활동이라기보다는 과제 지향적인 경우가 더 많다.	사회적 놀이
• 어른과 상호작용을 지속할 수는 있지만 일반적으로 무엇을 하며 놀 것인지, 어떻게 놀 것인지 등에 대해 어른이 결정하기를 기다린다. • 아동은 어른과 함께 놀이하는 동안 가지고 놀 장난감과 노는 방법을 선택하는 경우가 드물다.	주도성
• 몇 개의 장난감이나 교구만을 가지고 논다. • 아동이 장난감이나 교구를 가지고 하는 놀이가 다양하지 않다. • 사물의 어떤 특성(예: 모양, 질감, 부분 등)에 관심이 있는지 거의 드러나지 않는다. • 주변에 있는 사물, 사람 또는 신기한 일들에 거의 관심을 보이지 않는다.	탐색
• 놀이하는 동안 수행을 하는 데 어려움이 있을 때마다 어른의 도움을 구한다. • 아동이 문제를 해결하려고는 하지만 잘 해결하지 못할 때 쉽게 좌절한다. • 어려워 보이는 활동에는 참여하지 않고 회피하려 한다.	문제 해결
• 아동의 능력 범위에서 할 수 있는 발달적 기술을 반복해서 하는 일이 드물다. • 아동이 즐거워하는 장난감이나 교구에 쉽게 다가가지 못한다. • 종종 아동의 현재 기능 수준 이상의 행동을 하도록 부추겨야 한다. • 장해물에 부딪힐 때는 언제나 쉽게 포기한다.	실행

[그림 7-3] 중심축 행동 마법사의 일례

확인할 수 있다. 일반적으로 만일 한 가지 발달 영역이 적용된다면, 중재자들은 한 번에 중심축 행동을 2개 이상 선택해서는 안 된다. 두 가지의 발달 영역이 적용되는 경우 역시 각 영역에서 단 한 가지의 중심축 행동만을 다루어야 한다. 또한 마법사 상에서 아동에게 적합한 것으로 확인된 첫 번째 중심축 행동은 목록상 이후 순서에 있는 행동들보다 먼저 다루어져야 한다.

4단계: 아동의 중심축 행동 변화 평가하기

본 연구자들의 연구 결과에 따르면(제6장 참조), RT를 통하여 개선된 아동의 발달 정도는 중재 동안의 중심축 행동의 변화 정도와 관계가 있다. 더욱이 대부분의 아동들은 부모가 아동과 함께하면서 RT 전략을 수행함에 따라 중심축 행동의 사용이 증가하였다. 결과적으로 말하면, RT에서 아동의 변화를 평가할 때 가장 중요하게 여기는 사항은 '아동의 중심축 행동이 얼마나 변화되었는가?'다. 만일 거의 또는 전혀 변화가 일어나지 않았다면, 부모는 RT 전략의 사용법을 좀 더 정확히 배우거나(예: 부모의 기술에 따라) 또는 아동과 함께하는 일상생활에서의 상호작용에서 더욱 자주 중심축 행동을 사용해야 할 것이다. 따라서 본 연구자는 아동의 중재 목표로 선정한 중심축 행동을 중재 진행에 따라 다음 시기별로 평가하기를 권유한다.

- 중재 목표가 소개되는 처음 시기에 평가한다.
- 활동을 적용하는 중재 기간 동안 2~4주 간격으로 평가한다.
- 중재 중 그 행동을 다루지 않게 된 이후 최소한 3개월마다 평가한다.

이와 같은 평가 계획은 중재 이전의 아동의 중심축 행동 수준, 중재 중 아동이 중심축 행동을 얼마나 잘 사용하는지 그리고 중재 후에 아동이 중심축 행동의 사용을 유지하고 있는지를 파악하는 데 도움이 된다. 또한 평가 계획은 부모에게 유용한 정보를 준다. 즉, 촉진해야 하는 행동의 구체적인 예를 보여 주고, 아동이 현재 그 행동을 얼마나 사용하는지를 부모에게 인식시켜 주며, 아동이 최종적으로 성취할 수 있는 중심축 행동 사용 수준의 예를 알게 한다.

중심축 행동 프로파일은 아동의 중심축 행동을 평가하기 위하여 개발되었으며, '제4부 교육과정 자료 3'에 제시하였다. RT에서 중재 목표로서 선정될 수 있는 16개의 중심축 행동에 대해 각각 16개의 개별적인 척도로 구성되어 있다. [그림 7-4]에 나타낸 것처럼, 이 척도는 각각 아동의 입장에서 평가하듯이 적성되어 있다. 각 척도들은 중심축 행동에 대한 정의와 사용 수준을 세 가지(1=매우 낮은, 5=중간 정도, 10=매우 높은)로 나누어 각 수준별 기준을 제시하고 있다. 이 포괄적인 항목들은 10점 척도로 평가되며 이는 세 가지 기준으로 정의된 연속적인 준거 점수에 따라 평가자의 판단에 근거하여 아동의 현재 행동을 평가한다.

중심축 행동 프로파일은 부모와 전문가 모두가 아동의 행동을 평가하기 위하여 사용할 수 있도록 만들었다. 평가자들이 이 척도를 사용할 때는 ① 중심축 행동에 대한 정의를 이해하고, ② 3가지 수준의 평가 기준을 검토하고, ③ 아동의 행동을 평가해야 한다(만일 2개 기준 사이에 해당한다면, 평가자는 아동의 행동이 보다 근접하다고 보이는 기준으로 판단해야 한다). 중재자는 가능하다면 언제라도 부모가 일차적인 평가자가 되도록 격려하고 추후 평가를 위하여 평가 양식의 사본을 부모에게 제공해야 한다. 그리고 필요하다면, 부모가 평가한 결과는 전문가가 혼자서 한 평가의 보충 자료로 사용할 수 있다.

다음에 제시한 내용들은 중심축 행동 평가의 정확성 또는 신뢰성을 높이기 위해 고려해야 할 사항이다.

- 평가하는 행동을 이해할 때까지 항목을 여러 번 읽는다.
- 가능하다면 언제든지, 구체적인 상황에서 나타나는 아동의 수행에 근거하여 아동의 행동을 평가한다(예: 아동의 가정에서 발달적으로 적합한 장난감을 가지고 5분간 부모 · 아동 놀이를 행동 평가하기).
- 중재회기 동안 관찰하기 어려운 행동(예: 신뢰, 자기 규제)에 대해서는 부모에게 지난 48시간에 걸친 아동의 행동을 평가하도록 한다.
- RT 중재를 수행하는 부모와 아동의 상호작용에 기초를 두고 아동의 행동을 평가한다(아동은 다른 어른과는 다른 중심축 행동 수준을 나타내기도 한다).
- 아동의 행동이 시간이 지나면서 어떻게 변화되었는지를 평가하기 위하여 동일한 형태의 장난감과 관찰 절차를 적용한다.
- 시간 경과에 따라 아동의 행동이 어떻게 변화되었는지에 대해 정확한 그림을 그리기 위해 동일한 사람(부모나 전문가 등)이 아동을 평가한다.

※ 사회적 놀이

아동은 다양한 상황에서 상대방과 상호적으로 놀이하는가? 아동의 놀이는 상대방이 한 만큼 활동에 참여하는 '주고받기' 식이라고 특징지을 수 있는가? 아동은 놀이를 하는 동안 상대방의 활동을 인식하는가?

나는 얼마나 잘하고 있는가?

10=매우 높음 거의 항상 상호적인 놀이 활동에 참여한다. 다른 사람의 행동을 관찰하고 자신의 차례가 되면 활동에 참여한다. 이런 측면에서 놀이는 호혜적인 상호작용으로 특징지을 수 있다.

5=중간 정도 때때로 상대방과 놀이하는 경우에 흥미가 있고, 함께 상호작용하는 시간의 절반 정도는 호혜적으로 상호작용에 참여한다. 또한 함께하는 시간의 절반 정도는 얼굴을 마주 보며 대하고 여러 유형의 의사소통을 시도해 본다. 즉, 상대방과 함께하는 시간의 절반 정도는 각기 공동 활동에 참여한다.

1=매우 낮음 결코 다른 사람과 함께 놀이하지 않는다. 혼자서 놀이하거나 상대방과 평행적으로 놀이하는 것을 좋아한다. 평행 놀이로 상대방을 무시하며 상대방이 함께 놀이하고자 하는 시도를 항상 인식하지 못한다.

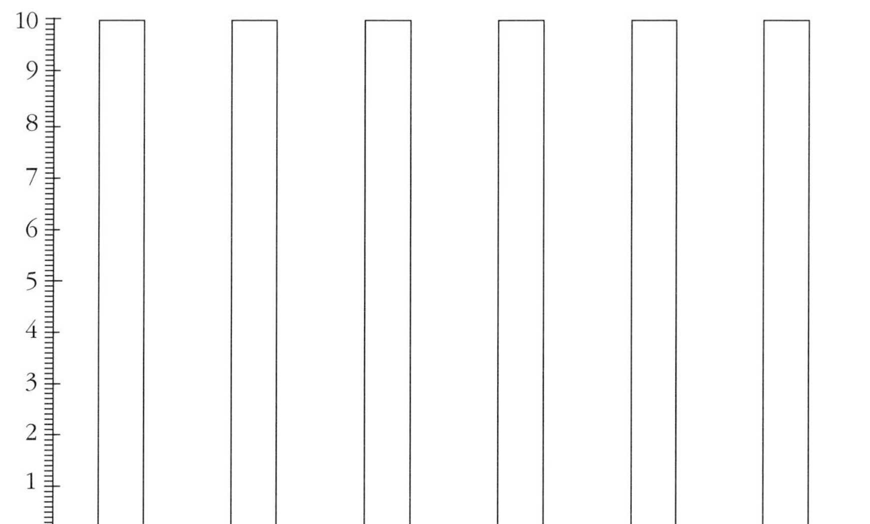

[그림 7-4] 중심축 행동 프로파일 예시

5단계: 중재회기를 위한 논의점과 반응성 교수 전략 선택하기

중재계획과 진행 기록표('제4부 교육과정 자료 4' 참조)는 RT 전략과 논의점을 선택하는 데 도움을 주고 목차를 제시해 준다. RT 전략과 논의점은 본 프로그램에서 중재 목표로 정해진 16개 중심축 행동을 각각 촉진하기 위해 개별적으로 적합하도록 정한다. [그림 7-5]에 중심축 행동의 사회적 놀이에 대한 중재계획과 진행 기록표의 예를 제시하였다.

이 양식은 약 10회기의 중재를 위하여 RT 전략과 논의점을 선정하는 데 사용된다. 선정된 중재 목표를 다루기 위하여 각 회기에 대해 논의점과 RT 전략을 각각 2개까지 선택할 수 있다. 논의점과 전략은 아동의 중재 목표에 대한 부모의 인식과 이해와 이전 회기에서 제시한 RT 전략을 함께 효율적으로 잘 사용할 수 있겠는가를 염두에 두고 선택해야 한다. 만일 검토 결과, 도움이 된다고 판단되면 전략과 논의점은 이전 회기에 사용했던 것을 필요한 만큼 반복하여 선택할 수도 있다.

■ 중재 내용의 선택 시 고려사항

중재를 위한 내용을 선택할 때 고려해야 할 여러 가지 사항들이 있다. 먼저, 각각의 중심축 행동을 적용하는 데 요구되는 시간의 양을 고려해야 하고, 부모의 관심사를 반영하여 논의점을 선택해야 하며, 부모가 함께 수행하게 될 RT 전략을 정확히 배우는 데 필요한 시간을 고려해야 한다.

(1) 여러 회기에 걸쳐 각 중심축 행동 목표를 다룬다

아동이 중심축 행동을 사용하고 학습할 때, 상당한 향상이 나타나는 데 걸리는 시간은 부모가 얼마나 RT 전략을 지속적으로 잘 수행하는가와 아동의 현재 수준 또는 발달단계에 따라 달라진다. 만일 일주일에 1회기씩 진행된다면, 중재자는 동일한 중심축 행동 목표에 대해 6회기 이상을 할애하여 진행할 수도 있다. 비록 중재 목표를 바꾸지는 않지만, 새로운 RT 전략을 소개함으로써 회기를 새롭고 유익하게 유지

인 지(Cognition)

중심축 행동(PB)	**사회적 놀이** 다른 사람과 함께 상호적 놀이 활동에 균형 있게 참여하도록 아동의 능력을 지원하고 촉진한다.		회기 및 날짜									
			1	2	3	4	5	6	7	8	9	10
			11/28	12/04	12/11	12/18	1/04	1/11	1/18	1/25	2/05	2/12
논의점 (DP)	C-101	부모와 함께하는 사회적 놀이는 아동의 발달을 촉진하는 결정적인 요인이다.	✓					✓				
	C-102	인지학습은 두 사람이 함께하는 과정이다.		✓								
	C-103	인지학습은 아동이 능동적이고 주의를 기울이는 상황이라면 언제든지 일어난다.	✓									
	C-104	아동은 스스로 우연히 발견하는 정보만을 학습할 수 있다.			✓	✓						
	C-105	부모는 아동을 사회적 놀이에 참여시키는 비계 역할을 한다.					✓					
	C-106	부모는 아동의 현재 활동과 관련이 있는 새로운 정보를 제공함으로써 아동의 놀이를 향상한다.							✓		✓	
	C-107	부모가 아동의 사회적 놀이 활동에 반응해 줌으로써 아동은 자신의 행동에 대한 사회적 결과를 학습하게 된다.								✓		✓
RT 전략	113	아동의 세계로 들어가기	✓								✓	
	114	거울처럼 그대로 반영해 주고 평행 놀이를 하면서 함께 활동하기	✓									
	121	한 번 하고 아동의 차례 기다리기			✓	✓	✓	✓		✓	✓	✓
	131	장난감을 사용하지 않고 서로 마주 보며 놀이하기								✓		
	312	아동의 행동과 의사소통을 모방하기		✓		✓						
	412	기대하며 수행을 기다리기					✓		✓			
	421	놀이 상대자로서 행동하기										
	514	아동이 할 수 있는 방식대로 행동하기						✓	✓			✓
	535	아동의 상호작용 속도에 맞추기										
평가	사회적 놀이: 중심축 행동 평가		3				4			6		7

[그림 7-5] 중재계획과 진행 기록표 예시

할 수 있다. 만일 아동의 향상 속도가 느리다면, 중재자는 하나의 근본적 목표를 여러 회기 동안 수행해야 하며, 일정 시기 동안 새로운 목표를 소개한 후에 본래 목표를 다시 적용해야 한다.

모든 아동에 대한 목적은 중심축 행동 프로파일상의 10점 점수, 즉 중심축 행동의 가장 높은 사용 수준까지 도달하는 것이다. 그러나 경험상으로 보아, 부모가 주어진 RT 전략의 많은 부분, 혹은 모두를 사용함에도 불구하고 만일 아동의 중심축 행동 프로파일상의 점수가 계속해서 중간 정도로 평가된다면, 약 4회기 중재 이후에는 새로운 중재 목표로 바꿔야 한다.

(2) 부모의 관심사와 관련하여 논의점을 선정한다

부모는 중심축 행동을 촉진하기 위하여 중심축 행동이 무엇인지 그리고 아동의 발달학습에 어떻게 영향을 미치는지에 대하여 이해해야 한다. 중재자는 중재회기마다 이 점을 강조해야 한다. 여러 핵심적인 논의점은 각 중심축 행동의 교육과정 개요에서 제시하는 고려사항 부분에서 기술하고 있다. 그러나 이 논의점들 모두가 부모의 관심사와 관련된 것은 아니다. 중재자가 그 회기를 위하여 논의점을 선택할 때는, 이 정보를 통하여 중심축 행동이 부모가 아동에게 갖는 관심사를 어떻게 설명하는지에 대해 이해할 수 있도록 해야 한다는 점이 중요하다.

(3) 부모에게 RT 전략을 학습할 시간을 준다

계획과 진행사항 양식에서는 16개 중심축 행동 각각에 대해 5~10개의 RT 전략을 제시하고 있으며, 각 중재회기에서는 부모가 목록에 있는 전략 중 한두 가지를 사용하도록 한다. 이때 회기에서 적용하는 전략의 수에 관하여 다음의 두 가지 사항을 기억해야 한다. 첫째, 중재에서 비록 부모가 각 회기당 한 개의 새로운 전략만을 배우더라도 중재는 효과적일 수 있다. 둘째, 새로운 목표로 가기 전에 중심축 행동을 촉진하기 위해 권유되는 모든 전략을 다룰 필요는 없다. 새로운 목표로 옮기는 것은 아동이 목표로 선정된 중심축 행동을 사용하는 능력 여부에 따라 판단되어야 한다.

대부분의 부모는 각각의 RT 전략을 배우는 데 시간이 필요하다. 시간이 필요한 데에는 두 가지 이유가 있다. 첫째, 부모는 그동안 어떻게 수행해야 하는지 그 방식을 알지 못하더라도 아동과 상호작용해 왔고, 부모의 그러한 상호작용 형태는 아동과 함께해 온 수천 가지의 상호작용 결과로 형성된 자동적인 습관이다. RT는 부모가 단순히 자녀와 늘 함께하는 것이 아닌 새로운 것을 하도록 요청하므로 시간을 필요로 한다.

둘째, 부모가 자녀와 상호작용하는 방식은 아동발달에 관한 부모의 이해 정도와 상호작용에서 부모가 수행하는 역할에 대한 부모의 개인적인 신념을 반영한다. 따라서 대부분의 부모들은 전략을 효과적으로 사용하는 방법을 배우기 위하여, 아동의 발달에 관한 이해를 넓혀야 하고 신념을 근본적으로 변화시켜야 하기 때문에 시간이 필요하다. 더욱이 자동적으로 하던 상호작용 형태를 포기하고, 언뜻 보기에 부자연스러워 보이는 방식으로 아동과 상호작용하는 방법을 배워야 하기 때문에 적응하는 시간이 필요한 것이다.

6단계: 중재회기 계획안 작성하기

RT 중재회기 계획안은 교육과정 개요를 사용하여 RT 중재계획 진행 기록표를 채우면서 수기로 작성할 수 있다. 또한 RT 교육과정 계획과 진행과정 프로그램상으로도 회기 계획안을 짤 수 있다. CD-ROM을 이용하여 선택하면 회기 계획안 위에 자동적으로 논의점과 RT 전략이 기록된다. [그림 7-6]은 RT 회기를 수행하는 데 필요한 내용이 포함되어 있는 전문가 회기 계획의 예시다. 전문가 회기 계획안 양식은 부모와 함께 중재를 수행하는 전문가를 위해 만들어진 것이다. 이와는 달리 부모 회기 계획안 양식은 전문가 회기 계획안 양식과는 약간 다른데, 이는 가정에서 아동과 함께 RT를 사용하는 부모를 위해 만들어졌기 때문이며, 자세한 내용은 '제4부 교육과정 자료 5'에 제시하였다. 다음에서는 회기 계획의 구성 내용에 대해 간단히 기술하고 각 세부 구성 내용에서 다루는 정보를 설명하였다.

- **부모와 논의한 문제 사항/관심사(전문가 양식에만 적용됨)** 중재자에게 주어지는 이 칸에는 부모가 가지는 문제 사항이나 관심사를 기록한다.
- **지난주 회기에 대한 피드백/가족행동계획(전문가 양식에만 적용됨)** 여기에는 이전 회기에서 설정한 RT 활동이나 가족행동계획의 달성을 위해 수행하였던 경험 내

용을 기록한다.

- 중재회기 목표(중심축 행동의 정의) 회기의 목적은 아동이 중심축 행동을 사용하도록 부모가 일상적인 상호작용에서 사용할 수 있는 정보나 RT 전략을 제시하기 위한 것이다. 따라서 여기에 제시된 정보는 이러한 회기 목적에 대해 논의하는 데 사용된다. 각 회기에서는 중심축 행동을 2개까지 적용할 수 있다(중심축 행동의 정의는 '교육과정 개요' 에 제시하였다).
- 논의점 여기 제시된 내용은 중심축 행동 목표가 무엇이며, 아동발달을 어떻게 촉진하게 되는지에 대해 설명하는 핵심 사항에 대한 개관이다. 한 회기 계획에서 2개 이상의 논의점을 다루면 안 된다(중심축 행동 목표를 위한 논의점은 '교육과정 개요' 에 제시하였다).
- RT 전략 여기서는 그 회기에서 중점을 두는 중심축 행동 목표를 촉진하는 RT 전략을 기술한다. 또한 부모에게 제시하는 전략의 일부 또는 전부를 포함할 수 있다. 만일 한 회기에서 2개의 중심축 행동 목표를 설정한다면, 각 목표당 1개의 RT 전략을 적용하도록 한다(RT 전략은 '교육과정 개요' 에 제시하였다).
- 중심축 행동 프로파일(선택 사항) 이 척도는 중재회기에서 중점을 두고 진행하는 중심축 행동에 대해 아동의 현재 사용 수준을 평가하기 위한 것이다(중심축 행동 프로파일은 '제4부 교육과정 자료 3' 에 제시하였다).

7단계: 중재계획과 진행 기록표 또는 프로그램을 사용하여 중재회기 활동 기록하기

RT 중재계획과 진행 기록표('제4부의 교육과정 자료 4' 참조), 컴퓨터 프로그램화된 RT 교육과정 계획과 진행과정 프로그램은 계획을 세우는 데 필수적인 도구다. 중재계획과 진행 기록표([그림 7-5] 참조)의 끝에 제시한 것처럼, 한 회기가 끝난 후에 이 양식에 아동의 중심축 행동 면에서 나타난 진보 상태를 기록해야 한다. 더불어 다음 회기를 계획할 때, 중재계획과 진행 기록표 또는 컴퓨터 프로그램을 통하여 ① 이전 회기에서 선정한 중재 목표를 검토하고, ② 이 목표들을 촉진하기 위해 사용했던 RT 전략과 논의점을 확인하고, ③ 중심축 행동 프로파일상에 나타난 이전

반응성 교수 중재
전문가 회기 계획

아동 이름 케이티 스미스 날짜 2006년 2월 15일 장소 집
작 성 자 필리스 존

논의 사항(부모의 문제/관심사):

지난주 피드백/가족행동계획(FAP):

회기 목표:

1. 사회적 놀이 - 오늘 회기 목표는 아동이 다양한 상황에서 부모 및 그 밖의 어른과 함께 놀이하는 능력을 증진시키고자 하는 것이다. 아동의 놀이는 어른 상대자가 한 만큼 아동도 놀이 활동에 참여하는 것으로 '주고받기' 식의 형태로 특징지어진다: 아동은 놀이 과정 중에 상대자의 활동/경험을 인식해야 한다.
2.

논의점 : 영역 – 사회적 놀이 :

논의점 1

C-102 인지학습은 두 사람이 함께하는 과정이다.

- 아동발달연구에서는 부모가 아동의 조기 인지학습에 중요한 협력자로서의 역할을 수행한다고 나타낸다.
- 부모가 아동의 인지발달에 미치는 영향은 아동이 놀이할 때 부모가 무엇을 하는가보다는 부모가 얼마나 많이 아동에게 반응해 주는가와 더 밀접한 관계가 있다.
- 부모는 아동의 발달 수준에 상관없이, 심지어는 아동이 발달적 문제가 있더라도 동일한 역할을 수행한다.

주의 :

논의점 2

C-104 아동은 스스로 우연히 발견하는 정보만을 학습할 수 있다.

- 아동의 놀이는 현재 아동이 이해하는 세계를 반영한다.
- 아동의 이해와 통찰은 아동이 하는 반복적인 놀이 활동을 통하여 온다.
- 부모/어른이 직접 관여하지 않는다면, 아동의 발견은 느리게 이루어진다.

주의 :

RT 전략 : 촉진 영역 – 사회적 놀이 :

전략 1

◖113 아동의 세계로 들어가기◗

어른은 아동과 같은 방식으로 세상을 보아야 한다. 첫째, 아동과 서로 간의 신체적 관계를 형성해야 한다. 어른과 아동은 눈높이를 맞추고 아동과 같은 신체적 높이로 상호작용한다. 둘째, 어른은 아동과 같은 방식으로 놀이하고 대화하면서 상호작용해야 한다. 어른도 얼마든지 아동의 말투로 상호작용할 수 있다는 것을 아동이 알 수 있도록 아동의 의미 없는 말로 소리내기, 옹알이하기, 웃기, 그리고 재미있는 얼굴 표정과 같은 행동을 보인다. 셋째, 어른은 의도적으로 아동의 방식대로 세상을 이해하도록 노력해야 한다. 대부분의 경험은 어른이 가지는 것과 아동이 가지는 의미가 동일하지 않다.

실행사항

- 아동과 얼굴을 마주 볼 수 있는 자세로 놀이한다. 이때 아동과 신체적 높이를 맞추어 상호작용하며 아동이 어른을 올려다보는 일이 없도록 한다.
- 아동과 함께 놀이하거나 상호작용할 때 아동과 눈을 맞추도록 한다.
- 상호작용 상황에 그냥 머물러 있기보다는 아동에게 어떤 것을 하도록 강요하지 않으면서 아동이 하는 간단한 방식으로 반응하며 놀이한다.

전략 2

◖114 거울처럼 그대로 반영해 주고 평행 놀이를 하면서 함께 활동하기◗

아동이 노는 장난감과 동일하거나 유사한 장난감을 사용하거나 아동이 하는 것과 동일한 방식으로 행동하면서 아동과 나란히 함께 놀이한다.

실행사항

- 발달연령이 15개월 이하인 영아들 대부분은 상호작용 놀이 동안 어른과 장난감을 교환하는 것이 어렵다는 것을 염두에 둔다. 아동은 아직 '주고받기' 식의 규칙을 이해하지 못한다.
- 어른이 아동과 ① 동일한 사물을 가지고, ② 동일한 방식으로, ③ 아동과 나란히 함께 놀이할 때, 아동이 어른의 행동에 어떻게 주목하는지 관찰한다.
- 부모는 아동이 하는 것과 같은 종류의 활동을 하면서 평행 놀이로 차례를 바꿔 가며 하는 방식을 보여 주도록 한다.

중심축 행동 프로파일(선택사항) □

[그림 7-6] 전문가 회기 계획 예시

회기의 평가를 비교하여, 아동의 중심축 행동의 진보 상태를 검토할 수 있다.

중재자들은 불가피한 이유로 매주에 10~25명의 가족과 한 번에 중재를 수행할 때, 이전 회기에서 다루었던 내용을 정확히 기억하지 못하게 된다. 더군다나 시간이 지난 다음에는 중재 내용을 기억해 내는 것은 더욱 어렵다. 중재계획과 진행 기록표와 컴퓨터 프로그램을 활용한 양식은 이러한 정보를 정리해 주는 매우 편리한 시스템이므로, 이 시스템을 이용하여 이전에 제시된 내용을 검토하고, 새로운 전략과 논의점을 정할 것인지를 결정하고, 무엇을 해야 하는지 판단하는 것이 바람직하다.

이 프로그램을 사용하는 부모 또한 마찬가지다. 중재계획과 진행 기록표의 정보 및 컴퓨터 프로그램을 통해, 부모가 이전에 자녀와 수행했던 논의점과 전략을 검토해 보고 다시 돌아가서 그 전략을 재시도해 볼 것인지 아니면 다른 전략과 논의점으로 옮겨 갈 것인지를 결정하면 된다.

요 약

이 장에서는 RT 회기 계획을 개발하는 것에 관한 7단계를 설명하였다. RT 교육과정은 융통성이 있어서 아동과 부모의 개별적인 필요 사항과 학습 유형에 맞추어 중재를 진행할 수 있다. 이 교육과정에서 제시하는 정보와 체계를 알맞게 사용한다면, 모든 회기 계획은 부모가 자녀에게 소망하는 발달적 결과를 촉진하는 포괄적이고 체계적인 접근이 될 것이다. 교육과정 개요, 중심축 행동 마법사 그리고 중재계획과 진행 기록표 및 컴퓨터 프로그램 등 계획안 도구들은 빠르고 쉽게 계획안을 작성할 수 있도록 해 줄 것이다.

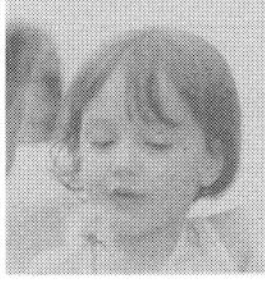

제8장
중재회기 수행 지침

반응성 교수(RT)는 다양한 중재 형태로 수행될 수 있으며(예: 집단 또는 개별 회기), 어떤 형태의 회기에서든 적용될 수 있는 여섯 가지 일반적인 원칙이 있다. 이 장에서는 이 원칙들에 대해 설명하고, 본 연구자들이 권유하는 개별 부모·아동 중재회기 형태를 제시하고자 한다.

1. 학습 수행을 위한 환경 만들기

중재자는 두 학습자, 즉 아동과 부모를 동시에 다루어야 하고, 중재 환경은 아동에게는 발달적으로 적합한 놀이 활동에 참여하는 것으로 이루어져야 하며, 어른에 대해서는 RT 전략을 사용하는 방법뿐 아니라 아동발달을 배우는 형식으로 진행되어야 한다.

또한 아동의 발달학습을 촉진하기 위하여 아동이 활동하기에 충분할 만한 공간적 여유가 있어야 한다. 아동과 한 명의 어른(이상적으로는 두 명의 어른)이 움직이기에 불편함이 없을 정도로 트인 바닥 공간이 필요하다. 가정의 경우, 만일 가구를 옮길 수 있다면 중재자는 필요에 따라 부모에게 그렇게 하도록 요청하고, 회기가 끝난 후에 정리하도록 한다. 가정에서 수행할 경우, 만일 이와 같은 충분한 공간적 여유가 없다면, 중재자는 중재를 효과적으로 수행하기 위하여 근처에 있는 지역기관을 사용할 수 있는지 알아본다(예: 도서관, 주변 학교, 지역센터, 공원 등).

또한 아동에게 친밀한 환경을 만들기 위해 발달적으로 적합한 장난감이나 교구들이 필요하다. 이 장난감들은 중재자가 준비한 것들로 아동이 가져온 것을 함께 진열할 수 있으며, 아동이 혼자서 다룰 수 있는 것으로서 중재 목표인 중심축 행동으로 상호작용하게 해 주는 것이어야 한다.

어른(부모)을 위한 학습에 도움이 되는 환경을 만들기 위해 고려해야 할 사항이 있다. 첫째, 어른이 편안해야 한다. 둘째, 어른이 아동과 수행하는 RT 전략의 모델이 되는 중재자를 관찰할 수 있어야 한다. 셋째, 어른이 아동과 바닥에서 상호작용할 수 있는 환경으로 구성해야 한다.

무엇보다 중요한 점은 어른이 아동과 바닥에 앉아 상호작용하는 환경을 편안하게 느끼도록 조성해야 한다는 것이다. 만일 부모가 회기 내내 의자에 앉아 있아야 한다면, 자녀와 RT 전략을 사용하여 놀거나 상호작용하는 방법을 부모에게 코치하기가 어렵다. 대부분의 부모들은 의자에 앉아 있을 때 아동과 바닥에 옮겨 앉으라는 요청에 잘 따르지만, 일부 부모는 그렇지 않다. 따라서 처음부터 바닥에서 회기를 시작하면 부모와 바닥에 앉아 진행하기가 보다 쉬울 것이다(예: 방에 있는 의자를 치우고 부모를 바닥에 앉도록 권한다). 또한 중재자는 베개, 쿠션, 양탄자 등을 사용하여 부모들이 보다 편안하게 바닥에 머무르게 할 수 있다.

2. 아동과 아동발달에 초점 두기

RT의 일차 목적은 부모가 자녀와 상호작용하는 방식을 변화시키는 것이 아니라, 아동의 발달과 사회 · 정서적 기능을 향상시키는 것이다. 궁극적으로 RT 회기는 초점을 아동에게 두고, 아동이 얼마나 잘 발달하고 있는가를 강조하는 관점에서 구성되어야 한다. 각 회기는 목표로 선정한 중심축 행동 목표를 아동이 습득하고 사용하도록 돕는 것으로 계획되어야 한다. 중재자는 RT 전략이 아동의 중심축 행동을 어떻게 촉진하고 아동발달에 어떠한 영향을 미치는지에 대하여 부모에게 설명해 주어야 한다. 중재자는 부모에게 전략의 예시를 보여 주거나 전략 사용 사례를 제시하면서,

그 전략이 아동의 행동에 미치는 영향을 명확하게 설명해 주어야 한다.

3. 구체적인 경험을 통한 정보 주기

부모는 말을 통해서보다는 개인적이고도 직접적인 경험을 통하여 RT 전략을 사용하는 법을 배운다. 따라서 중재자가 상당한 시간을 투자하여 부모에게 예시를 보여 설명하고 RT 전략을 사용해 보도록 할 때, 중재회기는 매우 효과적이다. 실제 경험을 얻는 데 필요한 시간은 여러 요인들, 즉 아동이 일대일 상호작용을 얼마나 지루하지 않게 견디는지, 중재자가 설명하는 전략을 부모가 이해하는 데 얼마나 오랜 시간이 걸리는지 그리고 부모가 자녀와 편안하게 상호작용하는 데 얼마의 시간이 걸리는지에 따라 달라진다.

아동 없이 부모만으로 구성된 집단에 RT 프로그램 사용에 대한 구체적인 정보를 제시하기 위해서는 다른 방법을 이용해야 할 것이다. 예컨대, ① 다른 어른이 아동과 RT 전략을 사용하는 장면을 담은 비디오테이프, ② 중재자 또는 부모와 아동 간의 상호작용 실제 예시, ③ 참여자들끼리 전략을 역할극(role play)으로 경험해 보는 것 등이다.

4. 피드백 주기

RT 회기는 전문가에 의한 일방적 전달이기보다는 중재자와 부모 간의 균형 있는 대화여야 한다. RT 교육과정은 매우 구조적이고 구체적으로 따라 하도록 고안된 지시안이 있으므로, 자칫 잘못하면 전문가가 부모와의 대화를 지배하는 데 사용할 수 있다. 이러한 일을 미연에 방지하기 위해 전문가는 제시한 주제와 RT 전략에 대해 부모가 이야기하게 해야 한다는 것을 명심한다. 중재자는 부모가 자신의 의견이나 느낌을 표현하도록 격려하는 질문을 함으로써 회기 중에 더욱 능동적으로 참여할 수 있도록 촉진해야 한다. 질문의 예는 다음과 같다.

- 이 개념이나 전략에 대해 어떻게 생각하는지 말씀해 주세요.
- 당신이 아동에 대해 생각하고 함께 수행하던 방식과 비교하면 어떻습니까?
- 지금 설명하는 내용들이 이해가 됩니까?
- 이 전략을 사용한다고 했을 때 어떤 느낌이 듭니까?
- 부모님의 남편, 친척, 이웃 등은 우리가 이야기해 온 정보나 전략에 대해 어떻게 생각합니까?
- 부모님이 보다 쉽게 할 수 있도록 제가 해 주기를 바라는 것이 있습니까?

5. 권장하는 회기 형식

가정뿐 아니라 기관 중심적인 학교 또는 임상에서 수행할 수 있는 개별적인 부모·아동 회기 형식을 다음에 제시하였다. 회기는 중재자가 바닥에 앉아 아동과 함께 상호작용하면서 그리고 부모도 함께하도록 권유하면서 시작한다. 주의를 산만하게 하는 요소들은 최소화하도록 노력해야 한다. 회기를 가정에서 수행하는 경우에는 전화벨 소리를 줄이고, 텔레비전, 라디오 및 오디오는 끄고, 중재에 직접 관여하지 않는 어른은 다른 방에서 기다리게 해야 한다.

이러한 회기 형식은 5단계로 구성되어 있다. 즉, ① 계획안 작성, ② 라포 형성과 고찰, ③ 중재 목적과 이론적 설명, ④ RT 전략 예시와 실행, ⑤ 가족행동계획이다. 다음에서는 각 5단계에 대해 설명하고자 한다. 이 책의 '제4부 교육과정 자료 1'에 제시한 중재회기 지침을 이용하여, 각 5단계에서 정한 활동들을 중재 동안 실제로 하고 있는지를 평가하도록 한다.

1) 계획안 작성

제7장에서 기술한 중재회기 계획을 짜는 것에 더하여, 다음의 세 가지 활동이 계획안에 포함된다. 첫째, 중재자는 RT 내용과 함께 이전 회기에서 다루었던 부모의 문제와 관심사 모두를 다시 살펴보아야 한다. 둘째, 중재자는 부모에게 제공할 보충자료를 준비할 수 있다. 이는 전략과 논의점을 기록한 내용(RT 교육과정 계획과 진행

과정 프로그램을 이용해서 작성할 수 있다.), 논문이나 기사 내용 등을 인쇄한 자료나 예시 비디오 자료 등을 포함한다. 셋째, 중재자는 회기가 시작되기 전에 환경을 정리해야 한다. 이는 아동의 발달 수준에 적합하고 회기 목표와 관련된 행동을 촉진하기에 적합한 장난감과 교구들로 구성되었는지 등을 확인하는 것이다. 아동이 회기 동안 다양한 활동에 참여할 수 있도록 장난감을 충분하게 준비하도록 한다.

2) 라포 형성과 고찰

중재자는 다음과 같이 RT 회기를 시작하도록 한다.

- 부모와 아동을 따뜻하고 열광적으로 맞이한다.
- 부모가 자신이나 아동 또는 가족에 대해 이야기하도록 기회를 준다.
- 부모가 이전 회기에서 보여 주었던 RT 내용을 가족이 어떻게 함께 따를 수 있었는지에 관하여 이야기하도록 격려한다.

이 단계는 회기 중에서 ① 부모와 아동이 편안한 느낌을 가지도록 돕고, ② 부모가 자신의 관찰 내용, 관심사 또는 요구 사항을 표현하도록 하고, ③ 부모가 이전 중재 내용을 잘 이해해서 아동과 함께하는 일상생활 중에서 어떻게 하면 잘 통합할 수 있을지를 판단하고, ④ 지난 회기에서 끝내지 못한 주제나 문제를 마무리 짓도록 계획되었다. 중재자는 부모에게 매우 세심하게 주의를 주고 반응적이어야 한다. 중재자는 부모가 중재에 참여하는 것과 부모 역할 기술에 관하여 보충적으로 설명하고 또한 부모에게 제안하는 활동을 부모가 수행하려고 노력하는 정도가 아동의 중재에 얼마나 중요한지를 인식할 수 있게 해 주어야 한다.

부모는 경우에 따라, 계획된 활동을 수정하도록 중재자에게 요청할 수 있는데, 이때 중재자는 부모가 느끼는 문제나 관심사를 함께 해결해야 한다. 예컨대, 부모가 이전 회기에서 제시했던 정보나 전략에 관하여 확실하게 이해하지 못했다면, 중재자는 새로운 내용으로 옮겨 가기 전에 부모에게 이 정보에 대해 다시 살펴보고 싶은 생각이 있는지 질문할 수 있다. 만일 부모가 자녀와 중재 활동을 수행하는 데 방해가 되는 요인으로 가족이나 개인적인 문제를 든다면, 중재자는 계획된 내용을 진행하기보다는 이러한 문제를 처리함으로써 회기를 진행할 수도 있다.

부모와 함께하는 대화는 아동이 흥미를 잃지 않고, 주의를 기울이고, 침착함을 유지할 수 있는 범위 내로 적당히 짧아야 한다. 회기에서 이 부분은 10~15분을 넘지 않기를 권유한다. 만일 부모가 가져온 문제가 이 시간 내에 해결될 수 없는 것이라면, 중재자는 일단 중재 계획대로 진행할 것을 권하고 회기가 끝난 후 부모의 문제를 다시 거론하는 것이 바람직하다.

3) 목적과 이론적 설명

회기 중 이 단계에서 중재자는 회기에 대한 목적과 이론적 설명을 한다(예: "오늘 회기에서 우리는 아동의 현재 행동을 실행하는 비율을 증가시킬 뿐 아니라(실행), 아동의 자기 주도적(주도성) 놀이 행동을 향상시키는 전략에 대해 이야기할 것입니다."). 더불어 중재자는 이 회기에서 행할 중심축 행동을 설명하고, 이 행동과 관련된 논의점 가운데 적어도 한 가지 이상을 살펴보아야 한다. 또한 이 단계에서는 주기적으로 중심축 행동 프로파일을 사용하여 아동의 현재 행동 사용 비율을 평가하도록 부모에게 요청해야 한다. 이렇게 하는 것은 부모로 하여금 중심축 행동이 무엇인지를 구체적으로 경험하게 해 준다. 이 단계에서 할애하는 시간은 부모가 논의에 참여하는 정도에 따라 달라진다. 능동적이지 않은 부모와 함께할 때는 이 단계에서 10분을 넘지 않도록 한다. 그러나 만일 부모가 적극적으로 참여한다면, 이 단계에서 15분 이상을 할애할 수도 있다.

4) 반응성 교수 전략의 예시와 실행

부모에게 RT 전략을 제시할 때는 다음 절차에 따르도록 한다.

1. 중재자는 RT 전략이 어떻게 아동의 행동에 영향을 주게 되는지 설명하고, 예시를 보여 줄 전략에 대해 자세히 설명하도록 한다. 예컨대, 만일 전략이 '아동 모방하기' 라면, 중재자는 어떻게 부모가 이 전략을 수행할 것인지(즉, 부모가 아동이 만들어 내는 거의 모든 행동을 모방하게 하는 것) 그리고 짧은 시간 내에 아

동은 ① 중재자가 자신을 모방하고 있다는 것을 인식하고, ② 중재자가 아동 자신의 행동에 대해 어떻게 반응하고, 어떻게 모방하는지를 보기 위해 스스로 행동을 만들어 내게 된다는 것을 말해 준다.

2. 중재자는 전략에 대한 예시를 보여 주어야 한다. 중재자는 아동과 상호작용하는 동안, 보통 때 하던 것보다 더 자주 전략을 사용해야 한다. 예컨대, 전략이 모방이라면, 이 행동을 강조하기 위하여 아동이 하는 거의 모든 행동을 모방하도록 한다. 중재자는 부모에게 전략을 예시로 보여 주면서, "제가 아동에게 전략을 사용하는 방식을 보셨나요?" 라고 말하는 것으로 보여 주고 있는 것을 직접적으로 이야기하지 않으면서, 부모가 전략을 실제로 이해한다고 가정해서는 안 된다. 중재자가 예시를 보여 줄 때는 한 번에 5~10분이 넘지 않도록 한다. 예시를 위한 소요 시간은 실상에서 그 전략을 사용할 기회가 얼마나 많은가에 따라 다르다. 모방을 예로 들면, 중재자는 아동이 하는 거의 모든 것을 모방할 수 있다. 이 유형은 전략의 예시를 보여 주고 부모가 아동과 그 전략을 사용하도록 이해시키는 데 5분이면 충분하다.
3. 중재자는 예시를 보여 준 뒤에, 전략이 무엇이고 또 어떻게 진행하는지에 대해 부모가 의문이 있는지 질문해야 한다.
4. 중재자는 부모의 질문에 답변한 후에, 아동과 함께 전략을 실행해 보라고 권해야 한다. 중재자는 이 단계에서 부모에게 편안하게 아동과 상호작용하고 전략의 사용을 시도하라고 말하기 전에 몇 분의 여유를 주도록 한다. 첫 번째 코멘트는 부모가 하는 것을 보충하는 것이다. 부모에게 3~4분간 전략을 실행해 보게 한 다음, 중재자는 보다 효과적으로 전략을 사용하는 방법에 대해 부모에게 한두 가지 제안을 할 수 있다. 이후 중재자는 3~5분 동안, 부모가 자녀와 함께 상호작용하는 방식을 관찰해야 한다. 그리고 필요하다면 한두 가지 부가적인 코멘트나 제안을 제시한다. 부모가 전략을 정확하게 수행하기 시작하면, 중재자는 그 RT 전략이 아동의 행동에 어떠한 영향을 미치는지 지적하여 설명해 주도록 한다.

부모가 전략을 사용하여 실행하는 데 기본적으로 5~10분을 주도록 한다. 실제 시간은 부모가 자녀와 함께 활동에 참여하는 정도에 따라 결정된다. 이 단계 끝 무렵에 중재자는 부모를 다시 활동에 함께 참여하도록 권하여 아동이 선택한 활동이 무엇이든지 그것을 할 기회를 주어야 한다.

만일 회기 동안 두 가지 RT 전략이 제시되었다면, 전략을 예시하고 실행하는 순서는 2개의 전략을 분리해서 각각 반복해야 한다. 한 가지 전략에 초점을 두었을 때 부모는 회기를 마친 후에 전략을 기억하고 사용하는 것이 더욱 쉽다. 만일 회기에서 제시한 전략이 두 가지 다른 중심축 행동과 관련이 있다면, 먼저 한 가지 중심축 행동에 초점을 두고, 그런 다음에 두 번째 중심축 행동에 대해 계속해서 진행하도록 한다. 중재회기 중 예시와 실행 단계의 전체 시간은 총 25분을 넘기지 않도록 해야 한다.

5) 가족행동계획

가족행동계획은 중재자가 부모를 도와 RT 중재 내용이 부모 자신의 생활과 보다 관련되고 의미 있도록 만들어 주는 회기의 한 부분이다. 이것은 부모와 중재자에게 보다 큰 그림으로 중재를 볼 수 있는 시간을 마련해 준다. 여기에는 미리 정해진 해결책이 없으며, 비공식적으로 진행되고, 시간은 5～10분 정도 걸린다.

이 단계 동안 중재자는 회기 시작 때 해결하지 못했던 부모의 문제나 관심사를 다시 다룰 수 있다. 예컨대, 회기를 시작할 때 부모가 지난주에 다른 자녀를 돌보고 자기 일을 하느라 너무 피곤했기 때문에 중재 활동을 수행하지 못했다거나 배우자나 다른 친척들이 중재에 대해 자신이 답변하기 어려운 질문을 한 것에 대해 이야기할 수 있다. 중재자는 이러한 문제에 대해 면밀히 살펴보고 부모가 그러한 문제를 해결하는 데 가족행동계획('제4부 교육과정 자료 5' 참조)을 적합하게 사용할 수 있도록 도와주어야 한다.

6. 코칭과 피드백

코칭은 중재자가 부모에게 자녀와 상호작용하는 방식에 대해 생각한 것을 제안하는 과정이며 부모가 그러한 행동들을 사용하도록 학습시키는 초기 단계에서 수행된다. 이것은 중재자가 한 번에 하나의 전략을 목표로 선정할 때 가장 효과적으로 진행된다.

중재자는 본격적으로 부모에게 코칭을 시작하기 전에 코칭의 목적과 이 과정이 어떻게 진행되는지에 대해 부모에게 설명해 주어야 한다. 한편 부모는 이러한 과정이 좋은지 아닌지에 대해 판단하기에 앞서 시행해 보아야 한다. 코칭받는 것에 신경을 쓰는 부모에게는 회기 동안 한두 가지의 제안이 있을 것이라고 미리 알려 주는 것이 좋다.

효과적인 코칭을 위한 두 가지 중요 사항이 있다. 첫째, 부모가 자녀와 어떻게 상호작용하는지 주의 깊게 관찰한다. 둘째, 부모가 더욱 성공적으로 수행할 수 있도록 도울 수 있는 것이 있을 때만 코치를 한다. 대부분의 경우에 제안 사항은 '자녀와 눈 마주치기' '아동이 무엇을 할 때까지 기다려 주기' '더욱 생동감 있게 하기' 등과 같은 간단히 주지시킬 수 있는 형식을 이용하는 것이 좋다. 코칭은 잘 만들어진 교안이어서는 안 된다. 오히려 부모가 자녀와 상호작용하는 것을 방해하지 않으면서 자연스럽게 반응할 수 있도록 제안해야 한다.

중재자는 부모에게 코치를 받는 것에 대해 어떻게 느끼는지 질문해 보아야 한다. 부모가 코칭이 자신을 지원해 준다고 느끼는지, 아니면 아동과 상호작용하는 데 방해가 된다고 느끼는지, 그리고 제안된 상호작용 방식을 어떻게 생각하는지도 질문해 보아야 한다.

중재자는 부모가 긍정적으로 잘하고 있는 것과 개선해야 할 것에 관하여 피드백을 주어야 한다. 대부분의 부모는 효과적으로 전략을 수행하기까지 여러 회기가 걸린다. 대부분의 RT 전략들이 간단한데도 불구하고, 제안된 전략이 부모가 자녀와 일반적으로 하던 상호작용과 매우 다를 경우, 일부 부모는 몹시 어려워한다. 부모들 대부분은 자녀와 상호작용하기 위하여 자신이 가진 본래의 성향을 수정하거나 조절해 본 적이 없다. 그러나 RT를 수행하기 위해서는 자기 인식 수준을 바꾸고 훈련을 해야 하는데, 이를 위해서는 어느 정도의 시간이 필요하다.

중재자는 중재회기를 통하여, 부모가 자녀와 긍정적으로 잘 수행하는 점을 꾸준히 관찰하고 이러한 것을 부모에게 알려 주도록 한다. 또한 중재자는 부모가 RT 전략을 보다 효과적으로 수행하기 위해 해야 할 것에 대해 알려 준다는 면에서 지시적이어야 하지만, 이러한 지시가 남용되어서는 안 되며 가끔씩만 이루어져야 한다. 이 지시는 부모가 아동과 함께 긍정적인 상호작용을 하는 측면에 대해 이야기할 때 그때그때 보충해서 지원해 주는 분위기 속에 제시되어야 한다.

부정적인 피드백은 두 가지 영역을 넘지 않도록 제한하며 중재회기 동안 초점을 둔 중심축 행동을 아동이 사용하도록 지원하기 위한 것에 초점을 두어야 한다. 다음의 절차들은 피드백을 줄 때의 고려사항이다.

- 부모에게 회기에 관하여 어떻게 생각하는지 질문한다. 최상의 상태로 상호작용을 하지 않았다고 하더라도, 상호작용에서 긍정적인 부분을 찾아내도록 부모를 격려한다.
- 부모와 아동을 관찰하는 동안 일어나는 바람직한 상호작용에 대해 코멘트한다(예: '블록 세트를 가지고 아동과 함께 놀이할 때 어머님이 아동의 행동을 모방했던 방식이 참 좋았습니다.').
- 한두 가지 문제 영역을 규명하고 피드백을 준다(예: '모래상자에서 놀이할 때 아동의 행동을 잘 모방했던 것 같아요. 그러나 아동이 인형의 집을 가지고 놀 때는 어머님이 모방할 활동을 아동이 만들어 내도록, 즉 아동이 활동을 주도하도록 기다려 주기보다는 어머님이 상호작용을 이끌기 시작했어요.').
- 목표로 선정한 RT 전략을 부모가 잘 수행할 수 있다는 확신을 갖도록 격려한다. 문제 영역을 규명하였다면, 그 문제를 다시 반복하지 않게 하기 위해 부모가 할 수 있는 것들에 대해 논의한다.
- 부모에게 어떠한 질문 사항이 있는지 묻는다.
- 부모가 아동과 수행할 수 있는 것에 관하여 긍정적인 코멘트와 제안 사항을 짧게 요약하여 피드백한다.

요 약

이 장에서는 RT를 수행하기 위한 여러 실제적인 고려사항에 대해 논의하였고, 중재회기를 수행하는 데 일반적인 여섯 가지 원칙에 대해 기술하였다. 그리고 이 원칙들에 맞추어 RT 회기에서 부모와 아동을 상호적 관계로 참여시키는 데 매우 효과적인 중재 형식에 대해서도 기술하였다. 또한 우리는 부모를 코칭하고 부모가 RT 전략을 사용하는 것에 관하여 피드백을 주는 것과 관련하여 여러 고려사항에 대해 개괄적으로 제시하였다.

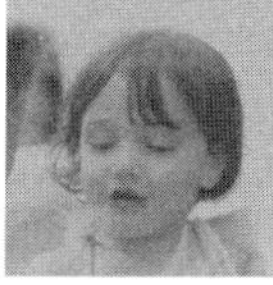

제9장 가족행동계획

반응성 교수(RT)는 부모와 다른 양육자가 아동과 함께 마주 보며 상호작용하는 중에 근본적인 변화가 있을 때만 아동발달과 사회·정서적 기능을 촉진할 수 있다. 이때 두 가지 변화를 통하여 아동발달과 사회·정서적 촉진을 가져올 수 있다. 즉, 부모와 주 양육자가 자녀와 상호작용하면서 반응성 수준이 증가해야 하며, 매일의 일상적인 생활에서 아동과 함께 마주 보며 일대일로 상호작용하는 횟수가 증가해야 한다.

가족행동계획(Family Action Plan: 이하 FAP로 표기함)은 부모와 다른 사람들이 RT 회기 동안 진행되는 내용들과 진행 계획에 대해 기술한다. FAP는 부모와 다른 가족 구성원들이 회기 중에 제시되는 내용과 교수 전략을 숙달하도록 돕고, 아동의 일상생활에 그것들을 투입하도록 1~3개의 활동으로 구성된다. FAP는 RT 중재를 수행하고자 하는 부모 또는 부모와 함께 RT 중재를 수행하는 전문가와 부모가 만든다. [그림 9-1]에 나타낸 것처럼, FAP는 부모가 무엇을 해야 할지를 기억할 수 있도록 집안에 부착해 놓는 양식으로 작성된다. 이는 다음에 제시한 것처럼 간단하고 명확한 내용으로 구성된다.

- 부모나 다른 가족 구성원이 해야 하는 활동
- 부모나 다른 가족 구성원이 활동을 해야 하는 시점이나 빈도

- 활동이 수행되어야 하는 장소와 적용이 가능한 경우
- 활동을 수행하는 데 장애가 되는 걸림돌을 해결하는 방법

1. 활 동

FAP에 제시하는 활동들이 부모가 자녀와 함께해야 하는 일의 양을 단순히 증가시키는 것이어서는 안 된다. 오히려 그 활동을 통하여 부모는 자녀와 함께 상호작용하는 방법을 알게 되고 일상적인 활동 중에 RT 전략을 사용함으로써 자신의 상호작용 방식을 수정해 나가도록 일깨워 주는 것이어야 한다. 처음에 부모는 RT 전략을 사용하는 것이 번거롭고 어려운 일이며, 이러한 RT 전략을 사용하는 데 부가적인 노력이 필요하다고 생각할 수 있지만, 이러한 전략을 계속 사용하면서 부모는 자녀와 상호작용하면서 맛보는 즐거움이 증가되는 것을 경험할 수 있을 것이다.

FAP에 기술되는 활동들은 해당 조기중재회기에서 다루는 내용 및 교수 전략들과 직접적으로 관련된 것이어야 한다. 또한 이 활동들은 변화되어야 할 부모의 행동 유형과도 관련이 있어야 한다. RT 중재를 통하여 부모에게 나타나는 가장 중요한 변화는 자녀와 더욱 반응적으로 상호작용하기 위해 RT 전략을 사용하는 방법을 배우고자 한다는 것이다. 비교적 RT 전략을 익숙하게 사용하게 된 후에는, 일상생활에서 반응적인 상호작용을 하도록 아동에게 기회를 더 많이 주는 것에 초점을 맞추어야 한다. 다음에서는 부모 중재 단계라 할 수 있는 여러 가지 FAP 활동을 단계별로 기술하였다.

1) 1단계: 주 양육자의 반응성 증진을 위한 가족행동계획 활동

[그림 9-2]는 각 단계별 활동에 대해 간단히 기술한 것으로서 1단계에서 수행하기에 적합한 FAP 활동들을 제시하고 있다.

반응성 교수 중재
가족행동계획(FAP)

아동 이름 _잭 스왈츠_ 날짜 _2007년 2월 7일_
무엇을?
1. 오늘 우리가 이야기했던 '아동의 주도에 따르기' 전략을 실행해 보세요. 어머니가 이 전략을 사용할 때 자녀가 어머니에게 어떻게 반응하는지 주의 깊게 관찰하세요. 실행 시간은 한 번에 3~5분 정도입니다.
2. 주도성이 자녀의 발달에 미치는 역할에 대해 남편과 논의해 보세요. 어떻게 이야기를 나누어야 하는지에 대해 도움이 필요하다면 제게 전화를 주세요.
3. 남편이 RT에 대해 가지는 의문 사항을 기록해 두었다가 다음 방문 때 함께 이 점에 대해 이야기해 봅시다.
어디서/ 언제? 어머니가 가사를 마친 후에 아침 시간 또는 목욕 시간 동안 RT 전략을 수행하며 자녀와 함께하는 시간을 가지세요. 만일 어머니나 아동이 피곤한 상태라면 굳이 RT 전략을 수행하려 하지 마세요.
장해물을 해결하기 위한 방법? 남편과 RT에 대해 이야기할 시간을 가져 보세요. 그리고 남편과 우리가 함께할 시간이 있는지 알아보세요. 다음 회기 때 이 점에 대해 상의할 것입니다.

[그림 9-1] 가족행동계획의 예

- 1단계: 주 양육자의 반응성 증진을 위한 FAP 활동
  - RT 전략에 초점을 두고 실행하기
  - 비디오 녹화 자료 보기
  - 긍정적 경험에 대해 기록하고 서로 나누기
  - 아동발달과 사회 · 정서적 발전 사항 체크하기
  - 쉬운 전략을 한 가지 정도 함께 수행하기
  - 다른 상황에서 중심축 행동 관찰하기
  - 대립되는 전략으로 시험해 보기
  - 아동발달 문헌과 비디오 자료 참고하기
  - 다른 부모와 함께 RT에 관하여 논의하기
  - 다른 양육자에게 RT 전략과 논의점 가르치기
  - 다른 양육자의 의문 사항 기록하기
- 2단계: 일상생활에서 아동의 반응성 상호작용 기회 늘리기를 증가시키는 FAP 활동
  - 목표로 선정된 일상적인 일과 중에서 RT 전략의 사용을 의도적으로 늘리기
  - RT 전략이 효과적이었던 활동이나 일상 사건 찾기
  - 이전에 배운 RT 전략과 새로운 전략을 조합해서 사용하기
  - 어려운 RT 전략 실행해 보기
  - 다양한 상황에서 RT 전략을 사용하기 위한 주지 사항을 직접 작성하여 붙여 놓기

[그림 9-2] 가족행동계획 활동

(1) 반응성 교수 전략에 초점을 두고 실행하기

RT 전략을 능숙하게 사용할 수 있는 가장 좋은 방법 가운데 하나는 간단하고 비구조화된 놀이 활동 중에 RT 전략들을 사용해 보는 것이다. 비구조화된 놀이 활동에서는 아동은 하고 싶어 하는 것을 선택할 기회를 가지게 되고, 부모는 이러한 활동 안에서 아동을 지원해 주는 역할을 수행하게 된다. 비구조화된 놀이 에피소드는 한 번에 5~7분을 넘지 않아야 한다. 이 정도의 에피소드 시간은 부모가 전략을 실행해 보기에 충분하고, 영유아들이 지속해서 일대일 놀이에 상호적으로 참여할 수 있는 시간이다.

아동은 이 5분 동안, 다른 장난감이나 활동으로 옮겨가기 위해 여러 번 부모에게서 벗어나려 할 수 있지만 부모는 5분의 에피소드가 완전히 끝날 때까지 아동과 함께 상호적으로 활동에 참여하려는 노력을 계속해야 한다. 만일 아동이 5분 이상 상호작용하고 싶어 한다면, 이 놀이 실행 시간을 늘리는 것은 아무런 문제가 되지 않는다. 하지만 상호작용도 별로 없이 시간만 오래 유지하는 상호작용보다는 짧은 시간

동안이라도 상호작용을 여러 번 시행하는 것이 더욱 중요하다.

(2) 비디오 녹화 자료 보기

비디오 녹화 자료는 부모 자신이 RT 전략을 수행하는 방식을 살펴볼 기회를 제공한다. 부모가 여러 차례 비디오 녹화 자료를 검토하는 것은 실제로 자녀와 어떻게 상호작용하는 것이 더 좋은지에 대한 감각을 기르는 데 도움이 된다.

(3) 긍정적 경험에 대해 기록하고 서로 나누기

RT의 긍정적 효과를 높이는 유용한 방법은 전략 사용에 대한 성공 일지를 쓰는 것이다. 더욱이 이러한 일지 내용은 스스로 경험한 것을 배우자, 친척 또는 가까운 친구들에게 이야기해 주고 함께 나눌 때 보다 중요한 의미를 가지게 된다.

(4) 아동발달과 사회 · 정서적 발전 사항 점검하기

『발달 레인보우(Developmental Rainbow)』(Mahoney & Perales, 1996; 김정미 역, 2010) 등과 같은 아동발달 프로파일이나 체크리스트는 아동 초기에 일반적으로 나타나는 발달적 행동을 세부적으로 목록화해 놓았다. 아동발달 프로파일상에 아동의 현재 행동과 관찰 결과를 기록해 나가는 것은 아동에게 날마다 일어나는 발전 사항을 체크해 가는 방법 중의 하나다. 특히 아동이 정상 발달하는 아동만큼 발달상의 발전을 보이지 않을 때 이러한 프로파일은 동기부여에 도움을 줄 것이다.

(5) 쉬운 전략을 한 가지 정도 함께 수행하기

만일 부모가 새로운 RT 전략을 배우는 데 어려움을 겪는다면, 먼저 좀 더 하기 쉬운 전략을 실행해 보는 것이 도움이 된다. 즉, 어려운 RT 전략만을 배우게 함으로써 부모가 낙담하지 않도록 주의한다.

(6) 다른 상황에서 중심축 행동 관찰하기

때때로 아동이 다양한 상황에 따라 중심축 행동을 어떻게 사용하는지 평가하기 위하여 중심축 행동 프로파일('제4부 교육과정 자료 3' 참조)에 있는 항목을 선택하여 사용한다.

(7) 대립되는 전략으로 시험해 보기

RT 전략이 아동에게 어떠한 영향을 미치는지를 알아보기 위해 사용하는 전략 가운데 대립되는 전략을 사용해서 시험해 볼 수 있다. 예컨대, 부모가 '아동의 주도에 따르기' 전략을 배울 때, 아동이 2~3분 동안 부모의 주도에 따르도록 시도해 보고, 이어서 아동의 주도에 따르면서 2~3분 동안 놀이해 본다. 그리고 이와 같이 대립적인 전략에 대하여 아동이 어떠한 행동 변화를 나타내는지 살펴본다. 부모가 RT 전략을 사용할 때 아동이 반응적이고 상호적으로 참여하는지 관찰한다. 부모가 대립되는 전략을 사용할 때 아동이 상호적인 활동에 참여하는 수준이 보다 낮은지 관찰해 보는 것이다.

(8) 아동발달 문헌과 비디오 자료 참고하기

이 책 마지막 부분에 있는 '추천 자료' 에서 RT 접근에 대한 내용을 보충해 주고 RT를 사용하는 것에 관하여 부모에게 도움이 될 만한 정보가 담긴 책들과 비디오 목록을 제시하였다. 이러한 자료들은 인터넷, 도서관 또는 서점을 통하여 접할 수 있다.

(9) 다른 부모와 함께 반응성 교수에 관하여 논의하기

RT의 가장 효과적인 교사는 자기 자녀들에게 발생하는 독특한 문제를 해결하기 위해 RT 전략을 사용하려고 애쓰는 부모들이라 할 수 있다. 각기 다른 단계에서 RT를 사용하는 부모들이 자신의 경험담을 나눔으로써 서로 힘이 되고, 통찰을 얻을 수 있다. 많은 부모들이 RT 전략 사용 방법에 대해 실제적이고 효과적이며 창의적인 생각을 제안한다.

(10) 다른 양육자에게 반응성 교수 전략과 논의점 가르치기

주 양육자 외의 다른 양육자가 참여할 때는 그때마다 새로운 논의점과 전략이 소개되도록 FAP에 중점을 두어야 한다. 중재자는 이러한 정보를 다른 양육자에게 어떻게 제시해야 하는지에 대해 논의하고, 다른 양육자가 어떻게 RT 전략의 사용을 배울 것인지에 대해 부모를 코치할 수 있다.

(11) 다른 양육자의 의문 사항 기록하기

RT의 성공 여부는 대부분 아동의 주 양육자가 이것이 받아들일 만하고 적합한 중재라고 인정하는가에 달려 있다. 의견의 일치를 이루기 위하여 양육자들은 RT 철학이나 절차에 관한 의문점뿐 아니라 아동발달을 어떻게 촉진할 것인가에 관하여 양육자 자신의 관점을 논의할 필요가 있다.

만일 RT가 아동의 양육자들 간에 격앙된 논쟁을 불러일으킨다면, 중재자는 양육자들끼리 서로 해결할 수 없는 의문 사항들을 FAP 활동에 기록해 두도록 권할 수 있다. 중재자는 부모의 관심사를 해결하는 데 도움이 되는 부가적인 정보를 주기 위하여 이러한 의문 사항을 다시 살펴보아야 한다.

2) 2단계: 일상생활에서 아동의 반응성 상호작용 기회를 증가시키는 가족행동계획 활동

[그림 9-2]는 2단계 중재에 적합한 FAP 활동들을 나열한 것이다. 이 활동들은 다음과 같다.

(1) 목표로 선정된 일과 중에서 반응성 교수 전략의 사용을 의도적으로 늘리기

아동이 매일의 일과 중에 RT 전략을 통합하도록 촉진하는 데 가장 효과적인 방법은 점진적인 접근을 사용하는 것이다. 부모가 계획된 놀이 활동에서 RT 전략을 성공적으로 사용하였다면, 그 이후에는 한두 가지의 일상적인 활동에서 전략들을 의식적으로 사용하는 데 중점을 둔다. 이렇게 하는 것은 아동이 다양한 상황에서 능동적으로 상호적인 활동에 참여하도록 격려하는 데 도움이 되며, 또한 RT 전략이 효과가 있다는 것을 부모에게 이해시키는 데 도움이 될 것이다.

(2) 반응성 교수 전략이 효과적이었던 활동이나 일상 사건 찾기

부모는 종종 자녀와 함께하는 다양한 상호작용에서 무의식적으로 RT 전략을 사용한다. 부모가 이와 같이 자발적으로 RT 전략을 사용하도록 촉진함으로써 부모는 좀 더 의식적으로 염두에 두고 반응적인 방식으로 상호작용하게 된다. 부모는 이러한 상황들을 일지에 기록해 두었다가 자녀에게 나타난 변화에 대해 논의할 수 있다.

(3) 이전에 배운 반응성 교수 전략과 새로운 전략을 조합해서 사용하기

RT에서는 새로운 전략이 이전 전략을 대체하기보다는, 이전의 전략에 새로운 보완점이 추가되는 누가적인 중재라 할 수 있다. 부모가 새로운 RT 전략을 배울 때, 이전에 배웠던 전략을 잊어버려서 지속적으로 사용하지 못하기도 한다. 그러나 부모는 이전에 배웠던 전략과 새로 배운 전략을 함께 통합하여 사용하도록 FAP에 이전에 했던 주지 사항을 포함시켜야 한다.

(4) 어려운 반응성 교수 전략 실행해 보기

경우에 따라 RT 전략은 부모의 생활 습관에서 나타나지 않을 수도 있는데, 이는 부모가 잊어버렸기 때문이 아니라 수행하는 것이 어렵기 때문이다. 이러한 경우, FAP 활동을 통하여 부모가 자녀와 구조화된 놀이 상황에서 수행이 어려웠던 전략을 실행해 보도록 촉진할 수 있다. 이러한 전략을 사용할 수 있는 구조화된 상황으로 돌아감으로써 부모는 전략을 능숙하게 사용할 수 있게 되고, 전략이 아동의 중심축 행동에 미치는 영향을 이해하는 시간을 갖게 된다.

(5) 다양한 상황에서 반응성 교수 전략을 사용하기 위한 주지 사항을 기록하여 사용하기

하루 종일 RT 전략을 사용하도록 주지시키는 하나의 방법으로, 부모가 아동과 일상적으로 상호작용하며 지내는 집안 곳곳에 메모를 붙여 놓을 수 있다. 이러한 주지 사항을 메모하는 것은 RT 전략을 사용하도록 주지시키기 위함인데 벽, 문 또는 놀이방 등에 붙여 놓는다.

2. 가족행동계획 진행

중재자는 한 회기 동안 다루는 정보와 전략을 요약해 주고, 부모가 그것들을 어떻게 수행하고 싶은지 질문함으로써 FAP를 개발하는 데 부모가 능동적인 역할을 수행하도록 격려해야 한다. 만일 부모가 자신이 하고 싶은 것을 찾아내지 못한다면, 중재자는 이전에 열거했던 FAP 활동을 적용하여 선택 가능한 활동을 제안할 수 있다.

FAP 활동을 성공적으로 수행하기 위해서는 다음의 세 가지 요건이 필요하다.

- FAP 활동은 부모의 강점에 근거를 두고 만들어져야 한다. 각기 FAP에 대해 제안하는 활동 가운데 적어도 하나는 부모가 그 회기 동안 할 수 있는 RT 전략에 중점을 두어야 한다.
- FAP 활동은 간단하고 복잡하지 않은 것으로 부모가 일상생활에서 쉽게 통합할 수 있는 것이어야 한다. 만일 이전에 제안했던 FAP 활동이 실제적이지 못했다면, 보다 실행 가능하도록 활동을 수정하거나 전체를 삭제하도록 한다.
- FAP 활동은 한 중재회기에서 다음 중재회기로의 연속성이 있어야 한다. FAP는 현재 회기에서 소개하는 전략을 실행해 보도록 권하는 동시에 이전 회기에서 중점을 두었던 전략을 부모가 계속해서 적용하도록 주지시켜야 한다.

3. 수행 중 겪는 공통적인 제약

대부분의 부모들은 자녀의 발달을 도울 수 있다면, 어떤 시도에도 주저함이 없다. 특히 대부분의 부모들은 명확하고 실행 가능한 FAP 권유 사항을 완수하려고 애쓰지만, 일부 부모들은 그렇게 하지 못하는 정당한 요인들을 지니고 있다. 결과적으로 중재자에게는 단순히 활동을 하도록 권유하는 것 이상의 임무가 주어진다. 중재자들은 부모가 수행할 수 없도록 방해하는 장해물을 찾아내고 이러한 장해물을 해결하기 위한 계획을 세우도록 도와야 한다.

다음에서는 부모의 FAP 수행을 방해하는 요인들과 이러한 문제를 해결하기 위한 행동들을 기술하였다.

1. 자신의 생활상의 다른 스트레스 요인들 때문에 부모가 아동 중재에 관심을 갖고 싶어도 심리적으로나 신체적으로 집중하지 못한다. 부모의 생활 여건이 과도한 스트레스를 주어 아동에게 중점을 둘 수 없을 때, 중재자는 신중하게 서비스 코디네이터로서의 역할을 수행해야 한다. FAP는 부모가 자신의 어려운 문제를 다루는 데 필요한 도움을 줄 수 있는 전문가 및 기관과 접촉하는 것에

초점을 두어야 한다. 예컨대, 부모가 재정적인 어려움을 겪고 있다면, 중재자는 생활비 지원, 직업 소개 또는 직업교육을 제공할 수 있는 사회보장 프로그램을 찾아본다. 만일 부모가 배우자나 중요한 다른 사람과의 관계에 문제가 있다면, 중재자는 부모가 가족 문제를 다루는 데 도움을 받을 수 있는 가족 상담가나 심리학자를 접촉할 수 있도록 도와야 한다.

2. 부모를 매개로 한 중재 모형에 대해 부모가 신념을 가지지 못하거나 어색하게 느낀다. RT의 기본적인 형태는 부모에게 중재자의 역할을 취하도록 격려함으로써 일차적으로 아동의 발달을 향상시키는 것이다. 이러한 접근은 두 가지 관점에서 대부분의 부모에게 FAP 수행에 장애를 가져올 수 있다.

   첫째, 일부 부모들은 전문가가 직접 자녀를 다루면서 전문화된 기술을 사용할 것이라는 기대를 가지고 조기중재를 시작한다. 이들은 이러한 과정에 자신이 능동적으로 참여하게 될 것이라고 예상하지 못한다. 부모들은 여러 가지 이유에 근거해서 이러한 생각을 갖게 되는데, 그 계기는 ① 의사가 부모에게 기대하도록 만드는 경우, ② 이전 중재 프로그램에서 전문가가 직접 아동과 함께 수행하는 서비스를 받은 경우, ③ 논문, 비디오나 다른 사람을 통해 얻은 정보에서 중재는 전문가가 이끌어야 한다고 제안되는 경우다.

   둘째, 어떤 부모들은 자녀의 발달에 자신이 진정으로 효과를 가져올 수 있는가에 대한 자신감이 부족하다. RT는 중재의 가장 중요한 요소로서 부모를 지목하며, 자녀의 발달에 중요하고 유일한 부모의 역할은 수행에 대한 부모의 신념임을 강조한다. 수행에 대한 부모의 자신감이 낮을수록, 부모는 자신이 아니라 전문가가 아동의 미래에 중요한 열쇠를 쥐고 있다고 믿게 된다. 중재자는 부모가 아동발달에 가장 중요한 영향을 미친다는 생각을 가지도록 계속해서 격려해 주어야 하고, 어떻게 하는 것이 아동이 부모에게 잘 반응하는 것인지 또는 어떻게 하는 것이 부모가 아동을 잘 다루는 것인지에 대해 부모가 인식하도록 계속해서 말해 주어야 한다. 중재자는 부모가 RT를 사용하기 위해 노력하는 정도와 아동의 발전 상태가 얼마나 많은 관련성을 보이는지 역시 강조해야 한다.

3. RT는 부모의 신념이나 아동 양육 방식과 동일하지 않다. 어떤 부모들은 그들이 RT 철학과 아동에게 적용하는 RT 전략에 대해 의심을 가지고 있으면서도, RT

회기에 열심히 참여하기도 한다. 이 부모들은 RT가 개인적인 신념과는 다르게 수행하도록 요구하고, 자신들에게 익숙한 방식이 아닌 다른 상호작용 방식을 요구한다고 생각한다. 부모가 가진 자녀 양육에 관한 신념이 RT와 맞지 않는다면, 부모는 당연히 FAP 활동을 수행하지 못할 것이다. 만일 부모가 일상생활에서 FAP를 수행하는 데 어려움을 느낀다면, 중재자는 RT 철학과 절차에 관하여 부모의 개인적인 느낌을 살펴보아야 한다. 중재자는 부모에게 자신이 동의하지 않는 제안이나 가치를 수행하지 않는 것은 당연한 것이라고 안심시켜 주어야 한다. 만일 부모가 RT 철학과 전략을 받아들일 수 없다면, 중재자는 부모 자신의 가치와 신념에 잘 맞는 서비스를 선택할 수 있도록 도와야 한다.

4. 부모는 RT가 이미 자신의 행동과 신념을 반영하는 것이며, 그러므로 자신이 변화할 것이 없다고 생각한다. 부모가 RT에서 자녀와 함께 수행하도록 요구하는 모든 것을 이미 하고 있다면, 부모는 종종 FAP에 나열된 활동을 수행할 이유가 없다고 생각한다. 많은 경우에 부모는 자녀와 함께할 때 매우 반응적이다. 그래서 FAP 활동은 부모가 이미 자녀와 함께 상호작용하는 것에 지나지 않을 수도 있다. 이때 중재자는 부모에게 자녀와 상당히 잘 상호작용하고 있다고 자신감을 심어 주고 계속해서 그러한 방식을 유지하도록 격려해야 한다. 이러한 부모들에게는 아동의 중심축 행동을 증가시키는 데 도전하도록 초점을 두는 것이 필요하다. 부모가 중재 초기에 자녀와 얼마나 반응적으로 상호작용하였는가에 상관없이 아동은 부모가 보다 더 반응적으로 자녀와 상호작용할 때에만 자신의 중심축 행동을 증가시키곤 한다.
5. 너무 지쳐 있거나 바빠서 부모가 자녀와 함께 상호작용하는 방식에 관하여 생각할 겨를이 없다. 어린 자녀를 둔 부모들 대부분은 지쳐 있거나 분주하다. 아동과 일에 대한 책임은 많고, 부모에 대한 지원이 적을수록, 부모는 바쁘고 지쳐서 아동 중재에 충분한 노력을 기울이지 못할 가능성이 높아진다. 중재자는 부모가 얼마나 지쳐 있고, 바쁜지 또는 부모에게 필요하지만 부족한 지원은 무엇인지 민감하게 살펴서 이러한 상황에 관하여 부모가 죄책감을 가지지 않아도 된다는 사실을 알려 주어야 한다. 그러나 동시에 중재자는 부모가 부가적인 부담을 느끼지 않고도 현실적으로 할 수 있는 RT 수행 전략을 생각해 보도록 격려해야 한다. 그리고 RT 전략의 중요도와는 상관없이, 수행하지 않는 것보

다 수행하는 것이 더 낫다는 사실을 강조할 필요가 있다.

6. 부모는 RT와 맞지 않는 철학과 절차를 가진 전문가로부터 어떤 제안과 정보를 제공받는다. 만일 부모가 서로 대립적인 철학과 교수 절차에 근거한 활동을 권하는 2명 이상의 전문가로부터 중재를 받는다면, 부모는 자녀에게 어떻게 해야 할지 혼란스러워할 수 있다. 예컨대, RT를 사용하는 중재 전문가는 부모에게 아동의 주도에 따르고 아동의 행동이나 소리를 모방하도록 촉진한다. 그들은 이렇게 하는 것이 아동의 인지적 성장에 근거가 되는 중심축 행동을 향상시키는 것으로 본다. 그러나 반대로 언어 중재에 대해 행동적 방법으로 훈련하는 말·언어병리학자는 부모가 목표로 선정한 일련의 단어를 가르치고 보다 낮은 수준의 의사소통 행동에 반응하거나 강화하는 것을 억제하도록 촉구하기도 한다.

이와 같은 문제를 피하기 위하여 중재자는 다른 중재자가 아동을 대상으로 선정한 목표와 그 목표를 달성하는 데 요구한 것이 무엇인지 부모에게 질문해야 한다. 그런 다음 중재자는 부모에게 다른 중재가가 정한 목표를 성취하기 위해 RT 방법이 어떻게 적용되는지 보여 주거나 그 목표를 완수하기까지 불가능한 점 등을 지적하여 설명해 주어야 한다. 한편 부모는 궁극적으로 자신이 추구하는 방향을 정해야 하며 동시에 중재자는 부모가 정보에 입각해서 선택할 수 있도록 충분한 정보를 제시해 주어야 한다.

요 약

이 장에서는 FAP는 RT의 가장 중요한 요소 중에 하나임을 논의하였다. FAP는 전문가와 중재를 수행하는 부모 그리고 스스로 RT를 수행하고자 하는 부모에게 필수적이다. FAP는 자녀들이 보다 높은 수준의 성취를 이루게 하기 위하여, 양육자들이 자녀들에게 필요한 발달적 자극을 촉진하는 계획 절차다. 이러한 변화를 위해 양육자는 두 단계를 거쳐야 하는데, 이는 ① 반응적으로 상호작용하는 방법을 배우는 것, ② RT를 아동의 매일의 일과 중에 통합하여 시도하는 것을 포함한다. 또한 이러한 변화를 가져오는 데 사용될 수 있는 여러 FAP 활동들을 기술하였다.

이 장의 마지막 부분에서 우리는 FAP를 수행하는 데 결정적인 두 가지 문제를 기술하였다. 첫째, FAP를 개발하는 과정과 관련이 있다. 여기서는 FAP를 개발하는 데 중요한 원칙은 부모가 능동적인 역할을 수행하는 것임을 강조하였다. FAP를 개발하는 데 있어서 중재자의 역할은 부모가 따르고 싶은 활동을 지지해 주고 부모가 FAP에 대해 사용할 수 있는 선택 사항을 제안하는 것이다. 둘째, 부모가 FAP 활동을 수행하는 데 있어서 일반적으로 등장하는 장해물들과 관련이 있다. 중재자는 아동이 RT로부터 이점을 취할 수 있도록, 이러한 장해물들을 찾아내고 부모가 이것을 극복하기 위해 계획을 세울 수 있도록 도와야 한다.

제4부 교육과정 자료

소개

교육과정 자료 1: 중재회기 지침

교육과정 자료 2: 중심축 행동 마법사

교육과정 자료 3: 중심축 행동 프로파일

교육과정 자료 4: 중재계획과 진행 기록표

교육과정 자료 5: 중재회기 계획 양식

교육과정 자료 6: 교육과정 개요

소 개

제4부에서는 RT 중재회기를 수행하는 데 필요한 중재 도구와 교육과정 자료 모두를 제시하고 있다. 여기서 제시된 자료들은 모두 개별적으로 사용하기 위하여 복사하는 것을 허용한다. 또한 프로그램 사용의 편의성을 높여 주기 위하여 『RT 중재계획 진행 기록표』를 별책으로 제작하였다.

- 교육과정 자료 1: 중재회기 지침
  중재회기 각 단계별로 정해진 활동이 특정 회기 동안에 발생하는지를 평가한다.
- 교육과정 자료 2: 중심축 행동 마법사
  중재 목표 영역에서 아동의 현재 행동에 근거하여 적합한 중재 목표를 찾는다.
- 교육과정 자료 3: 중심축 행동 프로파일
  RT에서 목표로 선정한 16개 중심축 행동을 아동이 현재 얼마나 사용하고 있는지를 평가한다.
- 교육과정 자료 4: 중재계획과 진행 기록표
  각 중재회기에서 수행될 논의점, RT 전략 그리고 중심축 행동 평가를 선정하고 진행과정을 기록한다.
- 교육과정 자료 5: 중재회기 계획 양식
  -전문가 회기 계획: 전문가들이 중재회기 계획을 전개해 나가는 데 사용한다.
  -부모 회기 계획: 부모들이 자녀의 발달 회기 계획을 전개해 나가는 데 사용한다.
  -가족행동계획: 부모와 전문가가 가족행동계획을 전개해 나가는 데 사용한다.

- 교육과정 자료 6: 교육과정 개요

세 가지 발달 영역(즉, 인지, 의사소통 및 사회 · 정서 기능)에 대하여 RT에서 수행되는 중재회기 계획을 전개해 나가기 위해 필요한 정보를 제공하고, 각각의 발달 영역과 관련된 중심축 행동에 대한 이론적 설명, 논의점 및 RT 전략을 제시한다.

교육과정 자료 1

중재회기 지침

중재회기 지침

이름 ____________ 날짜 ____________ 관찰자 ____________

단계와 활동	모르겠다	아니요 (a)	가끔 (b)	예 (c)
A. 계 획				
1. 환경이 미리 정돈되어 있다. • 장난감과 도구들은 아동의 발달 수준에 적합한 것들이다. • 아동이 하고 싶은 것을 선택하기에 충분한 장난감들이 준비되어 있다. • 장난감들은 일상적인 주제와 관련된 행동을 추구하는 것들이다.				
2. 부모 지침 자료와 비디오 녹화 장비가 있다.				
3. 이전 회기에 대한 정보를 재검토하였다.				
B. 라포 형성과 고찰				
4. 따뜻하게 부모와 아동을 맞이한다.				
5. 부모가 이전 회기에 대한 정보를 잘 이야기하도록 이끈다.				
6. 부모에게 집중한다.				
7. 부모의 참여 또는 부모의 역할에 대해 보충 설명을 한다.				
C. 목적과 이론적 설명				
8. 오늘 회기의 목적과 중점 사항을 기술한다.				
9. 제시할 전략의 이론적 배경을 설명한다.				
10. 아동이 현재 사용하는 중심축 행동 목표를 평가하거나 기술한다.				
11. 부모가 이해할 수 있는 방식으로 말한다.				
12. 정보에 대한 부모의 이해 정도를 평가한다.				
13. 부모의 의견, 질문 및 관심을 이야기하도록 권한다.				
D. 반응성 교수 전략의 예시와 실행				
14. 회기 중 아동과 반응적이고 균형 있는 상호작용을 한다.				
15. 이번 회기의 중심 RT 전략의 시범을 보인다.				
16. 시범을 보이면서 또는 시범을 보인 후에 전략에 대해 설명한다.				
17. 아동 행동에 대해 RT 전략이 미치는 영향의 예를 들어 주고 설명한다.				
18. 부모가 아동과 함께 상호작용에 참여하도록 한다.				
19. 부모가 아동과 함께 상호작용하는 동안 부모를 코치한다.				
20. 부모가 전략을 사용하는 것에 관하여 피드백을 준다.				
E. 가족행동계획(FAP)				
21. 활동을 이행하기 위하여 부모와 함께 계획하여 문서로 기록한다.				
22. 활동을 이행하는 데 방해가 되거나 장애가 되는 것을 해결하기 위한 계획을 세운다.				
23. RT와 직접적으로 관련되어 있지는 않지만 부모가 갖는 염려 사항에 대해 이야기한다.				
24. 회기 중에 다루었던 논의점, 전략 그리고 계획안에 대해 요약한다.				
합계 점수			합계×2	합계×3
기준 점수(b+c)	60			

교육과정 자료 2

중심축 행동 마법사

인지	
아동 행동	중심축 행동
• 부모나 다른 양육자와 일대일로 놀이하는 경우가 흔하지 않다. • 부모나 다른 양육자와 놀이를 하거나 그 밖의 상호작용 에피소드에 오랫동안 머물러 있지 않는다. • 하루 일과 중 부모나 그 밖의 사람들과 놀이에 참여하는 것이 놀이 활동이거나 즐거운 활동이라기보다는 과제 지향적인 경우가 더 많다.	사회적 놀이
• 어른과 상호작용을 지속할 수는 있지만 일반적으로 무엇을 하며 놀 것인지, 어떻게 놀 것인지 등에 대해 어른이 결정하기를 기다린다. • 아동은 어른과 함께 놀이하는 동안 가지고 놀 장난감과 노는 방법을 선택하는 경우가 드물다.	주도성
• 몇 개의 장난감이나 교구만을 가지고 논다. • 아동이 장난감이나 교구를 가지고 하는 놀이가 다양하지 않다. • 사물의 어떤 특성(예: 모양, 질감, 부분 등)에 관심이 있는지 거의 드러나지 않는다. • 주변에 있는 사물, 사람 또는 신기한 일들에 거의 관심을 보이지 않는다.	탐색
• 놀이하는 동안 수행을 하는 데 어려움이 있을 때마다 어른의 도움을 구한다. • 아동이 문제를 해결하려고는 하지만 잘 해결하지 못할 때 쉽게 좌절한다. • 어려워 보이는 활동에는 참여하지 않고 회피하려 한다.	문제 해결
• 아동의 능력 범위에서 할 수 있는 발달적 기술을 반복해서 하는 일이 드물다. • 아동이 즐거워하는 장난감이나 교구에 쉽게 다가가지 못한다. • 종종 아동의 현재 기능 수준 이상의 행동을 하도록 부추겨야 한다. • 장해물에 부딪힐 때는 언제나 쉽게 포기한다.	실행

의사소통	
아동 행동	중심축 행동
• 하루 동안 빈번히 일어나는 일대일 사회적 상호작용에 함께 참여하지 않는다. • 잠깐 이상으로는 부모나 양육자와 사회적 상호작용을 하며 머물러 있지 않는다. • 부모와 함께 놀이적이고, 즐겁고, 예측할 수 있는 상호적인 일상생활에 참여할 기회가 거의 없다.	공동 활동
• 공동 활동에 참여는 하지만 부모의 관심을 끄는 일이 거의 없고, 자신의 요구를 충족하려고 할 뿐이다. • 한 번에 몇 초 이상 부모나 다른 어른과 눈 맞춤을 유지한다. • 부모의 비언어적 · 언어적 지시 단서를 따르지 못한다(예: 눈짓, 지적, 몸짓). • 부모가 초점을 두는 주의에 따르거나 주의를 기울일 능력은 있지만, 그렇게 하지 않는다.	공동 주의

• 상호작용하기 위한 발성이나 언어를 거의 사용하지 않는다. • 자신만의 독특한 소리를 만들어 내지만 대화적인 음성은 아니다. • 대부분의 시간을 지극히 조용하게 보낸다. • 말을 이해하기가 어렵다.	언어화
• 감정이나 요구를 표현할 때 비언어적 단서를 사용한다. • 다른 사람과 함께하는 것이 아니라 혼자서 알 수 없는 말을 하거나 중얼거리거나 자신만의 단어를 사용한다. • 다른 사람과 상호작용할 때 알 수 없는 말을 하거나 재잘거린다. • 언어를 사용할 수 있지만 이따금씩만 다른 사람과 의사소통하기 위한 목적으로 언어를 사용한다. • 상당한 정도의 언어를 이해하지만 일차적으로 의사소통을 하기 위해 단어를 사용하기보다는 비언어적 의사소통을 한다. • 여러 단어를 알고 있지만, 자신의 의도를 전달하기 위해 사용하는 일은 거의 없고, 제한된 방식으로만 사용한다. • 단어를 조합하여 사용하고 의사소통을 위해 알 수 없는 소리를 낸다.	의도적 의사소통
• 사람들과 상호작용하기 위해 단어를 사용하지만 알 수 없는 소리를 낸다. • 새로운 단어를 빠르게 습득한다. • 두 단어 이상의 말을 만들기 위해 단어들을 함께 조합하기 시작한다. • 여러 단어를 알지만 어른과 대화할 때 몇 번 이상 대화를 주고받지 못한다. • 자신의 욕구 충족을 위한 의사 전달은 하지만 다른 이유로는 의사 전달이 드물다. • 아동의 언어가 제한적이더라도, 능동적으로 부모나 그 밖의 어른을 자신의 놀이에 참여시키려고 한다. • 복잡한 일련의 사건 순서나 관찰한 것을 의사 전달하는 데 흥미는 느끼지만 그렇게 하기에는 언어에 어려움이 있다.	대화

사회 · 정서적 기능

아동 행동	중심축 행동
• 주 양육자에 대해 반응적이지 않다. • 주 양육자와의 접촉에 주도적이지 않다. • 주 양육자와의 상호작용을 회피한다. • 주 양육자와 함께할 때 긴장과 불안을 보인다. • 부모의 훈육에 반응하지 않는다.	신뢰
• 주변 사람의 감정을 인식하지 않거나 영향을 받지 않는 것으로 보인다. • 평범하지 않은 정서적 반응을 보인다. • 일반적으로 밋밋한 정서를 가지고 있다. • 조용하거나 우울하거나 위축되어 보인다. • 울음, 미소, 웃음 등으로 감정을 드러내는 일이 거의 없다.	감정이입

• 부모와 함께하는 일상적인 양육 활동(예: 옷 입기, 밥 먹기 등)에 능동적으로 참여하지 않는다. • 주 양육자가 자신의 놀이에 관여하는 것을 허용하지 않는다. • 주 양육자가 어떠한 것을 하도록 요청할 때는 언제나 상호작용에서 벗어난다. • 부모의 기대에 따르는 데 어려움이 있다. • 양육자가 어떤 것을 하도록 요구하는 것에 대해 대부분 부정적으로 반응한다. • 다른 아동과 함께 놀이하는 데 어려움이 있다.	협력
• 사소한 일에도 울음을 터트린다. • 빈번히 그리고 한참 동안 운다. • 한 활동에서 다른 활동으로 전환하는 것이 어렵다. • 새로운 사람에 대해 적응하기가 어렵다. • 자주 심하게 짜증을 낸다. • 다른 사람을 향하여 때리거나 찌르거나 소리를 지르거나 침을 뱉는 공격적인 행동을 한다. • 자신의 주변에 있는 것을 부순다.	자기 규제
• 부모는 아동이 할 수 있는 것보다 할 수 없는 것에 관하여 자주 묘사한다. • 우유부단하고 불분명하다. • 자신의 노력이나 성과에 불만족스러워 한다. • 다른 사람에게 자신이 하는 것을 주지하도록 요구하는 일이 거의 없다. • 도전에 직면하는 것을 포기한다.	자신감
• 무엇을 할 것인지 선택하는 일이 거의 없다. • 지침이나 지시가 있을 때 보통 어른을 쳐다본다. • 다른 사람과 함께하는 활동을 주도하는 것을 꺼린다. • 다른 사람이 아동에게 할 것을 말하거나 보여 주지 않는 한 조용히 남아 있거나 없는 사람처럼 행동한다.	통제감

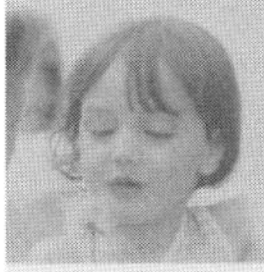

교육과정 자료 3

중심축 행동 프로파일

※ 사회적 놀이

아동은 다양한 상황에서 상대방과 상호적으로 놀이하는가? 아동의 놀이는 상대방이 한 만큼 활동에 참여하는 '주고받기' 식이라고 특징지을 수 있는가? 아동은 놀이를 하는 동안 상대방의 활동을 인식하는가?

어느 정도인가?

10=매우 높음 거의 항상 상호적인 놀이 활동에 참여한다. 다른 사람의 행동을 관찰하고 내 차례가 되면 활동에 참여한다. 이런 측면에서 놀이는 호혜적인 상호작용으로 특징지을 수 있다.

5=중간 정도 때때로 상대방과 놀이하는 경우에 흥미가 있고, 함께 상호작용하는 시간의 절반 정도는 호혜적으로 상호작용에 참여한다. 또한 함께하는 시간의 절반 정도는 얼굴을 마주 보며 대하고 여러 유형의 의사소통을 시도해 본다. 즉, 상대방과 함께하는 시간의 절반 정도는 각기 공동 활동에 참여한다.

1=매우 낮음 결코 다른 사람과 함께 놀이하지 않는다. 혼자서 놀이하거나 상대방과 평행적으로 놀이하는 것을 좋아한다. 평행 놀이로 상대방을 무시하며 상대방 함께 놀이하고자 하는 시도를 항상 인식하지 못한다.

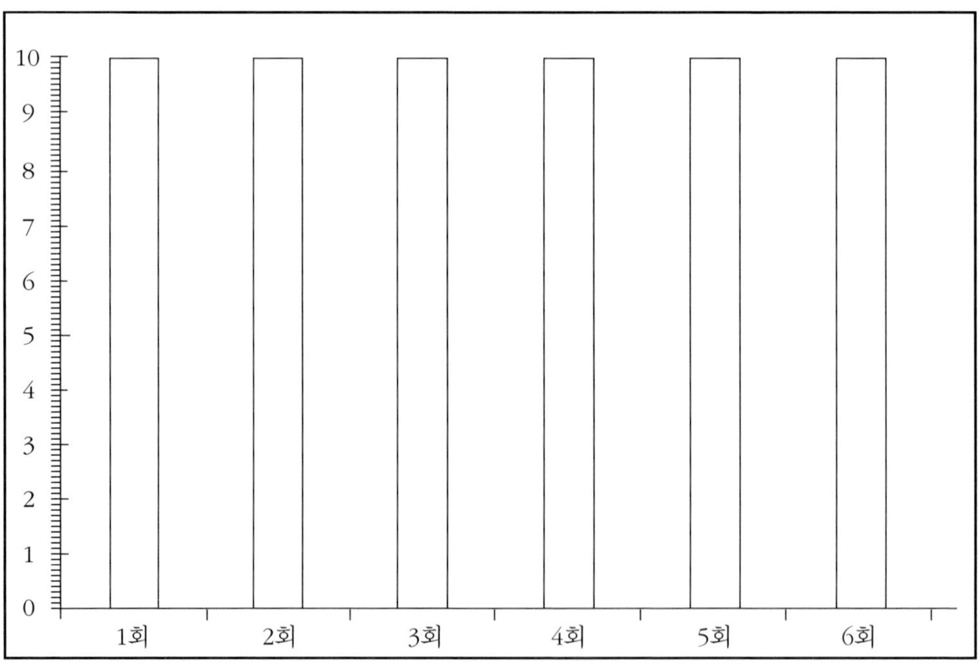

※ 주도성

아동은 스스로 활동을 시작하는가 아니면 항상 다른 사람의 주도에 따르는가? 아동은 활동의 종류나 방향을 선택하는 데 능동적인가? 아동은 의사소통을 주도하고, 새로운 게임을 시작하고, 하나의 장난감을 가지고 다양한 활동으로 응용하는가? 상대방이 촉진하지 않아도 새로운 활동을 시도하는가?

어느 정도인가?

10=매우 높음 놀이하는 중에 지속적으로 활동을 주도한다. 아동만의 의사를 가지고 있으며, 일반적으로 그것에 따르도록 주장한다. 다른 사람과 함께 놀이하는 동안 수동적인 역할을 하는 경우가 드물다.

5=중간 정도 함께하는 시간의 절반 정도는 아동이 활동을 주도하려고 시도한다. 그러나 수동적이며 관여하지 않거나, 일차적으로 상대방이 제안하거나 요구에 응하여 놀이하는 경우도 있다.

1=매우 낮음 절대로 스스로 활동을 먼저 시작하지 않는다. 사회적 놀이를 하는 동안 수동적이고 비활동적이며 다른 사람이 주도하여 내게 무엇을 시키는 경우에만 활동에 참여한다.

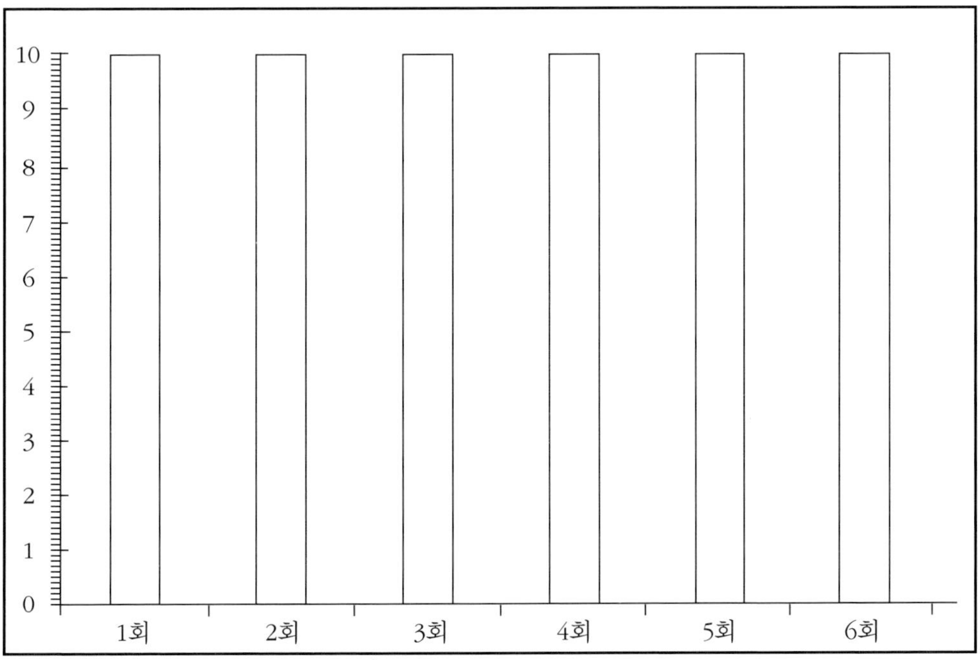

※탐 색

아동은 사물이나 사건을 단순히 관찰하거나 접촉하는 것에 그치지 않고 그것을 조사하거나 다루어 보는가? 아동은 감각을 사용하여, 즉 입에 넣고, 던져 보고, 다루어 보고, 쳐다보거나, 들어 보면서 탐색하는가? 사람이나 사물을 바라보는 데 그치지 않고 경험해 봄으로써 능동적으로 주변 환경에 관여하는가?

어느 정도인가?

10=매우 높음 물리적으로나 시각적으로 주변 환경을 빈번히 탐색한다. 다각적으로 사물을 시험해 보거나 새로운 자극에 빠르게 대응하는 편이다. 어떤 것에 대해 가능한 것이 무엇인지 살펴보기 위해 만져 보고, 맛보고, 흔들어 보고, 들어 보고, 사물을 살펴보고, 조작해 보려고 한다. 지속적으로 주변을 탐색한다.

5=중간 정도 경우에 따라서는 새로운 방식으로 탐색해 보고 조작해 봄으로써 지속적으로 주변 환경에 관여한다. 어떤 것을 가지고 실험해 보기도 하지만, 아동이 이러한 행동을 하고 참여하는 것은 단지 아동 자신이 가지는 기회의 절반 정도에만 해당된다.

1=매우 낮음 주변 환경에 대해 대부분 비반응적이다. 외부 세계에 전혀 관심이 없으며, 주로 위축되거나 수동적이거나 또는 동일한 사물을 동일한 방식으로 가지고 놀이하는 데 중점을 둔다.

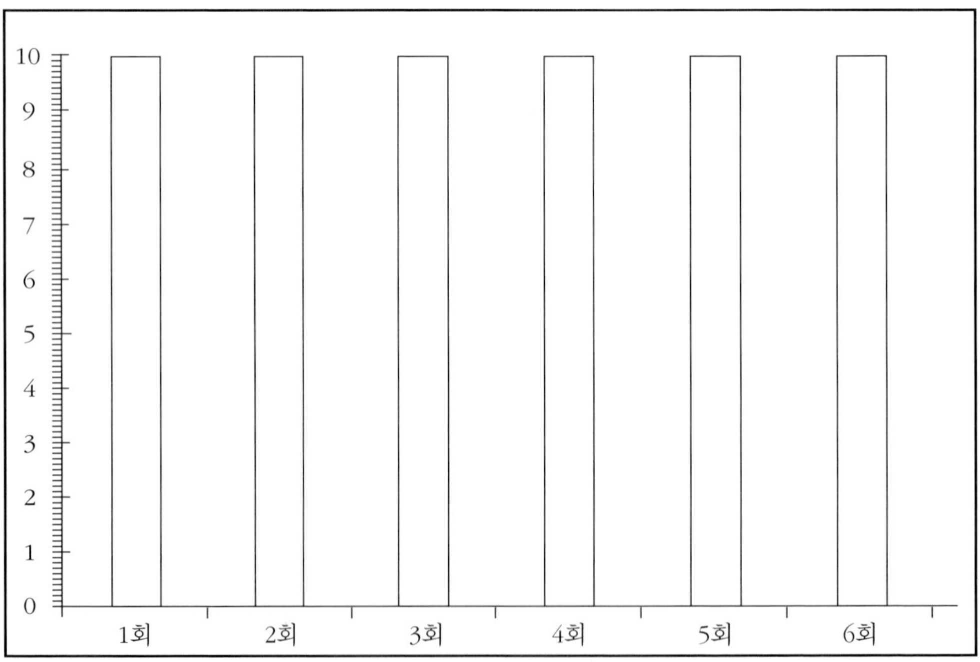

※ 문제 해결

아동은 도전적이거나 어려워서 쩔쩔매게 하는 과제를 끝까지 하는가? 아동은 성공적이지 않더라도 여러 시도를 해 보고 다양한 해결책을 계속 실험해 보는가? 아동은 자신이 환경에 어떠한 영향을 미치는지 스스로 자주 평가하는가? 아동은 새롭거나 도전적인 상황을 다루는 데 창의적인가?

어느 정도인가?

10=매우 높음 대부분 문제 해결을 위해 다양한 해결 방안을 시도해 보고 반복적으로 시도한다. 도전적인 상황에서 성공할 때까지 끝까지 계속한다. 심지어는 나중에 이러한 노력들이 실패하더라도 문제 해결에 대한 끊임없는 시도는 놀이 행동에서 가장 두드러진 모습이다.

5=중간 정도 때때로 문제를 해결하려고 시도하지만, 두세 번 시도했다가 포기하는 경향이 있다. 대체로 해결책을 찾기 위해 새로운 시도를 하지 못하기도 하며, 나를 위해 그것을 해결해 줄 어른의 도움을 재빨리 구한다.

1=매우 낮음 어려움에 부딪혔을 때 결코 재시도하지 않는다. 문제에 부딪혔을 때 쉽게 좌절하며, 장해물을 극복하기 위해 시도하기보다는 곧장 과제를 그만둔다.

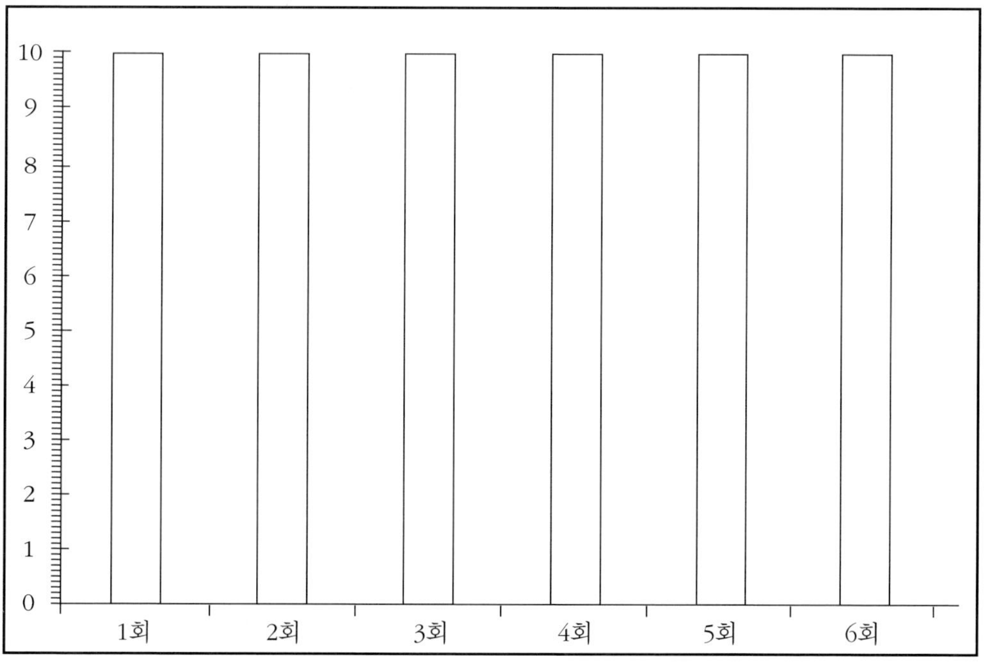

※ 실 행

아동은 동일한 방식으로 또는 응용하면서 행동과 활동을 반복하는가? 아동은 이러한 행동을 스스로 그리고 다른 사람들과 함께 실행하는가? 아동이 에피소드를 행하는 시간은 보다 길어졌는가? 그리고 그러한 에피소드들을 다양한 사물이나 사람과 함께 행하는가?

어느 정도인가?

10=매우 높음 거의 항상 일련의 언어나 행동을 반복하는 데 상당한 시간을 보낸다. 짧은 시간에 다양한 행동을 시도하면서 활동을 빈번히 응용한다. 실행 에피소드를 언어적 또는 행동적으로 연속해서 반복하는 데 상당한 시간을 보낸다. 혼자서든 다른 사람과 함께하든 반복적으로 실행하는 에피소드는 일정한 나의 놀이 양상이다.

5=중간 정도 여러 에피소드를 가지고 일련의 언어나 행동을 반복하는 데 상당한 시간을 보낸다. 짧은 시간 동안 다양한 행동을 시도하면서 빈번히 활동을 응용시킨다. 에피소드를 반복적으로 실행하는 일은 행동을 반복하지 않는 놀이 에피소드와 비슷한 비율로 나타난다.

1=매우 낮음 지속적으로 반복하는 어떤 행동에 결코 함께 참여하지 않는다. 하나의 행동에서 다음 행동으로 빠르게 옮겨 다니고, 활동에 대충 참여한다.

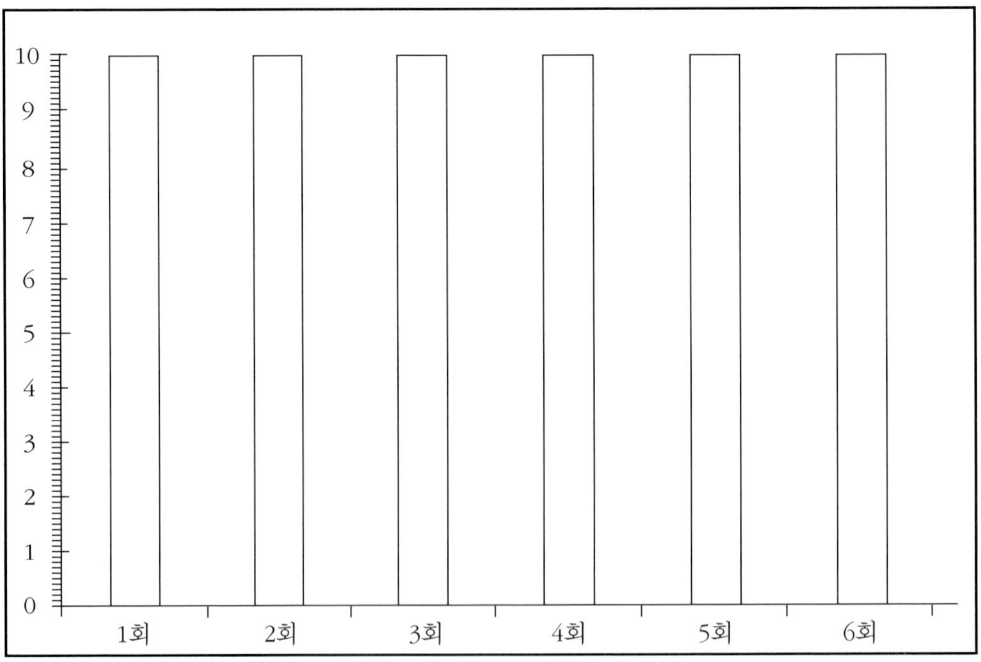

※ 공동 활동

아동은 상대방과 능동적으로 또는 상호적으로 상호작용하는가? 상대방과 아동은 상호작용 활동을 위해 서로에게 주의를 돌리는가? 우리는 서로의 행동과 단서에 반응하는가? 상대방과 함께하는 상호작용은 협력적이거나 주고받는 식으로 특징지을 수 있는가?

어느 정도인가?

10=매우 높음 지속적으로 상대방을 찾아내고, 놀이를 주도하며, 능동적으로 다른 사람이 나와 함께 계속해서 놀이하도록 유도한다. 다른 사람이 나와 함께 놀이하게 하기 위해 애쓴다. 상당한 시간 동안 일반적인 활동에서 다른 사람과 함께 지속적으로 참여한다. 행동은 상호작용 중에 상대방이 하는 행동에 따라 영향을 받는다.

5=중간 정도 경우에 따라 서로의 목적을 위하여 다른 사람과 함께 활동에 참여한다. 다른 사람과 함께 상호작용하는 시간의 대부분은 간단한 일련의 공동 활동(예: 한 번에 20초 이내)으로 보낸다. 공동 활동 에피소드는 어른 상대방과 함께하는 시간 가운데 절반 정도로 나타난다.

1=매우 낮음 공동의 목적에 초점을 둔 상대방과 함께 활동에 참여하는 일이 거의 없다. 상대방을 거의 주시하지 않으며, 욕구 충족을 위해서만 상대방을 이용한다. 만일 놀이를 하기 위해서 상대방을 이용한다면, 어떠한 공유 활동도 목적도 없는 형태다. 일반적으로 내가 도움이 필요할 때를 제외하고는 상대방과 독립적으로 행동한다.

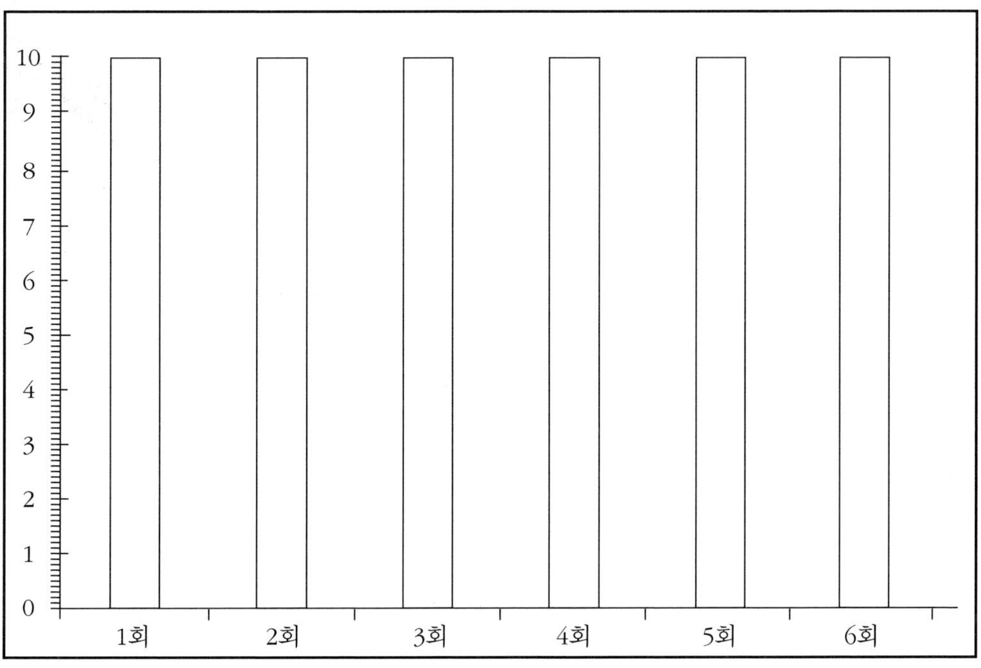

※ 공동 주의

상대방과 빈번히 언어적 발성과 같은 행동을 함께 나누거나 눈을 마주치는가? 상대방에게 내가 원하는 것이나 관심 있는 것에 대해 단어, 발성, 몸짓을 사용하거나 또는 쳐다봄으로써 전달하려고 시도하는가? 나는 상대방이 나의 주의를 끌기 위해 사용하는 몸짓, 표정, 눈짓 또는 다른 종류의 의사 전달에 따르는가?

어느 정도인가?

10=매우 높음 자주 그리고 길게 상대방과 공동 주의를 갖는다. 빈번히 눈 맞춤을 하고, 그들이 주의를 끌기 위해 사용하는 단서에 반응한다. 또한 빈번히 장난감이나 사물을 보여 주거나 함께할 것을 권하거나 상대방의 주의를 끌기 위하여 비언어적인 신호나 단어를 사용하면서, 경험을 공유한다.

5=중간 정도 함께하는 시간 중 절반 정도는 확언, 단서 또는 정보에 대해 말하면서 상대방과 눈 맞춤을 한다. 눈 맞춤을 하거나 다른 공유하는 활동에 참여하는 시간을 가지지만, 주의를 주지 않는 시간 역시 그와 동일하다.

1=매우 낮음 상대방의 주의를 얻기 위한 시도를 하거나 눈 맞춤을 하는 경우가 거의 없다. 상대방 반응에 주의를 기울이거나 단서를 알아차리기 위해 상대방에게 말을 걸지도 않고 오직 행동에 집중할 뿐이다. 상대방에게 요구나 관심을 알리기 위해 어떤 물건을 가져오기도 한다.

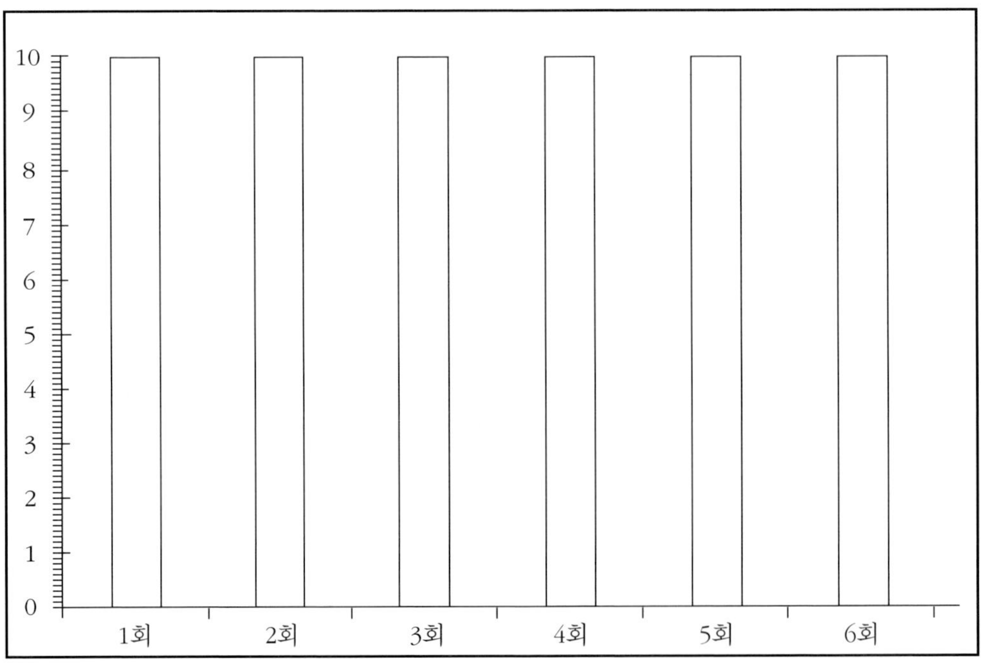

※ 언어화

아동은 끙끙거리는 소리, 발성, 노래 또는 단어를 포함한 음성을 실행하거나 반복하는가? 아동은 빈번히 혼자서 혹은 다른 사람에게 소리를 내는가?

어느 정도인가?

10=매우 높음 혼자서 놀이할 때나 다른 사람과 함께 놀이하는 동안, 빈번히 목소리를 사용하여 소리를 낸다. 의사소통을 위해서뿐 아니라 개인적인 자극을 위하여 상호작용하는 내내 소리를 낸다. 빈번히 다양한 범위의 소리를 시도해 보고 만들어 낸다.

5=중간 정도 경우에 따라 혼자서 놀거나 다른 사람과 노는 동안 소리를 만들어 낸다. 때때로 오랜 기간 침묵하고, 또 한동안은 매우 자주 소리를 내는 에피소드를 가진다. 사람들과는 발성을 많이 하지만 혼자 있을 때는 거의 하지 않는 등 언어 표현 양상은 일관적이지 않다.

1=매우 낮음 목소리로 소리를 내는 일이 드물다. 긴 시간 동안 침묵할 수 있다. 만일 소리를 만들어 내더라도 범위는 제한적이다.

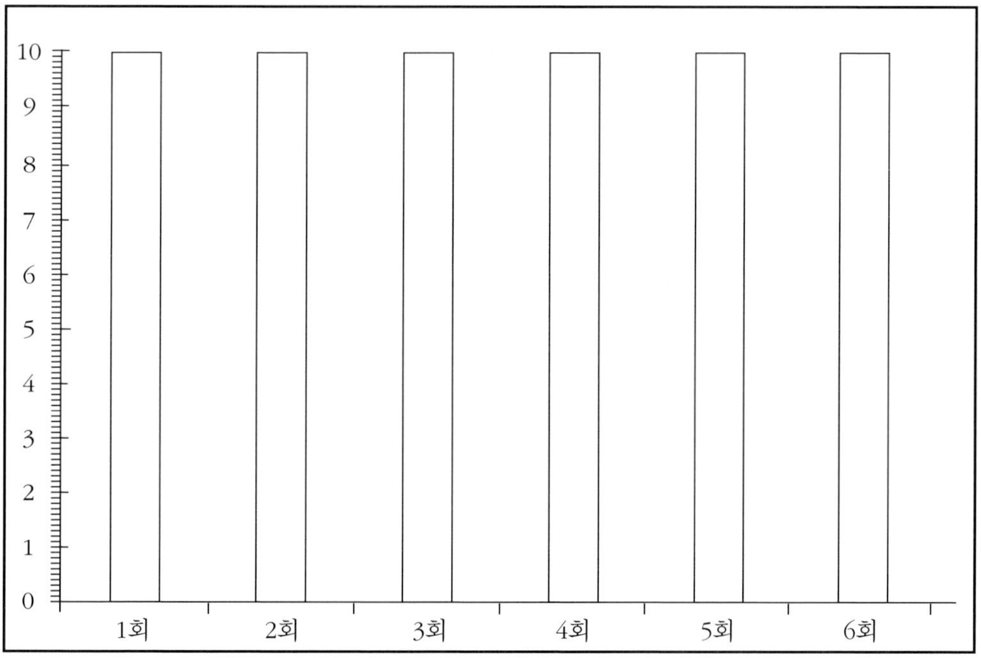

※ 의도적 의사소통

아동은 상대방에게 자신의 의도를 알리기 위한 시도를 빈번히 하는가? 아동은 다른 사람에게 나의 요구, 감정 및 관찰을 알리기 위해 비언어적인 의사소통이나 언어를 효과적으로 사용하는가? 아동은 상대방에게 나의 의도를 전달하기 위해 내가 아는 단어와 언어를 사용하는가?

어느 정도인가?

10=매우 높음 대부분의 시간 동안 다른 사람에게 자신의 의도를 전달하려고 시도한다. 인사하기, 교제하기, 느낌이나 관찰 내용을 공유하기, 주의 주기나 주의 돌리기 및 요구하기와 같이 다양한 범위의 의사소통 기능을 매우 효과적으로 사용한다.

5=중간 정도 주어진 시간의 절반 정도는 다른 사람에게 의도를 전달하려고 시도한다. 그러나 아직 인사하기, 교제하기, 감정과 관찰을 공유하기, 주의 주기 및 요구하기와 같은 의사소통적 기능을 모두 표현하지는 못한다. 주로 요구 충족을 위해 의사를 전달하는 경향이 있다.

1=매우 낮음 거의 의사소통을 하기 위한 시도를 하지 않으며, 일반적으로 다른 사람에게 의도를 전달하는 데 효과적이지 못하다. 의사소통에 사용될 수 있는 여러 단어와 비언어적 표현을 알지만, 다른 사람에게 의도를 알리기 위해 그것들을 사용하는 일은 거의 없다.

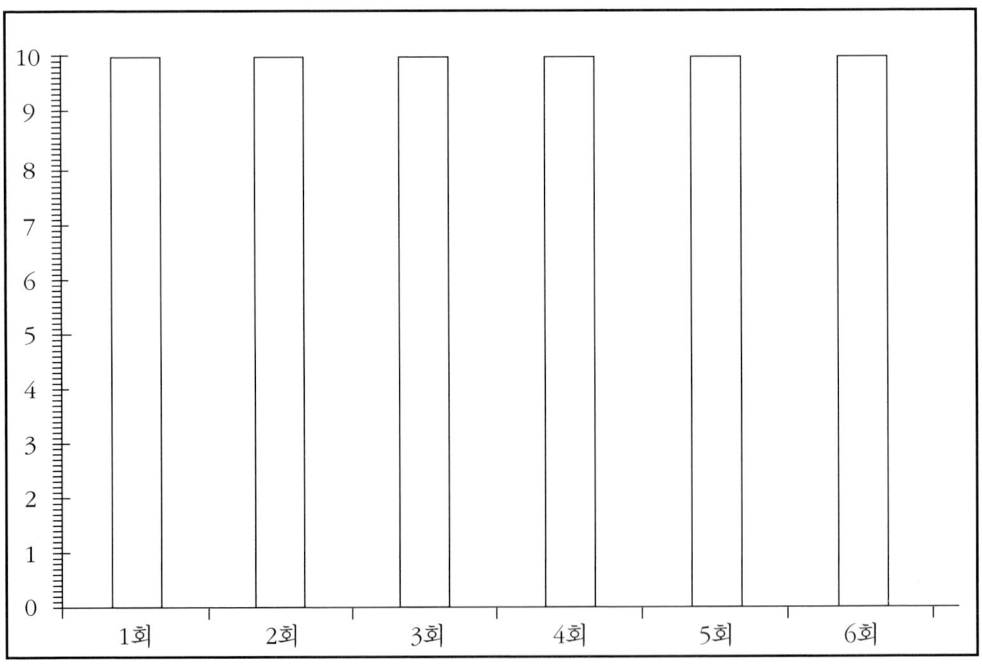

※ 대 화

아동은 다양한 사람들과 다각적인 주제에 대해 대화하는가? 아동은 비언어적 의사소통과 구두 언어 모두를 사용하는가? 아동은 주고받는 식으로 대화를 주도하거나 따르는가? 아동은 주제를 지속하거나 변화된 주제에 대해서도 대화하는가? 아동은 다양한 목적, 즉 교제, 설득, 정보 교환, 감정 및 요구 등을 하기 위하여 의사소통하는가?

어느 정도인가?

10=매우 높음 다양한 사람들과 빈번히 대화를 주도하고 유지한다. 다양한 목적, 즉 즐거움, 정보, 공동 활동 그리고 사람들과 함께 있기 위해 대화한다. 주고받는 식의 대화에 참여하고, 듣는 시간만큼 내 의견을 전하는 데도 시간을 할애한다. 주제뿐 아니라 상대방의 주제에 대해서도 이야기를 나눈다.

5=중간 정도 이따금씩 대화에 참여하지만, 특정인(예: 어머니)과만 대화하고 다른 사람들과는 대화하지 않는다. 대화는 대개 간단하고 대부분 내가 선택한 주제에 집중된다. 주제가 바뀌면 당황한다. 상대방이 주제를 변경하면 보통 대화를 종결한다.

1=매우 낮음 거의 대화를 주도하거나 지속하지 않는다. 대화는 대부분 짧고, 비언어적인 의사소통이거나 언어적 상호작용은 두 번 이내다. 대화 상대방은 대화에 대한 부담감을 참는다. 주고받는 대화에 참여하지 않고 빈번히 그러한 상황에서 벗어난다.

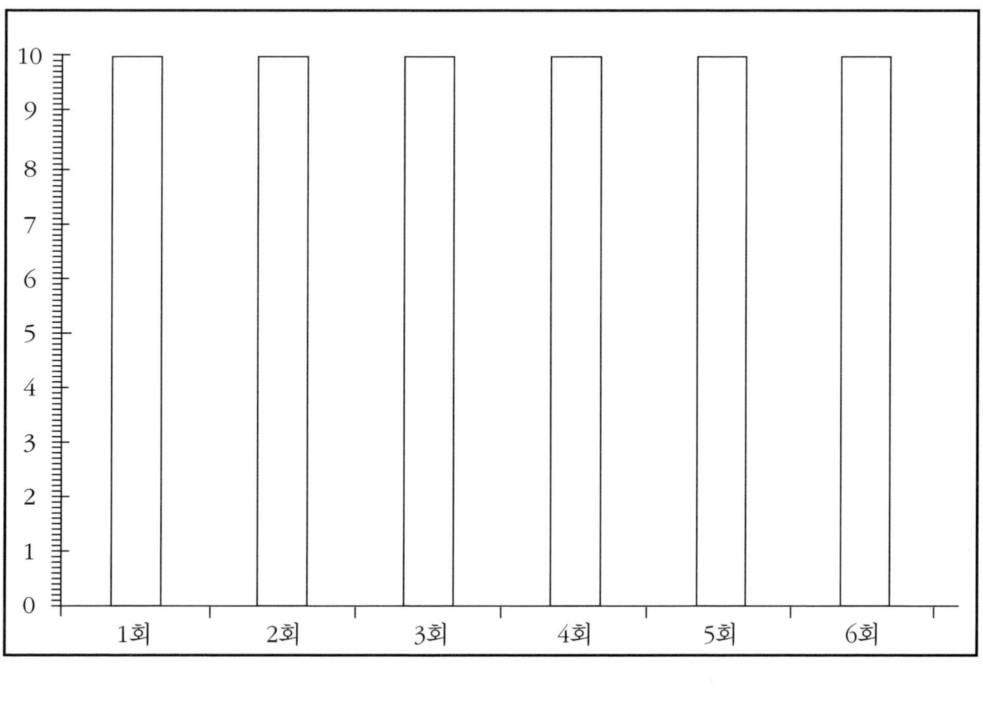

※ 신 뢰

아동은 주 양육자와 신뢰하는 온정적인 관계를 가지는가? 건강이나 안전을 위하여 양육자를 찾거나 계속 접촉하는가? 양육자와 함께 있는 것이 즐거운가? 양육자와 정보나 사물을 자주 공유하고 눈 맞춤을 하거나 미소 짓거나 포옹을 하는가?

어느 정도인가?

10=매우 높음 즐겁게 껴안고, 짓궂게 굴면서 양육자와의 접촉을 계속적으로 자주 한다. 양육자의 무릎 위에 편안히 앉아 있는다. 양육자가 아동 자신에게 자주 주의를 기울이기 원하고, 흥미 있거나 호기심을 일으키는 것들을 양육자에게 보여 주는 것을 즐긴다.

5=중간 정도 이따금씩 양육자에 대한 신뢰감을 드러낸다. 양육자와 함께 있는 시간의 절반 정도는 미소를 짓고, 눈 맞춤을 하고, 신체적 접촉을 하면서 즐겁고 편안한 시간을 보낸다. 그러나 양육자와 함께 있기 위해서라기보다는 자신의 욕구 충족을 위하여 양육자를 요구하는 경우가 더 많다.

1=매우 낮음 양육자를 피하거나 함께 있는 것에 대해 불편함을 느낀다. 양육자에게 미소를 짓거나 눈 맞춤을 하는 일이 거의 없다. 양육자와 함께 있을 때 자주 위축되거나 신체적으로 부자연스러워진다. 양육자가 가까이 다가오면 종종 멀리 벗어나려고 한다.

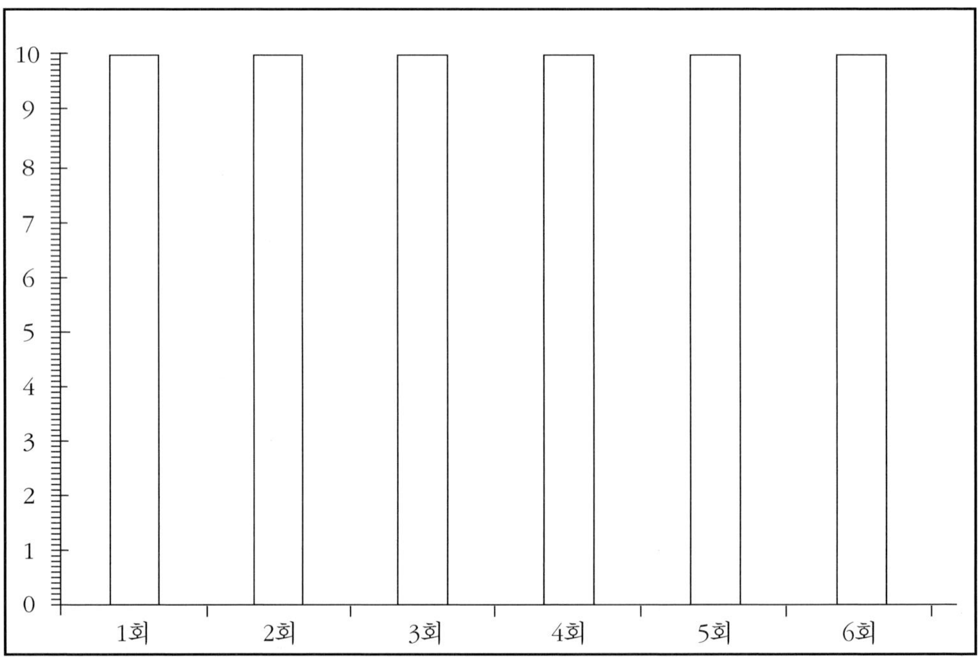

※ 감정이입

아동은 다른 사람의 감정이나 정서에 민감하고, 다른 사람의 감정에 따라 자신의 감정을 조절할 수 있는가? 다른 사람이 어떤 느낌인지 살피고, 다른 사람의 정서에 따라 영향을 받는가? 그 상황이 안전하고 우호적인지를 가늠하기 위하여, 또한 자신이 반응하는 것을 조절하기 위하여 양육자의 반응을 이용하는가?

어느 정도인가?

10=매우 높음 대개 여러 가지 감정 상태, 즉 즐거움, 슬픔, 분노 또는 공포 등에 적합하게 반응한다. 정서적인 표현을 할 수 있으며, 긍정적이거나 부정적인 감정을 적당한 수준으로 드러낸다. 다른 사람의 감정에 반응한다. 사물, 사람 또는 상황을 피할 것인지 아니면 탐색할 것인지 결정하기 위하여 일반적으로 부모의 반응을 평가한다.

5=중간 정도 이따금씩 다른 사람들이 울거나 욕을 하는 등 강도가 높은 정서 반응을 보이면 상대방의 분위기에 응한다. 대개 낮은 강도의 정서는 무시한다. 일반적으로 부정적인 정서뿐 아니라 긍정적인 정서를 포함하여, 일반적으로 중간 강도의 정서 상태를 나타낸다.

1=매우 낮음 다른 사람의 분위기나 정서를 거의 인식하지 못한다. 다른 사람이 화나 있거나 흥분한 상태에 대해 반응하지 않는다. 다른 사람의 정서에 따라 자신의 정서 상태를 조절하는 일이 거의 없다. 또한 정서적 반응을 적합하게 드러내는 일이 거의 없다. 다른 사람들에 대해 관심이 전혀 없고 자기만의 세계에 갇혀 있는 듯하다.

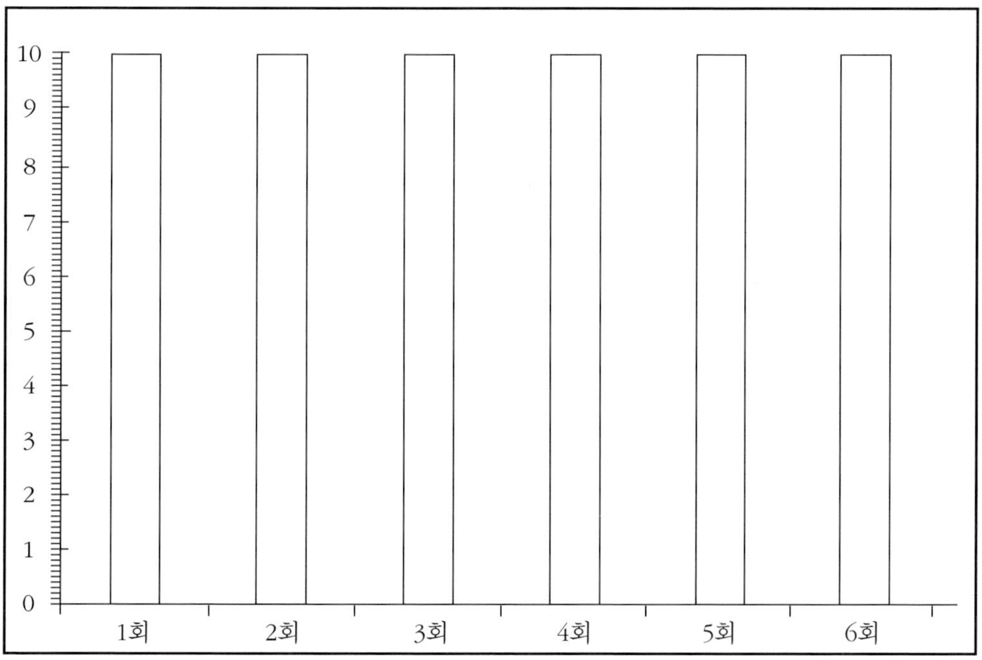

※ 협 력

아동은 부모의 요구나 제안에 순응하며 일정한 목적을 위하여 부모와 함께 수행하는 데 협력하는가? 아동은 상대방이 요청하는 것을 하기 위하여 일관성 있는 노력을 보이는가? 아동은 상대방의 제안에 신속히 반응하는가?

어느 정도인가?

10=매우 높음 상대방의 요구나 제안에 지속적으로 순응하려고 한다. 상대방이 내게 기대하는 것이 무엇인지 알고, 바라는 대로 행동하는 것을 거부하는 일이 거의 없다. 상대방이 기대하고 요구하는 것을 할 수 있을 때 즐겁고 기쁘다. 상대방의 요구에 저항하는 일이 거의 없고, 만약 저항한다면 그것은 내가 피곤하거나 낯선 상황에 접하는 등 환경적인 영향이 있을 때다.

5=중간 정도 상대방의 요구나 제안에 협력하는 만큼 협력하지 않기도 한다. 처음에는 활동에 반항적으로 행동하다가도 상대방이 더욱 강하게 요구하면 협력한다.

1=매우 낮음 결코 상대방의 요구나 희망대로 따르지 않고 자주 상대방의 요구를 무시한다. 상대방이 어떤 것을 하라고 요청하면 자리를 떠나거나 외면한다. 만일 상대방이 복종하라는 압력을 준다면, 보통 아무 말도 하지 않거나 심하게 짜증을 내면서 거부한다.

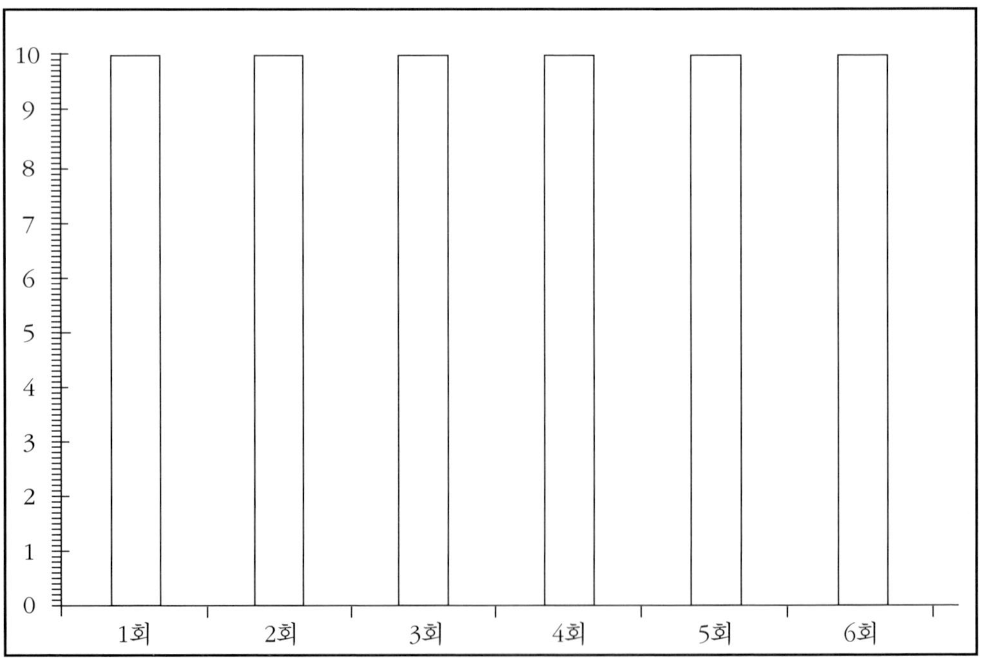

※ 자기 규제

혼란스럽거나 좌절 상태에 빠질 경우, 아동은 스스로 진정시킬 수 있는가? 심하게 짜증을 내고 우는 상황은 자주 발생하지 않으며 발생한다고 하더라도 잠시 동안인가? 아동은 좋아하는 장난감을 붙잡고 있거나 다양한 놀이 활동에 참여함으로써 스스로 안정을 취하는가? 아동은 주변 환경이나 일상의 변화에 대해 쉽고 빠르게 적응할 수 있는가?

어느 정도인가?

10=매우 높음 일반적으로 매우 안정적이고 비교적 좌절을 잘 견뎌 내며 변화에 잘 적응한다. 울거나 좌절하는 경우는 드물고 그런 일이 생긴다면, 매우 피곤하거나 아픈 경우다. 재빨리 나 자신에 대한 기분 전환거리를 찾는다. 양육자가 편안하게 해 주면 빠르게 안정을 찾을 수 있고, 새로운 장난감이나 활동을 제안하면 쉽게 기분이 풀린다.

5=중간 정도 내가 어떻게 느끼는지 또는 스트레스가 어느 정도인지에 따라, 좌절이나 변화를 이겨 내는 데 어려움을 겪는 시기가 있다. 이때 양육자는 나를 편안하게 해 주고 지지해 주어야 한다. 약간의 노력으로도 양육자에 의해 안정될 수 있다. 때때로 좋아하는 장난감을 안고 있거나 새로운 활동에 관여함으로써 스스로 안정을 찾을 수도 있다.

1=매우 낮음 쉽게 좌절하고 자주 울고 심하게 짜증을 낸다. 일상의 변화를 거의 참지 못한다. 한번 기분이 상하면, 안정을 찾기가 어렵고 스스로 안정을 찾는 행동을 하지 못한다. 아동이 울 때 양육자가 편안하게 해 주려고 노력하는데도 불구하고 오랫동안 혼란스럽다.

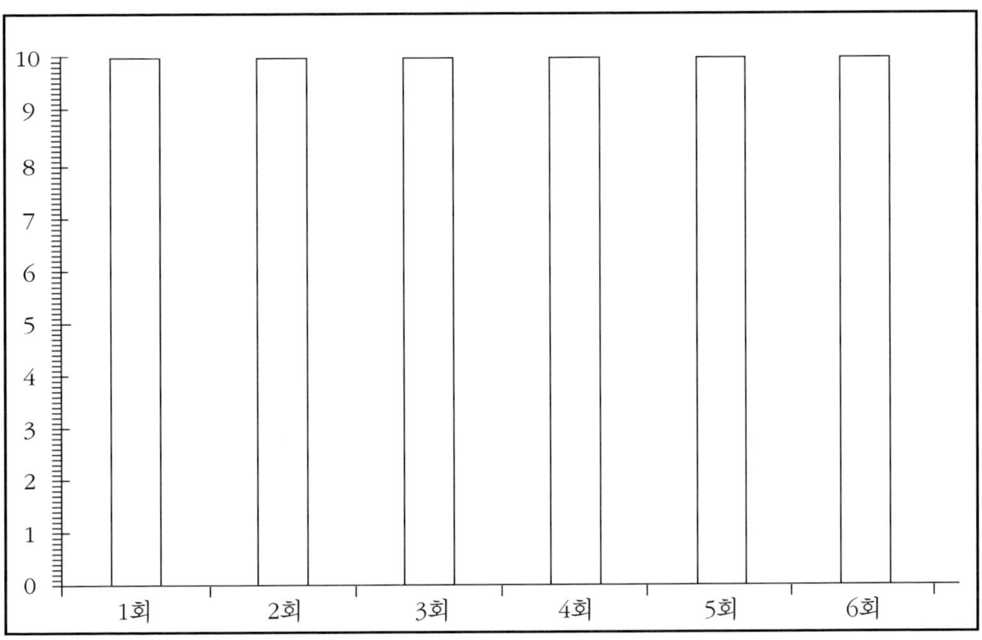

※ 자신감

아동은 사회적이거나 비사회적인 과제를 수행하는 자신의 능력에 대해 긍정적인 느낌을 가지고 있는가? 아동은 자신에 대해 긍정적인 관점을 가지며, 사람들과 상호작용할 때 또는 새로운 것을 시도할 때 자신에 대해 긍정적인 관점을 가지고 동기를 부여하는가? 아동은 자신이 할 수 있다는 것에 자부심을 가지며, 새로운 행동이나 활동을 기꺼이 시도하는가?

어느 정도인가?

10=매우 높음 사람을 상대하거나 활동에 참여할 때, 직접적이고 솔직하다. 서슴없이 환경에 맞서고 새로운 활동이나 사람과 쉽게 상호작용한다. 새로운 상황을 다루는 풍부한 사교성과 능력이 있다. 새로운 것을 시도하는 데 주저함이 거의 없고, 활동이 전체적으로 익숙하지 못한 경우에만 주저한다.

5=중간 정도 아동의 행동은 접근 · 회피로 특징지을 수 있다. 비록 내가 새로운 활동이나 상황을 시도하는 데 관심이 있다고 하더라도 실제로 참여하지는 못하는데, 그 이유는 자신에 대한 확신이 서지 않기 때문이다. 때때로 새로운 활동을 시도하기도 하는데, 그때는 조심스럽게 천천히 참여하곤 한다. 어떤 장해물에 부딪히면 대개 그 활동을 포기한다.

1=매우 낮음 거의 항상 자기 확신이 없으며, 종종 내가 할 수 있는 것도 할 수 없는 것처럼 행동한다. 일반적으로 활동에 참여하기를 주저하고 두려워한다. 부끄럼이 많고 소심하며 어른에게 나를 쳐다보라고 요청하거나 자신이 하는 것을 어른에게 보여 주면서 자신에게 주의를 끌도록 하는 일이 거의 없다.

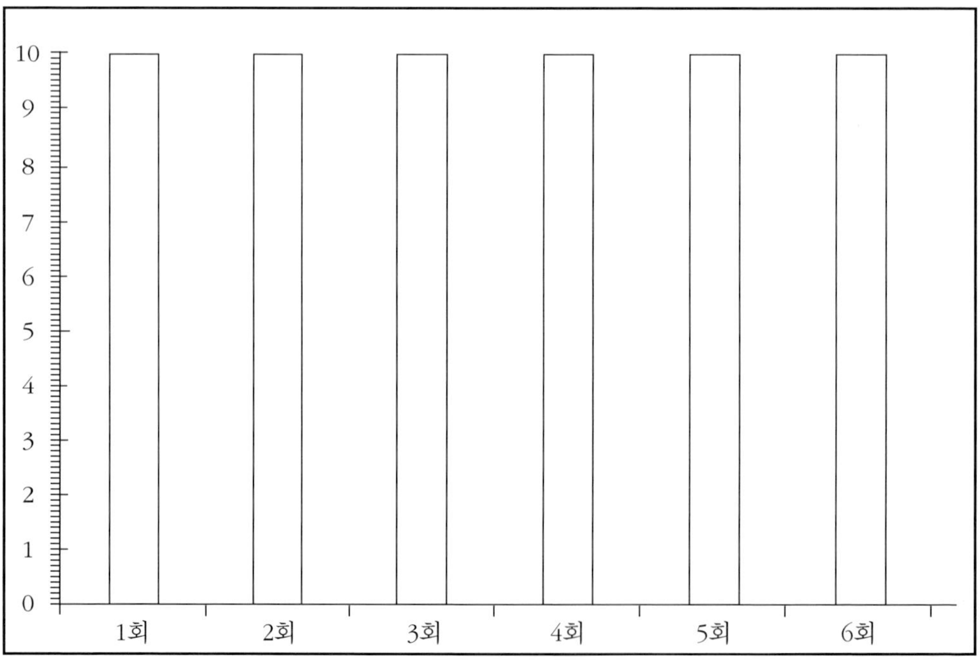

※ 통제감

아동은 활동에 대해 숙달된 기술을 드러내 보이거나 내가 성과를 통제할 수 있다는 것을 인식하는가? 아동은 타인에게 의존적이기보다는 자기 의존적인가? 아동은 선택을 하고 지시를 받기 위해 어른 상대방을 쳐다보는 일이 거의 없는가? 아동은 의도적으로 다른 사람의 행동에 영향을 미치려 하는가? 아동은 통제되기보다는 통제하는 것을 더 선호하는가?

어느 정도인가?

10=매우 높음 일상적으로 사물이나 사람에 영향을 미치기 위해 능력을 사용한다. 다른 사람과 함께 할 때 전혀 수동적이지 않으며 사물, 활동 또는 사람에 익숙하지 않을 때만 수동적으로 행동한다. 사람들의 활동 또는 장난감이 내는 소리와 움직임에 직접적으로 영향을 미칠 수 있다. 다른 사람들과 상호작용할 때나 놀이할 때 주저하지 않고 선택한다.
5=중간 정도 사람이 하는 것과 장난감이 내는 소리나 움직임에 직접적으로 영향을 미치며 활동하는 것을 즐긴다. 그럼에도 불구하고, 자신이 내린 선택에 관하여 다소 자신 없어 하고 자주 지시받기 위하여 어른을 쳐다본다. 아동이 어른과 상호작용하는 시간의 절반 이상은 어른이 활동을 주도하면서 아동을 계속해서 참여시키고 즐겁게 하기 위해 노력한다.
1=매우 낮음 사물, 활동 또는 사람에 대해 통제력을 행사하는 일이 거의 없다. 어른이 나에게 반응하거나 요구하도록 청하지 않는다. 일반적으로 안내와 지시를 구하기 위해 어른을 쳐다본다. 혼자 남아 있을 때, 물리적인 탐색이나 조작하는 행위를 하지 않고 응시하거나 쳐다보는 등 수동적인 활동을 한다.

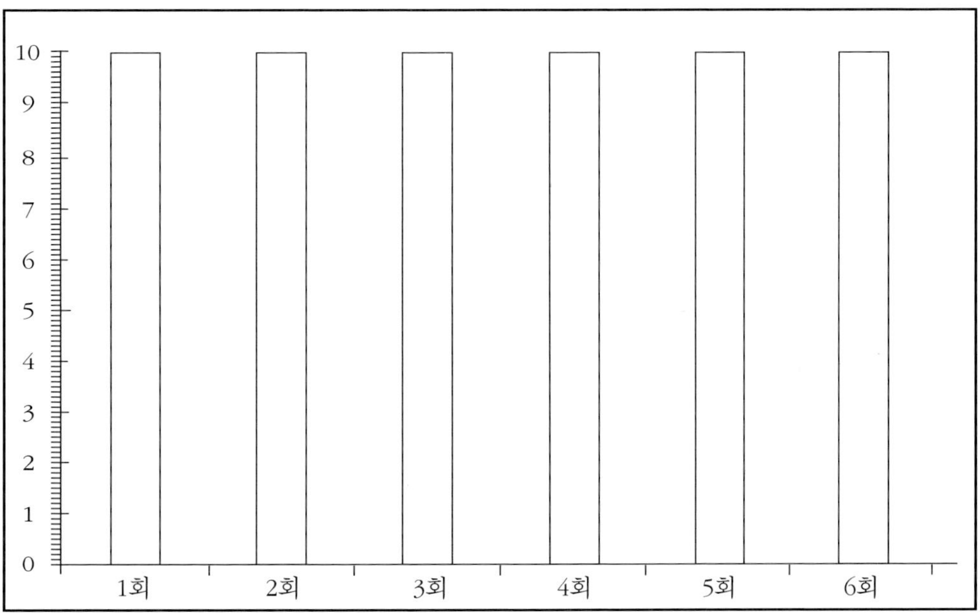

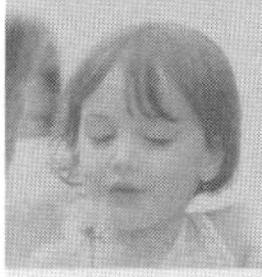

교육과정 자료 4

중재계획과 진행 기록표

인 지(Cognition)

구분		내용	회기 및 날짜									
중심축 행동(PB)	**사회적 놀이** 다른 사람과 함께 상호적 놀이 활동에 균형 있게 참여하도록 아동의 능력을 지원하고 촉진한다.											
논의점 (DP)	C-101	부모와 함께하는 사회적 놀이는 아동의 발달을 촉진하는 결정적인 요인이다.										
	C-102	인지학습은 두 사람이 함께하는 과정이다.										
	C-103	인지학습은 아동이 능동적이고 주의를 기울이는 상황이라면 언제든지 일어난다.										
	C-104	아동은 스스로 우연히 발견하는 정보만을 학습할 수 있다.										
	C-105	부모는 아동을 사회적 놀이에 참여시키는 비계 역할을 한다.										
	C-106	부모는 아동의 현재 활동과 관련이 있는 새로운 정보를 제공함으로써 아동의 놀이를 향상시킨다.										
	C-107	부모가 아동의 사회적 놀이 활동에 반응해 줌으로써 아동은 자신의 행동에 대한 사회적 결과를 학습하게 된다.										
RT 전략	113	아동의 세계로 들어가기										
	114	거울처럼 그대로 반영해 주고 평행 놀이를 하면서 함께 활동하기										
	121	한 번 하고 아동의 차례 기다리기										
	131	장난감을 사용하지 않고 서로 마주 보며 놀이하기										
	312	아동의 행동과 의사소통을 모방하기										
	412	기대하며 수행을 기다리기										
	421	놀이 상대자로서 행동하기										
	514	아동이 할 수 있는 방식대로 행동하기										
	535	아동의 상호작용 속도에 맞추기										
평가	사회적 놀이: 중심축 행동 평가											

인 지(Cognition)

중심축 행동(PB)	주도성 아동 주도적인 활동의 빈도를 증진한다.		회기 및 날짜									
논의점 (DP)	C-201	아동 주도적인 행동은 능동적 학습의 중요한 특성이다.										
	C-202	아동이 주도하는 놀이 행동은 일반적으로 아동의 현재 사고와 이해, 추론을 반영한다.										
	C-203	아동들은 모두 발달적으로 의미 있는 행동을 주도한다.										
	C-204	아동이 일상에서 자기 주도적인 활동을 통하여 배우는 관념은 발달적 · 치료적 활동들과 차이가 있다.										
	C-205	아동이 현재 사용할 수 있는 장난감 유형과 어른이 아동에게 장난감을 사용하도록 요구하는 특정 방식은 아동이 능동적인 학습 전략을 사용하는 데 영향을 미친다.										
	C-206	아동은 자신이 주도하는 활동과 관련된 정보, 지침 또는 지시에 반응하기 쉽다.										
	C-207	어른이 아동 스스로 주도하는 행동이나 활동에 중점을 두는 상호작용을 할 때 아동은 더 오랫동안 활동에 참여한다.										
RT 전략	113	아동의 세계로 들어가기										
	115	아동이 상호작용하기를 기대하기										
	125	아동이 더 많이 의사소통하도록 어른이 적게 말하기										
	134	장난감을 가지고 아동과 함께 놀기										
	231	비의도적인 발성, 얼굴 표정, 몸짓에 마치 의미 있는 대화인 것처럼 반응하기										
	311	질문 없는 의사소통하기										
	523	아동의 주도에 따르기										
평가	주도성: 중심축 행동 평가											

인 지(Cognition)

			회기 및 날짜									
중심축 행동(PB)	**탐색** 놀이를 통해 아동의 탐색과 조작 활동을 촉진한다.											
논의점 (DP)	C-301	탐색은 발견 학습을 위한 기초다.										
	C-302	안다는 것과 이해하는 것은 다차원 다모형 과제다.										
	C-303	아동의 인지 변화에 따라 아동은 새로운 가능성을 재발견한다.										
	C-304	유사 개념들은 다양한 경험을 통하여 학습된다.										
	C-305	탐색은 안내에 의한 경로가 아니라 아동 주도적이다.										
	C-306	호기심은 학습을 위한 중요한 도구다.										
	C-307	놀이는 아동에게 탐색의 기회를 제공한다.										
RT 전략	132	되풀이하는 놀이나 일련의 순서가 있는 활동 지속하기										
	211	아동의 행동 관찰하기										
	321	아동에게 다음 발달단계를 보여 주어 확장하기										
	325	환경 변화시키기										
	441	아동이 하는 것에 가치 두기										
	511	아동의 행동을 발달적으로 해석하기										
	513	아동의 발달적 수준에 맞는 활동 요구하기										
	523	아동의 주도에 따르기										
평가	탐색: 중심축 행동 평가											

인 지(Cognition)

중심축 행동(PB)	문제 해결	놀이를 통해 아동이 실험해 보고 문제를 해결하도록 촉진한다.	회기 및 날짜									
논의점 (DP)	C-401	문제 해결: 도전적인 상황에 직면했을 때 끝까지 문제를 해결한다.										
	C-402	문제 해결을 통하여 학습하는 것뿐 아니라 해결하지 못하는 것도 학습한다.										
	C-403	아동이 원하는 것을 하지 못하게 하는 상황은 문제가 된다.										
	C-404	장해물이 크면 클수록, 아동은 빨리 포기한다.										
	C-405	아동이 추론하는 대로 따름으로써 문제 해결에 협력한다.										
	C-406	해결책을 세우기 위해 아동과 상호작용한다.										
	C-407	아동의 문제 해결사가 아니라 아동의 협력자가 되어 준다.										
RT 전략	312	아동의 행동과 의사소통 모방하기										
	321	아동에게 다음 발달단계를 보여 주어 확장하기										
	322	아동의 의도를 명확히 표현해 주거나 아동의 주제를 발전시키며 확장하기										
	323	더욱 성숙한 반응을 만들어 내는 동안 조용히 기다려 주기										
	324	목적을 가지고 놀이하기										
	512	아동이 학습할 수 있는 발달적 기술 인식하기										
	522	아동이 주의를 집중하는 것에 따르기										
평가	문제 해결: 중심축 행동 평가											

인 지(Cognition)

중심축 행동(PB)	**실행** 놀이하는 동안 아동이 실행해 보거나 반복하는 빈도를 촉진한다.		회기 및 날짜									
논의점 (DP)	C-501	실행은 아동에게 행동을 숙련시키고 결정하는 기회를 준다.										
	C-502	새로운 발달적 행동이나 사고방식을 획득하기 위하여 아동은 이전 행동과 사고방식을 버려야 한다.										
	C-503	반복과 실행은 가장 일반적인 아동의 놀이 양상이다.										
	C-504	발달적 문제가 있는 아동은 불완전한 행동을 실행하거나 반복하지 못한다.										
	C-505	아동이 본성적으로 원하는 발달적 행동을 실행하거나 반복하는 것을 그만두게 할 수 없다.										
	C-506	아동은 지시적 교수 방법을 통하여 학습한 행동을 자발적으로 실행하거나 반복하지 않는다.										
RT 전략	122	일반적인 차례보다 아동이 한 번 더 하기										
	132	되풀이하는 놀이나 일련의 순서가 있는 활동 지속하기										
	133	반복 놀이 함께하기(상호적으로 하기)										
	241	RT 전략이 일상 중에서 아동의 참여를 어떻게 촉진하는지 탐색하기										
	422	재미있게 상호작용하기										
	424	아동이 즐거워하는 활동 반복하기										
	513	아동의 발달적 수준에 맞는 행동 요구하기										
	514	아동이 할 수 있는 방식대로 행동하기										
평가	실행: 중심축 행동 평가											

의사소통(Communication)

중심축 행동(PB)	**공동 활동** 아동이 어른과 함께 상호적인 활동, 몸짓, 언어적 상호작용에 참여하는 빈도를 촉진한다.		회기 및 날짜									
논의점 (DP)	CM-101	아동의 최초 대화는 사회적 상호작용이다.										
	CM-102	언어발달이 지연된 아동은 대개 비언어적 의사소통이 지연된다.										
	CM-103	의사소통은 상위 수준의 사회적 상호작용이다. 아동은 의사소통 방법을 학습하기 위하여 공동 활동에 능동적으로 참여해야 한다.										
	CM-104	공동 활동은 아동과 어른이 ① 동등하게 상호작용하고, ② 공동의 초점에 주의를 기울일 때 일어난다.										
	CM-105	공동 활동은 항상 장난감이 있어야 하는 것은 아니다. 부모는 자녀에게 가장 효과적인 장난감이 될 수 있다.										
	CM-106	공동 활동은 지속적인 생활양식으로 게임이나 활동에 이따금씩만 참여하는 형태가 아니다.										
	CM-107	아동이 사람들과 함께하는 공동 활동에 오랫동안 참여할수록, 아동의 의사소통은 더욱 정교해진다.										
	CM-108	아동이 어떤 것을 얻기 위해서는 먼저 주는 것을 배워야 한다.										
RT 전략	111	신체적인 상호작용하기										
	115	아동이 상호작용하기를 기대하기										
	123	소리를 주고받으며 놀이하기										
	124	내가 준 만큼 아동에게 받기										
	125	아동이 더 많이 의사소통하도록 어른이 적게 말하기										
	131	장난감을 사용하지 않고 서로 마주 보며 놀이하기										
	414	아동의 주의를 빼앗기지 않도록 더 흥미롭게 놀이하기										
	422	재미있게 상호작용하기										
평가	공동 활동: 중심축 행동 평가											

의사소통(Communication)

중심축 행동(PB)	**공동 주의** 아동이 효과적으로 어른의 주의를 끌고, 어른이 효과적으로 아동의 주의를 얻고 이끌도록 촉진한다.		회기 및 날짜									
논의점 (DP)	CM-201	아동은 느낌, 관찰 내용, 사물, 행동을 표현하는 단어와 문장을 이해하기 위하여 맥락과 비언어적 단서를 통하여 언어에 담긴 의미를 배운다.										
	CM-202	부모가 아동과 지속적으로 눈 맞추기를 할 때 아동은 부모와 눈을 맞추게 된다.										
	CM-203	부모가 아동에게 세심한 주의를 기울일 때 아동은 부모에게 주의를 기울인다.										
	CM-204	부모가 아동의 주의를 끌기 위해 다양한 단서를 사용할 때 아동은 부모의 주의 집중에 따르는 것을 배운다.										
	CM-205	아동은 부모의 행동을 통제함으로써 부모의 주의를 끄는 것을 배운다.										
	CM-206	아동의 공동 주의가 발달되는 데는 시간이 필요하다.										
RT 전략	113	아동의 세계로 들어가기										
	211	아동의 행동 관찰하기										
	222	작은 행동에도 즉각적으로 반응하기										
	312	아동의 행동과 의사소통 모방하기										
	411	활기 있게 행동하기										
	415	억양, 손짓 그리고 비언어적 몸짓을 사용하여 의사소통하기										
	424	아동이 즐거워하는 활동 반복하기										
	522	아동이 주의 집중하는 것에 따르기										
평가	공동 주의: 중심축 행동 평가											

의사소통(Communication)

중심축 행동(PB)	**언어화** 아동이 혼자 또는 다른 사람에게 소리를 내는 빈도를 촉진한다.		회기 및 날짜									
논의점(DP)	CM-301	아동은 스스로 반복해서 소리를 내면서 소리를 만드는 방식을 배운다.										
	CM-302	아동은 먼저 소리를 만들 수 있어야 말을 할 수 있게 된다.										
	CM-303	말이 없는 아기는 말이 없는 어른을 만들고, 말이 없는 어른은 더욱 말이 없는 아동을 만든다.										
	CM-304	소리를 만들어 내는 데 장애가 되는 근육 손상이 있는 아동은 말이 없을 수 있다.										
	CM-305	발성(언어적 놀이)은 일상적인 소리를 더 많이 만들어 내도록 이끈다.										
	CM-306	아동은 기계적이고 반복적인 훈련이 아닌, 사회적 의사소통 맥락에서 가장 효과적으로 구강 근육 기술을 발달시킨다.										
RT 전략	123	소리를 주고받으며 놀이하기										
	125	아동이 더 많이 의사소통하도록 어른이 적게 말하기										
	222	작은 행동에도 즉각적으로 반응하기										
	312	아동의 행동과 의사소통 모방하기										
	515	아동이 의사소통하는 방식으로 대화하기										
평가	언어화: 중심축 행동 평가											

의사소통(Communication)

중심축 행동(PB)	**의도적 의사소통** 아동이 비언어적인 몸짓, 발성, 단어를 사용하여 감정, 욕구 또는 관찰 내용을 표현하는 능력을 촉진한다.		회기 및 날짜									
논의점 (DP)	CM-401	의도적 의사소통은 아동이 자신의 감정, 요구, 주시를 다른 사람에게 이해시키고자 할 때 발생한다.										
	CM-402	의도적 의사소통을 하게 되는 첫 단계는 몸짓이나 발성이 감정과 욕구를 표현하기 위해 사용된다는 것을 이해하는 것이다.										
	CM-403	아동은 초기 비언어적 행동이 다른 사람에게 영향을 미치는 정도에 따라 의도적 의사소통을 하게 된다.										
	CM-404	아동의 초기 의사 전달 내용은 반드시 이해되어야 하는 것이 아니라, 그냥 반응해 주는 것이다.										
	CM-405	아동이 처음 사용하는 단어는 자신의 행동, 경험 그리고 비언어적 의사소통 내용을 설명하는 것이다.										
	CM-406	아동은 단어와 언어가 더욱 효과적으로 의사소통하도록 해 준다는 것을 발견할수록 빠르게 그것들을 학습한다.										
RT 전략	221	아동의 신호, 울음 또는 비언어적 요구에 즉시 반응하기										
	222	작은 행동에도 즉각적으로 반응하기										
	231	비의도적인 발성, 얼굴 표정, 몸짓에 마치 의미 있는 대화인 것처럼 반응하기										
	232	부정확한 단어 선택, 발음 또는 유사 단어에 아동의 의도대로 반응해 줌으로써 인정해 주기										
	233	아동의 행동, 감정 및 의도를 단어로 표현해 주기										
	312	아동의 행동과 의사소통 모방하기										
	415	억양, 손짓 그리고 비언어적 몸짓을 사용하여 의사소통하기										
	521	아동의 행동을 관심의 표시로 이해하기										
평가	의도적 의사소통: 중심축 행동 평가											

의사소통(Communication)

중심축 행동(PB)	**대화** 아동이 어른이나 또래와 상호적인 대화를 할 때 언어와 그 밖의 다른 의사 전달 형태를 사용하는 능력을 촉진한다.		회기 및 날짜									
논의점 (DP)	CM-501	언어 능력은 있지만 대화에 원활히 참여하지 못하는 아동의 경우, 대화 방법을 학습하기 위해 빈번히 상호작용해야 할 필요가 있다.										
	CM-502	아동은 어른이 자신의 언어나 말을 정확히 교정해 주기보다는 아동의 의도에 반응해 줄 때 더욱 오랫동안 그리고 자주 대화한다.										
	CM-503	아동은 즐겁고, 흥미롭고, 자신이 아는 것과 관련된 상황에서 대화를 더 잘한다.										
	CM-504	요구를 충족하기 위한 의사소통은 대화 습관을 만들기에 충분하지 않다.										
	CM-505	모든 상호작용은 대화하는 방법을 배우고 실행해 보는 기회다.										
	CM-506	아동이 단지 알고 있는 방식보다는 아동이 말할 수 있는 방식으로 아동에게 말할 때 아동은 보다 능동적으로 대화하게 될 것이다.										
	CM-507	아동은 혼자 이야기하면서 언어를 실행한다. 아동의 독백을 함께하는 것은 아동의 언어 학습에 좋은 방법이다.										
	CM-508	아동에게 모방하도록 요구하고 질문을 통해 확인하는 것은 아동이 대화하지 못하게 방해하는 것이다.										
RT 전략	135	일상적인 공동 활동 중에 의사소통 습관 만들기										
	231	비의도적인 발성, 얼굴 표정, 몸짓에 마치 의미 있는 대화인 것처럼 반응하기										
	311	질문 없는 의사소통하기										
	321	아동에게 다음 발달단계를 보여 주어 확장하기										
	322	아동의 의도를 명확히 표현해 주거나 아동의 주제를 발전시키며 확장하기										
	413	놀이적인 방식으로 아동에게 반응하기										
	515	아동이 의사소통하는 방식으로 대화하기										
	523	아동의 주도에 따르기										
평가	대화: 중심축 행동 평가											

사회 정서 기능(Social-Emotional Functioning)

중심축 행동(PB)	**신뢰** 아동이 주 양육자에 대한 신뢰감을 갖고, 안전하고 편안한 관계를 형성하도록 돕는다.		회기 및 날짜									
논의점(DP)	SE-101	애착은 아동이 부모 및 다른 주 양육자를 신뢰하고 의존하는 것을 말한다.										
	SE-102	아동의 애착은 부모와 다른 주 양육자를 신뢰하고 찾는 것으로 분명하게 드러난다.										
	SE-103	아동이 부모나 주 양육자와 갖는 애착 관계는 이후 시기의 사회 정서적 기능을 예견케 한다.										
	SE-104	불안정한 애착 관계는 아동의 사회 정서적 행동에 영향을 미친다.										
	SE-105	아버지나 다른 주 양육자는 아동의 신뢰감 형성 능력에 중요한 역할을 수행한다.										
	SE-106	어른과 아동 간의 애착 관계는 어른의 온정적이고 반응적인 상호작용에 의해 영향을 받는다.										
	SE-107	매우 반응적인 부모와 애착이 형성된 아동은 아동 후기에 스스로 능력을 발달시켜 나간다.										
	SE-108	아동의 애착 행동은 예측 가능한 발달적 단계에 따라 발달한다.										
	SE-109	아동이 분리불안을 겪는 시기에 부모가 아동에게 안정감을 제공함으로써 아동의 독립성을 촉진한다.										
	SE-110	애착은 효과적인 훈육을 위한 선행조건이다.										
RT 전략	111	신체적인 상호작용하기										
	112	자주 함께 놀이하기										
	212	아동의 관점 택하기										
	221	아동의 신호, 울음 또는 비언어적 요구에 즉시 반응하기										
	223	즉시 훈계하고 위로하기										
	421	놀이 상대자로서 행동하기										
	431	과격하지 않게 신체 접촉하기										
	432	주의를 끌기 위한 아동의 울음이나 요구에 애정적으로 반응하기										
평가	신뢰: 중심축 행동 평가											

사회 정서 기능(Social-Emotional Functioning)

			회기 및 날짜									
중심축 행동(PB)	**감정이입** 아동이 상황이나 맥락에 적합한 방식으로 정서를 표현하고 반응하도록 돕는다.											
논의점 (DP)	SE-201	효율적인 사회적 관계는 아동이 다른 사람과 정서 상태를 공유하는 능력을 지니게 될 때 형성된다.										
	SE-202	아동은 정서적으로 반응하는 방법을 부모나 양육자에게서 배운다.										
	SE-203	눈, 얼굴 표정 및 몸짓은 아동의 감정과 정서를 들여다볼 수 있는 창이다.										
	SE-204	상호주관성: 아동의 정서적 반응 단계를 설정한다.										
	SE-205	어른이 아동의 정서적인 단서에 대해 민감할수록 아동은 어른의 감정에 더욱 반응적이게 된다.										
	SE-206	우울한 어머니에게는 우울한 아동이 있고, 활기찬 어머니에게는 활기찬 아동이 있다.										
RT 전략	113	아동의 세계로 들어가기										
	131	장난감을 사용하지 않고 서로 마주 보며 놀이하기										
	213	아동의 상태에 민감하기										
	222	작은 행동에도 즉각적으로 반응하기										
	233	아동의 행동, 감정 및 의도를 단어로 표현해 주기										
	433	아동이 소란스럽거나 짜증을 내고 화낼 때 달래 주기										
	442	아동의 두려움을 의미가 있고 적합한 것으로 대하기										
평가	감정이입: 중심축 행동 평가											

사회 정서 기능(Social-Emotional Functioning)

중심축 행동(PB)	**협력** 아동이 다른 사람들과 협력하는 능력을 증진시킨다.		회기 및 날짜									
논의점(DP)	SE-301	아동은 부모나 다른 사람들의 요구에 협력하는 법을 배운다.										
	SE-302	협력의 실패: 주요 부적응 행동 유형										
	SE-303	아동은 부모가 현재 아동의 능력 범위 안에 있는 것을 하도록 요구할 때 부모의 요구에 순응할 수 있다.										
	SE-304	부모가 아동이 현재 흥미 있는 것을 하도록 허용할 때 아동은 부모의 요구에 보다 쉽게 순응한다.										
	SE-305	부모가 아동에게 요구하는 횟수가 줄어들 때 아동은 부모의 요구에 더욱 자주 순응한다.										
	SE-306	어른이 아동과 빈번하게 호혜적인 상호작용을 할 때 아동은 부모의 요구에 더욱 쉽게 순응한다.										
	SE-307	아동에게 선택할 기회를 자주 줌으로써 부모는 아동의 협력을 이끌어 낼 수 있다.										
	SE-308	이행은 종종 아동이 다른 사람과 협력하는 것을 어렵게 한다.										
	SE-309	부모는 아동이 변화기에 겪는 스트레스를 줄일 수 있다.										
RT 전략	112	자주 함께 놀이하기										
	235	불순종을 아동의 선택이나 능력 부족으로 해석하기										
	313	아동에게 선택할 기회를 자주 주기										
	423	일상적인 일을 게임으로 전환하기										
	443	아동이 하는 것은 무엇이든지 수용하기										
	513	아동의 발달적 수준에 맞는 활동 요구하기										
	516	발달적으로 적합한 규칙과 기대 가지기										
평가	협력: 중심축 행동 평가											

사회 정서 기능(Social-Emotional Functioning)

중심축 행동(PB)	**자기 규제** 변화와 그 밖의 스트레스를 겪는 시기 동안 아동이 자신의 정서를 통제할 수 있는 능력을 증진시킨다.		회기 및 날짜									
논의점 (DP)	SE-401	자기 규제: 정서를 다루는 방법										
	SE-402	아동은 시간이 지나면서 대처 기술을 발달시킨다.										
	SE-403	아동의 행동 유형이나 기질은 자기 규제를 학습하는 데 중요한 역할을 수행한다.										
	SE-404	심한 짜증: 아동의 스트레스나 좌절에 대한 반응										
	SE-405	아동이 짜증을 내는 것은 단지 자신의 방식대로 하기 위해서가 아니다.										
	SE-406	아동은 위안과 수용을 통해 스스로를 진정시키는 법을 배운다.										
	SE-407	부모의 분노는 아동의 좌절을 악화시킨다.										
	SE-408	부모가 아동이 자신의 기질이나 행동 유형에 따라 반응할 것이라고 기대할 때 아동의 행동을 성공적으로 다루게 된다.										
	SE-409	아동에게 반응할 시간을 주어라.										
RT 전략	133	반복 놀이를 함께하기(상호적으로 하기)										
	223	즉시 훈계하고 위로하기										
	516	발달적으로 적합한 규칙과 기대 가지기										
	521	아동의 행동을 관심의 표시로 이해하기										
	523	아동의 주도에 따르기										
	532	아동의 일반적인 상호작용 활동 관찰하기										
	533	아동의 행동 상태에 반응하기										
	534	아동의 행동 유형에 적합한 기대 가지기										
	535	아동의 상호작용 속도에 맞추기										
평가	자기 규제: 중심축 행동 평가											

사회 정서 기능(Social-Emotional Functioning)

중심축 행동(PB)	자신감	아동의 성취감을 증진시킨다.	회기 및 날짜									
논의점 (DP)	SE-501	아동의 능력만으로 아동이 자신에 대해 어떻게 느끼는가를 판단할 수 없다.										
	SE-502	아동은 어린 나이에도, 자기 자신에 대한 내면적 모형을 형성한다.										
	SE-503	아동이 하는 것에 대해 어른이 기뻐하거나 즐거움을 표현할 때, 아동은 자신에 관하여 긍정적인 감정을 갖는다.										
	SE-504	성공은 자신감을 낳고, 실패는 자신감 부족을 낳는다.										
	SE-505	아동은 자신에게 요구된 것을 할 수 있는 능력이 없을 때 실패한다.										
	SE-506	장기간의 학습은 가르치고자 하는 특정 기술과 행동보다 아동이 그것을 어떻게 느끼는가에 달려 있다.										
	SE-507	자신감이 있는 아동은 인지적 · 사회적 과제의 도전에 맞서고 자신을 주장한다.										
RT 전략	134	장난감을 가지고 아동과 함께 놀기										
	231	비의도적인 발성, 얼굴 표정, 몸짓에 마치 의미 있는 대화인 것처럼 반응하기										
	441	아동이 하는 것에 가치 두기										
	442	아동의 불안을 의미 있고 이유가 있는 것으로 대하기										
	443	아동이 하는 것은 무엇이든지 수용하기										
	444	아동이 하는 신기하고, 재미있고, 바람직한 행동에 대해 이야기하기										
	513	아동의 발달적 수준에 맞는 행동 요구하기										
	514	아동이 하는 방식대로 행동하기										
평가	자신감: 중심축 행동 평가											

사회 정서 기능(Social-Emotional Functioning)

중심축 행동(PB)	통제감 아동의 통제감을 증진시킨다.		회기 및 날짜									
논의점(DP)	SE-601	아동은 자신의 환경을 통제하려는 기본적인 욕구를 가진다.										
	SE-602	아동은 다른 사람을 통제함으로써 통제를 배운다.										
	SE-603	부모가 아동에게 항상 무엇을 해야 하는지 알려 준다면, 아동은 선택할 것이 없다.										
	SE-604	어린 아동은 어떻게 선택을 하는가?										
	SE-605	아동이 선택하는 활동은 부모가 선택하는 것만큼이나 중요하다.										
	SE-606	학습된 무력감: 통제감이 없다.										
	SE-607	통제감이 높은 아동은 도전에 직면하여 맞선다.										
RT 전략	221	아동의 신호, 울음 또는 비언어적 요구에 즉시 반응하기										
	222	작은 행동에도 즉각적으로 반응하기										
	235	불순종을 아동의 선택이나 능력 부족으로 해석하기										
	313	아동에게 선택할 기회를 자주 주기										
	424	아동이 즐거워하는 활동 반복하기										
	523	아동의 주도에 따르기										
평가	통제감: 중심축 행동 평가											

교육과정 자료 5

중재회기 계획 양식

반응성 교수 중재
전문가 회기 계획

아동 이름	날짜	장소
작성자		
▫ 부모와의 논의 사항(부모의 문제/관심사):		
▫ 지난 회기 피드백/가족행동계획(FAP):		
▫ 회기 목표:		
▫ 논의점/관련 영역 ____________________: 논의점 주의 사항:		
▫ RT 전략/관련 영역 ____________________: ▫ 중심축 행동 프로파일(선택 사항) □		

반응성 교수 중재

부모 회기 계획

아동 이름	날짜	장소

▫ 회기 목표:

▫ 논의점/관련 영역 ____________________ :

▫ RT 전략/관련 영역 ____________________ :

▫ 중심축 행동 프로파일(선택 사항) ☐

반응성 교수 중재
가족행동계획(FAP)

<table>
<tr><td>아동 이름</td><td>날짜</td><td>장소</td></tr>
<tr><td colspan="3">▫ 무엇을?</td></tr>
<tr><td colspan="3">1.</td></tr>
<tr><td colspan="3">2.</td></tr>
<tr><td colspan="3">3.</td></tr>
<tr><td colspan="3">▫ 어디서/언제?</td></tr>
<tr><td colspan="3">▫ 장해물 해결 방법은?</td></tr>
</table>

교육과정 자료 6
교육과정 개요

1 소개

교육과정 개요에서는 중재회기 계획을 세우기 위해 필요한 모든 정보를 제공하고 있으며, RT의 세 가지 발달 영역(인지, 의사소통 및 사회 · 정서 기능)에 따라 나누어져 있다. 각 부분의 교육과정 내용은 아동의 기능을 촉진하기 위해 RT에서 목표로 선정되는 중심축 행동으로 구성되었다. 인지 부분은 중심축 행동의 사회적 놀이, 주도성, 탐색, 문제 해결 및 실행에 대해서, 의사소통 부분은 중심축 행동의 공동 활동, 공동 주의, 언어화, 의도적 의사소통 및 대화에 관해서, 사회 · 정서 부분은 중심축 행동의 신뢰, 감정이입, 협력, 자기 규제, 자신감 및 통제감에 관한 정보를 제시하고 있다.

교육과정 내용에서는 각각의 중심축 행동에 대해 다음과 같은 정보를 제공한다.

1. **정의** 중심축 행동 프로파일에서 사용되는 정의와 일치하는 것으로 중심축 행동에 대해 간단히 기술한다(이러한 정보는 RT 회기 계획에서 회기 목표를 설명하는 데 사용될 수 있다).

2. **고려사항** 각각의 중심축 행동이 아동발달과 사회 · 정서적 안정에 어떠한 영향을 미치는지와 부모와 논의하는 데 사용될 수 있는 여러 주제에 대해 설명한다. 서비스 제공자나 부모가 아동을 위한 중재 목표로 중심축 행동을 목표로 선정하기 이전에, 중심축 행동에 대한 모든 고려사항에 관해 먼저 익숙해져야 한다(각각의 중심축 행동에 관한 추가 정보는 제5장에 제시하였다).
3. **논의점** 중심축 행동에 대해 제시되는 각각의 고려사항을 약술한다. 서비스 제공자는 중심축 행동이 무엇인지 그리고 그들이 아동의 학습과 발달에 어떻게 기여하는지에 관하여 부모와 함께 대화할 한두 가지의 논의점을 선정할 수 있다. 본 지침서를 사용하는 부모들은 아동의 중심축 행동을 촉진하기 위해 RT 전략을 사용하듯이 고려사항을 논의점으로 사용할 수 있다(일련의 두 가지 논의점은 회기 계획의 '논의점/관련 영역—' 란에 기재한다). 각각의 논의점에는 각각의 식별 코드가 있다. 앞 부분에 명시되는 이 코드는 중심축 행동이 가장 영향을 미치는 것으로 여겨지는 발달 영역을 나타낸다(예: C = 인지, CM = 의사소통, SE = 사회 · 정서 기능). 그 뒤에 오는 기호는 세 자리 숫자로 되어 있다. 다음 장의 표에 제시한 것처럼, 첫 자리 숫자는 중심축 행동을 나타낸다. 다음 두 자리 숫자는 각각의 중심축 행동에 해당하는 구체적인 논의점을 나타낸다. 이와 같은 동일한 숫자 체계는 RT 계획과 진행과정 기록 양식에서 사용되고, RT 교육과정 계획 및 진행과정에 있는 논의점을 위한 식별 코드다.
4. **RT 전략** 각각의 중심축 행동을 촉진하는 데 사용될 수 있는 5～10개의 RT 전략을 기술한다(이러한 정보는 회기 계획의 'RT 전략/관련 영역—' 란에 기재한다).

제4장에서 설명하였듯이, RT 전략은 반응성 상호작용 행동에 대한 구체적인 구성과 해당 영역의 촉진을 위해 고안되었다. 우리는 각각의 전략에 대해 세 자릿수의 코드를 할당하였으며, 이는 그 전략이 가장 잘 촉진할 것으로 예상되는 반응적 행동의 구성과 차원을 나타낸다. 첫 번째 숫자는 전략이 촉진하는 반응성의 구성 요소를 나타낸다(1 = 상호성, 2 = 수반성, 3 = 통제 분배, 4 = 애정, 5 = 조화). 두 번째 숫자는 각각의 구성 요소에 속하는 반응성 영역을 말한다. 세 번째 숫자는 이러한 일련의 전략의 순서를 나타낸다. 예컨대, 다음의 '반응성 교수 전략' 표에서 제시한 것처럼, RT 전략 113은 '아동의 세계로 들어가기' 다. 이 전략은 반응성 상호작용의 구성 요

소로서 상호성을 촉진하며, 상호적인 활동 참여 영역을 나타내는 동시에 이러한 일련의 순서에서 세 번째 전략임을 의미한다. 이와 같은 숫자 체계는 반응성 교수 계획 및 진행과정 기록 양식에서도 동일하게 사용되며, 반응성 교수 계획 및 진행과정 컴퓨터 프로그램에서도 RT 전략에 대한 식별 코드로 동일하게 사용된다.

논의점의 코딩 체계

발달 영역	인지 (C)	의사소통 (CM)	사회 · 정서적 기능 (SE)
1XX	사회적 놀이	공동 활동	신뢰
2XX	주도성	공동 주의	감정이입
3XX	탐색	언어화	협력
4XX	문제 해결	의도적 의사소통	자기 규제
5XX	실행	대화	자신감
6XX			통제감

반응성 교수 전략

상호성

활동 참여	111	신체적인 상호작용하기
	112	자주 함께 놀이하기
	113	아동의 세계로 들어가기
	114	거울처럼 그대로 반영해 주고 평행 놀이를 하면서 함께 활동하기
	115	아동이 상호작용하기를 기대하기
균형	121	한 번 하고 차례 기다리기
	122	일반적인 차례보다 아동이 한 번 더 하기
	123	소리를 주고받으며 놀이하기
	124	내가 준 만큼 아동에게 받기
	125	아동이 더 많이 의사소통하도록 어른이 적게 말하기
일상 중 공동 활동	131	장난감을 사용하지 않고 서로 마주 보며 놀이하기
	132	되풀이하는 놀이나 일련의 순서가 있는 활동 지속하기
	133	반복 놀이 함께하기(상호적으로 하기)
	134	장난감을 가지고 아동과 함께 놀기
	135	일상적인 공동 활동 중에 의사소통 습관 만들기

수반성

인식	211	아동의 행동 관찰하기
	212	아동의 관점 택하기

	213	아동의 상태에 민감하기
즉각성	221	아동의 신호, 울음 또는 비언어적 요구에 즉시 반응하기
	222	작은 행동에도 즉각적으로 반응하기
	223	즉시 훈계하고 위로하기
의도	231	비의도적인 발성, 얼굴 표정, 몸짓에 마치 의미 있는 대화인 것처럼 반응하기
	232	부정확한 단어 선택, 발음 또는 유사 단어를 아동의 의도대로 반응해 줌으로써 인정해 주기
	233	아동의 행동, 감정 및 의도를 단어로 표현해 주기
	234	아동의 명확하지 않은 발성과 비슷한 단어를 아동의 행동이나 의도에 알맞은 단어로 바꾸어 말하기
	235	불순종을 아동의 선택이나 능력 부족으로 해석하기
빈도	241	RT 전략이 일상 중에서 아동의 참여를 어떻게 촉진하는지 탐색하기
	242	많은 양육자들이 RT 전략을 사용하도록 촉진하기
통제 분배		
낮은 지시성	311	질문 없는 의사소통하기
	312	아동의 행동과 의사소통 모방하기
	313	아동에게 선택할 기회를 자주 주기
용이성	321	아동에게 다음 발달단계를 보여 주어 확장하기
	322	아동의 의도를 명확히 표현해 주거나 아동의 주제를 발전시키며 확장하기
	323	더욱 성숙한 반응을 만들어 내는 동안 조용히 기다려 주기
	324	목적을 가지고 놀이하기
	325	환경 변화시키기
애정		
활기	411	활기 있게 행동하기
	412	기대하며 수행을 기다리기
	413	놀이적인 방식으로 아동에게 반응하기
	414	아동의 주의를 빼앗기지 않도록 더욱 흥미롭게 놀이하기
	415	억양, 손짓 그리고 비언어적 몸짓을 사용하여 의사소통하기
즐거움	421	놀이 상대자로서 행동하기
	422	재미있게 상호작용하기
	423	일상적인 일을 게임으로 전환하기
	424	아동이 즐거워하는 활동 반복하기
온정성	431	과격하지 않게 신체 접촉하기

	432	주의를 끌기 위한 아동의 울음이나 요구에 애정적으로 반응하기
	433	아동이 소란스럽거나 짜증을 내고 화낼 때, 달래 주기
수용	441	아동이 하는 것에 가치 두기
	442	아동의 두려움을 의미 있고 이유 있는 것으로 대하기
	443	아동이 하는 것은 무엇이든지 수용하기
	444	아동이 하는 신기하고, 재미있고, 바람직한 행동에 대해 이야기하기
조화		
발달적 조화	511	아동의 행동을 발달적으로 해석하기
	512	아동이 학습할 수 있는 발달적 기술 인식하기
	513	아동의 발달적 수준에 맞는 행동을 요구하기
	514	아동이 할 수 있는 방식대로 행동하기
	515	아동이 의사소통하는 방식으로 대화하기
	516	발달적으로 적합한 규칙과 기대 가지기
흥미의 조화	521	아동의 행동을 흥미의 표시로 이해하기
	522	아동이 주의를 집중하는 것에 따르기
	523	아동의 주도에 따르기
행동 유형의 조화	531	아동의 기분에 민감해지기
	532	아동의 일반적인 상호작용 활동 관찰하기
	533	아동의 행동 상태에 반응하기
	534	아동의 행동 유형에 적합한 기대 가지기
	535	아동의 상호작용 속도에 맞추기

2 발달 영역: 인지

인지는 매일 일어나는 일상생활에서의 상호작용과 일과 속에서 지각하고, 인지하고, 이해하고, 추론하고, 판단을 내리는 아동의 능력을 의미한다.

Ⅰ 중심축 행동(PB): 사회적 놀이

C-1 사회적 놀이는 아동이 다양한 상황에서 부모나 그 밖의 어른과 함께 놀이하는 능력을 말한다. 사회적 놀이는 어른 상대방이 참여하는 만큼 아동도 놀이 활동에 참

여하는 것으로 '주고받기' 식의 형태로 특징지을 수 있다. 아동은 능동적으로 놀이 활동에 관여하면서, 상대방이 하는 활동과 경험에 대해 인식하게 된다.

사회적 놀이에 관한 고려사항

C-101 부모와 함께하는 사회적 놀이는 아동의 발달을 촉진하는 결정적 요인이다.

아동은 놀이에 참여하면서 인지적 성숙을 촉진하는 데 필요한 정보와 이해를 습득한다. 아동심리학자 피아제(Piaget)는 놀이가 어떻게 '아동의 일(children's work)'로 대변되는지에 관하여 설명하였다. 피아제는 아동이 하는 놀이, 즉 입에 넣기, 두드리기, 사물을 용기 안에 넣고 꺼내기, 사물을 일렬로 늘어놓기, 가장놀이 등 아동이 하는 단순한 놀이 행동이 아동이 행동에 대해 배우고 자신의 세상을 이해하는 데 도움이 된다는 사실을 관찰하였다. 아동은 놀이, 즉 사물을 조작하고 탐색하는 것과 같은 놀이 과정을 통하여 인지적 기술을 습득하는 데 필수적인 활동에 참여하게 되므로 놀이는 '아동의 일'인 것이다.

인지학습은 일차적으로 놀이를 통하여 발생하므로, 아동의 학습과 발달을 도울 수 있는 가장 좋은 방법은 부모가 사회적 놀이에 아동과 함께 참여하는 것이다. 이를 위하여 다음의 두 가지 방법을 제안한다. 첫째, 부모는 아동이 더욱 긴 시간 동안 그리고 더욱 빈번히 놀이에 참여하도록 지지함으로써 아동에게 보다 많은 학습 기회를 제공해 준다. 둘째, 아동의 놀이의 질을 향상시킨다. 또한 부모가 아동에게 제공하는 정보나 지침은 아동에게 더욱 풍부한 학습 경험을 갖도록 해 준다.

C-102 인지학습은 두 사람이 함께하는 과정이다.

많은 연구들에 따르면, 아동이 잘 발달하는가는 부모가 얼마나 자녀와 잘 놀아 주고 의사소통하는가와 관련이 있다. 실제로, 부모와 자녀가 함께하는 사회적 놀이가 아동의 학습과 발달에 미치는 영향력은 25% 정도에 이른다. 부모가 자녀의 발달에 미치는 영향력은 유치원, 보육기관, 특수교육, 심리치료 또는 특별한 학습 목적을 가지는 장난감이나 교구가 미치는 발달적 영향력에 비해 훨씬 크다. 이러한 연구 결과들은 아동발달이 두 사람이 함께하는 과정이라는 사실을 강조하는 것이다. 아동발달의 정도는 단순히 아동의 학습 능력에만 영향을 받는 것이 아니라 특별히 아동이 놀이하는 동안이나 그 밖에 사회적 상호작용을 하는 동안 부모가 아동에게 제공하는 지원이나 지도에 따라서도 영향을 받는다.

아동과 매일 여러 차례 놀이 시간을 갖는 부모는 하루에 한두 번 정도 놀아 주는 부모에 비해 아동의 학습과 발달에 훨씬 더 긍정적인 영향을 미친다. 이러한 놀이 에피소드는 반드시 오랜 시간일 필요는 없다. 실제로 놀이 에피소드는 한 번에 5분 이하로 지속하는 것이 가장 효과적이다. 더욱이 이러한 놀이 활동에 반드시 장난감이 있어야 할 필요도 없다. 놀이는 그것이 재미있고 즐길 수 있는 것이면 어떤 종류의 놀이적 활동이든 긍정적이다. 일상 중의 활동들, 이를테면 아기 수유하기, 옷 갈아입히기, 목욕하기 또는 단순히 음성이나 몸짓을 사용하여 대화 주고받기 등은 사회적 놀이에 매우 적합한 활동이다.

부모가 아동의 인지발달에 미치는 영향은 아동이 놀이할 때 부모가 무엇을 하는가보다는 부모가 얼마나 많이 아동에게 반응해 주는가와 더 밀접한 관계가 있다. 반응적인 사회적 놀이란 부모가 아동과 균형 있게 '주고받기' 식 활동에 참여하는 것을 의미하는데, 부모가 참여하는 만큼 아동을 놀이에 참여시키는 것이 중요하다. 부모는 아동과 놀이를 할 때 적어도 두 가지의 역할을 해야 한다. 하나는 놀이를 알려주며 제안하고, 아동이 현재 하는 것과 관련된 정보를 제공하는 것이다. 다른 하나는 아동이 흥미를 가지고 발견한 활동을 계속해서 주도할 수 있도록 지지하고 격려하는 것이다. 두 가지 역할은 모두 중요하지만 무엇보다 중요한 것은 반응적이고 지지적인 놀이 상대자가 되어 주는 것이다.

부모는 아동의 발달 수준에 상관없이, 이를테면 아동이 다운증후군이나 자폐와 같은 발달적 문제를 가지고 있더라도 동일하게 중요한 역할을 한다. 장애는 아동이 학습하고 발달해 나가는 데 심각한 영향을 미칠 수 있지만, 아동이 얼마나 많이 부모와 함께 놀이하는가에 따라 아동의 학습과 발달이 달라질 수 있다. 그러나 아동의 장애 때문에 부모와 함께 놀이하는 데 흥미를 가지지 못하게 된다면, 부모는 아동으로 하여금 가능한 한 자주 사회적 놀이에 참여하게 하고 아동의 놀이 활동과 아동이 관심을 가지는 것에 더욱 강하게 반응하고 지지해 주는 노력을 각별히 기울여야 한다.

C-103 인지학습은 아동이 능동적이고 주의를 기울이는 상황이면 언제든지 일어난다.

아동의 학습은 일상 중에 겪는 활동과 경험을 통하여 매일 이루어진다. 즉, 모든 활동과 경험이 인지적 학습을 위한 기회를 제공한다고 말할 수 있다. 이러한 경험들은 아동이 현재 가지고 있는 사고방식에 자극을 받거나 첨가하여 새로운 정보와 통찰을 얻게 하는 자원이 된다. 이러한 새로운 정보들이 자각할 수 없을 정도로 미묘하거나 또는 하찮을 수 있으나 아동이 일상 중의 경험을 통하여 얻는 정보는 점차적으로 아동의 지식과 추론 능력을 발전시키게 된다.

아동이 어떤 것을 배우는가의 문제는 아동이 특정 학습 경험이 있는가의 여부가 아니라, 얼마나 능동적으로 참여했는가에 달려 있다. 만일 아동이 주의를 갖고 실제로 참여하며 자신의 경험을 통하여 이해하고자 노력한다면 이전 지식에 비하여 훨씬 더 많은 것을 배우게 될 것이다. 그러나 아동이 활동에 능동적으로 참여하지 않는다면, 아동이 활동을 통하여 무엇인가를 배울 가능성은 매우 낮다.

부모나 그 밖의 어른들은 아동이 주의를 기울이고 능동적으로 참여하게 하는 데 중요한 요인이다. 아동은 반응적인 어른과 상호적인 사회적 놀이에 참여할 때 훨씬 더 능동적이고 더욱더 주의를 집중하게 된다.

C-104 아동은 스스로 우연히 발견하는 정보만을 학습할 수 있다.

발달의 초기 단계에서는 아동의 놀이가 현재 아동이 이해하는 세계를 반영한다. 어린 아동들은 제한된 수단으로 정보를 모으고 세상을 이해하기 때문에, 사물과 활동을 이해하거나 지각하는 방식은 이러한 제한된 수단을 가지고 하는 경험에 기초를 둔다. 예컨대, 사물을 입에 넣는 영아들은 그러한 사물의 감각적 특성(모양, 색깔, 무게, 맛, 감촉 등)을 가지고 사물을 지각하고 이해한다.

아동의 이해와 통찰은 아동이 하는 반복적인 놀이 활동을 통하여 발전한다. 아동은 같은 놀이 활동을 다른 장난감이나 도구를 가지고 다른 놀이 상대자와 함께 반복적으로 함으로써, 아동의 사고와 이해에 도전을 받게 되고 더욱 어른스러운 생각과 이해를 할 수 있게 된다. 또한 아동은 놀이를 하는 과정에서 새로운 정보와 통찰을 발견함으로써 새로운 이해와 인지 능력을 발달시킨다. 하지만 부모가 아동의 놀이에 참여하지 않는다면, 이러한 발견은 느리게 이루어진다.

부모는 아동의 사회적 놀이 과정에 자주 참여함으로써 아동의 이해와 사고 능력을 증진시킬 수 있다. 부모가 이러한 놀이 과정 중에 아동에게 지침을 제공하고, 아동이 하는 놀이 활동에 직접적으로 관련이 있는 제안을 함으로써, 아동이 새로운 정보를 발견하도록 도울 수 있다. 부모가 제공하는 정보들이 새로운 정보를 발견하고 새로운 사고방식을 개발하려는 아동의 욕구와 조화를 이룰 때, 아동의 지식과 이해를 증진하는 데 더욱 큰 영향을 미치게 된다.

C-105 부모는 아동을 사회적 놀이에 참여시키는 비계 역할을 한다.

비계(scaffolding)는 아동발달에서 부모가 수행하는 역할을 설명할 때 자주 사용되는 용어다. 비계란 새 건물을 건축할 때 사용되는 임시 지지대다. 이러한 비계는 작업하는 사람들이 다음 단계의 일을 진행할 수 있도록 지원해 준다. 일반적으로 비계는 건축되는 구조물보다 약간 더 크다.

비고츠키(L. S. Vygotsky)는 20세기의 중요한 발달심리학자 중 한 사람으로 꼽힌다. 비고츠키는 부모의 역할을 아동의 학습발달을 위한 비계 역할로 설명하였다. 그는 부모란 건축의 비계와 같이 아동이 현재 사용하는 행동이나 언어보다 조금 앞서는 자극을 제공함으로써 아동의 발달을 지원한다고 설명하였다. 실제로 아동의 학습을 효과적으로 증진시키는 부모들은 아동의 현재 행동보다 약간 복잡한 자극을 제시한다. 비록 이렇게 하는 것이 부모 역할을 효율적으로 수행하는 중요한 요소이기는 하지만, 이것이 부모가 아동발달을 위해 할 수 있는 비계 역할의 유일한 방법은 아니다.

아동의 인지적 학습은 일차적으로 사회적 놀이의 참여를 통해 이루어지기 때문에, 아동발달을 돕기 위해 부모가 할 수 있는 가장 중요한 일은 아동이 사회적 놀이에 능동적으로 참여할 수 있도록 격려해 주는 것이다. 효율적인 부모는 아동이 사회적 놀이에 참여하도록 지지하면서 비계로서의 역할을 한다. 효율적인 부모는 아동에게 반응적인 놀이 상대자가 되어 주고, 아동이 하는 것은 무엇이든 수용하고 인정하며, 새로운 아이디어나 정보를 제공하면서 상호작용을 흥미 있게 유지하여 비계로서의 역할을 수행한다.

C-106 부모는 아동의 현재 활동과 관련이 있는 새로운 정보를 제공함으로써 아동의 놀이를 향상시킨다.

사회적 놀이를 하는 동안 부모가 아동에게 제공하는 정보는 그것이 무엇이든 아동의 행동, 의도 및 감정들과 조화를 이루도록 조정되어야 한다. 이것은 여러 방식으로 이루어질 수 있다.

첫째, 부모는 자신의 차례가 되었을 때, 아동이 무시하는 활동 요인에 아동이 관심을 갖도록 유인할 수 있다. 예컨대, 링을 고리에 끼우는 놀이 활동에서 아동이 링의 크기나 색깔이 다양하다는 것을 유심히 살피지 않고 링을 끼우려 한다면, 부모는 자신의 차례가 되었을 때 링의 색깔을 구별해 주거나 하나의 링이 다른 링보다 크거나 작다는 것을 아동이 주의 깊게 인식하도록 도와줄 수 있다.

둘째, 부모는 아동이 하는 놀이에서 약간의 변형을 보여 줌으로써 아동이 선택 가능한 여러 활동들을 살펴보도록 도울 수 있다. 예컨대, 아동이 반복해서 장난감 트럭의 앞뒤를 똑바로 맞추며 일렬로 나열한다면, 부모는 자신의 차례에서 일렬로 늘어놓은 트럭 사이에 다른 것을 끼워 넣거나, 트럭의 방향을 반대로 바꾸어 놓음으로써 아동이 하는 놀이 유형을 약간 변경시킬 수 있다. 그러나 부모는 아주 가끔씩만 이러한 변화를 주어야 한다. 그래야만 아동이 최대로 관심을 기울이게 되고 놀이가 방해받지 않기 때문이다.

셋째, 부모는 아동이 스스로 해결할 수 없는 문제에 대해 해결책을 제시할 수 있다. 예컨대, 아동이 모양 맞추기 장난감의 다각형 모양을 구분하여 끼워 넣는 것을 하지 못한다면, 부모는 모양에 맞는 구멍으로 아동의 주의를 유도하거나 부모가 아동과 차례대로 수행하면서 사물을 돌려 모양 맞추기 판에 쉽게 들어가는 것을 보여 줄 수도 있다.

이와 같이 아동에게 정보를 제공하는 부모의 역할은 아동을 가르치는 것이라기보다는 오히려 아동에게 새로운 정보를 스스로 발견할 수 있도록 돕는 것이다. 부모가 아동에게 주는 정보가 아동이 사회적 놀이에 능동적으로 참여할 때 제공된다면, 아동의 사고와 인지적 학습에 긍정적인 영향을 미치게 될 것이다.

C-107 부모가 아동의 사회적 놀이 활동에 반응해 줌으로써 아동은 자신의 행동에 대한 사회적 결과를 학습하게 된다.

인지적 학습은 아동의 세상에 대한 지식과 이해뿐 아니라, 아동이 자신의 행동이 다른 사람에게 어떻게 영향을 미치는지에 대해 학습하는 것도 포함한다. 장난감을 입에 넣는 것과 같은 아주 단순한 행동조차도 여러 사람과 함께 있는 상황에서 이루어졌다면, 사회적 결과를 초래할 수 있다. 예컨대, 아동이 장난감을 입에 넣었을 때, 엄마는 '맛있어!' 또는 '더러워!' 라는 말로 반응할 수 있다. 부모가 아동의 행동에 대해 보다 강하게 표현적으로 반응해 줄수록 아동은 자신의 행동이 다른 사람에게 미치는 영향을 더욱 빨리 인식하게 된다. 부모는 과장된 얼굴 표정(예: 놀란 표정)을 보이거나, 아동의 활동에 대해 감정을 표현함으로써 반응하거나(예: 우는 척하기) 또는 아동이 가지고 노는 인형, 모형, 무생물체의 감정에 대해 역할극을 하면서(예: 인형을 대신해서 '난 네가 장난감 블록으로 나를 때릴 때 정말 싫어!' 라고 말하기) 아동이 자신이 한 행동 뒤에 따르는 사회적 결과를 이해할 수 있도록 돕는다.

그러나 중요한 것은 아동의 행동에 대한 부모의 반응이 아동의 현재 발달 수준에 적절한 것이어야 한다는 것이다. 만일 아동이 일상 중에서 물건을 던지고 두드리는 발달단계에 있다면, 부모는 이러한 행동이 다른 사람을 다치게 할 수 있고, 사회적으로도 부적합하다는 것을 깨닫게 하도록 반응해야 한다. 동시에 부모는 아동의 놀이가 현재 아동의 발달 수준을 반영하고 있다는 것을 인식해야 한다. 아동의 행동 중 위험하거나 부적합한 것들은 아동이 나빠서 또는 다른 사람들을 해치려는 의도가 있기 때문이 아니라, 사물이 만들어 내는 소리나 물건을 던졌을 때 일어나는 일들에 흥미를 갖는 발달단계에 있기 때문이다.

논의점

C-101 부모와 함께하는 사회적 놀이는 아동의 발달을 촉진하는 결정적 요인이다.

- 아동은 놀이에 참여하면서 인지적 성숙을 촉진하는 데 필요한 정보와 이해를 습득한다.
- 부모가 아동의 학습과 발달을 도울 수 있는 가장 좋은 방법은 아동과 함께 사회적 놀이에 참여하는 것이다.
- 부모가 아동에게 제공하는 정보나 지침은 아동에게 더욱 풍부한 학습 경험을 갖도록 해 준다.

C-102 인지학습은 두 사람이 함께하는 과정이다.

- 아동이 얼마나 잘 발달하는가는 부모가 얼마나 아동과 잘 놀아 주고 의사소통하는가와 관련이 있다.
- 부모가 아동의 인지발달에 미치는 영향은 아동과 놀이할 때 부모가 무엇을 하는가보다는 부모가 아동에게 얼마나 많이 반응해 주는가와 더 밀접

한 관련이 있다.

- 부모는 아동의 발달 수준에 상관없이 동일한 역할을 한다.

C-103 **인지학습은 아동이 능동적이고 주의를 기울이는 상황이면 언제든지 일어난다.**

- 모든 활동과 경험이 아동의 인지적 학습을 위한 기회를 제공한다고 할 수 있다.
- 아동이 어떤 것을 배우는가의 문제는 아동이 특정 학습 경험이 있는가의 여부가 아니라, 얼마나 능동적으로 참여했는가에 달려 있다.
- 아동은 반응적인 어른과 상호적인 사회적 놀이에 참여할 때 훨씬 더 능동적이고 더욱더 주의를 집중하게 된다.

C-104 **아동은 스스로 우연히 발견하는 정보만을 학습할 수 있다.**

- 발달의 초기 단계에서는 아동의 놀이가 현재 아동이 이해하는 세계를 반영한다.
- 아동의 이해와 통찰은 아동이 수행하는 반복적인 놀이 활동을 통하여 발전한다.
- 부모가 아동의 놀이에 참여하지 않는다면, 이러한 발견들은 느리게 이루어진다.

C-105 **부모는 아동을 사회적 놀이에 참여시키는 비계 역할을 한다.**

- 비계란 새 건물을 건축할 때 사용되는 임시 지지대다.
- 아동의 인지적 학습은 일차적으로 사회적 놀이의 참여를 통해서 이루어진다.
- 효율적인 부모들은 아동들이 사회적 놀이에 참여하도록 지지하면서 비계로서의 역할을 한다.

C-106 **부모는 아동의 현재 활동과 관련이 있는 새로운 정보를 제공함으로써 아동의 놀이를 향상시킨다.**

- 부모는 아동이 무시하는 활동 요인에 대해 아동이 관심을 갖도록 유인할 수 있다.
- 아동이 하고 있는 놀이에서 약간의 변형을 보여 줌으로써 아동이 선택 가능한 여러 활동들을 살펴보도록 도울 수 있다.
- 부모는 아동이 스스로 해결할 수 없는 문제에 대해 해결책을 제시할 수

있다.

C-107 부모가 아동의 사회적 놀이 활동에 반응해 줌으로써 아동은 자신의 행동에 대한 사회적 결과를 학습하게 된다.

- 아동은 자신의 행동이 다른 사람에게 어떻게 영향을 미치는지에 대해 학습해야 한다.
- 부모가 아동의 행동에 대해 보다 강하게 표현적으로 반응해 줄수록 아동은 자신의 행동이 다른 사람에게 미치는 영향을 더욱 빨리 인식하게 된다.
- 아동의 행동에 대한 부모의 반응은 아동의 현재 발달적 수준에 적절한 것이어야 한다.

사회적 놀이를 촉진하는 RT 전략

❪113 아동의 세계로 들어가기❫ 아동과 같은 방식으로 세상을 보기 위해 다음 세 가지 사항을 적용해 본다. 첫째, 아동과 서로 간에 신체적 관계를 형성한다. 눈높이를 맞추어 아동과 같은 신체적 높이로 상호작용한다. 둘째, 아동과 같은 방식으로 놀이하고 대화하면서 상호작용한다. 부모도 얼마든지 아동의 말투로 상호작용할 수 있다는 것을 아동이 알 수 있도록, 아동처럼 의미 없는 말로 소리 내기, 옹알이하기, 웃기, 재미있는 얼굴 표정과 같은 행동을 따라한다. 셋째, 의도적으로 아동의 방식대로 세상을 이해하도록 한다. 이러한 경험을 통해 아동이 가지는 의미와 당신이 가지는 의미는 동일하지 않다는 것을 명심한다.

실행 사항

- 아동과 얼굴을 마주 볼 수 있는 자세로 놀이한다. 아동과 상호작용할 때는 신체적 높이를 맞추어 아동이 당신을 올려다보는 일이 없도록 한다.
- 아동과 함께 놀이하거나 상호작용할 때, 아동과 눈을 맞추도록 한다.
- 아동이 세상을 막 경험하기 시작할 때, 아동의 경험을 이해하도록 한다. 아동은 어른과는 매우 다르게 세상을 바라보고 이해한다.
- 아동이 성숙해짐에 따라, 계속해서 세상을 재발견하게 된다는 것을 기억한다. 아이가 3개월 때 이해했던 세상은 9개월에 접어들면서 새로운 의미를 가지게 된다. 발달 초기에 일어나는 사고와 이해의 변화는 극적이어서, 아동이 친숙하

게 느꼈던 사물이나 사건을 새로운 관점으로 지각하고 경험하게 한다.

- 아동과의 상호작용 상황에 그냥 머물러 있기보다는 아동에게 어떤 것을 하도록 강요하지 않으면서 아동이 하는 간단한 방식으로 반응하며 놀이한다.

《114 거울처럼 그대로 반영해 주고 평행 놀이를 하면서 함께 활동하기》 아동이 가지고 노는 장난감과 동일하거나 유사한 장난감을 사용하여 아동이 하는 것과 동일한 방식으로 행동하면서 아동과 함께 놀이한다.

실행 사항

- 발달이 늦거나 또는 발달연령이 15개월 이하인 영아들은 상호작용 놀이를 하는 동안 어른과 장난감을 교환하는 것이 어렵다는 사실을 기억한다. 아동은 아직 '주고받기' 식의 규칙을 이해하지 못한다.
- 부모가 아동과 ① 동일한 사물을 가지고, ② 동일한 방식으로, ③ 아동과 함께 놀이할 때, 아동이 어른의 행동에 어떻게 주목하는지 관찰한다.
- 전문가는 아동과 같은 활동을 하면서, 즉 평행 놀이로 차례를 번갈아 가며 하는 방식을 보여 준다.

《121 한 번 하고 차례 기다리기》 한 번 내 차례를 하는(take one turn) 경우 아동과 함께하는 각 상호작용은 간단하거나, 독립적 행동이거나 또는 그것이 언어적이든 비언어적이든 의사소통으로 이루어져 있어서 당신의 차례를 마친 후에 아동이 자신의 차례를 수행할 때까지 5~7초 정도 기다려 준다. 부모는 기다리면서 아동의 차례를 기대하고 있다는 것을 명백하게 드러나도록 표현하는 것(예: 눈썹 추켜올리기, 입 벌려 보이기, 손 뻗치기 등) 이외에는 아무것도 하지 말아야 한다.

실행 사항

- 아동이 자기 차례에 하는 수행은 언어적 의사소통뿐 아니라 비언어적 의사소통과 행동일 수도 있다. 한 번 행동하거나 한 번만 말하도록 한다. 그러고 나서 아동이 자신이 할 수 있는 방식대로 의사소통할 때까지 기다린다.
- 아동이 자기 차례를 수행하는 데 통상적으로 얼마가 걸리는지를 알아보기 위해 약 5~7초 동안 기다리면서 시험해 본다.
- 이때 상호작용을 중단하거나 종료시킬 만큼 너무 오랫동안 기다리지는 말아야

한다.

- 만일 아동이 부모가 차례를 수행할 때까지 기다려 주지 않는다면, 부모는 자신의 차례를 마칠 때까지 부드럽게 아동을 제지하면서 참도록 한다.
- 부모는 아동이 무엇인가 할 때까지 '기다리면서' 아동이 상황을 진행해 가고, 창조적인 반응을 만들 시간을 주도록 한다.
- 상반되는 두 가지 방식으로 아동과 함께 놀이한다. 첫 번째는, 부모가 모든 행동과 의사소통을 주도하면서 놀이한다. 두 번째는, 아동이 상호작용하기를 기다리면서 놀이한다. 두 가지 유형에 대한 결과를 주의 깊게 살펴본다. 아동은 첫 번째 방식으로 진행되는 상황보다 두 번째 상황에서 더욱 오랫동안 주의 집중하며 상호작용을 유지한다.

◖131 장난감을 사용하지 않고 서로 마주 보며 놀이하기◗ 아동이 능동적으로 참여할 수 있는 간단한 놀이들, 예컨대 노래, 짧은 동요, 손으로 하는 게임, 단순 반복 동작 등 신체를 이용하는 놀이를 활용한다.

실행 사항

- 부모는 자신의 부모나 다른 부모들이 어린 자녀와 함께했던 놀이들을 생각해 본다.
- 부모들이 어린 아동들과 할 수 있는 간단한 놀이를 소개하는 책을 찾아본다.
- 전문가는 일상생활 중에 조화로운 상호작용을 하기 위하여 놀이를 어떻게 수정하는지를 부모에게 보여 준다. 특히 발달적으로 어린 아동들이 하기에 어려운 놀이를 단순화시키는 것이 중요하다.

◖312 아동의 행동과 의사소통 모방하기◗ 아동이 만들어 내는 행동은 어떤 것이든지 모방할 수 있다. 만일 아동이 어른과 상호작용하는 데 별다른 흥미를 보이지 않는다면, 부모는 아동의 이상 행동을 따라 함으로써 아동의 관심을 끌 수 있다(예: 앞뒤로 몸을 흔들기, 엄지손가락 빨기, 큰소리로 소리 지르기, 울기, 물건 던지기 등). 모방에는 두 가지 기능이 있다. 첫째, 아동이 현재 하는 것에 기초하여 아동과 상호작용 관계를 형성할 수 있다. 둘째, 모방은 어른과의 상호작용에서 아동이 주도할 기회를 직접적으로 주는 것이다.

실행 사항

- 모방으로 아동의 행동의 다양성과 범위를 확대하도록 촉진할 수 있지만, 바람직하지 않은 행동(예: 안전을 위협하거나 사회적 규칙에 벗어나는 행동)은 강화해서는 안 된다는 사실을 기억한다.
- 부모가 아동의 행동을 모방해 줌으로써 아동은 어른의 행동을 통제하는 것에 대해 즐거워하고 재미를 느끼게 되면서 주의 집중이 증가한다.
- 부모가 아동의 비언어적 또는 언어적 의사소통을 모방하는 것은, 아동으로 하여금 다른 사람에게 영향을 미치는 상호적인 초기 의사소통 기술을 학습하게 해 준다.

◀ 412 **기대하며 수행을 기다리기** ▶ 아동이 주도하거나 또는 부모가 반응하기를 기다릴 때 눈짓, 얼굴 표정, 몸짓 등을 통하여 부모는 아동에게 주의를 기울이고 있고, 아동과 함께 머물러 있으면서 어떤 것이든 응답하기를 기대한다는 것을 표현한다.

실행 사항

- 균형 있는 주고받기 식 상호작용을 하고자 할 때, 대개의 어른들은 차례를 기다리는 것에 어려움을 겪는다. 아동이 무엇인가를 할 때까지 기다린다.
- 어떤 아동은 아주 느리게 반응을 보이고, 때론 반응을 보이는 데 5초 이상이 걸릴 수도 있다. 만일 자녀가 이처럼 행동한다면, 특정 행동을 시작하기 전에 속으로 다섯을 센다.
- 이때 상호작용의 흐름이 끊길 만큼 오랫동안 기다리지 않도록 한다.

◀ 421 **놀이 상대자로서 행동하기** ▶ 아동발달을 위한 어른이 할 수 있는 역할은 아동의 놀이 상대자가 되는 것임을 명심하세요. 아동과 효과적이고 만족스러운 관계를 맺으려면, 성취 지향적인 과제나 목표보다는 아동을 즐겁고 재미있게 만드는 것이 중요하다.

실행 사항

- 부모들은 해야 할 일들이 많기 때문에 아동의 놀이 상대자가 되는 것이 어려울 수 있다. 그러나 아동은 일(work)의 세계가 아닌, 놀이와 재미의 세계에서 살아간다. 부모가 아동의 놀이 상대자로서 행동할수록 부모는 자신의 방식보다는

아동의 방식으로 활동에 참여하게 되는 기회가 더 많아진다.

- 모든 부모는 부모로서의 역할과 행동에 관하여 자신 나름대로의 내재적 모형을 가지고 있다. 이러한 모형은 어느 정도 자신의 부모로부터 배운 것이다. 생애 초기 단계에 있는 자녀에 대해 이해하려면, 이전에 부모는 아동과 함께하는 방식이 놀이적이어야 한다.
- 부모가 아동의 놀이 상대자가 된다고 해서 아동이 어른을 존중하는 방법을 배우지 못하는 것은 아니다. 오히려 놀이적인 상호작용은 아동이 점차 성숙해짐에 따라, 효율적인 부모가 되는 데 필요한 일종의 온정성, 상호성, 보살핌의 관계를 형성하는 데 도움을 준다.
- 가정에 따라 부모 중 한 명은 아동과 재미있게 놀아 주는 반면, 다른 한 부모는 과제를 할당하는 역할을 떠맡는 경우가 있다. 가정에서 이러한 상황이 어떻게 일어나고 있는지 생각해 본다. 누가 놀아 주는 부모이고 누가 과제를 할당하는 부모인지, 또한 과제 할당자 부모는 어떻게 하면 보다 재미있는 부모가 될 수 있는지에 관하여 생각해 본다.

◖514 아동이 할 수 있는 방식대로 행동하기◗ 아동과 상호작용할 때, 아동이 하는 활동을 거울처럼 반영해 주기 위하여 부모는 자신의 활동과 방식을 아동에게 맞추어 조정한다.

실행 사항

- 아동의 행동 가운데 몇 가지를 모방해 본다. 이렇게 할 때 아동이 부모와 어떻게 함께 머물러 있는지 그리고 아동이 얼마나 더 주의를 기울이는지 유심히 관찰한다.
- 아동이 가지고 노는 장난감이나 사물을 가지고 아동과 같은 방식으로 놀이한다. 자녀가 선호하는 장난감이나 물건을 가지고 상호작용할 때, 아동은 더욱 능동적으로 주의를 집중하고 상호작용하게 될 것이다.
- 아동과 함께 놀이하는 과정을 비디오로 녹화하여 관찰해 본다. 아동이 자발적으로 행동할 때 부모가 얼마나 아동의 행동에 적절하게 반응하는가가 중요하다.
- 아동의 행동에 적절하게 반응하기 위해서는 아동이 현재 하는 것에 적합한 단어들(예: '이리 와!' '가자!' '먹자!' '엄마' '강아지' '트럭' 등)을 함께 말해 준다. 이

때 단어들은 아동에게 더욱 의미를 가지게 되어 2개, 3개, 빨강, 노랑, 말, 농장과 같은 단어들을 쉽게 배우게 될 것이다.

《535 아동의 상호작용 속도에 맞추기》 아동과 상호작용을 할 때, 상호작용의 속도를 아동과 비슷하게 유지한다.

실행 사항

- 아동의 상호작용에 보조를 맞추기 위해서 아동이 움직임에서는 어른보다 빠르고, 사고와 이해 과정에서는 어른보다 느리다는 사실을 염두에 둔다. 아동은 행동 면에서 앞서 가고 어른은 생각 면에서 앞서 간다면, 부모와 아동은 서로 간의 연결 고리를 찾을 수 없다.
- 아동이 어른과 접촉을 시도할 수 있게 침묵의 시간을 준다. 침묵의 시간은 아동이 상호작용하려는 신호일 수 있다.
- 아동은 침묵하는 동안 아무것도 하지 않는 것이 아니라 무엇을 할 것인지 생각하고 있는 것이다.

2 중심축 행동(PB): 주도성

C-2 주도성은 부모나 다른 어른들의 지시나 인도를 따르지 않고, 아동이 스스로 활동을 시작하는 정도를 의미한다. 주도성이 있는 아동은 자신의 활동 종류나 방향을 스스로 선택하고 결정한다. 아동은 다른 사람들과 대화할 때, 새로운 게임을 시작할 때, 같은 장난감으로 다른 놀이를 할 때, 문제 해결을 위해 도움을 요청할 때와 같은 다양한 상황에서 주도성을 나타낸다.

주도성에 관한 고려사항

C-201 아동 주도적인 행동은 능동적 학습의 중요한 특성이다.

아동의 인지학습은 6세가 될 때까지 주로 능동적 학습을 통해 이루어진다. 부모는 아동에게 추론, 분류, 기억, 이해, 문제 해결 등을 직접적으로 가르칠 수 없으며 아동은 이러한 기술들을 스스로 발견함으로써 획득한다. 발견은 아동 자신이 알고 있는 사실과 이해 방법이 반영된 현재의 행동들을 '계속적으로' 일상적인 놀이 활동에 적용해 보면서, 또는 이러한 행동들을 '다른' 사물들과 사람들이 있는 '다른' 상황에 확장해 적용해 봄으로써 이루어진다. 아동은 이러한 행동을 자주 실행해 볼수록 새로운 정보를 더 많이 획득하게 되고, 자신의 생각과 논리의 한계를 인지하게 된다. 또한 아동은 지속적으로 자신의 생각을 수정함으로써 놀이와 사회적 상호작용을 통해서 새로운 정보와 통찰을 얻는다.

능동적 학습은 아동이 의식적으로 활동에 참여할 때, 혹은 아동이 자신의 경험들을 이해하려고 노력할 때 일어난다. 부모는 아동이 주도하는 특정 활동에 반응함으로써 아동의 능동적 학습을 장려할 수 있다. 아동이 어떤 활동을 주도하여 그 활동에 참여하는 것은 아동 스스로 결정한 것이다. 이러한 결정은 아동의 흥미, 의도, 능력을 반영한 것이며, 아동이 하고 있는 것에 대해 노력한다는 것을 의미한다. 결과적으로 아동은 자신이 주도한 활동에는 더욱 능동적으로 참여하려 한다.

그러나 부모는 때때로 자신이 주도한 활동과 의사소통에 아동이 반응하도록 유도하면서 아동을 상호작용에 참여하게 한다. 이렇게 하여 부모는 아동으로 하여금 주도하는 법을 배울 수 있는 기회를 박탈한다. 왜냐하면 이때 어떤 장난감이나 사물들을 가지고, 어떻게 놀 것인가를 선택하는 사람은 아동이 아닌 부모이기 때문이다.

아동을 상호작용에 참여시키는 좋은 방법은 아동이 장난감을 선택하고 활동을 시작할 때까지 기다리는 것이다. 부모는 반응성 교수법(RT)의 '아동의 주도에 따르기' 와 같은 전략을 사회적 놀이를 위한 기회로 사용할 수 있다. 이 전략을 통해서 아동에게는 주도하는 방법을 학습하는 기회를 제공하고, 상호작용에 더욱 적극적으로 참여하도록 하며, 더욱 오래 상호작용을 유지할 수 있게 해 준다.

C-202 아동이 주도하는 놀이 행동은 일반적으로 아동의 현재 사고와 이해, 추론을 반영한다.

아동의 놀이는 하나의 발달단계에서 다음 단계로 발달함에 따라 체계적으로 변화한다. 예를 들어, 3~4개월 된 발달단계에 있는 영아는 눈에 보이는 대부분의 사물을 입에 넣는다. 5~6개월 된 영아는 사물을 두드려 본다. 8~9개월 된 어린 아동은 사물을 상자나 통 안에 넣는 것을 매우 흥미로워 한다. 그리고 12개월 된 어린 아동은 사물을 그 기능에 맞추어 사용하기 시작한다.

아동의 이러한 놀이 행동 순서는 아동의 생활연령을 따르는 것이 아니라 발달연령에 따라 진행된다. 또한 아동이 사물을 목적에 맞게 사용하는 것과 같이 높은 발달단계의 놀이 행동을 시작했을 때, 사물을 입에 넣거나 두드리는 것과 같은 낮은 발달단계의 놀이 행동은 줄어든다. 만약 아동의 놀이 행동이 사물을 입에 넣는 것과 같은 낮은 발달단계에 위치해 있는데 부모가 아동에게 상위 수준의 발달 행동을 하도록 촉진한다면, 아동은 부모가 상위 수준의 발달 행동을 하도록 촉진하는 것을 멈추는 즉시, 바로 낮은 수준의 발달 행동으로 되돌아간다.

아동이 사물을 가지고 놀이하는 방법은 주로 아동의 현재 사고와 이해 수준에 따라 결정된다. 사물을 입에 넣는 아동은 이러한 사물을 더욱 적절한 방식으로 사용할 수 있는 신체적 능력과 기민함을 가지고 있다. 아동은 사물이 마음에 들었기 때문에 그것을 입에 넣는다. 아동의 이러한 행위는 아동이 사물을 입에 넣는 것으로만 인식한다는 것을 알려 준다.

아동의 놀이는 아동의 현재 발달단계를 반영하므로, 발달적 문제가 있는 아동은 자신의 연령보다 어린 아동처럼 놀이한다. 하지만 연령에 적합한 놀이가 전형적인 발달을 하는 아동의 학습에 영향을 주듯이, 발달적 문제가 있는 아동들에게도 동일한 영향을 미친다. 발달적 문제가 있는 아동들은 전형적으로 성장하는 아동들과 마찬가지로 현재 가진 추론과 이해 능력을 반영하는 행동을 주도한다. 이러한 아동들이 인지 기능을 다음 단계로 발전시키기 위한 가장 좋은 방법은 자신의 행동을 자신의 일상생활에서 부딪히는 사물이나 사람들에게 적용해 보는 것이다.

C-203 아동은 모두 발달적으로 의미 있는 행동을 주도한다.

모든 아동은 그들의 발달적 문제의 경중에 상관없이 활동을 주도할 수 있는 능력이 있다. 만약 아동이 사물을 쳐다보거나 소리를 내거나 머리를 돌리는 것과 같은 행동을 한다면, 이는 모두 아동이 주도한 행동이며, 비록 아동의 행동이 현재 연령 수준에 맞는 발달적 기능은 아니지만 이것이 아동의 인지적 학습과 발달에 미치는 중요성이 작아지지는 않는다. 더욱이 학습 문제가 있는 아동이 하는 각각의 행동들은 발달적으로 의미가 있다.

만약 아동이 18개월이지만 기능적으로 6~9개월 정도의 발달단계에 있다면, 이러한 아동은 일반적으로 6~9개월의 전형 발달 아동이 하는 것과 유사한 행동을 하게 된다. 이는 18개월의 아동에게는 매우 낮은 단계의 행동이지만, 6~9개월의 발달단계에 있는 아동에게는 발달적으로 적합한 행동이다. 아동은 현재의 행동을 세상에 적용하면서 인지 기술을 배우기 때문에, 발달적으로 문제가 있는 아동이 하는 낮은 단계의 발달 행동은 발달적 문제를 가지지 않은 어린 아동에게 일어나는 것과 같은 형태로 인지학습을 촉진한다.

발달적 문제가 있는 아동이 하는 자기 주도적인 행동의 주된 쟁점은 아동이 무슨 행동을 하는가가 아니라 얼마나 자주 그 행동을 하는가에 있다. 이러한 아동들은 많은 경우, 자신의 발달을 증진시킬 수 있을 만큼 충분히 능동적 학습에 참여하지 않는다. 그러나 부모는 아동이 능동적 학습자가 되는 것을 포기하기보다는 더욱 빈번하게 아동이 주도하는 행동을 하도록 조장할 수 있는 방법들을 생각해 내야 한다. 아동이 관심을 가지고 주도하는 어떠한 행동이든지 더욱 빈번하게 하도록 촉진함으로써 부모는 발달적 문제가 있는 아동을 도울 수 있다.

C-204 아동이 일상에서 자기 주도적인 활동을 통하여 배우는 관념은 발달적 · 치료적 활동과는 차이가 있다.

능동적 학습이란 개념은 아동이 능동적으로 참여한다면 어떠한 활동이라도 인지학습의 기회를 제공할 수 있다는 견해를 근거로 한다. 이러한 개념은 많은 어린 아동들에게 적용하는 특수치료나 중재와는 차이가 있다. 대부분의 중재 프로그램들(예: 언어치료, 물리치료, 부모교육, 조기중재 등)은 병원, 교실에서 이루어지는 형식적인 교육 활동 또는 개별화 교수로 아동의 학습을 증진하려 한다. 그러나 아동은 많은 경우, 일상생활에 참여하는 경우보다도 이와 같은 형식적인 학습활동에서 덜 능동적으로 참여한다.

대부분의 형식적인 중재나 치료는 어른 중심적이고, 학교를 기반으로 하는 학습 관점을 반영한다. 이러한 중재와 치료는 대부분 다음과 같은 가정을 기반으로 한다. 즉, 일상생활에서 비형식적으로 이루어지는 학습은 아동의 발달 기술을 획득하는 데 충분하지 않다는 것이다. 하지만 아동이 능동적으로 참여한다면 학습은 어떠한 상황에서도 이루어질 수 있기 때문에, 형식적인 학습 경험이 아동이 일상생활 활동에서 학습하는 것 이상으로 아동의 학습과 발달에 영향을 미친다고 할 수 없다. 그러나 부모는 자신이 교실에서 교육을 받고 형식적인 교육 환경에서 주로 배워 왔기 때문에, 자녀의 교육 역시 이러한 방식을 통해 이루어져야 한다고 믿는다.

실제로 발달적 학습은 대부분 일상의 상호작용에서 아동이 주의를 집중하고 능동적으로 학습에 참여할 때 이루어지는 것이지, 형식적인 교육과정에서 이루어지는 것은 아니다. 만약 중재가 형식적인 학습활동만 제공할 뿐, 일상생활의 경험을 풍부하게 하려는 노력을 하지 않는다면, 중재에 투자하는 비용이나 전문가의 능력에 상관없이 이러한 중재는 아동발달에 근본적인 영향을 미치지 못한다.

발달적 문제를 가진 자녀를 둔 부모들의 공통된 걱정은 아동이 가진 문제들을 모두 다룰 수 있을 만큼 충분한 정도의 중재를 아동에게 제공하고 있는가에 대한 것이다. 이 때문에 부모는 실력 있는 전문가가 제공하는 다양한 중재 프로그램에 아동을 참여시킨다. 하지만 아동의 학습은 중재 프로그램의 비용이나 평판의 수준에 의한 것보다 아동 자신의 활동에 더 큰 영향을 받는다. 아동이 형식적인 중재나 치료를 얼마나 많이 받는지에 상관없이 아동의 발달에 가장 큰 영향을 미치는 것은 부모다. 그 이유는 너무나 당연하다. 치료사가 아닌 오직 부모만이 아동의 발달적 학습이 일어나는 일상생활에서 아동이 적극적으로 참여하도록 계속적으로 지지 할 수 있기 때문이다.

C-205 아동이 현재 사용할 수 있는 장난감 유형과 어른이 아동에게 장남감을 사용하도록 요구하는 특정 방식은 아동이 능동적인 학습 전략을 사용하는 데 영향을 미친다.

부모는 아동에게 ① 아동이 쉽게 다루거나 조작할 수 있는 장난감과 사물들을 제공하고, ② 아동이 그 사물들을 가지고 자신의 방법대로 주도할 수 있는 기회를 제공하고, ③ 아동이 사물들을 가지고 자신의 이해와 흥미가 반영된 놀이 방식으로 놀이하게끔 함으로써 능동적 학습을 지원할 수 있다.

만약 아동이 어른의 도움이 있어야만 주어진 장난감을 사용할 수 있다면, 아동은 도움을 받기 위해 어른을 찾을 것이다. 실제로 아동이 스스로 장난감을 다루거나 조작할 수 없다면, 아동은 그것들을 이용하여 놀이를 주도할 수 없으며, 설령 그 놀이가 아동의 발달에 영향을 미친다고 하여도 아주 미세할 것이다. 즉, 아동은 자신이 스스로 다룰 수 있는 장난감이나 도구가 주어졌을 때만 능동적 학습에 참여하는 경향이 있다.

아동이 장난감을 사용할 수 있는지 어떻게 알 수 있는가? 답은 간단하다. 단순히 아동에게 장난감 하나를 제공하고, 아동이 그것을 가지고 무엇을 하는지 관찰한다. 만약 아동이 즉시 장난감을 주워 들고, 조작하고 다루기 시작한다면 그리고 그것을 몇 초 이상 계속 가지고 논다면, 이 장난감은 아동이 혼자서 다룰 수 있는 것이다. 그러나 만약 아동이 장난감을 집으려 하지 않고 즉시 그 장난감에서 멀어지면, 이 장난감은 아동이 혼자서 다룰 수 없는 것이다.

부모는 아동이 장난감을 가지고 놀이를 주도하기를 기다릴 때, 아동이 장난감을 본래의 용도대로 사용하지 않는 것을 종종 관찰하게 될 것이다. 아동은 자신이 가지고 있는 놀이에 대한 도식(schemas)을 사용하여 장난감을 가지고 논다. 예를 들어, 아동이 물건을 두드리는 것에 주 관심이 있는 발달단계에 있다면, 아동에게 장난감 가스레인지와 조리 도구를 주었을 때, 가스레인지에 조리 도구를 두드리는 행동을 할 것이다.

어른들은 모든 물건에는 주어진 기능이 있고, 그 물건을 어떻게 사용할 것인가를 알려 주어야 한다고 생각하는 경향이 있다(예: 포크는 먹는 데 사용하는 것이고, 빗은 머리를 빗는 데 사용한다는 것 등). 또한 많은 어른들이 아동의 장난감도 같은 방식으로 생각한다. 장난감 전자레인지는 두드리려는 목적이 아닌 소꿉놀이를 하기 위한 것이고, 고리 던지기 장난감의 링은 고리에 넣기 위한 것이지, 입에 넣거나 두드리거나 바닥에 던지는 것이 아니라고 생각한다. 그러나 아동이 이해하고 원하는 방식으로 장난감을 가지고 놀이하는 것을 부모가 저지한다면, 부모는 아동이 현재의 지식과 이해 수준에서 장난감 놀이를 하는 것을 방해하고 나아가 아동이 능동적으로 학습에 참여하는 것을 방해하는 것이 된다. 부모가 아동의 생각이 반영된 방식으로 놀이하도록 지지할 때, 아동의 능동적 학습을 강화하는 더욱 효과적인 부모가 될 수 있다.

C-206 아동은 자신이 주도하는 활동과 관련된 정보, 지침 또는 지시에 반응하기 쉽다.

아동이 주도하는 활동들은 아동이 가장 학습하기를 원하는 것들이다. 부모는 아동이 주도하는 활동을 지속할 수 있도록 지지하고, 강화하도록 반응함으로써 아동의 학습을 촉진할 수 있다. 이러한 지지를 보내는 방법 중 하나는 아동의 활동에 적용되고, 아동이 원하는 것을 가능하게 하는, 지시나 정보를 아동에게 제공하는 것이다.

아동은 자신이 하고 싶어 하는 것들을 이룰 수 있도록 도와주는 정보에 주의를 기울이고 반응한다. 이러한 면에서 아동은 어른과 다르지 않다. 만약 누군가가 우리에게 우리가 원하는 것을 좀 더 쉽게 달성할 수 있게 해 주는 정보를 제공하고 지원해 준다면, 우리는 이러한 정보에 더욱 긍정적으로 반응하고 기억하고 미래의 이와 유사한 상황에서 적용하려 할 것이다. 하지만 아동이 주도하는 놀이에 직접적으로 관련이 없는 정보나 지침을 제공한다면, 아동은 부모에게 반응하기 위해서 자신이 흥미를 가지고 있는 활동을 그만두어야 하는 수고를 감수해야만 한다. 아동은 자기중심적이기 때문에, 아동이 이러한 요청에 반응하려면 많은 노력을 기울여야 한다. 따라서 아동은 많은 경우, 자신이 주도하는 활동과 관련 없는 정보와 지침을 무시하거나 반응하지 않는다.

반면에 아동은 자신이 직접 선택하거나 주도한 활동과 관련 있는 정보는 받아들인다. 어른의 지침과 정보가 아동이 주도하고 관심 있어 하는 활동과 직접적으로 관련이 있다면, 아동은 이 같은 정보를 진행 중인 놀이 행위에 간단히 적용시킬 수 있다. 특히, 제공된 정보가 아동이 원하는 것을 달성하는 데 도움을 주는 것이라면, 특별한 노력을 기울이지 않고도 원하는 바를 성취할 수 있다.

C-207 어른이 아동 스스로 주도하는 행동이나 활동에 중점을 두는 상호작용을 할 때 아동은 더 오랫동안 활동에 참여한다.

인지학습을 위한 중요한 선행조건은 아동이 자신이 하는 것과 자신과 상호작용하는 어른에게 주의를 기울이는 것이다. 사실 대부분의 조기중재 프로그램에서는 아동의 주의를 끄는 것이 아동의 발달적 학습을 촉진하기 위한 첫걸음이 된다.

아동의 주의를 끌 수 있는 중요한 열쇠는 그 순간에 아동이 관심 있어 하는 것과 직접적으로 관련이 있는 정보나 경험을 제공하는 것이다. 대부분의 시간을 부주의하게 보내는 아동들도 때때로 자신이 관심 있는 활동이나 사람에게 주의를 기울이며, 적극적으로 참여한다. 실제로 주의력 결핍 장애 진단을 받은 아동들조차 자신이 관심 있어 하는 활동에는 오랜 시간 동안 집중한다. 어쩌면 그들의 문제는 집중할 수 있는 능력이 부족한 것이 아니라, 주의 집중하도록 요구된 활동이나 경험에 관심이 없는 것일 수도 있다.

부모는 아동이 가장 관심 있어 하고, 아동이 주도하는 활동을 지지함으로써 아동의 주의를 끌 수 있다. 예컨대, 전반적으로 부주의한 아동도 자신이 선택한 장난감 트럭을 가지고는 몇 시간씩 시간을 보낼 수 있다. 만약 이 아동의 부모가 아동에게 장난감 트럭을 가지고 무엇인가를 하라고 요구한다면, 아동은 높은 주의력을 보이며 반응할 것이다. 하지만 아동의 부모가 아동이 주도하지 않는 활동으로 아동의 관심을 끌어내려고 하면, 아동의 주의력은 한계를 보일 것이다. 부모는 아동이 주도하여 참여한 활동에 아동이 더욱 주의를 기울이도록 정보와 지침을 제공함으로써 도울 수 있다.

아동이 주도하는 활동은 아동이 가장 주의를 집중한 상황에서 이루어지므로 아동 발달에 결정적이다. 아동은 자신이 하고 있는 것에 주의를 기울일 뿐 아니라, 부모가 아동에게 정보를 제공하고 아동의 흥미를 지지하는 무엇인가를 하라고 요청할 때, 부모에게도 주의를 기울인다. 만약 부모가 아동이 주도하는 일상의 활동에 집중한다면, 아동이 집중하는 습관을 기르는 데 도움이 될 것이다. 부모가 이러한 패턴으로 계속 반응한다면 아동의 주의가 흩어지거나 부주의해지는 것을 줄일 수 있다.

논의점

C-201 **아동 주도적인 행동은 능동적 학습의 중요한 특성이다.**

- 인지학습은 주로 능동적 학습을 통해 이루어진다.
- 능동적 학습은 아동이 의식적으로 활동에 참여하는 것이다.
- 아동은 자신이 주도한 활동에 더욱 능동적으로 참여하려 한다.

C-202 **아동이 주도하는 놀이 행동은 일반적으로 아동의 현재 사고와 이해, 추론을 반영한다.**

- 아동의 놀이는 하나의 발달단계에서 다음 단계로 발달함에 따라 체계적으로 변한다.
- 아동이 사물들을 가지고 놀이하는 방법은 주로 아동의 현재 사고와 이해 수준에 따라 결정된다.
- 발달적 문제가 있는 아동들은 자신의 연령보다 어린 아동처럼 놀이한다.

C-203 **아동은 모두 발달적으로 의미 있는 행동을 주도한다.**

- 학습에 문제가 있는 아동들이 하는 각각의 행동 역시 발달적으로 의미가

있다.

- 발달적으로 문제가 있는 아동들이 하는 낮은 단계의 발달 행동들은, 발달적 문제를 가지지 않은 어린 아동에게 일어나는 것과 같은 형태로 인지학습을 촉진한다.
- 부모는 아동이 관심을 가지고 주도하는 어떠한 행동이든지 더욱 빈번하게 하도록 촉진함으로써 발달적 문제가 있는 아동을 도울 수 있다.

C-204 **아동이 일상에서 자기 주도적인 활동을 통하여 배우는 관념은 발달적 · 치료적 활동과 차이가 있다.**

- 어떠한 활동이라도 인지학습을 위한 기회를 제공할 수 있다.
- 공식적인 학습 경험이 아동이 일상생활 활동에 참여함으로써 학습하는 것 이상으로 아동의 학습과 발달에 영향을 미친다고 할 수 없다.
- 아동의 학습은 중재 프로그램의 비용이나 평판의 수준에 의한 것보다 아동 자신의 활동에 더 큰 영향을 받는다.

C-205 **아동이 현재 사용할 수 있는 장난감 유형과 어른이 아동에게 장남감을 사용하도록 요구하는 특정 방식은 아동이 능동적인 학습 전략을 사용하는 데 영향을 미친다.**

- 아동은 자신이 스스로 다룰 수 있는 장난감이나 도구들이 주어졌을 때만 능동적으로 학습에 참여하는 경향이 있다.
- 부모가 아동의 생각이 반영된 방식으로 놀이하도록 지지할 때 아동의 능동적 학습을 강화하는 더욱 효과적인 부모가 된다.

C-206 **아동은 자신이 주도하는 활동과 관련된 정보, 지침 또는 지시에 반응하기 쉽다.**

- 아동이 주도하는 활동들은 아동이 가장 학습하기를 원하는 것들이다.
- 아동은 자신이 하고 싶어 하는 것들을 이룰 수 있도록 도와주는 정보들에 주의를 기울이고 반응한다.
- 아동은 자신이 직접 선택하거나 주도한 활동들에 관련된 정보를 이해하려고 한다.

C-207 **어른이 아동 스스로 주도하는 행동이나 활동에 중점을 두는 상호작용을 할 때 아동은 더욱 오랫동안 활동에 참여한다.**

- 특정 순간에 아동이 관심 있어 하는 것과 직접 관련이 있는 정보나 경험을 제공함으로써 아동의 주의를 끌 수 있다.

- 부모는 아동이 가장 관심 있어 하고, 아동이 주도하는 활동을 격려해 줌으로써 아동의 주의를 끌 수 있다.

주도성을 촉진하는 RT 전략

◀ 113 아동의 세계로 들어가기 ▶ 아동과 같은 방식으로 세상을 보기 위해 다음 세 가지 사항을 적용해 본다. 첫째, 아동과 서로 간에 신체적 관계를 형성한다. 눈높이를 맞추어 아동과 같은 신체적 높이로 상호작용한다. 둘째, 아동과 같은 방식으로 놀이하고 대화하면서 상호작용한다. 부모도 얼마든지 아동의 말투로 상호작용할 수 있다는 것을 아동이 알 수 있도록, 아동처럼 의미 없는 말로 소리 내기, 옹알이하기, 웃기, 재미있는 얼굴 표정과 같은 행동을 따라한다. 셋째, 의도적으로 아동의 방식대로 세상을 이해하도록 한다. 이러한 경험을 통해 아동이 가지는 의미와 당신이 가지는 의미는 동일하지 않다는 것을 명심한다.

실행 사항

- 아동과 얼굴을 마주 볼 수 있는 자세로 놀이한다. 아동과 상호작용할 때는 신체적 높이를 맞추어 아동이 당신을 올려다보는 일이 없도록 한다.
- 아동과 함께 놀이하거나 상호작용할 때, 아동과 눈을 맞추도록 한다.
- 아동이 세상을 막 경험하기 시작할 때, 아동의 경험을 이해하도록 한다. 아동은 어른과는 매우 다르게 세상을 바라보고 이해한다.
- 아동이 성숙해짐에 따라, 계속해서 세상을 재발견하게 된다는 것을 기억한다. 아이가 3개월 때 이해했던 세상은 9개월에 접어들면서 새로운 의미를 가지게 된다. 발달 초기에 일어나는 사고와 이해의 변화는 극적이어서, 아동이 친숙하게 느꼈던 사물이나 사건을 새로운 관점으로 지각하고 경험하게 한다.
- 아동과의 상호작용 상황에 그냥 머물러 있기보다는 아동에게 어떤 것을 하도록 강요하지 않으면서 아동이 하는 간단한 방식으로 반응하며 놀이한다.

◀ 115 아동이 상호작용하기를 기대하기 ▶ 얼굴과 손 그리고 보디랭귀지를 통하여 아동과 무엇인가 함께하기를 기대하고 있다는 것을 보여 준다. 더욱 효과적으로 하려면 생동감 있는 행동으로 표현한다.

실행 사항

- 아동이 부모에게 먼저 접촉을 시도할 때까지 기다려 준다. 조용하게 기다려 주는 것은 아동에게 활동을 스스로 주도할 수 있도록 기회를 주는 것이다.
- 조용히 기다리는 동안 아동과 상호작용하기 위해 신체언어나 얼굴 표정을 나타내면서 기다린다.
- 만일 아동이 함께 하는 활동에 참여하려 하지 않고 멀리 달아나려고 한다면, 아동이 한두 차례 정도 상호작용을 시도해 볼 수 있도록 부드럽게 아동을 잡으며 도망가지 않도록 신경 쓰며 상호작용한다.

◖125 **아동이 더 많이 의사소통하도록 어른이 적게 말하기**◗ 말을 너무 많이 하는 것은 아동과 어른 간에 균형 있는 상호작용을 이루는 데 주된 장해물 중 하나다. 말하는 방법을 학습하기 위해 아이가 언어 자극을 받는 것도 중요하지만, 아동에게는 자신이 이미 알고 있는 소리나 단어를 계속해서 실행해 보는 것이 더욱 중요하다. 만일 당신이 짧은 문장을 사용하고, 했던 말을 반복하지 않고, 아동이 더 많이 말할 수 있도록 기다려 준다면 아동은 보다 많이 의사소통하게 될 것이다. 이것은 상호작용하는 동안 긴 침묵의 순간을 가져올 수도 있다. 그러나 아동은 자신의 발성과 언어로 그 공백을 채우는 것을 곧 학습하게 될 것이다.

실행 사항

- 아동에게 짧은 문장으로 이야기하고 보다 적게 말하는 것은 상호작용하는 동안 아동에게 무엇인가를 할 기회를 더 많이 주는 것이다.
- 실험적으로 짧은 문장, 중간 정도의 문장 또는 긴 문장을 사용해 본다. 각각 다른 길이의 문장을 사용함에 따라 아동이 어떻게 반응하는지 관찰한다.
- 아동과 함께 상호작용하는 장면을 비디오로 촬영하여 관찰한다.
- 아동과 놀이하는 5분 동안 말을 몇 번이나 반복하는지를 기록해 본다. 그리고 필요 이상으로 반복하고 있지는 않은지 생각해 본다.

◖134 **장난감을 가지고 아동과 함께 놀이하기**◗ 아동과 함께 장난감을 가지고 놀이할 때, 처음에는 장난감을 가지고 아동이 하는 것처럼 놀이하다가, 점차적으로 아동에게 그것들을 사용할 수 있는 새로운 방법들을 보여 준다.

실행 사항

- 아동이 가지고 노는 장난감을 그대로 가지고 놀이한다. 아동이 선택한 것을 가지고 놀이할 때, 아동은 더욱 집중하고 보다 많이 상호작용하게 될 것이다.
- 어떤 것을 '올바르게' 해야 한다거나 장난감을 가지고 특정한 활동을 하도록 강요하지 않을 때 아동은 어른과 상호작용을 할 것이다.
- 일상에서 아동과 장난감을 가지고 주거니 받거니(back-and-force) 하는 형태가 형성된 후에, 아동에게 점차적으로 새롭거나 또는 좀 더 적합하게 놀이하는 방식을 소개한다(처음부터 가르치려 하면 아동은 그곳에 오래 머물지 않을 것이다).

《 231 비의도적인 발성, 얼굴 표정, 몸짓을 마치 의미 있는 대화인 것처럼 반응하기 》 종종 아동은 소리를 내는데 이는 감각 놀이를 위한 것이지, 의도적인 의사소통을 하기 위한 것은 아니다. 아동이 하는 모든 행동은 의사소통이 될 수 있다. 많은 사람들이 아동의 행동에 더욱 자주 반응해 줄수록 아동은 비의도적인 반성이나 몸짓 등의 행동을 사용하여 당신이나 그 밖의 사람들과 의미를 교환하는 방식을 더욱더 빨리 배우게 될 것이다.

실행 사항

- 아동이 그냥 혼자 놀이를 하거나 아동이 만드는 소리가 어떤 분명한 의미나 의사소통을 위한 의도가 없는 경우에도, 아동이 내는 소리에 반응하는 습관을 가지도록 한다.
- 만일 아동이 놀이하는 과정에서는 소리를 만들어 내지만 자신의 의도를 전달하기 위한 소리는 내지 않는다면, 아동은 소리로 다른 사람의 주의를 끌 수 있다는 사실을 아직 배우지 못한 것이다. 아동이 소리를 내어 다른 사람과 의사소통하도록 돕기 위하여 아동의 얼굴 표정이나 접촉보다는 소리에 더 많이 반응해 준다.

《 311 질문 없는 의사소통하기 》 부모는 많은 경우, 아동에게 무엇을 하라고 요청하면서 아동이 자주 하는 행동들을 통제하려고 애쓴다. 이때 아동을 통제하거나 아동에게 지시하는 횟수를 줄이는 간단한 전략은 '질문을 하지 않는 것'이다.

실행 사항

- 아동과 상호작용을 할 때, 아동에게 질문을 하기보다는 사물들의 이름을 말해 주거나, 반영해 주거나, 즐겁고 재미있다는 것을 표현해 주면서 아동이 지금 하는 것과 관련된 정보를 제시한다.
- 부모가 질문하는 것을 멈추어 보면, 실제로 얼마나 아동이 하는 것에 대해 지시적이었는지를 알게 될 것이다. 부모(또는 교사)가 지금 상태에서 지시를 반으로 줄이더라도, 여전히 아동을 지도하고 이끄는 것임을 명심한다.
- 아동이 응답하지 않는 질문을 반복해서 하지 않도록 한다.
- 아동의 현재 상황에 맞는 것을 하도록 요청한다. 이때 아동이 하고 있는 것과 관련된 것에 한하여 요청한다.
- 아동은 자신이 선택한 활동을 주도하는 상황에서 학습이 가장 잘 이루어진다. 아동과 놀이를 하거나 상호작용을 할 때 질문을 많이 하면 할수록, 아동이 자신의 활동을 주도하는 기회는 줄어들게 된다.

《 523 아동의 주도에 따르기 》 아동의 활동과 의도를 보충해 주거나 또는 그에 일치하는 방식으로 반응해 준다. 아동과 같은 방식으로 장난감을 가지고 놀이하거나 함께 상호적으로 활동한다. 만일 아동이 선택한 방식이 아니라면, 굳이 그 장난감이 제조된 원래 목적대로 장난감을 가지고 놀지 않아도 된다.

실행 사항

- 아동이 현재 가지고 노는 것은 그것이 무엇이든지 간에 그 순간에 아동에게 가장 흥미로운 것이다. 어른도 마찬가지로 자신이 관심 있는 활동을 하는 경우에 얼마나 동기화되어 참여하였는지, 스스로 흥미롭게 발견한 정보의 경우에 얼마나 잘 배우고 기억하고자 노력했는지를 기억해 본다. 아동 역시 마찬가지로 아동이 흥미 있어 하는 활동에 동기부여가 잘된다.
- 아동이 주도하는 대로 부모가 따라 주는 것은 바로 아동의 관심에 반응하는 것이다. 아동이 흥미 있어 하는 것에 더 많이 더 자주 반응해 줄수록, 아동은 더 많은 것에 관심을 보일 것이고, 이러한 흥미는 더욱 강력해질 것이다. 즉, 세상에 대한 아동의 관심이 많아질수록 관심의 강도 또한 더욱 강해질 것이다.

3 중심축 행동(PB): 탐색

C-3 탐색은 아동이 사물 또는 일어나는 일들을 조사하거나 다루는 것을 의미한다. 탐색하는 아동은 소극적으로 관찰하고, 세상의 사물에 단순히 접촉만 하는 아동과는 대조적이다. 탐색하는 아동들은 자신의 모든 감각을 이용하여 입에 넣어 보고, 던져 보고, 해 보고, 귀에 대 보면서 탐색한다. 탐색은 능동적인 참여, 실험 및 관찰을 특징으로 한다.

탐색에 대한 고려사항

C-301 탐색은 발견학습을 위한 기초다.

우리는 대부분 정보와 기술들을 배우고, 그것들을 우리의 실생활에 적용해 보고자 시도한다. 우리는 배운 것들을 이해하고 있다고 생각한다. 하지만 우리가 그것들을 적용하고자 시도할 때면, 막상 그 정보를 어떻게 사용해야 하는 것인지 확실하지 않다. 즉, 우리가 이해하고 있다고 믿었던 정보를 이해하지 못하고 있는 것이다.

하지만 이러한 정보를 이용하기 위해 여러 차례 시도하다 보면, 우리는 그것을 유용하게 사용하기 위해서 무엇을 해야 하는지 발견하게 되고, 정보와 기술의 중요성을 인식하게 된다. 결국 그것을 실생활에서 사용하려고 시도해 본 다음에야 비로소 새롭게 배운 정보가 개인적으로 의미가 있고, 실용적인 지식이 되는 것이다.

모든 아동은 전형적으로 성장하는 아동이든지 아니면 발달적 문제가 있는 아동이든지 똑같은 방식으로 학습한다. 아동은 다른 사람의 가르침을 통해 배울 수도 있고, 자신의 능동적인 탐색을 통해 발견함으로써 배울 수도 있다. 하지만 아동이 직접 정보를 발견하지 않으면, 그것을 이해하는 데 필요한 개인적인 지식을 가지지 못한다. 즉, 자신에게 전달된 정보를 완전히 이해하지 못하면 아동은 그것을 기억하는 데 어려움을 겪게 되고 일상생활에서 사용하지 못할 것이다.

발견학습(discovery learning)은 아동이 자신의 환경에서 사물 또는 경험을 탐색하고 조작해 본 것의 결과다. 부모는 아동에게 적합한 자료를 제공하고 계속해서 참여할 수 있도록 함으로써 아동의 발견학습에 지침을 줄 수 있다. 그러나 아동의 생각과 이해의 기본이 되는 정보를 아동이 학습하기 위해서는 무엇보다도 아동이 스스로 정보를 발견하는 것이 중요하다.

부모가 아동에게 매번 무엇인가를 가르쳐 준다면, 부모는 아동으로 하여금 스스로 발견할 기회를 박탈하는 것이다. 반면에 부모가 격려해 줌으로써 아동 스스로 발견한 것은 아동의 일생 동안 지속적으로 남게 될 것이다.

C-302 안다는 것과 이해하는 것은 다차원의 다형식 과제다.

어린 아동이 생각과 논리를 발달시키기 위해 배우고 획득해야 하는 기술, 지식 그리고 이해에는 어떠한 것들이 있는지 생각해 볼 필요가 있다. 어린 아동들은 자신이 경험하는 것에 대한 배경 지식이나 이해 없이 세상을 경험한다. 이는 상당히 경이로운 일이지만 한편으로 그들에게는 혼란스러운 현상임에 틀림없다. 사실상 모든 아동들이 겪는 초기 경험은 미리 경험해 보지 못한 것으로 그들에게 풍부한 정보가 된다. 왜냐하면 어린 아동들에게는 모든 것들이 너무나도 새로운 것이어서 모든 감각을 동원해 세상을 이해하기 때문이다. 아동들은 세상을 이해하기 위하여 사물이나 현상을 바라보거나, 만져 보거나, 맛보거나, 냄새를 맡아 보거나, 조작해 본다.

안다는 것은 단순한 사실이나 백과사전에서 얻는 것과 같은 정보가 아니라 다형식(multimodal) 현상이다. 아동은 사물의 이름이나 사용법을 배우기 이전에, 사물이 어떻게 생겼는지, 어떤 느낌인지, 맛은 어떤지, 냄새는 어떤지, 사물에 어떠한 작용을 주면 무슨 일이 생기는지, 사물이 다른 사물들이나 행동들과 어떠한 관련이 있는지를 안다. 사물의 이름이나 기능은 아동의 감각이나 아동이 자신의 세상에서 얻는 개인적인 정보에 비해 아동의 초기 인지학습에는 훨씬 덜 중요하다. 만약 어떤 사물에 대한 아동의 지식이 풍부하지 않고 개인적인 경험도 없다면, 그 사물의 이름이나 기능은 아동에게는 거의 의미가 없다.

어린 아동에게 사물이나 경험은 외양, 감촉, 맛 그리고 작용하는 힘의 측면으로 존재한다. 아동이 사물이나 경험에 대해 직접적으로 알아내지 못한다면 아동은 그것들을 알 수도, 이해할 수도 없는데, 이때 직접적인 지식을 얻는 유일한 방법은 탐색이다. 보고, 만지고, 입에 넣어 보고, 조작해 봄으로써 아동은 사물과 경험이 실제로 무엇을 의미하는지 이해하게 된다. 즉 이러한 경험을 바탕으로 한 지식을 통하여 아동은 기본적으로 사물과 경험의 이름을 배우고, 그것들을 사용하는 것이 무엇인지 알게 된다.

C-303 아동의 인지 변화에 따라 아동은 새로운 가능성을 재발견한다.

세상에 대한 지식과 이해는 아동발달 초기에 급격히 변화한다. 이러한 변화는 아동이 놀이하고 사물과 상호작용함으로써 일어난다. 예컨대, 6개월 된 어린 아동은 주로 입에 넣고 두드리면서 사물을 인식하며, 12~15개월이 되면 간단한 기능에 맞게 이용하고, 24개월이 되면 사물들을 변형시키고 가장놀이(pretend play)를 하기 시작한다. 부모는 아동이 발달단계에서 성공적으로 습득한 새로운 행동에 집중하는 경향이 있지만, 인지발달에 가장 중요한 요인은 아동의 인식과 이해의 변화이며, 이 변화에 따라 새로운 기술과 행동을 규칙성 있게 습득하게 된다.

발달상 초기 몇 년 동안에 아동은 일상 중에 과거에 여러 번 겪어 보았던 사물, 활동, 경험들을 재발견하게 된다. 아동의 지식과 이해가 변화하기 때문에 이러한 '재발견' 들은 아동이 이전에 가졌던 인식과 이해 수준과는 많이 다르다.

이러한 재발견의 과정은 아동이 주위에 있는 사물과 재료를 탐색하고 조작하는 데 얼마나 큰 관심을 보이는지에 대해 어느 정도 설명해 준다. 아동이 계속해서 똑같은 장난감과 활동으로 놀이하고, 실험하고, 수행해 보는 것은 이러한 경험들이 날마다 새로운 의미로 다가오기 때문이다. 비록 이러한 방식의 놀이와 탐색이 부모에게는 지루하고 따분할 수 있지만, 경험들을 통해 인식하고 이해하는 방법을 새롭게 계속적으로 발견해 나가는 아동들에게는 재미있고 자극적인 것일 수 있다.

부모는 어린 아동의 탐색 과정이 부모의 탐색 과정과는 다르다는 것을 기억해야만 한다. 어른들은 어린 아동이 하는 것처럼 생각과 이해의 변화를 경험하지 않는다. 부모는 자녀가 이전에는 인식하지 못했던 사물과 경험의 특질과 특성을 계속적으로 재발견하고 있다는 것을 인정해야만 한다. 부모는 호혜적인 상호작용에 함께 참여함으로써 아동이 환경을 탐색하는 것을 촉진할 수 있다.

C-304 유사 개념은 다양한 경험을 통하여 학습된다.

일반적으로 아동이 탐색하고 조작할 수 있는 사물과 활동은 아동에게 상위 수준의 개념을 발달시키는 데 정보와 경험을 제공한다. 하지만 이와 관련하여 두 가지 사항을 고려해야 한다.

첫째, 아동은 자신이 관심 있어 하는 것과 직접적으로 관련된 정보와 개념들을 더 잘 배운다. 부모와 전문가들은 아동이 장난감과 활동에 접근하지 못하게 함으로써 아동의 관심을 그들이 가르치고자 하는 기술과 개념으로 돌리려고 한다. 그러나 이렇게 하면, 부모는 아동이 관심 있어 하는 활동을 할 기회를 빼앗는 것이 된다. 아동이 탐색하고 스스로의 경험에 의해 학습이 이루어지는 정도는 아동이 특정 자극에 얼마나 관심이 있느냐에 달려 있다. 아동이 다양한 종류의 장난감, 도구들 그리고 활동으로 놀이할 수 있는 기회를 많이 가질수록, 아동이 관심 있는 것들을 찾아서 의미 있는 탐색을 하게 되는 확률은 더욱 높아진다.

둘째, 아동은 일상적인 활동을 통하여 매일 계속해서 배워 나간다. 인지적 개념은 다양한 사물, 경험 그리고 관계에 해당되는 정보를 조직하고 분류하는 방법을 말한다. 아동이 일상의 활동에서 대하는 인지적 개념과 관련이 있는 특질과 특성을 지닌 (예: '안'과 '밖'의 공간적 관계) 사물과 경험들은 이러한 개념을 배우는 기회가 된다. 장난감은 단지 한정된 개념의 예시를 보여 줄 뿐이다. 아동은 동일한 개념을 일상생활에서의 평범한 사물과 경험을 통해서 배운다.

즉, 아동의 인지학습은 아동이 다양한 사물과 경험을 더욱 활발하게 접하고 겪음으로써 일어난다. 부모는 아동에게 가능한 한 다양한 종류의 장난감과 경험을 제공하여야 한다. 또한 부모는 아동이 일상생활과 관련된 사물과 자원들을 탐색하도록 지지해 주어야 한다. 여기에는 아동이 먹고, 입고, 목욕하는 것과 같은 일상생활뿐만 아니라 공원, 자동차, 상점 등에서 접하는 사물과 자원들도 포함한다.

C-305 탐색은 안내에 의한 경로가 아니라 아동 주도적이다.

탐색을 통한 학습은 다른 사람에게서 배우는 것보다 높은 요구와 많은 에너지를 필요로 하는 활동이다. 크리스토퍼 콜럼버스(Christopher Columbus)도 아무도 모르는 질문에 대한 답을 찾기 위해서 탐색을 시도하였다. 콜럼버스는 지구가 둥근지 평평한 것인지 알아보기 위해서 흥분에 찬 항해를 하였고, 그는 평생 동안 이 정보를 얻기 위하여 노력하였다. 그는 결국 탐색을 통해 지구가 둥글다는 것을 직접 체험함으로써 배울 수 있었다.

이는 오늘날 우리가 세상을 배우는 방식과는 대조적이다. 일찍이 우리는 지구가 둥글다는 것을 지구본을 통해 알았다. 우리는 완전히 이해하지도 못한 세상에 대한 알 수 없는 사실을 배운다. 일찍이 탐험가들은 이 정보를 발견하기 위해서 어렵고 힘든 일에 매달렸다. 그러나 우리는 다른 사람에게서 배움으로써 탐험가들이 처음에 했던 만큼의 노력을 기울이지는 않는다. 다른 사람에게서 정보를 배움으로써 학습에 필요한 노력을 줄일 수는 있지만, 우리는 그 정보에 대해서 단지 피상적으로만 이해하게 된다.

아동의 초기 개념들이 사실에 대한 피상적인 이해에 기반을 두어야겠는가? 아니면 세상을 직접 경험함으로써 얻는 깊은 지식과 이해에서 비롯된 것이어야겠는가? 많은 부모들은 마치 안내원이 동반된 여행의 인솔자처럼 아동과 놀이한다. 이러한 여행에서는 여행자들이 무엇인가를 발견하고 경험하는 것은 장려되지 않고, 인솔자가 여행자들이 무엇을 배울지를 선택한다. 많은 부모들은 이러한 방식으로 아동을 대한다. 부모는 아동이 경험하는 것들을 어떻게 다루어야 하는지, 무엇을 해야 하는지에 대해 아동에게 설명하고 보여 준다. 그러나 부모가 아동의 탐색을 이끌어 나갈 때, 아동은 탐색을 위해 집중해서 활동에 참여할 수 없게 된다. 부모는 아동이 개별적이고 직접적으로 세상을 이해하기 위해 탐색해 보도록 하기보다는 수동적인 참여자가 되도록 한다.

아동이 스스로 발견하기는 쉽지 않은 일이어서, 부모가 아동에게 직접 가르칠 필요가 있는 것들도 있다. 하지만 아동이 이후 시기에도 계속 이러한 방식으로 사고와 학습에 대한 기본 개념을 배우는 것이 과연 충분하다고 말할 수 있는가? 한정된 지식과 이해 수준을 가진 어린 아동들은 직접적으로 다양한 경험을 통하여 학습하는 것이 필요하지 않겠는가? 아동이 기본 인지 개념에 대하여 완전한 지식과 이해를 가진 다음에서야 다른 사람이 제공하는 정보를 이해하는 데 좀 더 능숙해지지 않겠는가?

부모는 아동의 인지발달을 촉진하기 위해 아동에게 특정 정보나 어려움에 대한 해결책을 제공하기보다는 아동의 탐색과 발견학습을 장려할 필요가 있다. 이러한 과정은 느리게 진행되거나 지루할 수도 있지만, 아동이 속한 세상에 대해 개인적으로 깊은 지식을 얻게 해 줄 것이다.

C-306 호기심은 학습을 위한 중요한 도구다.

아동의 탐색은 어떻게 자신이 세상과 개인적으로 관계되어 있는지에 대한 궁금증으로부터 야기된다. 탐색하는 아동을 관찰해 보면, 아동은 사물 자체보다는 어떻게 개인이 사물에 영향을 미칠 수 있는가에 더욱 큰 관심을 갖고 있다는 사실을 발견하게 될 것이다. 예를 들어, 아기들은 딸랑이를 좋아한다. 왜냐하면 딸랑이는 아기가 잘 잡을 수 있고, 조작할 수 있고, 소리를 낼 수 있기 때문이다.

생애 초기의 인지적 성숙은 사실과 정보의 축적 그 이상의 의미가 있다. 인지적 성숙의 초점은 아동 자신이 가진 기술이나 능력과 관련한 사물과 경험들이 지니는 의미와 중요성을 발견하는 것이다. 아동은 자신이 직접 영향을 미칠 수 있는 사물과 경험에 대해 더욱 호기심을 갖고 탐색하려는 경향이 있다. 자신이 다룰 수 있고 조작할 수 있는 장난감일 때, 아동은 그것을 탐색하려고 한다. 하지만 아동이 다루거나 조작하기 어려운 장난감이나 사물에 대해서는 쉽게 흥미를 잃는다. 이와 같은 현상은 다른 사람과 함께하는 경험에서도 똑같이 적용된다. 어른들은 아동의 눈 맞춤, 미소 또는 소리 내기 등의 행동을 통하여 반응을 얻을 수 있으며 이러한 행동으로 관심을 표현한다. 하지만 아동이 어른의 관심을 얻는 데 성공하지 못하면, 어른과 상호작용하거나 관계를 맺는 것에 쉽게 흥미를 잃는다.

아동의 초기 개념들은 사물이나 경험이 개인적으로 얼마나 관련되어 있는지에 달려 있다. '엄마' 는 특별한 모습, 목소리, 감촉 그리고 냄새를 가진 특정한 사람이 아니다. 대신 '엄마' 는 아동이 관계를 맺거나 엄마를 경험하는 방법, 즉 아동에게 음식을 먹이고, 자신을 편안하게 해 주고, 함께 놀아 주고, 요구에 반응해 주는 사람으로 정의된다. 아동의 초기 인지적 성숙 단계에서 이러한 기능을 수행하는 사람은 엄마라는 개념으로 정의되는 것이다. 마찬가지로 아동은 어린 나이에 색깔을 구별하는 능력을 가지게 된다. 하지만 아동이 실질적으로 색깔에 대한 개념을 갖는 것은 여러 가지 서로 다른 색깔들이 어떻게 사물 또는 사람과의 상호 관계에 영향을 미칠 수 있는지를 발견하고 나서부터다.

C-307 놀이는 아동에게 탐색의 기회를 제공한다.

우리들 대부분은 놀이가 아동의 인지학습에 미치는 영향을 이해하는 데 어려움을 갖는다. 대부분은 학습을 목적 지향적 활동의 결과로 얻어지는 것이라고 생각하지 무작위적으로 또는 우연한 활동에 의해서 이루어진다고 생각하지 않는다. 아동의 놀이는 비(非)목적 지향적으로 보이기 때문에 우리는 아동의 놀이가 의미 있는 학습을 야기하는 활동이라기보다는, 아동을 전념하게 하고 즐겁게 하는 것으로 본다.

아동의 놀이에 대한 이러한 관점은 우리의 개인적인 학습에 대한 경험에 의해서 형성된다. 우리들 대부분은 새로운 기술과 지식을 훈련과 목적 지향적인 활동을 통하여 학습한다. 그런데 만약 우리가 학습 과제에 전념하지 않는다면, 목표로 삼았던 학습 과제를 달성하지 못할 것이다.

이러한 논리에는 다음 두 가지의 잘못된 생각들이 전제되어 있다. 첫 번째로 아동의 놀이는 무작위적이고 목적이 없다는 것이다. 그러나 조금만 주의 깊게 관찰한다면, 아동은 놀이를 할 때 사물이나 장난감들을 체계적으로 조작하고 탐색한다는 것을 알 수 있다. 6개월의 발달단계에 있는 아동은 입에 넣어 보거나, 두드려 보거나, 시각적으로 관찰해 보거나, 던져 봄으로써 사물을 탐색하는 경향이 있다. 만약 아동이 9～12개월의 발달단계에 있다면, 아동은 사물을 다른 사물 안에 넣어 보거나, 다른 사물 위에 쌓아 보거나, 자세히 살펴보거나, 사물을 가지고 만드는 여러 가지 소리나 움직임을 주의 깊게 살펴보면서 탐색할 것이다. 아동이 18개월의 발달단계에 이르면, 어떻게 사물을 적용하면서 새롭고 복잡한 활동을 만들어 내는지(예를 들면, 장난감 젖병을 인형에게 물린다거나, 인형을 장난감 침대에서 재우는 것과 같이 아동의 일상에서 흔히 일어나는 활동들을 재현하는 방식으로 사물을 이용하는 것)를 탐색할 것이다. 아동의 놀이가 어른의 목적 지향적인 활동에는 부적합할 수도 있지만, 아동의 관점에서 보면 놀이는 매우 체계적이고 창의적인 탐색이라 할 수 있다.

두 번째로 아동은 놀이할 때, 많은 노력을 기울이지 않는다는 것이다. 아동은 놀이할 때 자신이 하는 것을 즐긴다. 실제로 놀이가 더 이상 재미가 없어지면, 아동은 놀이를 그만두고 다른 것을 찾는다. 하지만 아동은 놀이 자체를 즐기는 동시에, 다양한 발달 행동(developmental behaviors)들을 계속해서 조작하고 탐색해 보면서 열심히 노력을 기울인다. 아동이 스스로 다룰 수 있는 장난감을 가지고 혼자서 놀이하는 것을 관찰해 보면 아동이 그 장난감을 가지고 노는 방법을 빨리 발견한다는 사실을 알 수 있다. 게다가 아동은 누군가가 자신을 지켜보고 있다는 것을 의식하거나 어떤 활동에서 다른 활동으로 옮겨 갈 때만 잠시 놀이를 멈출 뿐, 관찰 과정 내내 계속해서 놀이를 한다.

아동이 얼마나 더 많은 것을 할 수 있는가? 아동이 놀이 과정에서 재미있게 놀기만 하는 것처럼 보일 수 있지만 아동은 계속해서 사물과 재료를 탐색하기 위해서 자신의 발달 능력을 사용하고 있는 것이다. 아동은 사물과 재료의 특징과 동작을 지속적으로 탐색하는 과정에서 자신의 생각과 이해를 더욱 높은 단계로 이끄는 새로운 정보를 터득한다.

논의점

C-301 탐색은 발견학습을 위한 기초다.

- 아동은 다른 사람의 가르침으로 배울 수 있고, 자신의 능동적인 탐색으로 발견을 통해서 배울 수도 있다.
- 발견학습은 아동이 주변 환경에서 사물 또는 경험들을 탐색하고 조작해 본 것들의 결과다.
- 부모가 아동에게 매번 무엇인가를 가르쳐 준다면, 부모는 아동으로 하여금 스스로 발견할 기회를 박탈하는 것이다.

C-302 안다는 것과 이해하는 것은 다차원의 다형식 과제다.

- 어린 아동들은 그들이 경험하는 것에 대한 배경 지식이나 이해 없이 세상을 경험한다.
- 지식은 단순한 사실이나 백과사전에서 얻는 것과 같은 정보가 아니다.
- 사물들의 이름이나 기능은 아동의 감각이나 아동이 자신의 세상에서 얻게 되는 정보에 비해 아동의 초기 인지학습에 훨씬 덜 중요하다.

C-303 아동의 인지 변화에 따라 아동은 새로운 가능성을 재발견한다.

- 세상에 대한 지식과 이해는 아동발달 초기에 급격히 변화한다.
- 인지발달에 가장 중요한 요인은 아동의 인식과 이해의 변화이며, 이 변화로 인해 새로운 기술과 행동을 규칙성 있게 습득하게 된다.
- 발달상 초기 몇 년 동안에 아동은 일상 중에 과거에 여러 번 겪어 보았던 사물, 활동, 경험들을 재발견하게 된다.

C-304 유사 개념은 다양한 경험을 통하여 학습된다.

- 아동이 탐색하고 조작할 수 있는 사물과 활동은 상위 수준의 개념이 발달하는 데 필요한 정보와 경험을 제공한다.
- 아동은 동일한 개념을 일상생활에서 평범한 사물과 경험들을 통해서 배울 수 있다.
- 아동의 인지학습은 아동이 다양한 사물과 경험을 더욱 활발하게 접하고 겪음으로써 일어난다.

C-305 탐색은 안내에 의한 경로가 아니라 아동 주도적이다.

- 탐색을 통한 학습은 다른 사람에게서 배우는 것에 비해 높은 요구와 많은 에너지를 필요로 하는 활동이다.
- 부모가 아동의 탐색을 이끌어 나가면, 아동은 탐색을 위해 집중해서 활동에 참여할 수 없게 된다.

C-306 **호기심은 학습을 위한 중요한 도구다.**

- 아동의 탐색은 어떻게 자신들이 세상과 개인적으로 관계되어 있는지에 대한 궁금증으로부터 야기된다.
- 아동은 자신이 직접 영향을 미칠 수 있는 사물과 경험들에 대해 더욱 호기심을 갖고 탐색하려는 경향이 있다.

C-307 **놀이는 아동에게 탐색의 기회를 제공한다.**

- 아동은 놀이를 할 때 사물이나 장난감들을 체계적으로 조작하고 탐색한다.
- 아동은 발달 행동들을 계속해서 조작하고 탐색해 나간다.

탐색을 촉진하는 RT 전략

❚ 132 반복 놀이나 일련의 순서가 있는 활동 지속하기 ❚ 어린 아동은 종종 한 가지 장난감을 오랫동안 가지고 놀거나, 사물을 가지고 똑같은 일을 반복적으로 하는 경향이 있다. 아동이 반복 놀이를 하는 것은 특정 사물과 활동에 흥미가 있기 때문이다. 아이가 지금 하는 놀이가 부모에게는 지겹게 느껴지더라도, 계속해서 아이가 하는 것으로 같이 놀이한다.

실행 사항

- 아동의 반복 놀이는 중요하다. 이것은 여러 발달단계에서 아동이 일반적으로 수행하는 행동 유형이기 때문이다. 반복 놀이는 구성주의 학습(constructive learning)을 촉진하는 방식임을 기억한다.
- 아동은 대체로 입에 넣어 보거나, 두드려 보거나, 던져 보는 것과 같은 감각운동 행동들을 흥미가 사라질 때까지 계속한다. 아동이 이러한 행동을 계속하도록 격려해 준다. 그래야 좀 더 빨리 그것에 대해 흥미를 잃고 새로운 행동으로 옮겨 가는 데 걸리는 시간을 단축시킬 것이다.
- 아동이 상위 수준의 행동이나 새로운 행동을 수행하게끔 시도해 본다. 이러한

시도 후에, 아동이 원하는 것을 하도록 기회를 주고 이때 반복 행동, 즉 낮은 수준의 감각운동 행동으로 돌아가는지 관찰한다.

◖211 아동의 행동 관찰하기◗ 아동의 행동을 조직적으로 관찰한다. 아동이 다양한 상황에서 나타내는 미세한 표시와 소리를 주의 깊게 살피고 경청한다.

실행 사항

- 아동이 평소에 하는 일반적인 행동에 대한 목록을 만든다. 그런 다음 아동이 하는 행동들을 며칠 동안 모방해 본다. 이후에, 아동이 놀이하거나 대화할 때 하는 행동을 기술해 보고 목록을 다시 한번 작성한다. 아동을 모방해 보면서 아동의 작은 행동에 대해 더 잘 알아차리게 되었는지, 아이가 왜 이런 행동을 한다고 생각하는지 정리해 본다.
- 부모가 아동으로 하여금 어떤 것을 수행하게 하거나 특정한 것을 학습하게 하고자 할 때, 오히려 아동이 하는 모든 것들을 놓치게 될지도 모른다. 대신 아동이 현재 하는 것을 관찰하고 이해하게 된다면, 아이가 하고 싶어 하는 것을 더 효과적으로 학습하도록 돕게 될 것이다.
- 전문가는 부모가 아동과 놀이하거나 또는 비디오 녹화된 자료로 아동을 살펴보면서 자신이 기술한 방향으로 부모를 이끌어 갈 수 있다.
- 전문가는 부모에게 비디오 녹화 장면에서 나타나는 아동의 놀이 상황에 대해 설명해 보도록 하고, 부모가 설명하지 못하는 행동들에 대해서는 즉시 코멘트를 주도록 한다.

◖321 아동에게 다음 발달단계를 보여 주어 확장하기◗ 아동과 놀이하면서 의사소통할 때 부모나 다른 어른들은 아동에게 다음 단계를 보여 줄 필요가 있다. 이렇게 함으로써 아동은 어른과 상호작용을 유지하면서 새로운 정보를 접할 것이다.

실행 사항

- 부모가 아동에게 행동의 새로운 의미와 목적을 제시함으로써 확장해 줄 때, 이것이 아동의 행동이나 활동과 관련이 있는지 확인한다.

◖325 환경 변화시키기◗ 아동으로 하여금 세상을 더 자세히 살펴보고 해결책을

찾아보고 탐색해 보도록 도전하게 하기 위하여 친숙했던 환경에 작은 변화를 만들어 본다.

실행 사항

- 아동이 이전과 다른 방식으로 무엇인가를 하도록 촉진하기 위해 환경을 변화시키고 장난감 주방 서랍 안에 항상 놓여 있는 컵이나 다른 용구들 또는 항상 같은 선반 위에 놓여 있는 책들을 다른 자리로 옮겨 본다.
- 환경을 변화시키는 것은 융통성을 높이고 아동이 의식화된 행동에서 벗어나도록 도울 것이다.

❰ 441 아동이 하는 것에 가치 두기 ❱ 아동이 하는 것을 중요하고, 흥미 있고, 의미 있는 것으로 여긴다. 또래의 다른 아동들이 하는 것과 다르다고 해서 아동이 하는 것을 쉽게 무시하지 않도록 한다.

실행 사항

- 지난 중재회기 이후에 아이가 했던 행동들을 목록으로 만든다. 아동이 하는 행동들 가운데 긍정적인 측면들에 초점을 둔다.
- 혼자 놀이하는 상황, 당신과 함께 놀이하는 상황, 다른 아이들과 놀이하는 상황 등 다양한 상황에서 아동의 행동을 비디오로 녹화한다. 비디오 자료를 보면서 아동이 하는 행동을 확인하고 아동이 완수한 내용을 기록한다.
- 전문가는 중재회기 동안 아동이 하는 행동에 대해 지속적으로 코멘트해 주어야 한다. 아동의 행동을 격려해 준다. 아동이 하는 행동의 중요성과 의미에 대해 부모와 이야기한다.

❰ 511 아동의 행동을 발달적으로 해석하기 ❱ 아동의 행동은 현재 아동의 인지, 사회 및 언어 등의 능력 수준을 나타내는 것으로 의미 있게 여겨 준다. 발달적 문제가 있는 아동이 하는 행동들 대부분은 아동의 생활연령 수준에 적합하지 않다. 이들이 하는 행동과 행동 방식은 일반적으로 그보다 어린 아동들이 하는 발달 행동에 가깝다.

실행 사항

- 당신의 아이가 현재 하는 행동들을 확인하기 위해서 발달 프로파일(예: 발달 레

인보우, Mahoney & Perales, 1996)을 사용한다.

- 아이가 사회적 상황에서 의사소통하고, 놀이하고, 반응하는 방식은 아동이 현재 발달적 기능 단계에서 사회적 또는 비사회적 문제를 어떻게 이해하고, 추론하고, 해결하는지를 나타내는 것임을 염두에 둔다. 아동이 정상적으로 발달하든지 또는 발달적 문제가 있든지 상관없이, 아동이 행동하고 의사소통하는 방식은 아동이 현재 어떻게 생각하고 추론하는지를 보여 준다.
- 전문가는 아동의 행동이 어린 아동에게 나타나는 지극히 일반적인 것임을 계속적으로 부모에게 이야기해야 한다. 이러한 행동들은 상위 수준의 발달로 가기 위해 벽돌을 쌓아 올리는 과정으로 발달상 중요한 것임을 강조한다.

◀ 513 아동의 발달적 수준에 맞는 활동 요구하기 ▶ 아동에게 무엇인가를 하거나 말하도록 요청할 때는, 아동의 조절(accommodation) 범위 내에 있는 행동으로 제한해야 한다. 아동은 자신의 조절 범위를 넘어서는 행동과 의사소통에 대해서는 반응하기 어려울 것이다.

실행 사항

- 아동과 함께 놀이하는 장면을 녹화한 비디오 자료를 관찰해 본다. 아동에게 하라고 요청한 행동들을 적어 본다. 이러한 행동들을 발달 프로파일(예: 발달 레인보우, Mahoney & Perales, 1996)에서 찾아본다. 아동의 조절 범위 내에 있는 것들을 아동에게 하라고 요청했을 때, 아동이 더 잘 반응하고 상호적 활동에 참여하였는지를 주의 깊게 살펴본다. 한편, 아이가 어려워하는 것을 요청하였을 때(즉, 아동의 조절 범위를 넘어서는 것), 아동이 얼마나 수동적이 되고 또 부모의 요청을 무시하는지 주의 깊게 살펴본다.
- 부모 또한 자신의 입장에서 할 수 없는 것을 하도록 요청받았을 때 어떻게 반응하는지 생각해 본다.
- 아동의 발달적 수용 능력(developmental capacity) 안에서 가능한 것을 하도록 요구하여 아동에게 성공의 기회를 더 많이 가지도록 한다.

◀ 523 아동의 주도에 따르기 ▶ 아동의 활동과 의도를 보충해 주거나 또는 그에 일치하는 방식으로 반응해 준다. 아동과 같은 방식으로 장난감을 가지고 놀이하거나

함께 상호적으로 활동한다. 만일 아동이 선택한 방식이 아니라면, 굳이 그 장난감이 제조된 원래 목적대로 장난감을 가지고 놀지 않아도 된다.

실행 사항

- 아동이 현재 가지고 노는 것은 그것이 무엇이든지 간에 그 순간에 아동에게 가장 흥미로운 것이다. 어른도 마찬가지로 자신이 관심 있는 활동을 하는 경우에 얼마나 동기화되어 참여하였는지, 스스로 흥미롭게 발견한 정보의 경우에 얼마나 잘 배우고 기억하고자 노력했는지를 기억해 본다. 아동 역시 마찬가지로 아동이 흥미 있어 하는 활동에 동기부여가 잘된다.
- 아동이 주도하는 대로 부모가 따라 주는 것은 바로 아동의 관심에 반응하는 것이다. 아동이 흥미 있어 하는 것에 더 많이 더 자주 반응해 줄수록, 아동은 더 많은 것에 관심을 보일 것이고, 이러한 흥미는 더욱 강력해질 것이다. 즉, 세상에 대한 아동의 관심이 많아질수록 관심의 강도 또한 더욱 강해질 것이다.

4 중심축 행동(PB): 문제 해결

C-4 문제 해결은 아동이 난이도가 있거나 어려운 과제를 지속해서 하는 정도를 말한다. 아동은 문제를 해결하기 위해 여러 시도를 해 보거나 계속해서 다른 해결책을 찾아 실험해 보는데, 심지어 성공하지 못하더라도 그렇게 한다. 아동은 자주 자신이 환경에 미치는 영향력을 평가해 본다. 아동은 낯설고 도전적인 상황을 해결하기 위해 시도한다는 면에서 창의적이다.

문제 해결에 관한 고려사항

C-401 문제 해결: 도전적인 상황에 직면했을 때 끝까지 한다.

문제 해결력은 아동이 도전적이거나 친근하지 않은 상황을 해결하기 위해 현재 가진 기술이나 행동을 적용하는 중심축 행동이다. 즉, 아동이 빨리 해결할 수 없는 과제를 계속해서 시도하는 상황에서 문제 해결력이 나타난다. 아동은 일상에서 놀이나 상호작용을 하면서 문제 해결을 위한 기회를 많이 가진다. 문제 해결력은 아동이 새로운 장난감을 접했을 때, 아동이 쉽게 이해할 수 없는 방식으로 의사소통할 때, 또는 아동의 능력을 넘어선 것을 하도록 요구받았을 때 필요한 능력이다.

문제 해결력은 상황을 처리하는 데 필요한 기술이나 능력 모두를 가져야 하는 것은 아니지만, 그중 상당 부분을 아동이 이미 가지고 있을 때 발휘될 수 있다. 요구되는 기술 중 아동이 하나도 가지고 있지 않거나 또는 단지 몇 개만 가지고 있다고 해도 아동이 문제 해결을 시도하는 데는 아무런 문제가 되지 않는다. 이는 '자신의 수레바퀴' 를 돌리는 것과 같은 일이다. 아동이 어려운 상황을 해결할 만한 능력을 가지지 못했을 때, 그 상황을 회피하거나 또는 그 문제를 해결해 줄 다른 누군가를 찾는 것은 당연한 일이다.

대부분의 아동은 자신의 능력 범위를 넘어서는 상황을 잘 안다. 그러나 학습 문제가 있는 아동은 해결 능력이 필요한 문제에 직면했을 때, 때때로 너무 쉽게 회피해 버린다. 아동은 자신에게 도전이 되는 활동에 계속 머물러 있는 방식을 배울 필요가 있다. 학습 문제가 있는 아동의 문제 해결 능력을 발달시키기 위하여 부모는 아동이 이러한 상황을 설명할 만한 능력을 어느 정도 가지고 있는지 정확하게 판단할 수 있어야 한다. 부모가 아동의 능력 범위 내에서 주어진 문제를 해결하도록 격려해 준다면, 아동이 스스로 적용하기에 불확실해 보이는 범위의 문제 해결력을 향상시키는 데 도움이 될 것이다. 그러나 부모가 아동의 능력을 과대평가하고 아동의 능력 밖에 있는 문제 해결을 시도하도록 조장한다면, 아동은 성공하지 못할 가능성이 많다.

아동에게는 오직 경우에 따라서만 문제를 해결해 보도록 촉진해 주어야 한다. 아동은 쉬운 활동에 참여하기보다는 어려운 문제를 해결하기 위해 더 많은 노력을 기울인다. 만일 부모가 지나치게 아동에게 문제 해결을 위한 활동을 하도록 요구한다면, 아동을 지치게 만들어 위험에 빠뜨릴 수 있다. 그러므로 부모가 이따금씩 아동이 다룰 수 있는 수준의 문제를 해결하는 활동을 격려해 준다면, 부모는 필요하고 적합한 상황에서 문제 해결 방식을 아동에게 학습시킬 수 있다.

C-402 문제 해결을 통하여 해결하는 것뿐 아니라 해결하지 못하는 것도 학습한다.

아동의 문제 해결 기술을 발달시키기 위해 전략을 사용하는 것이 문제 해결에 효과적일 수도 있지만, 그렇지 않을 수 있다는 것도 알아야 한다. 아동이 문제를 효과적으로 다루는 방식을 배우는 것만큼이나 어떤 전략으로는 문제를 해결하지 못한다는 것을 발견하고 이해하는 것도 중요하다. 즉, 아동이 문제를 해결하지 못하는 전략으로부터 배우는 정보는 문제를 해결하는 전략으로부터 배우는 정보만큼이나 중요하다.

부모는 도전적인 상황에 대해 실패적이거나 성공적인 해결책 모두를 포함하여, 아동의 모든 행동을 지원하는 RT 전략을 사용해야 한다. 다시 말하면, 아동은 실패의 기회도 가져 봐야 한다는 것이다. 그러나 좌절로 이끄는 기회가 너무 많아서는 안 되며, 그럴 경우 아동의 활동이 위축되거나 정서적 폭발을 가져올 수 있다. 만일 아동이 문제 해결의 실패로 괴로움에 직면한다면, 부모는 아동의 실패를 줄이고 아동이 활동에 계속 참여할 수 있도록 문제를 다루는 방식을 아동에게 중재하고 보여 주어야 한다.

아동을 도전적 상황에 직면하도록 격려하는 것과 과도하게 좌절되지 않도록 하는 것 사이에서 조화를 찾기는 어렵다. 그러나 아동이 문제를 효과적으로 해결하지 못하는 것을 배우는 기회를 가지려면 전략을 시도하였을 때 좌절하는 경험이 필요하다. 한편으로는 문제 상황에 대한 해결 능력이 없어서 아동이 과도하게 좌절하지 않도록 아동을 도전적인 상황에서 벗어나게 해 주는 것도 필요하다.

C-403 아동이 원하는 것을 하지 못하게 하는 상황은 문제가 된다.

아동과 함께 놀이를 하거나 상호작용하는 동안, 부모는 종종 아동이 하고 있는 것이나 하고 싶어 하는 것을 못하게 한다. 부모는 아동이 요구하는 것을 숨기거나, 아동의 주변에 물리적인 장벽을 만들거나 또는 지시하는 행동을 수행할 때만 얻을 수 있도록 일부러 숨겨 놓기도 한다. 이렇게 함으로써 부모는 아동이 문제 해결 행동에 참여하도록 동기화시키고, 논리적으로 생각하고 추론할 수 있는 능력을 촉진하려 한다.

그러나 이렇게 해서 문제 해결 행동을 촉진하려는 논리적 접근은 단지 아동이 자신의 의지로 참여할 때만 효과가 있다. 즉, 문제는 아동이 스스로 하고 싶어 하는 것이라는 것이다. 게임을 쉽게 이해하고, 빠르게 추론할 수 있고, 자신이 흥미 있어 하는 것을 지속하는 아동들은 이러한 유형의 상호작용에 즐겁게 참여하며 부모가 주는 도전적 문제에 대처해 나갈 수 있다. 그러나 이러한 것이 발달지체가 있는 아동, 즉 어떤 것을 추론하고 이해하는 데 오랜 시간이 걸리고, 자신이 흥미 있어 하는 것을 지속해서 하지 못하고, 부모가 만드는 장해물이 게임이라는 것을 이해할 만큼 인지적으로 성숙하지 못한 아동들에게는 또 다른 문제다. 발달적 문제가 있는 아동에게는 이러한 난이도가 있는 상호작용은 매우 어려울 수 있다. 부모가 강요하는 장해물은 아동에게 문제를 해결하도록 동기를 부여해 주기보다는 더 이상 흥미를 불러일으키지 않도록 하거나 아동의 활동을 방해 하는 것이다.

때로는 실제로 아동이 활동에 참여하지 못하게 막는 것이 바람직하게 여겨지는 상황도 있는데, 이는 아동의 문제 해결 기술을 촉진하는 것뿐 아니라 상호작용을 재미있고 흥미롭게 만드는 데 유용할 수 있다. 그러나 만일 장해물이 부모가 아동과 상호작용하는 데 중점 사항이 된다면, 그것은 어른과 아동의 상호작용을 매우 지시적인 유형으로 이끌게 될 것이다. 부모가 지나치게 자주 도전적인 상황을 제시하면, 아동은 활동에 참여하는 것에서 좌절을 경험하는 위험에 빠지게 된다. 아동에게 과도하게 많이 주어지는 장해물은 아동이 상호작용을 짧게 하고 끝내 버리는 원인이 될 수 있다.

C-404 장해물이 크면 클수록, 아동은 빨리 포기한다.

어린 아동이든 누구든지 간에 자신의 능력을 넘어선 문제를 해결하도록 강요하는 것은 바람직하지 않다. 합리적인 사람들은 자신의 능력 범위에 있는 과제에 자신의 노력을 집중시킨다. '싸움 대상을 선택하라!' 라는 말은 이러한 관점을 반영하는 것이다. 어린 아동들은 자신이 어떤 것을 다루는 데 필요한 기술을 가지고 있는지 가늠할 때 상황을 주로 고려한다. 아동은 자신의 능력 밖에 있다고 평가된 과제는 본능적으로 피하거나 재빨리 철회한다.

아마도 아동들 간의 능력에 대한 차이점 중 하나는 아동이 문제를 성공적으로 해결하기 위하여 자신의 능력을 평가하는 방식일 것이다. 매우 영리한 아동은 상황이 자신으로 하여금 할 수 있는 것을 넘어서는 전략이나 행동을 요구한다 하더라도, 자신이 문제 상황에서 성공할 만한 능력을 가졌다고 생각한다. 보통 평균 정도의 능력을 가진 아동은 자신의 능력을 약간만 초과하는 도전을 선택하며, 학습에 문제가 있는 아동들은 문제 상황에서 요구되는 기술의 대부분을 가지고 있다는 확신이 있지 않는 한 도전을 피한다.

만일 부모가 어렵거나 또는 상당한 노력을 요구하는 장해물을 만들어 내면서 문제 해결을 강요한다면, 학습 문제가 있는 아동은 다른 아동들에 비해 그러한 상황에서 보다 위축되기 쉽다. 그러나 아동의 능력 범위 내에 있는 문제를 풀게 한다면, 발달적 문제가 있는 아동이라고 하더라도, 문제를 해결하기 위해 노력하게 될 것이다.

C-405 아동이 추론하는 대로 따름으로써 문제 해결에 협력한다.

문제 해결에 대한 전형적인 시나리오는 아동이 어떤 것을 하고자 애쓰다가 실패를 경험한 뒤에 부모에게 도움을 청하는 것이다. 종종 아동은 난제를 극복하는 데 불완전한 논리를 사용하기 때문에 문제에 부딪히곤 한다. 부모는 이러한 상황에서 아동이 사용하는 문제 해결 행동을 어떻게 격려해야 하는가?

부모가 이러한 상황에 반응할 수 있는 방법에는 두 가지가 있다. 하나는 아동의 요구에 반응해 주고 문제 해결 방법을 아동에게 보여 주는 것이다. 아동은 이에 대해 다음과 같은 두 가지 반응을 보이는 경우가 많다. 첫째, 부모가 문제를 해결했던 방식에 주의를 집중하지 않고 그저 문제를 해결해 나가는 데 부모의 도움을 얻으려 한다. 둘째, 실제로 부모가 무엇을 했는지에 주의를 기울이지만, 부모가 했던 해결책을 모방하거나 따라서 반복해 보지 않고 부모가 개입한 시점에서 다시 자신의 놀이로 되돌아간다.

다른 하나는 아동이 문제를 해결하는 데 사용했던 비효과적인 행동을 모방함으로써 아동의 요구에 반응해 주는 것이다. 이렇게 함으로써 부모는 아동이 그 밖에 어떤 것을 하도록 격려해 주는 동시에 아동의 실패를 함께할 수 있다. 더욱이 아동이 그 상황을 맡아 주도하게 하려면, 아동의 요구대로 상황을 해결해 주기보다는 오히려 아동이 다른 것을 시도하도록 격려함으로써 아동이 계속해서 활동에 참여하게끔 하는 것이 좋다. 아동이 여러 가지 다른 전략을 시도해 본 뒤에는 부모가 정확한 해결책을 보여 줄 수 있다. 이 시점에서 제공되는 도움은 아동이 지속적으로 노력한 뒤에 제공되는 것이기 때문에 매우 의미가 있다.

이 두 가지 부모의 반응은 모두 아동을 상호작용에 참여시키는 데 효과적일 것이다. 그러나 첫 번째 유형은 아동이 탐색하거나 실행하도록 격려해 주는 데 효과적일 뿐 문제 해결을 촉진하는 데는 효과적이지 못하다. 반면에 두 번째 전략은 아동이 문제 해결 기술을 사용하도록 격려해 주는 기회가 된다. 부모가 아동의 부적합한 문제 해결책을 그대로 함께해 볼 때, 아동이 다른 해결책을 만들어 내도록 지원하고 격려하게 된다.

C-406 해결책을 세우기 위해 아동과 상호작용한다.

문제는 시행착오를 통해 학습함으로써 해결된다. 그러므로 문제를 다룰 때, 한 가지 전략이나 행동을 사용하도록 한다. 그리고 만일 그것이 실패하면 다른 전략으로 시도한다. 문제의 해결책을 찾기 위해서는 성공적이지 못한 해결책을 고수하기보다는 성공적인 해결책을 찾기 위해 행동을 변경할 필요가 있다. 어려운 상황에 부딪혔을 때, 대부분의 아동들은 문제를 성공적으로 해결하지 못하는 전략이나 행동을 반복해서 시도하는 경향이 있다. 효과적으로 문제를 해결하려면 아동은 여러 해결책을 만들어 내는 방법을 배울 필요가 있다.

아동은 이러한 기본적인 문제 해결 규칙을 어떻게 배우는가? 초기 발달단계에 있는 대부분의 아동은 그들이 시도한 행동이 성공하지 못했을 때 다른 행동을 시도해 보려고 하지 못한다. 부모는 문제를 해결하는 데 효과가 없었던 전략을 차례로 주고받는 시행착오를 통해 학습을 촉진할 수 있다. 다시 말하면, 아동이 어떤 수행에 어려움을 겪을 때, 부모는 ① 비성공적인 전략을 모방하고, ② 아동이 만들어 내는 일련의 비성공적인 전략의 본을 보이고, ③ 성공적인 해결책의 실증을 보여 줌으로써 아동의 활동에 함께 참여할 수 있다.

부모가 아동과 차례로 주고받으면서 아동의 능동적 참여를 지속시킬 때, 아동은 자신이 경험하는 문제에 대한 시행착오 절차를 부모가 겪는 것을 관찰함으로써 직접적인 경험을 얻는다. 아동이 직접 노력하는 것이기 때문에, 이러한 종류의 에피소드를 반복적으로 경험하는 것은 아동에게 매우 의미 있는 일이다. 이러한 시행착오적인 행동 유형은 아동이 문제에 봉착했을 때 자신이 할 수 있는 해결책을 찾을 수 있도록 해 준다.

C-407 아동의 문제 해결사가 아니라 아동의 협력자가 되어 준다.

부모들 대부분은 아동이 문제 해결에 대한 도움을 청할 때 아동을 돕고자 하는 타고난 성향이 있다. 사실상 아동이 혼자 힘으로 해결하도록 격려해 주기보다는 아동에게 문제를 해결하는 방식을 보여 주고 문제 해결 과정에 간섭하기 쉽다. 그러나 만일 부모가 아동이 혼자 힘으로 문제를 해결하도록 격려해 주지 못한다면, 아동은 결국 문제 해결자가 되지 못할 것이다. 아동은 일상의 놀이와 일상적인 경험에서 부딪히는 문제를 해결하려고 시도함으로써 문제 해결자가 되는 것을 배운다.

부모는 아동이 문제를 해결하는 과정에서 협력자가 되어 줌으로써 아동이 문제 해결 과정을 잘 지속할 수 있도록 도와준다. 부모는 아동과 차례로 주고받으며, 문제를 해결하려는 아동의 노력을 모방하고, 아동이 문제 상황을 해결하기 위해 만들어 내는 전략을 지지하고, 아동의 주도에 따름으로써 난제에 처한 아동의 요구에 응해 줄 수 있다. 즉, 부모가 아동의 협력자가 되어 줌으로써, 아동이 실패했을 때 경험하는 좌절감을 경감시킬 수 있다. 부모는 아동과 조화롭고, 상호적인 상호작용을 함으로써 좌절, 난제, 장해물 등을 극복하기 위해 애쓰는 아동의 마음을 함께 나누고 좌절을 즐거운 활동으로 전환시킬 수 있다.

부모가 아동과 상호작용하는 방식은 아동이 문제 상황에서 대처하는 방식을 터득하게 해 준다. 부모가 아동의 상대자로서 행동하고 다양한 해결책을 시도하려는 아동의 노력을 격려할 때, 아동이 혼자 힘으로 문제의 해결책을 주도하도록 가르칠 수 있다. 만일 부모가 아동이 도움을 요청할 때마다 아동의 문제를 해결해 주면서 개입한다면, 아동은 어려운 상황에서 혼자 힘으로 해결하기보다는 다른 사람에게서 도움을 청하는 법을 먼저 배울 것이다.

논의점

C-401 문제 해결: 도전적인 상황에 직면했을 때 끝까지 한다.

- 아동이 빨리 해결할 수 없는 과제를 계속해서 시도하는 상황에서 아동의 문제 해결력이 나타난다.
- 문제 해결력은 상황을 처리하는 데 필요한 기술이나 능력 모두를 가져야 하는 것은 아니지만, 그중 상당 부분을 아동이 이미 가지고 있을 때만 나타난다.
- 아동은 자신에게 도전이 되는 활동에 계속 머물러 있는 방식을 배울 필요가 있다.

C-402 문제 해결을 통하여 해결하는 것뿐 아니라 해결하지 못하는 것도 학습한다.

- 전략이 문제 해결에 효과적일 수도 있지만, 그렇지 않을 수도 있다는 것을 배워야만 한다.

• 아동은 실패의 기회도 가져 봐야 한다. 하지만 좌절로 이끄는 기회가 너무 많아서는 안 된다.

C-403 **아동이 원하는 것을 하지 못하게 하는 상황이 문제가 된다.**

• 문제는 아동이 스스로 하고 싶어 하는 것으로 정의된다.

• 부모가 강요하는 장해물은 아동이 문제를 해결하도록 동기를 부여해 주기보다는 아동에게 더 이상 흥미를 불러일으키지 않도록 하거나 아동의 활동을 방해한다.

• 아동에게 과도하게 주어지는 장해물은 아동이 상호작용을 짧게 하고 끝내 버리는 원인일 수 있다.

C-404 **장해물이 크면 클수록, 아동은 빨리 포기한다.**

• 아동은 자신의 능력 밖에 있다고 평가하는 과제는 본능적으로 피하거나 재빨리 철회한다.

• 아동의 능력 범위 내에 있는 문제를 풀게 한다면, 발달적 문제가 있는 아동이라고 하더라도 문제 해결을 위해 애쓰게 될 것이다.

C-405 **아동이 추론하는 대로 따름으로써 문제 해결에 협력한다.**

• 아동은 난제를 극복하는 데 불완전한 논리를 사용하기 때문에 문제에 부딪힌다.

• 부모가 아동의 부적합한 문제 해결책을 그대로 함께해 볼 때, 아동이 다른 해결책을 만들어 내도록 지원하고 격려하게 된다.

C-406 **해결책을 세우기 위해 아동과 상호작용한다.**

• 문제는 시행착오를 통해 학습함으로써 해결된다.

• 문제를 해결하는 데 효과가 없었던 전략을 차례로 주고받는 시행착오를 통해 학습을 촉진할 수 있다.

C-407 **아동의 문제 해결사가 아니라 아동의 협력자가 되어 준다.**

• 부모들 대부분은 아동이 문제 해결에 대한 도움을 청할 때 아동을 돕고자 하는 타고난 성향이 있다.

• 부모는 아동이 문제를 해결하는 과정에서 협력자가 되어 줌으로써 아동이 문제 해결 과정을 잘 지속할 수 있도록 돕는다.

• 부모가 아동의 상대자로서 행동하고 다양한 해결책을 시도하려는 아동

의 노력을 격려할 때, 아동이 혼자 힘으로 문제의 해결책을 주도하도록 가르칠 수 있다.

문제 해결을 촉진하는 RT 전략

《312 아동의 행동과 의사소통 모방하기》 아동이 만들어 내는 행동은 어떤 것이든지 모방할 수 있다. 만일 아동이 어른과 상호작용하는 데 별다른 흥미를 보이지 않는다면, 부모는 아동의 이상 행동을 따라 함으로써 아동의 관심을 끌 수 있다(예: 앞뒤로 몸을 흔들기, 엄지손가락 빨기, 큰소리로 소리 지르기, 울기, 물건 던지기 등). 모방에는 두 가지 기능이 있다. 첫째, 아동이 현재 하는 것에 기초하여 아동과 상호작용 관계를 형성할 수 있다. 둘째, 모방은 어른과의 상호작용에서 아동이 주도할 기회를 직접적으로 주는 것이다.

실행 사항

- 모방으로 아동의 행동의 다양성과 범위를 확대하도록 촉진할 수 있지만, 바람직하지 않은 행동(예: 안전을 위협하거나 사회적 규칙에 벗어나는 행동)은 강화시켜서는 안 된다는 사실을 기억한다.
- 부모가 아동의 행동을 모방해 줌으로써 아동은 어른의 행동을 통제하는 것에 대해 즐거워하고 재미를 느끼게 되면서 주의 집중이 증가한다.
- 부모가 아동의 비언어적 또는 언어적 의사소통을 모방하는 것은, 아동으로 하여금 다른 사람에게 영향을 미치는 상호적인 초기 의사소통 기술을 학습하게 해 준다.

《321 아동에게 다음 발달단계를 보여 주어 확장하기》 아동과 놀이하면서 의사소통할 때 부모나 다른 어른들은 아동에게 다음 단계를 보여 줄 필요가 있다. 이렇게 함으로써 아동은 어른과 상호작용을 유지하면서 새로운 정보를 접할 것이다.

실행 사항

- 부모가 아동에게 행동의 새로운 의미와 목적을 제시함으로써 확장해 줄 때, 이것이 아동의 행동이나 활동과 관련이 있는지 확인한다.

《322 아동의 의도를 명확히 표현해 주거나 아동의 주제를 발전시키며 확장하기》 어른은 아동이 수행한 행동의 의도나 목적을 그대로 표현하면서 아동이 하는 활동이나 의사소통을 보다 복잡한 형태로 발전시킬 수 있다. 예를 들면, 아이가 3개의 블록으로 탑을 쌓았다면, 부모는 네 번째 블록으로 탑을 쌓아 확장할 수 있다.

실행 사항

- 아동과 함께 상호작용할 때, 부모가 시도하는 확장이 절대로 한쪽에만 치우치지 않도록 명심한다. 경우에 따라서는 아동의 활동 안에서만 확장의 내용을 소개해 준다.
- 만일 아동이 부모가 확장해 주는 것을 따르고 싶어 하지 않는다면, 아동이 능동적으로 계속해서 참여하도록 아동이 원래 하던 활동으로 돌아가도록 한다.
- 만일 부모가 확장하는 것에 대해 아동이 반응하지 않는다면, 확장 내용들을 아동의 발달적 능력 범위 내에 있는 것들로 하여 아동의 흥미와 감각에 맞도록 수정한다.

《323 더욱 성숙한 반응을 만들어 내는 동안 조용히 기다려 주기》 아동이 '이전의' 미성숙한 행동을 보일 때, 경우에 따라서는 다른 반응을 할 때까지 기다려 줌으로써 아동이 상위 수준의 행동을 사용하도록 촉진할 수 있다. 대부분의 아동은 쉬운 행동을 수행하는 것을 더 좋아한다. 그러나 만일 아동이 먼저 반응하도록 기다려 준다면, 아동은 자신이 더욱 성숙한 행동을 어떻게 하는지 안다는 것을 보여 줄 수 있다. 기다려 주는 것은 아동이 이미 할 수 있는 것을 수행하도록 격려해 줄 때 더욱 효과적이라는 사실을 기억한다.

실행 사항

- 아동이 이전에 여러 번 하던 행동을 할 때까지 기다려 준다. 만일 아동이 상위 수준의 행동을 이전에 단지 몇 번만 해 봤을 뿐이었다면, 그것은 아직 아동이 하기에는 쉬운 행동이 아닌 것이다.
- 만일 아동이 '기다리는' 동안 5초 이내에 특정 행동을 하지 않는다면, 부모가 행동을 간단히 모델로 보여 주고 아동이 행동을 모방하거나 하도록 강요하지 않은 채 활동을 지속한다.

《324 목적을 가지고 놀이하기》 때때로 아동들은 목적을 가지고 행동을 시도하거나 다음에 해야 할 것이 무엇인지 인식하는 데 어려움을 느낀다. 경우에 따라서는 아동이 더욱 목표 지향적인 행동을 할 수 있도록 돕는 것으로 아동의 목적 없는 활동에 반응해 준다.

실행 사항

- 아동이 할 수 있는 것을 제안해 주기 위해 간단한 행동 모델을 제시한다. 부모가 제시한 수행에 대해 아동이 어떻게 반응하는지 살펴본다. 아동이 제시한 수행을 따른다면, 아동이 좀 더 목적 있는 활동을 하도록 계속 이끌어 준다. 만일 아동이 돌아서 버리거나 또는 활동성이 다소 떨어지게 되면, 아동이 하고 싶어 하는 것을 하도록 내버려 둔다.

《512 아동이 학습할 수 있는 발달적 기술 인식하기》 아동은 현재의 발달적 기술 수준에서 바로 다음 단계의 발달적 수준으로 연결되는 발달 행동을 가장 잘 배울 수 있고 또 가장 잘 반응할 수 있다. 이는 아동의 조절 범위로 설명될 수 있다.

실행 사항

- 소근육 운동, 대근육 운동, 표현 언어, 사회적 상호작용 그리고 사물 상호작용 영역에서 아동의 조절 범위 내에 (즉, 발달연령이 -1개월에서 +1개월 범위 내) 속하는 행동을 규명하기 위해 발달 프로파일(예: 발달 레인보우, Mahoney & Perales, 1996)을 사용한다.
- 아동의 현재 조절 능력 범위를 넘어서는 행동이 있는지 체크해 본다. 이들은 아동의 현재 발달 수준보다 1개월 이상 높은 행동이거나 발달 기술들이다.
- 전문가는 아동이 상위 수준의 기술과 능력을 발달시키는 데 아동의 조절 범위를 적용할 수 있도록 아동의 발달적 행동에 관한 정보를 부모에게 계속해서 제공해야 한다.

《522 아동이 주의를 집중하는 것에 따르기》 아동이 주의를 집중하고 있다는 것은 아동이 쳐다보는 것, 귀 기울이는 것 또는 손을 뻗치는 것으로 나타난다. 아동이 주의를 기울이는 소리, 사물, 사람 또는 활동은 모두 아동이 흥미 있어 하는 것임을 나타낸다. 아동이 주의를 집중하는 것을 따르기 위해, 부모는 아동이 주의를 기울이는 것으로 보이는 미묘한 단서에 민감하고 반응적이어야 한다. 아동의 주의가 어떤 것에서 다른 것으로 옮겨 가는 것을 따라 계속해서 아동의 주의를 따르도록 한다.

실행 사항

- 어린 아동들은 자신과 직접 관련된 경험에 몰두하게 된다. 아동의 활동과 아동이 주의를 주는 것은 자신의 직접적인 흥밋거리에 따라 좌우된다. 아동이 어떤 것에 대한 흥미를 잃으면, 자신을 유혹하는 다른 상황으로 주의를 곧바로 옮기게 된다.
- 아동이 흥미 있어 하는 것은 현재 발달적 기능 수준에 따라 차이가 있다. 예컨대, 생애 초기 6개월쯤에 아동은 맛, 재질, 모형, 소리와 같은 사물의 물리적인 특성에 주로 흥미를 느낀다. 생후 1년경에는 아동의 발달이 변화함에 따라, 아동은 사물의 특성에 대한 관심보다는 자신이 할 수 있는 사물의 기능에 더욱 흥미를 느낀다.

5 중심축 행동(PB): 실행

C-5 실행은 아동이 동일한 방식으로 행동과 활동 모두를 반복하고 그것들을 다양하게 하는 것을 말한다. 아동은 혼자서 또는 다른 사람들과 이러한 행동을 반복적으로 실행한다. 실행하는 에피소드는 점차 길어지고 여러 사물 및 사람과 함께 일어난다.

실행에 관한 고려사항

C-501 실행은 아동에게 행동을 숙련하고 결정하는 기회를 준다.

학습 발달 기술은 새로운 행동을 단순히 습득하는 것 이상을 포함한다. 아동이 특정한 발달적 기술이나 개념을 처음 배울 때, 아동은 새로운 행동을 미숙하게나마 사용할 수 있다. 따라서 아동은 행동을 정확하게 사용할 수도 있지만, 매우 어색하게 사용하거나 또는 상당한 노력 끝에 간신히 행동을 만들어 낼 수도 있다. 또한 아동은 이러한 행동을 학습했던 맥락에서만 사용할 뿐 보다 넓은 범주에서도 활용할 수 있다는 것을 인식하지 못한다.

아동은 새롭게 획득한 행동을 매우 능숙하게 사용하는 방식을 배워야만 한다. 즉,

행동이 특별한 노력 없이 본능적으로 사용하는 자동적인 반응이 되게 할 필요가 있다. 스포츠 분야의 종사자들은 기술을 숙련하는 유일한 방식은 반복 연습이라고 말한다. 전문 운동가들은 단지 기술을 배울 때뿐만 아니라 그것을 숙달한 후에도 계속해서 연습하는 데 상당한 시간을 할애한다. 결국 그들은 특별한 인식 없이도 시합에서 그러한 기술을 사용할 수 있다.

이와 동일한 원리가 발달적 기술을 학습하는 아동에게도 적용된다. 새로운 기술을 그저 습득만 하는 것은 그것들을 아동의 자발적 행동으로 만드는 데 충분하지 않다. 따라서 아동은 새로운 기술을 실행해 보고 반복할 필요가 있다. 그래야만 아동이 별다른 의식 없이도 그러한 기술을 발휘할 수 있다. 놀이는 아동이 발달적 기술을 실행하고 반복하는 상황이다. 아동이 놀이하도록 격려받을수록, 새롭게 배운 발달적 행동을 자동적인 반응으로서 사용할 가능성은 더욱 커진다.

실행과 반복은 아동에게 새롭게 획득한 행동과 개념을 사용할 수 있는 방법을 가르쳐 준다. 다양한 장면에서 그리고 다양한 장난감이나 사람과 함께 새로운 행동을 실행함으로써, 아동은 사물, 사람 그리고 장면의 범주를 넓혀 가는 방식을 발견하게 된다.

C-502 새로운 발달적 행동이나 사고방식을 획득하기 위하여 아동은 이전의 행동과 사고방식을 버려야 한다.

아동발달은 아동이 보다 능률적이고 생산적으로 기능할 수 있는 기술과 행동을 획득하는 과정이라고 할 수 있다. 많은 경우, 새로운 발달적 기술과 개념은 아동이 이미 할 수 있는 것을 하도록 하는 것이 아니다. 더욱이 상위 수준의 발달적 기술은 하위 수준의 기술에 비해 보다 효과적인 수행과 사고방식을 아동에게 제안한다. 예컨대, 아동이 처음 걸음마를 배울 때 아동은 이미 기거나 구르면서 혼자서 자신의 주변 환경을 돌아볼 수 있다. 첫발을 내디딜 때, 아동은 기거나 또는 다른 이동 수단을 이용해서 할 수 있는 것보다 좀 더 빨리 이동하거나 조금 덜 다치는 방법을 알게 된다.

아동은 상위 수준의 기술을 사용하기 위하여, 하위 수준의 기술을 포기해야만 한다. 아동은 동시에 기고 걸을 수는 없다. 아동은 이것 아니면 저것을 선택해야 한다. 아동이 기는 행동을 더 많이 할수록, 아동은 덜 걷게 된다. 마찬가지로 아동이 좀 더 많이 걸을수록 아동은 덜 기게 된다. 이것이 자명한 일임에도 불구하고, 우리는 이

것이 발달 과정에서 얼마나 중요한 일인가는 별로 고려하지 않는다. 예컨대, 아동이 상위 수준의 기술(예: 걷기)을 획득하려면 하위 수준의 운동 기술(예: 기기)을 포기해야 한다. 만약 아동이 이동 수단으로 기는 방식을 사용하는 데 만족한다면, 아동은 걸어야 할 이유가 없다. 여기서의 운동발달은 걷는 학습을 수반할 뿐 아니라 기기를 포기하는 것도 포함한다.

여러 아동발달 기술에 적용되는 원칙들이 있다. 예컨대, 중요한 발달적 이정표 중 하나는 아동이 사물을 두드리는 것에서 상자 안에 사물을 넣는 것으로 전환하는 것이다. 아동은 동시에 똑같이 이 두 가지 발달적 행동을 할 수는 없다. 아동이 한 가지 행동을 좀 더 많이 하면, 다른 한 가지 행동은 좀 더 적게 하게 된다. 아동은 낯선 상위 수준의 발달적 기술을 사용하기 위하여 왜 이미 익숙한 발달적 기술을 포기하는가? 아동은 새로운 행동이 이전 행동보다 효과적인 수행과 사고방식을 제시한다는 것을 알게 될 때 하위 수준의 기술을 포기할 것이다.

무엇이 이러한 과정을 이끄는가? 아동은 기면서도 이미 자신의 주변 환경을 둘러볼 수 있는데 왜 걷고 싶어지는 것일까? 우리는 이러한 의문에 대한 답을 알지 못하지만, 아동이 일반적으로 하는 것을 생각해 본다면 합리적인 설명을 얻을 수 있을 것이다. 아동은 놀이할 때, 학습과정 중에 있는 기술과 개념을 실행한다. 아동은 새로운 개념과 기술을 실행하고 반복하는 것으로 옮겨 가기 전에 장난감과 사물을 가지고 여러 번 같은 행동을 반복한다. 이러한 실행과 반복이 단지 새롭게 배운 발달적 행동의 숙련을 돕는 것만은 아니다. 실행은 아동으로 하여금 현재 행동에 제한이 있는가를 발견하도록 해 준다. 아동은 반복적인 놀이에 참여함으로써, 점차적으로 자신이 탐색해 보고 싶은 여러 가능한 일들을 인식하게 된다. 현재 아동이 하는 행동이 탐색하는 데 비효과적일수록 아동은 더 열심히 대안적 행동을 찾는다. 세상에 대한 인식과 흥미가 증가할수록 아동은 현재 행동이 지닌 제한점을 발견하게 되므로, 아동이 원하는 것을 보다 쉽게 할 수 있게 해 주는 행동을 배우는 데 동기화된다.

C-503 반복과 실행은 가장 일반적인 아동의 놀이 양상이다.

발달적으로 적합한 행동이란 아동이 학습하고 발달하는 데 도움을 줄 만한 역할을 하는 것으로 특정한 발달적 수준에서 아동이 일반적으로 수행하는 행동들을 말한다. 예컨대, 4~6개월의 발달연령 수준에서는 아동이 사물을 두드리고 던지는 것이 발달적으로 적합한 행동이다. 또한 2~4세의 아동들에게는 가장놀이가 발달적으로 적합하다. 가장놀이가 2~4세 아동들의 학습과 발달에 기여하는 것처럼, 두드리기는 4~6개월의 어린 아동들이 학습하고 발달하는 데 도움이 되는 역할을 수행한다. 실행이나 반복은 초기 아동기 동안에 발달적으로 적합한 행동이다. 어린 아동은 놀이할 때, 같은 동작, 행동 또는 일과를 계속해서 반복한다. 아동은 아침, 저녁 그리고 밤에도 장난감 트럭을 가지고 같은 동작을 하고 다음 날과 그다음 날에도 동일한 활동을 계속하곤 한다.

무엇이 유능한 운동선수를 만드는가? 그것은 바로 실행과 반복이다. 유능한 선수들은 기술을 숙련할 때까지 반복적으로 실행하면서 많은 시간을 보낸다. 운동선수들은 동일한 행동을 반복해서 실행하는 것을 즐긴다. 특히 그들이 그렇게 하면 더욱 숙련된다는 것을 깨달았을 때 그러하다. 비록 우리들 대부분이 운동선수들이 하는 것만큼 해야 할 필요성을 느끼지 못하더라도 이러한 반복적인 실행을 불필요하거나 비생산적인 것으로 여겨서는 안 된다. 우리는 운동선수의 탁월한 능력은 오직 실행과 반복에서 비롯된 숙련된 기술이라는 것을 안다.

대부분의 정상 발달 아동들은 놀이 중에 상위 수준의 실행과 반복을 드러내지만, 발달적 문제가 있는 아동들 대부분은 그렇지 못하다. 더구나 그들은 정상 발달 아동에 비해 새로운 정보를 배우거나 발견하기 위해 더욱 많은 반복이 필요하기 때문에, 실행과 반복이 제대로 수행되지 않으면 심지어 아동의 학습 문제를 더욱 악화시킬 수 있다. 발달적 문제가 있는 아동의 경우, 부모가 아동이 하는 만큼 반복 놀이에 함께 참여하지 못한다고 느낀다면 발달 기술과 행동을 가능한 한 자주 실행하고 반복하도록 격려해 줄 필요가 있다.

부모가 아동과 함께 상호작용하는 방식은 아동이 충분하게 실행과 반복에 참여하지 못하게 하는 원인이 되기도 한다. 부모는 동일한 것을 장시간 반복해서 아동과 함께하는 것에 아동보다 먼저 지쳐 버릴 수 있다. 부모는 지루해서 아동이 어떤 다른 것을 하도록 조장하기 위해 새로운 장난감이나 행동을 권하기도 한다. 그러나 부모가 아동에게 시도해 보도록 권하는 행동은 대개 아동에게는 아직 할 수 있는 능력도 안 되고 흥미 있어 하지도 않는 것들로, 이러한 시도는 아동이 상호작용하는 것을 방해할 수 있다.

이러한 문제를 피하기 위해, 부모는 가능한 한 아동이 흥미 있어 하는 것으로 아동과 상호작용을 유지해야만 한다. 또한 부모가 선호하는 활동을 실행하거나 반복함으로써 아동과 대립되지 않도록 주의해야 한다. 만일 발달적 문제가 있는 아동이 계속해서 동일한 행동을 반복한다면, 이것은 현재 나타내는 미숙한 행동을 발견하는 데 결정적인 요인인 동시에 숙련하기 위한 행동이라는 것을 부모는 기억할 필요가 있다. 이러한 행동들이 아동에게 유용하지 못한 것일 때, 아동은 더 이상 반복하며 행동하지 않을 것이다. 그러나 이렇게 될 때까지는 부모가 인내를 가지고 아동의 놀이를 지지해 주어야 한다.

C-504 발달적 문제가 있는 아동은 불완전한 행동을 실행하거나 반복하지 못한다.

발달적 문제가 있는 아동의 부모 가운데 일부는 아동이 하는 행동의 많은 부분을 아동의 발달적 문제에서 기인한 것으로 본다. 예컨대, 만일 아동이 정신지체로 진단되었다면, 어떤 부모는 아동이 하는 행동의 대부분을 '정신적으로 지체된' 행동으로 규명한다.

이와는 대조적으로 반응성 교수 관점에서는 모든 아동의 행동에 대해 얼마나 지체되었는가와 상관없이, 아동이 가지는 학습 문제의 징후로 보는 것이 아니라 아동의 강점으로 본다. 아동의 놀이가 심지어 아동의 나이 수준에서 일반적으로 하는 놀이 행동과 같지 않더라도 발달적으로 적합한 것으로 본다. 아동이 놀이에서 하는 것들 대부분은 현재 아동의 지식과 이해를 반영한다. 비록 이러한 행동이 아동의 연령에 비해 지연 된 것이라 하더라도, 그것은 상위 수준의 행동을 학습하기 위한 유일한 도구다.

어떤 부모들은 아동이 행동을 실행하거나 반복하도록 격려해 준다면, 하위 수준의 행동이 강화될 수도 있다고 염려한다. 그러나 전형적인 발달을 하는 어린 아동이 이와 동일한 행동을 할 때, 부모는 일반적으로 매우 기뻐해 주며 자신이 아동의 발달적 성장을 방해한다는 걱정은 하지 않는다. 강화 이론에 따르면, 만일 부모가 행동을 유도하기 위해 아동에게 보상을 준다면, 아동이 이후 그러한 행동을 보일 가능성이 증가한다고 본다. 그러나 이러한 접근이 어린 아동의 놀이와 사회적 행동에 대해서도 효과적인 방식은 아니다. 어린 아동이 일반적으로 보이는 행동을 실행하고 반복하도록 아동을 격려하는 것은 하위 수준의 행동을 강화하는 것이 아니다. 부모가 이렇게 함으로써 오히려 아동의 '실행 노력' 을 강화하게 된다. 어느 순간에 아동이 보이는 특정 행동은 대개는 부모의 강화에 의해서가 아니라, 현재 아동의 지식과 이해에 따라 결정된다. 아동의 지식과 이해를 변화시키기 위해서 도움을 주려면, 아동이 실행하고 반복하는 행동을 격려해 주어야 한다.

아동의 지식과 이해 능력은 아동의 현재 행동 수준과 사용 능력에 관하여 얼마나 학습하였는가에 따라 크게 영향을 받는다. 왜냐하면 아동의 행동은 대개 환경에 따라 영향을 받기 때문에, 부모가 아동이 하위 수준의 행동을 실행하는 것을 격려할수록 아동은 상위 수준의 발달적 행동을 보다 빨리 배우게 될 것이다.

C-505 아동이 본성적으로 원하는 발달적 행동을 실행하거나 반복하는 것을 그만두게 할 수 없다.

5~12개월 된 아동들은 공통적으로 장난감을 입에 넣거나, 두드리거나, 던진다. 부모는 아동이 수행하는 것이 별로 마음에 들지 않더라도, 이러한 행동이 아동의 현재 발달적 기능 단계에서 일반적으로 하는 행동이라면 인내하면서 격려해 주어야 한다. 그러나 만일 아동이 1.5~2세일 때 이 같은 행동을 한다면, 사회적으로 나이 수준에 부적합한 것으로 여겨지기 때문에 부모는 대개 이러한 유형의 행동을 하지 못하게 한다. 부모는 사물을 치워 버리거나, 아동을 잡아당기거나 또는 아동에게 다른 유형의 행동을 하게 함으로써 이러한 행동을 하지 못하게 할 수도 있다.

부모가 곁에서 이와 같이 유도한다면, 아동은 대개 이러한 행동을 일시적으로 억제한다. 그러나 부모가 주변에 없을 때 아동이 하는 것을 관찰해 보면, 흥미로운 사실을 발견하게 된다. 아동은 거의 사고 과정 없이, 부모가 애써 하지 못하게 한 그 행동을 다시 한다. 이러한 행동을 막으려는 부모의 노력은 단지 일시적인 효과만 가져올 뿐이다. 즉, 부모는 아동이 혼자서 놀이할 때 아동이 하는 것에는 거의 영향을 미치지 못한다.

아동이 하위 수준의 행동을 하지 못하게 하는 것은 아동이 잘할 수 있는 것을 하지 못하게 할 뿐이다. 부모가 아동이 하위 수준의 행동을 포기하도록 조장할 수 있는 가장 좋은 방법은 아동이 그 행동을 가능한 한 많이 실행하고 반복하도록 촉진하는 것이다. 아동이 하위 수준의 행동을 반복해서 실행할수록, 아동은 이 행동의 문제점을 보다 빨리 발견할 것이며 그만큼 앞당겨서 상위 행동을 찾을 것이다. 아동이 하고 싶은 행동을 하지 못하게 막는 것은 상위 수준의 발달적 행동을 발견하거나 학습할 기회를 제한할 뿐이다.

C-506 아동은 지시적 교수 방법을 통하여 학습한 행동을 자발적으로 실행하거나 반복하지 않는다.

부모와 어른들은 아동의 발달적 문제에 대해 관심이 많기 때문에, 아동이 상위 수준의 행동을 학습하도록 돕는 방법으로 자주 지시적 교수법을 사용한다. 지시적 교수방법은 아동에게 어떤 것을 하도록 요청하거나 모델을 제시하고, 모방하도록 유도하며, 물리적 촉진을 하거나 강화하는 등의 절차를 통해 상위 수준의 기술을 실행하도록 아동을 부추기는 것을 의미한다. 만일 어른이 충분한 시간을 가지고 이것을 반복한다면, 아동은 결국에는 부모가 촉진하거나 요구한 것에 대한 반응으로 이러한 행동을 실행하게 된다. 실제로 이러한 지시적 교수 방법은 아동이 하는 방법을 알지 못하는 발달적 행동을 하도록 조장하는 유일한 방법이다.

그러나 아동이 상위 수준의 행동이나 기술을 지시적 교수방법을 통하여 배운 다음에는 이내 전형적인 보통 수준의 발달 행동으로 되돌아간다. 지시적 교수방법을 통해 학습한 아동의 경우, 혼자 힘으로 그러한 행동을 실행하고 반복함으로써 상위 수준의 행동을 실행하게 되는 사례는 절대 일어나지 않는다.

지시적 교수는 어른의 요구에 대한 반응으로 아동이 성공적으로 표적 행동을 실행하고 학습하도록 돕는 것으로 증명되었기 때문에, 학습 문제가 있는 아동의 중요한 교수 방법으로 제시되어 왔다. 그러나 이 절차의 단점은 교수가 이루어졌던 것과 다른 장면에서는 이러한 행동을 기억하고 사용하는 데 어려움이 있다는 것이다. 지시적 교수만으로는 부모나 어른이 가르쳤던 행동을 실행하고 반복하도록 촉진하지 못하기 때문에 아동이 기억하고 일반화하는 데는 문제가 있다. 아동이 실행과 반복을 통하여 지나치게 많은 발달적 행동을 배우는 경우에 아동이 본래 훈련받았던 곳과 다른 상황에서 배운 행동들을 자발적으로 사용하고 기억할 가능성은 적어진다.

논의점

C-501 실행은 아동에게 행동을 숙련하고 결정하는 기회를 준다.

- 학습 발달 기술은 새로운 행동을 단순히 습득하는 것 이상을 포함한다.
- 기술을 숙련하는 유일한 방법은 반복 연습이다.

- 실행과 반복은 아동에게 새롭게 습득한 행동과 개념을 사용할 수 있는 방법을 가르쳐 준다.

C-502 **새로운 발달적 행동이나 사고방식을 획득하기 위하여 아동은 이전의 행동과 사고방식을 버려야 한다.**

- 상위 수준의 발달적 기술은 하위 수준의 기술에 비해 아동에게 보다 효과적인 수행과 사고방식을 제공한다.
- 상위 수준의 기술을 사용하기 위하여 아동은 하위 수준의 기술을 포기해야 한다.
- 아동은 새로운 행동이 이전의 행동보다 효과적인 수행 또는 사고방식을 제시한다는 것을 알게 될 때 하위 수준의 기술을 사용하는 것을 포기할 것이다.
- 실행은 아동으로 하여금 현재 행동에 제한이 있는가를 발견하도록 해 준다.

C-503 **반복과 실행은 가장 일반적인 아동의 놀이 양상이다.**

- 실행이나 반복은 아동기 초기에 발달적으로 적합한 행동이다.
- 부모는 발달적 문제가 있는 아동의 경우에 발달적 기술과 행동을 가능한 한 자주 실행하고 반복하도록 격려해 줄 필요가 있다.
- 부모는 동일한 것을 장시간 반복해서 아동과 함께하는 것에 아동보다 먼저 지쳐 버릴 수 있다.

C-504 **발달적 문제가 있는 아동은 불완전한 행동을 실행하거나 반복하지 못한다.**

- 아동의 놀이는 심지어 아동의 나이 수준에 일반적으로 하는 놀이 행동과 같지 않더라도 발달적으로 적합한 것이다.
- 어린 아동이 일반적으로 보이는 행동을 실행하고 반복하도록 아동을 격려하는 것은 하위 수준의 행동을 강화하는 것이 아니다.
- 부모가 아동이 하위 수준의 행동을 실행하는 것을 격려할수록, 아동은 상위 수준의 발달적 행동을 보다 빨리 학습할 것이다.

C-505 **아동이 본성적으로 원하는 발달적 행동을 실행하거나 반복하는 것을 그만두게 할 수 없다.**

- 아동이 하위 수준의 행동을 실행하는 것을 막는 것은 아동이 잘할 수 있는 것을 하지 못하게 할 뿐이다.

- 아동이 하위 수준의 행동을 반복해서 실행할수록, 아동은 이 행동의 문제점을 보다 빨리 발견할 것이며 그만큼 앞당겨서 상위 수준의 행동을 찾을 것이다.

C-506 **아동은 지시적 교수 방법을 통하여 학습한 행동을 자발적으로 실행하거나 반복하지 않는다.**

- 아동이 상위 수준의 행동을 학습하도록 돕는 방법으로 자주 지시적 교수법이 사용된다.
- 아동이 상위 수준의 행동이나 기술을 지시적 교수를 통하여 배운 다음에는 이내 전형적인 보통 수준의 발달 행동으로 되돌아간다.
- 지시적 교수는 부모나 어른이 가르쳤던 행동을 실행하고 반복하도록 격려하지 못하기 때문에 아동이 기억하고 일반화하는 데 문제가 있다.

실행을 촉진하는 RT 전략

❙ 122 일반적인 차례보다 아동이 한 번 더 하기 ❙ 아동과 함께 상호작용하면서 점차적으로 아동이 활동을 주도하는 차례의 수를 늘린다.

실행 사항

- 아동이 선호하는 행동과 활동에 함께 참여한다.
- 아동이 상호적인 활동에 더 오랫동안 참여할수록, 아동이 발달 기술을 실행해 보거나 학습하는 기회는 더 많아진다는 사실을 기억한다.
- 아동이 집중하던 활동에서 다른 활동으로 옮기거나 또는 부모로부터 이탈하기 전까지 부모와 아동 간에 완전하게 이루어진 상호작용의 횟수를 세어 본다.
- 상황과 활동에 따라 아동과 주고받기 식으로 이루어진 상호작용의 길이가 어떻게 변하였는지 측정해 본다.
- 아동이 부모와 상호작용하면서 주고받는 횟수를 점차적으로 증가시켰다. 만일 아동이 보통 6～7번 상호적인 활동을 한다면, 아동이 8번 주고받으며 상호작용하도록 촉진한다.

❙ 132 반복 놀이나 일련의 순서가 있는 활동 지속하기 ❙ 어린 아동은 종종 한 가지

장난감을 오랫동안 가지고 놀거나, 사물을 가지고 똑같은 일을 반복적으로 하는 경향이 있다. 아동이 반복 놀이를 하는 것은 특정 사물과 활동에 흥미가 있기 때문이다. 아이가 지금 하는 놀이가 부모에게는 지겹게 느껴지더라도, 계속해서 아이가 하는 것으로 같이 놀이한다.

실행 사항

- 아동의 반복 놀이는 중요하다. 이것은 여러 발달단계에서 아동이 일반적으로 수행하는 행동 유형이기 때문이다. 반복 놀이는 구성주의 학습(constructive learning)을 촉진하는 방식임을 기억한다.
- 아동은 대체로 입에 넣어 보거나, 두드려 보거나, 던져 보는 것과 같은 감각운동 행동들을 흥미가 사라질 때까지 계속한다. 아동이 이러한 행동을 계속하도록 격려해 준다. 그래야 좀 더 빨리 그것에 대해 흥미를 잃고 새로운 행동으로 옮겨 가는 데 걸리는 시간을 단축시킬 것이다.
- 아동이 상위 수준의 행동이나 새로운 행동을 수행하게끔 시도해 본다. 이러한 시도 후에, 아동이 원하는 것을 하도록 기회를 주고 이때 반복 행동, 즉 낮은 수준의 감각운동 행동으로 돌아가는지 관찰한다.

◀ 133 계속 반복되는 놀이 함께하기(상호적으로 하기) ▶ 아동이 한 가지만 반복하여 놀거나 혼자서 놀이할 때 아동의 세계로 들어가서 놀이를 상호적으로 만들어 본다. 부모가 성공적으로 아동의 세계에 들어가게 되면, 아동은 점차적으로 다른 방식의 놀이를 보여 줄 것이다.

실행 사항

- 만일 아동이 장난감을 가지고 매번 같은 것을 한다면(예: 모든 사물이 트럭인 것처럼 놀이하는 경우), 아동이 다른 방식으로 사물을 사용하도록 강요하기보다는 아동의 놀이를 함께한다. 아동의 강박적 행동을 아무런 대안도 없이 깨뜨리는 것보다는 아동이 흥미 있어 하는 것을 사용하여 아동에게 상호작용을 위한 기회를 주는 것이 더 중요하다. 강박적인 행동은 대부분 시간이 지남에 따라 점차 줄어든다.
- 때때로 아동은 다른 사람과의 상호작용을 회피하기 위하여 고정적이고 반복적인

행동을 한다(예: 손 흔들기, 휘젓기 등). 아동의 상동적인 행동을 상호작용의 기회로 여긴다. 아동의 상동적인 행동을 모방하며, 아동이 부모에게 어떻게 주의를 기울이게 되는지 주의 깊게 살펴본다.

- 만일 아동이 상호작용 중에 '손 흔들기'와 같은 상동적인 행동을 한다면, 그냥 무시하고 아동과 함께하고 있는 활동에 초점을 두고 진행한다.
- 자기 파괴적이거나 해로운 행동은 절대로 모방하거나 격려하지 않는다. 때에 따라 자기 파괴적인 행동을 할 경우(예: 머리 부딪치기, 자기 때리기) 아동에게 보호 의류(예: 장갑, 긴팔 셔츠)나 보호 장비(예: 헬멧)를 착용시킬 수 있다.

❰ 241 RT 전략이 일상 중에서 아동의 참여를 어떻게 촉진하는지 탐색하기 ❱ 부모는 아이 돌보는 일, 집안일, 운전, 놀이, 비디오 보기, 가르치는 활동 등 광범위한 활동에서 RT 전략을 사용함으로써 아동이 언어와 인지발달 기술을 학습하도록 도울 수 있다.

실행 사항

- 일상의 상호작용에서 RT 전략을 적용할 때 아동은 매일의 일과에 더욱 효과적으로 참여하는 방법을 배울 것이다.
- RT 전략이 수유하기, 아이를 안아 주고 편안하게 해 주기, 옷 갈아입히기, 이 닦기 등과 같은 일상적인 활동에 어떻게 적용될 수 있는지 생각해 본다.
- 아동과 함께하는 일상적인 경험에서 RT 전략을 적용했던 모든 방법에 대한 목록을 만들어 본다.
- 전문가는 부모가 일상적인 아동 양육에 RT 전략을 사용하도록 부모를 코치하고 시범을 보일 수 있다(예: 아동에게 수유하기, 기저귀 갈아 주기 등).

❰ 422 재미있게 상호작용하기 ❱ 부모가 아동과 상호작용하는 이유는 여러 가지가 있다. 부모는 아동의 신체적 요구를 돌보기 위해, 아동을 편안하게 해 주기 위해, 아동을 가르치기 위해 또는 아동과 그냥 함께하기 위해 상호작용한다. 아동과 함께하는 상호작용 중에서 적어도 1/3은 재미있게 보내는 데 초점을 두도록 동기화하기 위하여 '재미있게 상호작용하기' 전략을 사용한다.

실행 사항

- 놀이를 통하여 아동이 부모에게 영향을 미칠 수 있는 기회를 준다. 부모는 아동이

하는 작은 행동에도 과장되게 반응해 줌으로써 이러한 행동을 촉진할 수 있다.

- 아동이 조작하고, 재미있어 하는 장난감처럼 행동함으로써 아동이 좋아하는 장난감이 되어 본다.
- 스트레스를 받는 시간보다 즐거운 시간에 아동은 더 오랫동안 상호작용한다는 사실을 기억한다. 아동이 즐거운 순간에 당신은 아동에게 특정 학습 내용을 더욱 용이하게 가르칠 수 있다.

◀ 424 아동이 즐거워하는 활동 반복하기 ▶ 아동이 즐거움과 재미를 느끼는 활동을 계속 유지하도록 한다. 부모가 이러한 활동에 중점을 둘수록, 당신과 아동은 함께 있는 것 자체를 더욱더 즐기게 될 것이다.

실행 사항

- 어른과는 달리, 아동은 특정 활동을 여러 번 해도 지치지 않는 경향이 있다. 그러나 어른은 아동이 즐거워하는 활동을 반복해서 할 때, 아동보다 먼저 그 활동에 지쳐 버릴 수 있다. 비록 그렇다 하더라도 부모가 아동의 즐거움을 촉진하기 위해 이러한 활동을 계속해 본다. 아동은 부모가 함께 상호작용하는 것이 즐거운 활동이라는 사실을 배울 것이다.
- 아동은 부모가 자신이 즐거워하는 것을 함께해 줄 때 유머 감각을 발달시키게 된다. 부모가 아동이 즐거워하는 활동을 함께해 줄수록, 아동은 더욱더 즐겁고 재미있는 것들을 함께 나누는 것을 배우게 될 것이다. 더불어 부모가 아동이 즐거워하는 것에 초점을 두고 상호작용할수록 아동은 부모를 재미있게 하기 위해 노력하게 된다.

◀ 513 아동의 발달적 수준에 맞는 활동 요구하기 ▶ 아동에게 무엇인가를 하거나 말하도록 요청할 때는, 아동의 조절(accommodation) 범위 내에 있는 행동으로 제한해야 한다. 아동은 자신의 조절 범위를 넘어서는 행동과 의사소통에 대해서는 반응하기 어려울 것이다.

실행 사항

- 아동과 함께 놀이하는 장면을 녹화한 비디오 자료를 관찰해 본다. 아동에게 하라고 요청한 행동들을 적어 본다. 이러한 행동들을 발달 프로파일(예: 발달 레인

보우, Mahoney & Perales, 1996)에서 찾아본다. 아동의 조절 범위 내에 있는 것들을 아동에게 하라고 요청했을 때, 아동이 더 잘 반응하고 상호적 활동에 참여하였는지를 주의 깊게 살펴본다. 한편, 아이가 어려워하는 것을 요청하였을 때(즉, 아동의 조절 범위를 넘어서는 것), 아동이 얼마나 수동적이 되고 또 부모의 요청을 무시하는지 주의 깊게 살펴본다.

- 부모 또한 자신의 입장에서 할 수 없는 것을 하도록 요청받았을 때 어떻게 반응하는지 생각해 본다.
- 아동의 발달적 수용 능력(developmental capacity) 안에서 가능한 것을 하도록 요구하여 아동에게 성공의 기회를 더 많이 가지도록 한다.

《 514 아동이 할 수 있는 방식대로 행동하기 》 아동과 상호작용할 때, 아동이 하는 활동을 거울처럼 반영해 주기 위하여 부모는 자신의 활동과 방식을 아동에게 맞추어 조정한다.

실행 사항

- 아동의 행동 가운데 몇 가지를 모방해 본다. 이렇게 할 때 아동이 부모와 어떻게 함께 머물러 있는지 그리고 아동이 얼마나 더 주의를 기울이는지 유심히 관찰한다.
- 아동이 가지고 노는 장난감이나 사물을 가지고 아동과 같은 방식으로 놀이한다. 자녀가 선호하는 장난감이나 물건을 가지고 상호작용할 때, 아동은 더욱 능동적으로 주의를 집중하고 상호작용하게 될 것이다.
- 아동과 함께 놀이하는 과정을 비디오로 녹화하여 관찰해 본다. 아동이 자발적으로 행동할 때 부모가 얼마나 아동의 행동에 적절하게 반응하는가가 중요하다.
- 아동의 행동에 적절하게 반응하기 위해서는 아동이 현재 하는 것에 적합한 단어들(예: '이리 와!' '가자!' '먹자!' '엄마' '강아지' '트럭' 등)을 함께 말해 준다. 이 때 단어들은 아동에게 더욱 의미를 가지게 되어 2개, 3개, 빨강, 노랑, 말, 농장과 같은 단어들을 쉽게 배우게 될 것이다.

3 발달 영역: 의사소통

의사소통이란 아동의 감정, 요구, 관찰 내용과 생각을 표현하고 다른 사람의 요구, 감정, 관찰 내용과 생각에 대해 반응하는 데 상호적으로 교환하면서 대화에 참여하는 아동의 능력을 말한다.

I 중심축 행동(PB): 공동 활동

CM-1 공동 활동은 아동이 의사소통 상대방과 함께 능동적이고 상호적으로 상호작용에 참여하는 정도를 말한다. 아동이 상대방과 함께하는 상호작용은 협동적이고 주고받기식의 특징이 있다. 아동과 상대방은 상호작용을 지시하고 서로의 행동과 단서에 반응한다.

공동 활동에 대한 고려사항

CM-101 아동의 최초 대화는 사회적 상호작용이다.

아동은 다른 어른들과 빈번하게 비언어적인 의사소통을 하면서 언어를 배운다. 아동은 의사소통을 위한 단어를 사용하기 전에, 먼저 비언어적인 사회적 상호작용에 참여하는 법을 배워야 한다. 대화는 두 사람 또는 그 이상의 사람이 느낌, 감정, 관찰 내용, 생각을 서로 교환하는 과정이다. 아동이 말을 시작하기 전에 어른과 함께 사회적 상호작용에 참여하는 경우, 아동은 실제로 초기 단계의 대화를 하는 것이다. 아동의 최초 대화 유형은 신체적인 감각(예: 접촉, 움직임, 소리 등)을 상호 교환하는 것과 관련되어 있으나 이는 정보 교환을 위해 의식적으로 하는 것은 아니다.

아동이 사회적 상호작용에 참여하는 기회를 많이 가질수록, 아동은 점차 의식적으로 이러한 경험을 나누게 된다. 아동은 이러한 공동 활동에서 더욱 능동적인 역할을 수행하고 예견하는 것을 배우게 된다. 또한 아동이 상호 교환하는 정보 유형은 점차 더욱 복잡해지는데, 이는 아동이 감각을 통해 세계에 대한 인식이 발전된 것을 반영하는 것이다. 아동들이 첫 단어를 습득하는 시기에, 아동이 표현하는 첫 단어들에 대한 정보는 단어를 사용하지 않고서 의사소통할 수 있다는 면에서 거의 성인과 같은 수준이라고 할 수 있다. 아동은 '엄마' '아빠' '더' '줘' '해 주세요!' '사랑해요!' 라는 말을 배우기 이전에, 먼저 이러한 단어의 개념을 전달하는 음성, 옹알이, 몸짓, 미소 등을 사용한다. 아동은 단어들이 나타내는 개념을 비언어적으로 의사소통하는 법을 배운 후에야 비로소 이러한 단어들을 의미 있게 사용하게 된다.

CM-102 언어발달이 지연된 아동은 대개 비언어적 의사소통이 지연된다.

언어발달이 지연된 아동은 부모나 다른 사람들과 비언어적인 의사소통을 많이 하지 않는다. 이러한 문제의 원인은 여러 가지 요인에서 찾아볼 수 있다. 첫째, 아동이 혼자 놀이하는 것을 더 좋아한다. 심지어 다른 사람들이 옆에 있을 때도 그러하다. 둘째, 아동은 배가 고프거나 피곤하거나 매우 불편하거나 또는 그 밖에 충족되지 않는 욕구가 있지 않는 한, 주도적으로 먼저 다른 사람과 접촉하지 않는다. 셋째, 누군가가 아동에게 먼저 접촉하려고 주도하면 얼굴이나 몸을 돌려 버리거나 금방 사회적 상호작용을 끝내려 한다.

아동은 다른 사람과 상호작용하면서 자신의 의사소통 능력을 발전시켜 나간다. 그런데 만일 아동이 공동 활동에 빈번히 참여하지 않는다면, 아동은 의사소통 방식을 배울 기회를 충분히 가지지 못할 것이다. 아동이 다른 사람과 상호작용하는 것에 흥미를 보이지 않거나 일상생활에서 비언어적으로 의사소통하는 것에 흥미를 보이지 않는다면, 아동은 단어나 언어로 상호작용하는 것 역시 거의 흥미를 가지지 않을 것이다.

부모는 아동이 다른 사람과 상호작용하는 것에 흥미를 느끼거나 이를 즐겁게 생각하도록 도울 수 있다. 부모는 적극적으로 아동과 상호작용할 기회를 찾아봄으로써 아동이 흥미를 갖도록 도울 수 있다. 부모는 아동과 의사소통할 때, 아동이 하는 대로 행동하거나 말하고, 아동의 주도에 따르며, 활기 있고 생동감 있게 대화한다. 만일 부모가 아동이 본래 혼자 있는 것을 좋아한다고 아동을 혼자 둔다면, 아동은 이따금씩만 공동 활동에 참여하게 될 것이고, 언어 및 의사소통발달에 필요한 전언어적 대화를 연습해 볼 기회를 가지지 못할 것이다.

CM-103 의사소통은 상위 수준의 사회적 상호작용이다. 아동은 의사소통 방법을 학습하기 위하여 공동 활동에 능동적으로 참여해야 한다.

많은 어른들이 고등학교나 대학교에서 외국어를 배워 본 경험이 있을 것이다. 교사가 수업시간에 학생들에게 외국어로 대화하도록 시도하는 것은 실제적인 의사소통 경험이라기보다는 의도된 것이다. 일반적으로 학생들은 기계적인 반복을 통하여 매주 수업 시간에 배운 단어를 암기하며 단어를 학습한다. 외국어를 배우는 학생들 대부분은 교육과정을 통하여 많은 단어와 문법 구조를 배운다. 그러나 외국어로 의사소통하기에 충분한 정도는 아닐 것이다. 그리고 심지어 대부분은 몇 개 구문을 자연스럽게 말하는 것조차 어려워 할 수 있다.

이러한 경험은 언어가 공동 활동으로부터 학습된다는 것을 보여주는 것이다. 외국어 수업을 보면, 상대방과의 의미 있는 사회적 교환 상황에서 진행되지 않는다. 심지어 학생들은 수업 중에 의사소통에 능동적으로 참여하기보다는 인내하며 보낸다. 학생들은 단어, 구문 및 문법 구조를 배우지만, 대부분의 경우에 의사소통하는데 그것을 어떻게 사용하는지는 배우지 않는다. 단어를 암기하고 외국어의 문법 규칙과 음성에 관한 지식을 배우는 것은 그 언어를 가지고 의사소통하는 법을 배우는 것과는 다르다.

이러한 경험을 통해 볼 때, 어떻게 외국어로 의사소통하는 법을 배우는가에 대한 답변은 분명하다. 만일 우리가 외국에 가서 그 언어로 의사소통할 수밖에 없는 상황에 처해 있다면, 우리는 빠르게 그 언어를 배우게 될 것이다. 다른 사람과 의사소통하려는 욕구는 우리를 그들과 함께 상호작용에 참여하도록 이끌 것이다.

아동은 어른이 외국어를 배우는 것과 동일한 방식으로 의사소통 방식을 배운다. 만일 아동이 의미 있는 사회적 경험이 없는 상황에서 단어를 배웠다면, 아동은 그 단어를 의사소통에 사용하는 방식을 배우지 못할 것이다. 예를 들면, 우리는 그림에 관심을 끌게 하고, 그림에 이름을 붙이고, 아동에게 그것을 반복해서 읽게 함으로써 단어를 가르칠 수 있다. 이렇게 하여 우리가 아동에게 질문했을 때 아동은 그림에 대해 정확히 이름을 말할 수 있을 것이다. 그러나 아동은 그 단어가 쓰이는 일상적인 사회적 상황에서는 그 단어를 항상 사용하지는 못한다. 고등학교나 대학교에서 외국어를 배운 학생과 다를 것이 없다.

언어와 의사소통은 다른 사람과 함께하는 공동 활동 상황에서만 배울 수 있다. 예컨대, 부모가 아동과 활동을 함께하면서 사물이나 활동에 이름을 붙여 줄 때, 아동은 다른 상황에서 자발적으로 그 단어를 기억하고 사용할 가능성이 높아진다. 상대방과 함께 경험하는 사회 활동 맥락에서 관련이 있는 단어일 때 아동은 그 단어를 보다 잘 기억하게 된다.

CM-104 공동 활동은 아동과 어른이 ① 동등하게 상호작용하고, ② 공동의 초점에 주의를 기울일 때 일어난다.

일상에서의 공동 활동이란 아동과 부모가 신체적 활동 또는 의사소통 활동에 함께 참여하는 상황을 말한다. 어떠한 상호작용이든 아동과 부모가 동일한 것을 함께 하는 것이라면 아동이 의사소통 방식을 배우는 데 도움이 된다. 이러한 상호작용은 옷 입기, 수유하기, 이동하기, 목욕하기 또는 잠 재우기와 같은 일상적인 일과 중에 일어날 수 있다. 또한 부모와 아동이 함께 놀이하는 상황에서 발생할 수 있다. 이러한 에피소드는 한 번에 몇 분(2~3분)을 초과하지 않으며, 장난감을 가지고 아동과 함께 놀이하는 상황뿐 아니라 '쎄쎄쎄' 놀이나 '까꿍' 놀이와 같은 게임을 통해서도 만들어질 수 있다. 부모와 아동이 공동 활동(즉, 함께 같은 활동을 하기)에 많이 참여할수록, 아동은 의사소통 방식을 더욱 빠르게 배우게 될 것이다.

일상에서의 공동 활동은 ① 아동이 새로운 행동을 실행하고, ② 현재 사고방식과 의사소통 방식에 반하는 상황을 해결하려고 시도하는 상황을 편안한게 만들어 주는 상호 교환적인 맥락이다. 어른들이 익숙한 상황에서 새로운 것을 잘 학습하는 것처럼, 아동에게도 일상생활에서 갖는 친숙한 공동 활동이 학습하기에 가장 좋은 상황이다. 이러한 상황은 아동이 반복되는 사건에 참여하여 숙련할 수 있도록 해 준다. 공동 활동은 아동과 부모 모두에게 독창적이고, 놀이적이고, 흥미로울 때 효과적이다. 부모는 손동작 놀이나 쉬운 동요 부르기와 같은 일상 에서의 놀이 또는 쌓기, 숨바꼭질, 교환하기와 같은 게임 그리고 새로운 소리, 단어 또는 동작을 추가하면서 공동 활동을 촉진할 수 있다.

CM-105 공동 활동은 항상 장난감이 있어야 하는 것은 아니다. 부모는 자녀에게 가장 효과적인 장난감이 될 수 있다.

아동이 사회적 관계를 맺고 의사소통 방식을 배우기 위해서는 단지 자신의 욕구를 만족시키기 위해서가 아니라, 사람들과 함께하는 것이 즐거워서 상호작용하는 방식을 배울 필요가 있다. 부모가 아동과 상호작용하는 방식은 아동에게 다른 사람과 어떻게 관계를 맺을 것인지에 대한 지침을 제공한다. 부모가 일상 중에 아동의 경험과 생각을 공유하면서 재미를 느끼는 데 초점을 두고 자녀와 일대일 상호작용을 할 때, 아동은 사람들과 함께하는 것을 즐기게 된다. 이러한 교제는 아동으로 하여금 다른 아동이나 어른과 상호작용할 기회를 갖도록 동기를 부여하며, 이는 또한 언어와 의사소통을 학습하는 데 필수적인 일이다.

만일 아동이 너무 지나치게 독단적으로 놀이를 한다면, 부모가 무엇을 하는 방법이나 의사소통하는 방식을 주목하지 못하게 된다. 이때 부모는 아동에게 가장 재미있는 장난감이 되어 줌으로써, 다른 사람과 관계를 맺는 것을 학습시킬 수 있다. 효과적인 장난감이 되기 위하여, 부모는 움직이고 재미있는 장난감의 특성을 보여 줄 수 있다. 즉, 새로움과 도전 과제를 주며, 아동의 방식에 대해 반응적이고, 다른 눈길을 끄는 것들보다 더 흥미로운, 아동이 조작할 수 있는 장난감이 되는 것이다.

CM-106 공동 활동은 지속적인 생활양식으로 게임이나 활동에 이따금씩만 참여하는 형태가 아니다.

부모는 아동의 의사소통을 촉진하기 위하여, 하루 중 특정 시간을 정해 아동과 함께 활동에 참여하는 계획을 세우는 것이 좋다. 이렇게 계획적인 에피소드는 한 번에 5~10분을 넘지 않아야 한다. 부모가 이러한 계획된 공동 활동에 참여할 때는, 아동에게 흥미 있는 사물, 활동 그리고 주제에 초점을 둔 상호작용이 되도록 해야 한다.

이렇게 계획하여 실행하는 것과 동시에, 공동 활동이 아동의 일상생활에서 자발적이고 절대적으로 필요한 일부분이 되도록 하는 것이 중요하다. 아동이 자연스럽게 다른 사람과 교제하기 위한 기회를 찾을 때, 이것이 문제가 되어서는 안 된다. 부모는 아동이 상호작용에 지속적으로 참여하도록 하기 위해 아동이 사회적 접촉을 시도할 때마다 간단히 RT 전략을 사용한다.

만일 아동이 자신의 욕구를 충족시키려 할 때만 부모나 다른 사람을 찾는 경향이 있다면, 이러한 아동은 부모가 의식적으로 아동과 상호작용하려고 노력하지 않는 한 의사소통 방식을 배우기 위해 필요한 교제의 기회를 얻지 못할 것이다.

일부 의사소통에 문제가 있는 아동들은 으레 사람을 무시한다. 부모는 아동이 혼자 노는 것을 더 좋아한다고 합리화하면서 이러한 행동 유형을 이해하지 않도록 조심해야 한다. 부모는 아동의 활동에 개입하여 매일 일어나는 아동의 일상적인 활동 중에 상호작용해 주는 사회적 협력자가 되어 주어야 한다. 부모가 아동과 상호작용하는 것에 강한 의지를 가질 때, 아동은 결국 사물을 가지고 상호작용하는 것보다 사람과 상호작용하는 것을 더 좋아하게 될 것이다. 그리고 이렇게 되는 만큼 아동은 상호작용 방식을 더욱 빠르고 효과적으로 배우게 될 것이다.

어떤 아동은 하루 종일 사람들과 아주 근접하여 가까이 지내지만 그들과 의사소통이나 교제는 거의 하지 않는다. 역설적이지만 이러한 아동은 다른 사람들과 물리적 거리는 계속 가깝게 있으면서 사회적으로는 고립된 생활을 한다. 부모는 아동이 위축되고 고립되려는 성향을 지니지 않도록 신경을 써야 한다. 부모는 아동과 함께 있을 때, 아동이 균형 있고 호혜적인 상호작용에 참여하도록 의도적으로 노력해야 한다.

CM-107 아동이 사람들과 함께하는 공동 활동에 오랫동안 참여할수록, 아동의 의사소통은 더욱 정교해진다.

아동이 보다 잘 의사소통하기 위해서 부모는 아동과 상호작용하는 시간의 양을 늘려야 한다. 어린 아동들은 대개 어른과 간략하고 한 번으로 끝나는 상호작용을 하기 때문에 다른 사람의 요구에 응하거나 요구를 충족시키지 못하고 상호작용을 지속해 나가지 못한다. 예컨대, 부모가 아동에게 "이것 할까?" 라고 물으면 아동은 간략한 단어나 행동으로 반응할 뿐 의사소통은 더 발전되지 못한다.

부모는 아동과 함께하는 상호작용의 양을 좀 더 늘려 봄으로써, 아동에게 언어학습을 위한 기회를 좀 더 많이 제공할 수 있다. 이는 아동에게 단어나 구를 가르치려는 노력을 하는 것보다 아동이 의사소통하는 방식을 보다 효과적으로 배우도록 돕는 방법이다. 초기 언어발달에 있어서 상호작용하는 시간은 아동이 학습하는 단어의 수보다 더 중요하다. 아동의 상호작용 시간이 증가하면 자연적으로 어휘가 증가하고 아동은 언어를 더 많이 사용하게 될 것이다.

CM-108 아동은 어떤 것을 얻기 위해서는 먼저 주는 것을 배워야 한다.

일과 중에 충분한 공동 활동의 기회를 만들기 위하여 부모는 아동에게 무조건적으로 반응할 필요가 있다. 한편 아동은 상호작용에서 능동적이고, 상호 간에 호혜적인 역할을 수행하는 방식을 배워야 한다. 아동은 부모의 관심을 받기만 할 수는 없다. 아동 역시 자기 차례가 되었을 때는 행동이나 상호적인 주도를 시도해야만 한다.

대부분의 경우에, 어른이 아동에게 점차 반응적인 모습을 보임에 따라, 아동은 자연스럽게 능동적인 역할을 수행하게 된다. 그러나 사회적인 상호작용에 흥미가 없는 아동들은 종종 어른에게 어떤 피드백도 주지 않으며, 어른들은 그대로 그들에게 관심을 가지며 보낸다. 함께 의사소통하는 어른에게 주목하지 않는 아동에게 무조건적으로 주의를 주는 것은 그리 달가운 상황이 아니다. 더욱이 아동은 호혜적으로 어른에게 반응하는 것을 배운 후에야 효율적인 의사소통자가 될 수 있다는 사실을 명심해야 한다.

사회적 상호작용에 참여하는 데 문제가 있는 아동들 대부분은 부모가 아동에게 지속적으로 인내하며 매우 반응적으로 대할 때, 결국에는 다른 사람들에게 반응적으로 대하는 법을 배우게 된다. 일부 아동들은 부모가 이렇게 하도록 이끌어야만 호혜적으로 반응하는 부모에게 관심을 가지며 반응한다. 부모가 이렇게 할 수 있는 방법은 아동이 사회적 인식에 대한 어떤 지시를 줄 수 있는 차례를 시도한 후에 짧은 기간(예: 10초까지) 동안 기다려 주는 것이다. 부모가 이러한 유형의 압력을 매우 반응적인 공동 활동의 일과에 포함시킬 때, 아동은 점차적으로 부모의 주의를 얻기 위하여 반응하는 방식을 배우게 될 것이다. 부모는 아동에게 요구할 때 균형 있게 하도록 주의해야 한다. 부모가 아동에게 반응하도록 압력을 주는 것이 오히려 아동이 상호작용하는 것을 저지하지 않도록 아동과 균형을 맞춰 조심스럽게 해야 한다.

논의점

CM-101 아동의 최초 대화는 사회적 상호작용이다.

- 아동은 다른 어른들과 빈번하게 비언어적인 의사소통을 하면서 언어를 배운다. 아동은 의사소통을 위한 단어를 사용하기 전에, 먼저 비언어적인 사회적 상호작용에 참여하는 법을 배워야 한다.
- 아동의 최초 대화 유형은 신체적인 감각(예: 접촉, 움직임, 소리 등)을 상호 교환하는 것과 관련되어 있으나 이는 정보 교환을 위한 의식적인 노력은 아니다.
- 아동은 사회적 상호작용을 함으로써 비언적으로 의사소통하는 방법을

배운다.

CM-102 **언어발달이 지연된 아동은 대개 비언어적 의사소통이 지연된다.**

- 언어발달 지체 아동은 부모나 다른 사람들과 비언어적인 의사소통의 기회를 많이 가지지 않는다.
- 만일 아동이 공동 활동에 빈번히 참여하지 않는다면, 아동은 의사소통 방식을 배울 기회를 충분히 가지지 못할 것이다.

CM-103 **의사소통은 상위 수준의 사회적 상호작용이다. 아동은 의사소통 방법을 학습하기 위하여 공동 활동에 능동적으로 참여해야 한다.**

- 아동은 어른이 외국어를 배우는 것과 동일한 방식으로 의사소통 방식을 배운다.
- 언어와 의사소통은 다른 사람들과 함께하는 공동 활동 상황에서만 배울 수 있다.

CM-104 **공동 활동은 아동과 어른이 ① 동등하게 상호작용하고, ② 공동의 초점에 주의를 기울일 때 일어난다.**

- 어떠한 상호작용이든 아동과 부모가 동일한 것을 함께하는 것이라면 아동이 의사소통 방식을 배우는 데 도움이 된다.
- 일상생활에서 갖는 친숙한 공동 활동 또한 아동이 학습하기에 가장 좋은 상황을 만들어 준다.
- 공동 활동은 아동과 부모 모두에게 독창적이고, 놀이적이고, 흥미로울 때 효과적이다.

CM-105 **공동 활동은 항상 장난감이 있어야 하는 것은 아니다. 부모는 자녀에게 가장 효과적인 장난감이 될 수 있다.**

- 부모가 재미를 느끼는 데 초점을 두고 경험과 생각을 공유하면서 일상적으로 자녀와 일대일 상호작용에 참여하면, 아동은 사람들과 함께 하는 것을 즐기게 된다.
- 부모는 아동에게 가장 유익한 장난감이 되어 줌으로써, 아동에게 다른 사람들과 관계를 맺는 것을 학습시킨다.

CM-106 **공동 활동은 지속적인 생활양식으로 게임이나 활동에 이따금씩만 참여하는 형태가 아니다.**

- 공동 활동이 아동의 일상생활에서 자발적이고 절대적으로 필요한 일부분이 되도록 하는 것이 중요하다.
- 부모가 아동과 상호작용하는 것에 강한 의지를 가질 때, 아동은 결국 사물을 가지고 상호작용하는 것보다 사람과 상호작용하는 것을 더 좋아하게 될 것이다.

CM-107 **아동이 사람들과 함께하는 공동 활동에 오랫동안 참여할수록, 아동의 의사소통은 더욱 정교해진다.**

- 부모는 아동과 상호작용하는 시간을 늘림으로써 아동이 의사소통할 수 있도록 돕는다.
- 상호작용하는 시간의 양은 아동이 학습하는 단어의 수보다 더욱 중요하다.

CM-108 **아동은 어떤 것을 얻기 위해서는 먼저 주는 것을 배워야 한다.**

- 부모는 아동에게 무조건적으로 반응할 필요가 있다.
- 아동은 부모의 관심을 받기만 할 수는 없다. 아동 역시 자기 차례가 되었을 때는 행동이나 상호적 주도를 시도해야만 한다.
- 부모가 이러한 유형의 압력을 매우 반응적인 공동 활동의 일과에 포함시킬 때, 아동은 점차적으로 부모의 주의를 얻기 위하여 반응하는 방식을 배우게 될 것이다.

공동 활동을 촉진하는 RT 전략

❰ 111 신체적인 상호작용하기 ❱ 아동이 접근하기 쉬운 곳이나 아동의 손이 닿는 가까운 거리 안에 있도록 한다. 상호적인 참여가 아동에게 좀 더 현실적으로 이루어지도록 하려면 자주 아동과 접촉한다.

실행 사항

- 아이와 그저 함께 있는 것과 아동과 신체적으로 상호작용하는 것은 매우 다른 것임을 인식한다. 아동과 함께 있다는 것은 단순히 신체적으로 상호작용하는 것이 아니다.
- 아동이 하는 것에 시선을 집중하면서 아동과 함께하며 시간을 보낸다.

- 실질적으로 아동과 함께하는 것은 아동과 신체적으로 상호작용하면서 관여하는 시간임을 기억한다. 그리고 실제로 얼마나 상호작용하였는지를 표시해 본다(예: 도표, 막대그래프).

◖ 115 아동이 상호작용하기를 기대하기 ◗ 얼굴과 손 그리고 보디랭귀지를 통하여 아동과 무엇인가 함께하기를 기대하고 있다는 것을 보여 준다. 더욱 효과적으로 하려면 생동감 있는 행동으로 표현한다.

실행 사항

- 아동이 부모에게 먼저 접촉을 시도할 때까지 기다려 준다. 조용히 기다려 주는 것은 아동에게 활동을 스스로 주도할 수 있도록 기회를 주는 것이다.
- 조용히 기다리는 동안 아동과 상호작용하기 위해 신체언어나 얼굴 표정을 나타내면서 기다린다.
- 만일 아동이 함께하는 활동에 참여하려 하지 않고 멀리 달아나려고 한다면, 아동이 한두 차례 정도 상호작용을 시도할 수 있도록 부드럽게 아동을 잡으며 도망가지 않도록 신경 쓰며 상호작용한다.

◖ 123 소리를 주고받으며 놀이하기 ◗ 아동은 명확한 목적이나 의미가 없는 발성이나 소리를 만들어 내기도 한다. 이러한 발성에 대해 간단하게 즉각적으로 생동감 있게 따라해 주거나 반응해 주면서 아동과 상호작용한다. 만일 아동이 계속해서 소리를 내며 발성한다면, 주고받기식의 발성 놀이로 상호작용을 변형시키기 위하여 부모는 발성을 다양하게 변화시키며 아동에게 반응한다.

실행 사항

- 심지어 아동이 혼자서 놀이하는 단계에 있더라도 아동이 내는 소리에 반응해 주는 습관을 기른다. 아동의 소리에 자주 반응해 줄수록, 아동은 더 많이 소리를 내며 의사소통하게 될 것이다.
- 아동과 한 번씩 주고받으며 상호 교환 식으로 소리를 내어 동요를 불러 본다. 이는 다른 사람과 의사소통하는 상호적인 방식을 아동에게 가르치는 것이다.
- 자장가나 동요는 주고받는 소리 놀이 형태의 좋은 예다. 짧게 한 구절을 부르고 난 뒤, 남은 몇 구절을 부르기 전에 아동이 소리나 어떤 행위를 만들어 낼 때까

지 기다려 준다.

- 아동이 부모가 주고받기 식 상호작용에 참여하는 것을 방해한다면, 제한한다. 아동에게 의사소통은 일방적인 것이 아니라 내가 한 번 말을 하면 상대방에게도 말할 시간을 주어야 하는 것임을 가르쳐 준다.

◖124 내가 준 만큼 아동에게 받기◗ 아동의 학습을 위해서, 때로 얻기 위하여 주는 것도 필요하다. 상호작용에서 아동이 능동적인 역할을 수행하도록 기다려 준다. 아동의 발달적 능력은 상호작용에 수동적으로 참여할 때보다 능동적으로 참여할 때보다 향상된다.

실행 사항

- 주는 방식을 아동에게 보여 주고 항상 받는 것으로 끝나는 것은 아니라는 사실을 알려 주기 위해 간단한 상호 교환 놀이를 활용한다.
- 하나를 주고 하나를 받는 습관을 기른다. 놀이와 의사소통 중에 차례로 주고받는 습관을 만듦으로써 아동이 주고받는 사회적 규칙을 배우도록 한다.
- 아동과 함께 리듬감 있게 주거니 받거니 하며 이야기해 본다. 그러면 아동은 중간에 중단하는 것은 바람직하지 않다는 것을 배우게 될 것이다.
- 마무리는 함께하도록 한다. 사회적 접촉을 끝내는 사람은 부모든 아동이든 항상 한쪽에 치우치면 안 된다는 것을 기억한다. 상호작용 중에 최소한 반은 부모가 하도록 한다.

◖125 아동이 더 많이 의사소통하도록 어른이 적게 말하기◗ 말을 너무 많이 하는 것은 아동과 어른 간에 균형 있는 상호작용을 이루는 데 주된 장해물 중 하나다. 말하는 방법을 학습하기 위해 아이가 언어 자극을 받는 것도 중요하지만, 아동에게는 자신이 이미 알고 있는 소리나 단어를 계속해서 실행해 보는 것이 더욱 중요하다. 만일 당신이 짧은 문장을 사용하고, 했던 말을 반복하지 않고, 아동이 더 많이 말할 수 있도록 기다려 준다면 아동은 보다 많이 의사소통하게 될 것이다. 이것은 상호작용하는 동안 긴 침묵의 순간을 가져올 수도 있다. 그러나 아동은 자신의 발성과 언어로 그 공백을 채우는 것을 곧 학습하게 될 것이다.

실행 사항

- 아동에게 짧은 문장으로 이야기하고 보다 적게 말하는 것은 상호작용하는 동안 아동에게 무엇인가를 할 기회를 더 많이 주는 것이다.
- 실험적으로 짧은 문장, 중간 정도의 문장 또는 긴 문장을 사용해 본다. 각각 다른 길이의 문장을 사용함에 따라 아동이 어떻게 반응하는지 관찰한다.
- 아동과 함께 상호작용하는 장면을 비디오로 촬영하여 관찰한다.
- 아동과 놀이하는 5분 동안 말을 몇 번이나 반복하는지를 기록해 본다. 그리고 필요 이상으로 반복하고 있지는 않은지 생각해 본다.

《131 장난감을 사용하지 않고 서로 마주 보며 놀이하기》 아동이 능동적으로 참여할 수 있는 간단한 놀이들, 예컨대 노래, 짧은 동요, 손으로 하는 게임, 단순 반복 동작 등 신체를 이용하는 놀이를 활용한다.

실행 사항

- 부모는 자신의 부모나 다른 부모들이 어린 자녀와 함께했던 놀이들을 생각해 본다.
- 부모들이 어린 아동들과 할 수 있는 간단한 놀이를 소개하는 책을 찾아본다.
- 전문가는 일상생활 중에 조화로운 상호작용을 하기 위하여 놀이를 어떻게 수정하는지를 부모에게 보여 준다. 특히 발달적으로 어린 아동들이 하기에 어려운 놀이를 단순화시키는 것이 중요하다.

《414 아동의 주의를 빼앗기지 않도록 더 흥미롭게 하기》 아동은 장난감보다는 부모에게서 더 많은 것을 배운다. 아동 주변에 있는 장난감이나 사물은 아동이 사회화하고 의사소통하는 방식을 배우는 데 별로 도움이 되지 못하며, 그보다는 당신이 아동의 주의를 끄는 데 더 효과적이므로, 당신은 생동감 있게 행동해야 한다.

실행 사항

- 아동의 주의를 얻기 위해 생동감을 이용한다. 만일 아동이 당신에게 주의를 기울이지 않는다면, 아동의 주의를 끌기 위하여 재미있게 행동한다.
- 아동이 좋아하는 텔레비전 프로그램이나 비디오에 출연하는 캐릭터처럼 행동한다. 아동이 시청하는 텔레비전이나 비디오 프로그램을 보고, 아동이 주의 깊

게 보는 사건을 흉내 내어 본다.

- 아동이 즐거워하는 것을 함께한다. 아동이 좋아하는 장난감에 흥미를 보이고 재미있어 할 때, 그 장난감을 가지고 아동과 함께 놀이하면서 아동의 세계로 들어간다.

《 422 재미있게 상호작용하기 》 부모가 아동과 상호작용하는 이유는 여러 가지가 있다. 부모는 아동의 신체적 요구를 돌보기 위해, 아동을 편안하게 해 주기 위해, 아동을 가르치기 위해 또는 아동과 그냥 함께하기 위해 상호작용한다. 아동과 함께하는 상호작용 중에서 적어도 1/3은 재미있게 보내는 데 초점을 두도록 동기화하기 위하여 '재미있게 상호작용하기' 전략을 사용한다.

실행 사항

- 놀이를 통하여 아동이 부모에게 영향을 미칠 수 있는 기회를 준다. 부모는 아동이 하는 작은 행동에도 과장되게 반응해 줌으로써 이러한 행동을 촉진할 수 있다.
- 아동이 조작하고, 재미있어 하는 장난감처럼 행동함으로써 아동이 좋아하는 장난감이 되어 본다.
- 스트레스를 받는 시간보다 즐거운 시간에 아동은 더 오랫동안 상호작용한다는 사실을 기억한다. 아동이 즐거운 순간에 당신은 아동에게 특정 학습 내용을 더욱 용이하게 가르칠 수 있다.

2 중심축 행동(PB): 공동 주의

CM-2 공동주의는 의사소통 상대자와 눈 맞춤을 하거나 언어화함으로써 같이 행동을 공유하는 정도를 말한다. 아동은 발성, 몸짓, 쳐다보기 또는 단어를 사용하여 원하는 것이나 흥미로운 것을 상대방에게 알린다. 아동은 또한 상대방이 주의를 끌기 위해 사용하는 몸짓, 얼굴 표정, 눈짓 또는 그 밖에 의사소통 유형에 따라 주의를 준다.

공동 주의에 대한 고려사항

CM-201 아동은 느낌, 관찰 내용, 사물, 행동을 표현하는 단어와 문장을 이해하기 위하여 맥락과 비언어적 단서를 통하여 언어에 담긴 의미를 배운다.

우리가 낯선 외국에 갔을 때, 그 나라 말을 어떻게 알아 가는가? 외국 여행 경험이 있는 사람들은 그것이 어려운 일이라는 것을 쉽게 이해할 수 있다. 그런데 이것이 바로 아동이 언어를 배우는 과정이기도 하다. 언어를 위하여 반드시 해야 하는 것 중 하나는 내가 사용하려는 말에 적합한 단어를 결정하는 것이다. 처음에 외국어를 듣는 것은 일정하게 흘러가는 소리를 듣는 것과 같다. 처음에는 한 단어가 끝나고 다음 단어가 시작하는 시점을 판단하는 것이 불가능하다. 따라서 말하는 사람이 천천히 의사소통하고 한 번에 한 단어나 두세 단어만 사용하고 메시지를 단락별로 끊어서 말한다면, 외국인 상대방이 말하는 단어를 이해하기가 좀 더 수월해진다.

우리가 언어에 담긴 의미를 얼마나 잘 판단하는가는 ① 상대방이 감정을 드러내는 얼굴 표정이나 응시와 같은 단서, ② 주의를 주기 위한 지시와 몸짓, ③ 우리와 관련된 것을 직접적으로 표현하는 데 단어를 얼마나 효과적으로 사용하는가에 달려 있다. 우리가 언어에 담긴 의미를 나타내기 위해 맥락 단서를 사용하거나 언어를 감지하는 능력이 부족하더라도, 말하는 사람이 이러한 제한된 능력을 잘 조절한다면 그 의미를 잘 이해할 수 있다.

외국어를 배우는 어른처럼, 아동은 다른 사람과 상호작용하는 맥락에서 단어에 담긴 의미를 배운다. 어른이 외국어를 배우는 데 맥락 단서를 사용하는 것처럼 말이다. 다시 말하면, 아동은 단어를 배우는 데 부모의 몸짓, 응시, 미소, 목소리 억양 그리고 문장의 반복에 따라 영향을 받는다. 아동은 또한 부모가 천천히 분명하게 말하는지의 여부와 아동과 관련한 감정, 행동 또는 사물을 명명하는 단어를 사용하는지에 따라 영향을 받는다.

CM-202 부모가 아동과 지속적으로 눈 맞추기를 할 때 아동은 부모와 눈을 마주치게 된다.

아동이 서로 눈을 맞추며 의사소통하는 방식을 배우는 방법에는 세 가지가 있다. 첫째, 눈 맞추기는 사회적 관계를 형성하는 데 가장 기본이 되는 방식이다. 상호 간의 눈 맞춤이 있을 때만 어른과 영아는 사회적 관계를 형성한다.

둘째, 상호 간의 눈 맞춤은 생리적 · 정서적 상태를 함께 느낄 수 있는 가장 직접적인 방법 중 하나다. 눈 맞추기를 통하여 아동과 어른은 서로가 주의를 주고 있는지, 아니면 지쳐 있는지, 행복하고 애정적으로 느끼는지, 슬픈지 또는 흥미로운지, 그렇지 않은지를 의사소통할 수 있다.

셋째, 부모와 아동은 눈 맞춤을 통하여 서로의 관심을 확인한다. 상호 간에 눈 맞춤을 반복하면, 아동은 주변 환경 안에 있는 다양한 사물이나 특성들로 관심을 전환시키게 되고, 결국에는 부모를 따르는 것을 학습한다. 아동은 자신이 주의를 주고 있는 것과 부모가 하는 언어가 관계있을 때 그 언어에 의미를 두게 된다.

더불어 부모는 아동이 쳐다보는 것을 확인함으로써, 아동이 자신에게 관심이 있는지 또는 다른 사물이나 사건에 관심이 있는지 판단할 수 있다. 이는 부모가 아동이 관심을 두고 있는 것과 일치하는 단어를 사용하여 의사소통하고 아동으로 하여금 부모가 사용하는 언어 속에 담긴 의미를 더욱 쉽게 이해할 수 있게 해 준다.

매우 어린 아동들과 눈 맞춤하는 것은 비교적 쉽다. 아동은 일반적으로 친숙한 사람의 얼굴을 쳐다보는 것을 흥미로워 한다. 그러나 만일 부모가 일대일로 얼굴을 대면하지 않고 의사소통한다면, 아동이 눈 맞춤할 기회는 적어진다.

특히 아동이 사람보다 사물에 더 관심을 보이는 것은 심각한 문제다. 어떤 아동들은 다른 사람과 눈 맞춤하는 것을 흥미로워 하지 않고 심지어는 불안감을 느끼거나 불편해하고, 또는 지나치게 자극적으로 받아들인다. 이러한 경우에 아동은 눈 맞춤을 피하게 되고, 따라서 상호작용을 유지할 수 없게 된다. 부모는 아동과 얼굴을 마주 보는 자세로 눈 맞춤을 할 수도 있으나 이러한 자세는 강압적이거나 재미없을 수 있기 때문에, 부모는 가능한 한 부드럽고 재미있게 눈 맞춤하도록 해야 한다. 아동이 눈 맞춤을 짧게 끝내거나 피하면, 부모는 위치를 바꾸고 눈 맞춤을 다시 시도하도록 한다.

CM-203 부모가 아동에게 세심한 주의를 기울일 때 아동은 부모에게 주의를 기울인다.

아동이 새로운 기술을 학습하는 데 선행조건은 함께 상호작용하는 어른에게 주의를 기울이는 것이다. 발달적 문제가 있는 아동들이 가지는 공통적인 문제는 주의 집중 시간이 매우 짧다는 것이다. 어떤 경우에는 이러한 것이 전혀 문제가 되지 않을 수도 있다. 즉, 어린 아동들은 전형적으로 사람과 활동에 매우 짧은 기간 동안만 주의를 기울인다. 그리고 높은 수준의 발달단계에 이르게 되면, 아동이 주의를 집중할 수 있는 시간의 양은 자연적으로 증가한다. 아동의 주의 집중이 그들의 발달 능력 수준에 따라 영향을 받는다고 한다면, 발달적으로 지연된 아동들이 보다 어린 아동들이 보이는 것과 유사한 수준의 주의 집중 능력을 나타내는 것은 그리 놀라운 일이 아니다. 그러므로 아동이 성숙해짐에 따라, 그들이 주의 집중을 유지하는 시간의 양도 증가해야 한다.

또한 아동의 주의 집중력은 아동의 행동 유형이나 기질, 즉 아동의 생물학적 · 유전적 특질과 관련이 있다. 예컨대, 매우 활동적인 성향을 가진 아동은 자연적으로 제약을 받는 신체적 활동에 오랫동안 주의를 집중하지 못할 것이다. 반면에, 기질적으로 '쉬운' 유형의 아동은 생물학적으로 오랫동안 주의를 집중할 수 있을 것이다.

만일 아동이 발달연령에 비해 적합하지 않고 주의 집중에 어려움을 겪는다면, 부모는 아동의 주의 집중력을 높이기 위해 부가적인 노력을 해야 한다. 아동이 주의를 집중하도록 도울 수 있는 방법 중 하나는 심지어 아동이 매우 활동적이더라도, 아동의 흥미와 활동에 매우 반응적이 되는 것이다. 부모가 아동이 흥미 있어 하는 활동이나 행동에 주의를 기울이면, 마찬가지로 아동도 부모에게 주의를 주고 협력하게 된다. 반응적인 부모는 주로 아동이 현재 나타내는 흥미나 활동에 주의를 기울이도록 요구하는 경향이 있다. 아동이 흥미로워 하는 활동을 하는 중에 부모에게 성공적으로 주의를 기울인다면, 흥미가 떨어지는 상황에서도 부모에게 주의를 잘 기울이게 될 것이다.

CM-204 부모가 아동의 주의를 끌기 위해 다양한 단서를 사용할 때 아동은 부모의 주의 집중에 따르는 것을 배운다.

아동은 사람이 말하는 것을 단순히 듣는 것으로는 그 의미를 판단하지 못한다. 아동이 단어가 의미하는 것을 판단하기 위해서는 아동으로 하여금 단어에 수반되는 느낌, 사물 또는 사건에 주의를 기울이도록 부모가 지시를 하거나 이끌어 주어야 한다. 아동이 부모가 초점을 두는 것에 주의를 집중하는 능력이 생길 때까지는 구체적인 전략을 사용하여 부모가 사용하는 단어에 수반되는 사물, 행동 또는 태도를 직접 보거나 접촉해 보는 것이 도움이 될 것이다. 아동은 주의를 집중하거나 초점에 따르는 능력을 가지고 태어나지 못했다. 어른이 언급하거나 주의를 주는 것을 간파하고 이해하는 능력은 생의 초기 2년 동안 점차적으로 학습하게 되는 발달적 기술이다.

아동이 부모의 관심을 따르도록 할 수 있는 방법은 부모가 아동과 의사소통할 때 비언어적 단서를 과장해서 사용하는 것이다. 이 비언어적 단서는 단어의 의미를 묘사하는 과장된 얼굴 표정, 보여 주기, 만지기 또는 가리키기 등을 포함한다. 비언어적 단서는 부모가 언급하는 것(예: '예쁜 인형 봐라? 저것 좀 봐! 저기 있는 저 인형 봐봐.')을 아동이 알아들었다는 확신이 생길 때까지 아동이 특정 환경에 주의를 가지도록 반복해서 할 필요가 있다. 부가적으로, 부모는 이러한 지시와 더불어 강조된 억양, 과장된 얼굴 표정(예: 놀란 얼굴 표정 등) 그리고 분명하게 사물을 지적하는 것을 함께 나타낼 수 있다.

대부분의 부모들이 자연스럽게 아동과 비언어적 의사소통을 사용하지만, 언어를 학습하는 데 어려움을 겪는 아동들에게는 더욱 강조하여 사용할 필요가 있다. 아동이 성장함에 따라, 이러한 의사소통 유형은 지나치게 유아적으로 보일 수 있다. 그러나 성숙한 아동이더라도 언어 습득에 어려움을 겪는 아동이라면, 부모가 이야기하고 있는 것에 관하여 판단하는 데 비언어적 단서는 필수적이다. 만일 아동이 부모와의 의사소통에서 부모가 언급하는 것을 이해하는 데 어려움이 있다면, 언어를 효과적으로 학습하지 못할 것이다.

CM-205 아동은 부모의 행동을 통제함으로써 부모의 주의를 끄는 것을 배운다.

의사소통 방식을 배우기 위하여, 아동은 원하는 것을 함께하거나 아니면 정보를 얻기 위하여 다른 사람을 끌어들일 수 있어야 한다. 주의를 끄는 행위에는 두 가지, 즉 ① 어떤 것을 주목하도록 부모에게 요구하는 것(예: '이것 봐요!')과 ② 정보나 도움을 요청하는 것(예: '저게 뭐야?')이 있다. 이와 같은 공동 주의 형태들은 '어른의 주의를 집중시키는 것' 이라고 말할 수 있다.

생의 초기 12개월 동안, 아동은 의도적이라기보다는 우연적으로 부모의 주의를 끈다. 아동이 사물을 쳐다보면, 부모가 그것을 집어 주는 것으로 반응할 때, 아동은 자신의 능력으로 부모가 그렇게 하도록 영향력을 미쳤다는 것을 인식하지 못한다. 약 9～12개월의 아동 대부분은 어른의 주의를 끌기 위하여 구체적인 행동을 하기 시작한다. 예컨대, 아동은 부모가 주목해 주기를 원하는 것에 손을 뻗쳐서 부모의 주의를 끌기도 한다. 이와 같이 신체를 이용하여 주의를 끄는 형태는 아동이 원하는 것이 무엇인지 부모가 정확히 알도록 해 주기 때문에 효율적이다. 그러나 이러한 아동의 방식은 부모가 주의를 끄는 방식과 비교하면, 매우 비효율적이다. 부모는 아동의 주의를 끌기 위해 몸짓, 발성 또는 실제 단어를 사용한다. 아동이 주의를 끄는 일차적인 방식은 주로 신체를 이용한 시도이기 때문에, 생의 초기 2년 동안 아동은 처음에는 비언어적 몸짓, 손짓을 사용하고, 최종적으로 단어를 사용하여 효과적으로 주의를 끌 수 있는 방식을 찾는다.

아동으로 하여금 부모의 주의를 끌기 위해 방법을 수정하게 만드는 것은 무엇인가? 한 가지 중요한 요인은 아동이 사인이나 상징을 사용하는 능력의 발달이다. 아동은 몸짓이 그 자체보다는 어떤 것을 대신하는 방법으로 사용된다는 것을 이해한 후에야 이것을 다른 사람의 주의를 끄는 데 사용할 수 있다(예: 손가락을 뻗쳐서 무엇에 닿게 하는 것은 뻗치는 행동뿐 아니라 '나는 저것을 원해요.' 라는 생각을 대신 표현하는 것이다). 그러나 아동이 손을 뻗치는 것과 같이, 사물을 얻기 위해 사용했던 행동이 '나는 저것을 원해요.' 라는 의사소통을 위한 상징으로 사용될 수 있다는 것을 깨닫는 데는 시간이 좀 걸린다. 아동은 자신의 행동이 어떤 것을 얻기 위해 하는 개인적인 시도인 동시에 자신과 상호작용하는 사람들에게 영향을 미칠 수 있는 사회적 행동이라는 것을 인식할 수 있어야 한다.

아동이 부모의 주의를 끄는 방식을 수정하게 되는 두 번째 요인은 아동이 다른 사람의 행동을 통제하는 능력을 인식하게 되는 것이다. 아동은 먼저 다른 사람을 통제할 수 있다는 것을 인식해야만 다른 사람의 행동을 이끌기 위해 언어를 사용할 수 있다. 아동의 통제감은 부모나 다른 사람들이 아동의 행동에 반응한다는 것을 인식하면서 발생한다. 부모가 아동에게 반응하는 것은 아동이 자신을 통제하도록 허용하는 것이다. 아동이 부모와 함께하면서 자주 주도적인 역할을 수행해 볼수록, 자신이 부모의 주의를 끌 수 있는 능력이 있다는 것을 빠르게 인식할 수 있게 된다.

아동은 부모의 관심을 끄는 것을 배우지 못한다면, 부모를 통해 사물, 활동 또는 경험과 관련한 단어, 이름, 정보를 배울 기회가 적어질 것이다. 이러한 중요한 기술이 발달된 이후에야 아동은 새로운 언어를 배우는 속도가 극적으로 증진될 것이다.

CM-206 아동의 공동 주의가 발달되는 데는 시간이 필요하다.

일반적으로 아동은 생후 24개월 동안 공동 주의 기술을 발달시킨다. 학습 또는 발달적 문제가 있는 아동들은 전형적인 발달을 하는 아동들에 비해 공동 주의 방식을 배우는 데 좀 더 많은 시간이 걸린다. 예컨대, 만일 아동이 생물학적 나이로 3개월 동안 2개월의 비율로 발달한다면, 33%의 발달적 지연을 가지게 된다. 이러한 아동은 전형적인 발달을 하는 아동에 비해 공동 주의가 발달하는 데 약 1/3의 시간이 더 걸릴 것이며, 따라서 공동 주의를 완전히 성취하는 데 약 36개월이 걸릴 것이다.

이러한 사실은 무엇을 의미하는 것인가? 첫째, 부모가 특히 생후 3년 동안 자녀와 의사소통하기 위해서는 자녀와 상호적인 눈 맞춤을 하는 것이 중요하다. 이는 부모가 언급하는 것을 아동이 쉽게 이해하도록 주의를 집중시키는 강력한 형태다. 또한 부모가 아동이 이끄는 주의에 잘 따르고 아동의 경험과 직접 관련된 언어를 사용하도록 해 준다.

둘째, 부모는 가능한 한 분명하게 의사소통할 필요가 있다. 부모가 자녀와 함께할 때, 전후상황이나 비언어적 단서를 너무 많이 제공하면 안 된다. 부모가 무엇을 말하고 있는지를 아동이 쉽게 이해하도록 이끌수록, 아동은 보다 빨리 단어를 습득하고 사용할 것이다. 만일 아동이 부모가 말하는 것을 이해하기 위해 열중해야 한다면, 대화는 무의미해지고 아동이 언어를 배우는 것은 더욱 어려워질 것이다.

셋째, 아동의 행동과 의도에 매우 반응적으로 대하면서 상호작용해야 한다. 아동의 행동에 즉각적이고 빈번하게 반응해 주는 것은 이러한 행동이 다른 사람의 주의와 행동을 이끄는 데 사용될 수 있는 방식임을 아동이 인식하도록 도와준다.

논의점

CM-201 **아동은 느낌, 관찰 내용, 사물, 행동을 표현하는 단어와 문장을 이해하기 위하여 맥락과 비언어적 단서를 통하여 언어에 담긴 의미를 배운다.**

- 아동은 다른 사람과 상호작용하는 맥락에서 단어에 담긴 의미를 배운다.
- 아동은 단어를 배우는 데 부모의 몸짓, 응시, 미소, 목소리 억양, 문장의 반복 등에 의해 영향을 받는다.
- 아동은 또한 부모가 천천히 분명하게 말하는지의 여부와 아동과 관련한 감정, 행동, 사물 등을 명명하는 단어를 사용하는지에 따라 영향을 받는다.

CM-202 **부모가 아동과 지속적으로 눈 맞추기를 할 때, 아동은 부모와 눈을 마주치게 된다.**

- 눈 맞추기는 사회적 관계를 형성하는 데 가장 근원이 되는 방법 중 하나다.
- 상호 간의 눈 맞춤은 생리적 · 정서적 상태를 함께 느낄 수 있는 가장 직접적인 방법 중 하나다.
- 부모와 아동은 눈 맞춤을 통하여 서로의 관심을 확인한다.

CM-203 **부모가 아동에게 세심한 주의를 기울일 때 아동은 부모에게 주의를 기울인다.**

- 아동이 새로운 기술을 학습하는 데 선행조건은 아동이 함께 상호작용하는 어른에게 주의를 기울이는 것이다.
- 부모가 아동이 흥미 있어 하는 활동이나 행동에 주의를 기울인다면, 마찬가지로 아동은 부모에게 주의를 기울이고 협력하게 된다.
- 아동이 흥미로워 하는 활동을 하는 중에 부모에게 주의를 잘 집중하게 되면, 흥미가 좀 떨어지는 상황에서도 부모에게 주의를 잘 기울이게 될 것이다.

CM-204 **부모가 아동의 주의를 끌기 위해 다양한 단서를 사용할 때 아동은 부모의 주의 집중에 따르는 것을 배운다.**

- 아동이 단어가 의미하는 것을 판단하기 위해서는 아동으로 하여금 단어에 수반되는 느낌, 사물, 사건 등에 주의를 기울이도록 부모가 지시하거나 이끌어 주어야 한다.
- 아동이 부모의 관심을 따르도록 할 수 있는 방법은 부모가 아동과 의사소통할 때 비언어적 단서를 과장해서 사용하는 것이다.

CM-205 **아동은 부모의 행동을 통제함으로써 부모의 주의를 끄는 것을 배운다.**

- 의사소통 방식을 배우기 위하여 아동은 원하는 것을 함께 접촉하거나 아니면 정보를 얻도록 다른 사람의 주의를 끌 수 있어야 한다.
- 아동이 부모와 함께하면서 자주 주도적인 역할을 수행해 볼수록, 자신이 부모의 주의를 끌 수 있는 능력이 있다는 것을 보다 빠르게 인식할 수 있게 된다.

CM-206 **아동의 공동 주의가 발달되는 데는 시간이 필요하다.**

- 학습 또는 발달적 문제가 있는 아동들은 정상 발달 아동들에 비해 공동 주의에 참여하는 방식을 배우는 데 좀 더 많은 시간이 걸린다.

- 아동의 공동 주의를 촉진하기 위해서, 부모는 자녀와 상호적인 눈 맞추기를 하고, 맥락적이거나 비언어적 단서를 제공하고, 아동의 행동과 비언어적인 의사소통에 매우 반응적이어야 한다.

공동 주의를 촉진하는 RT 전략

❪ 113 아동의 세계로 들어가기 ❫ 아동과 같은 방식으로 세상을 보기 위해 다음 세 가지 사항을 적용해 본다. 첫째, 아동과 서로 간에 신체적 관계를 형성한다. 눈높이를 맞추어 아동과 같은 신체적 높이로 상호작용한다. 둘째, 아동과 같은 방식으로 놀이하고 대화하면서 상호작용한다. 부모도 얼마든지 아동의 말투로 상호작용할 수 있다는 것을 아동이 알 수 있도록, 아동처럼 의미 없는 말로 소리 내기, 옹알이하기, 웃기, 재미있는 얼굴 표정과 같은 행동을 따라한다. 셋째, 의도적으로 아동의 방식대로 세상을 이해하도록 한다. 이러한 경험을 통해 아동이 가지는 의미와 당신이 가지는 의미는 동일하지 않다는 것을 명심한다.

실행 사항

- 아동과 얼굴을 마주 볼 수 있는 자세로 놀이한다. 아동과 상호작용할 때는 신체적 높이를 맞추어 아동이 당신을 올려다보는 일이 없도록 한다.
- 아동과 함께 놀이하거나 상호작용할 때, 아동과 눈을 맞추도록 한다.
- 아동이 세상을 막 경험하기 시작할 때, 아동의 경험을 이해하도록 한다. 아동은 어른과는 매우 다르게 세상을 바라보고 이해한다.
- 아동이 성숙해짐에 따라, 계속해서 세상을 재발견하게 된다는 것을 기억한다. 아이가 3개월 때 이해했던 세상은 9개월에 접어들면서 새로운 의미를 가지게 된다. 발달 초기에 일어나는 사고와 이해의 변화는 극적이어서, 아동이 친숙하게 느꼈던 사물이나 사건을 새로운 관점으로 지각하고 경험하게 한다.
- 아동과의 상호작용 상황에 그냥 머물러 있기보다는 아동에게 어떤 것을 하도록 강요하지 않으면서 아동이 하는 간단한 방식으로 반응하며 놀이한다.

❪ 211 아동의 행동 관찰하기 ❫ 아이를 조직적으로 관찰한다. 아동이 다양한 상황에서 나타내는 미세한 표시와 소리를 주의 깊게 살피고 경청한다.

실행 사항

- 아동이 평소에 하는 일반적인 행동들의 목록을 만들어 본다. 그런 다음 아동이 하는 행동들을 일상에서 며칠 동안 모방한다. 그리고 아동이 놀이하거나 대화할 때 하는 행동들에 대해 또 다른 목록을 만든다. 아동을 모방해 봄으로써 아동의 작은 행동에 대해 더 잘 알아차리게 되었는지, 왜 이런 행동을 한다고 생각하는지 기록한다.
- 아동으로 하여금 어떤 것을 수행하게 하거나 특정한 것을 학습하게 하려고 하는 것이 사실상 아동이 하는 모든 것들을 놓치게 할지도 모른다. 대신 아동이 현재 하는 것을 관찰하고 이해하고자 할 때, 정작 부모는 아이가 하는 것을 더 효과적으로 학습하도록 돕게 될 것이다.
- 전문가는 부모가 아동과 놀이하는 것을 살펴보거나 또는 비디오 녹화된 자료로 아동을 살펴보면서 자신이 기술한 방향으로 부모를 이끌어 갈 수 있다.
- 전문가는 부모에게 비디오 녹화 장면에서 나타나는 아동의 놀이 상황에 대해 부모가 이해하지 못하는 행동들에 대해서는 즉시 코멘트를 주도록 한다.

《222 작은 행동에도 즉각적으로 반응하기》 작은 행동이란 트림, 응시하는 대상을 바꾸는 것, 발차기, 얼굴 표정의 변화 등을 말하며, 부모는 아동의 이 같은 행동에 즉각적으로 반응해 주어야 한다.

실행 사항

- 아동이 '작은 행동'을 직접적으로 보이지 않거나 혹은 보일 때, 그것이 분명한 목적이나 의미를 가지고 있지 않더라도 부모가 즉각적으로 반응한다면, 이러한 행동을 의미 있는 사회적 상호작용으로 만들 수 있다.
- 아동이 혼자서 하는 놀이나 혼잣말에 즉시 반응함으로써 아동은 부모를 더욱 잘 인식하게 되고 사회적 교환 활동에 더욱 잘 참여하게 된다.
- 부모는 자신이 얼마나 즉각적으로 아동의 행동에 반응해 주었는지를 평가하기 위하여 비디오 관찰을 통해 살펴본다.

《312 아동의 행동과 의사소통 모방하기》 부모는 아동이 만들어 내는 행동은 어떤 것이든지 모방할 수 있다. 만일 아동이 어른과 상호작용하는 데 별다른 흥미를 보이지 않는다면, 부모는 아동의 이상 행동을 따라 함으로써 아동의 관심을 끌 수 있다 (예: 앞뒤로 몸을 흔들기, 엄지손가락 빨기, 큰소리로 소리 지르기, 울기, 물건 던지기 등). 모방에는 두 가지 기능이 있다. 첫째, 아동이 현재 하는 것에 기초하여 아동과 상호작용 관계를 형성할 수 있다. 둘째, 모방은 어른과의 상호작용에서 아동이 주도할 기회를 직접적으로 주는 것이다.

실행 사항

- 모방으로 아동의 행동의 다양성과 범위를 확대하도록 촉진할 수 있지만, 바람직하지 않은 행동(예: 안전을 위협하거나 사회적 규칙에 벗어나는 행동)은 강화시켜서는 안 된다는 사실을 기억한다.
- 부모가 아동의 행동을 모방해 줌으로써 아동은 어른의 행동을 통제하는 것에 대해 즐거워하고 재미를 느끼게 되면서 주의 집중이 증가한다.
- 부모가 아동의 비언어적 또는 언어적 의사소통을 모방하는 것은, 아동으로 하여금 다른 사람에게 영향을 미치는 상호적인 초기 의사소통 기술을 학습하게 해 준다.

《 411 활기 있게 행동하기 》 아동은 아이처럼 행동하는 어른 또는 재미있는 어른과 더 오랫동안 상호작용하면서 머무른다. 의식적으로 생동감 있게 행동함으로써 아동이 상호작용하도록 이끌어 주고 어른에게 주의를 집중하게 한다.

실행 사항

- 부모가 얼굴에 표정을 드러내고 아동이 내는 소리나 행동으로 게임을 만들어 상호작용할 때 아동을 상호작용 속에 끌어들여서 계속 유지하기가 보다 쉽다는 것을 기억한다.
- 아동과 함께 놀이할 때 동작을 과장되게 표현한다. 예측할 수 없는 방식으로 움직임으로써 아동의 관심을 끌면, 아동은 부모에게 보다 가까이 다가와 주의를 집중할 것이다.
- 아동에게 심각한 발달적 문제가 있다고 하더라도, 아동은 부모가 교사처럼 대하는 것보다는 놀이 상대자로서 상호작용할 때 더 많은 것을 학습하게 될 것이다.

- 부모가 생동감 있게 아동과 함께 있는 정도는 대개 부모의 개인적 특성과 그 순간의 기분에 따라 달라진다. 따라서 본래 아동에게 생동감 있게 대하는 사람이더라도 그렇게 하도록 의식적으로 노력하는 것이 필요하다.

◖415 억양, 손짓 그리고 비언어적 몸짓을 사용하여 의사소통하기◗ 억양, 손짓 그리고 비언어적 몸짓과 단서를 사용하여 아동과 의사소통하도록 한다.

실행 사항

- 부모가 음조에 변화를 줄 때와 단일한 음조로 의사소통할 때 그리고 비언어적인 몸짓을 사용하면서 의사소통을 할 때, 아이가 어떠한 방식에 더 주의를 집중하는지 관찰한다.
- 아동과 함께 의사소통하는 장면을 비디오로 녹화하여 살펴본다. 그런 다음 얼마나 적절히 음조의 변화를 주고, 비언어적 의사소통을 사용하였는지를 직접 평가한다. 아동과 얼마나 생동감 있게 의사소통할 수 있는지 살펴본다.

◖424 아동이 즐거워하는 활동 반복하기◗ 아동이 즐거움과 재미를 느끼는 활동을 계속 유지하도록 한다. 부모가 이러한 활동에 중점을 둘수록, 당신과 아동은 함께 있는 것 자체를 더욱더 즐기게 될 것이다.

실행 사항

- 어른과는 달리, 아동은 특정 활동을 여러 번 해도 지치지 않는 경향이 있다. 그러나 어른은 아동이 즐거워하는 활동을 반복해서 할 때, 아동보다 먼저 그 활동에 지쳐 버릴 수 있다. 비록 그렇다 하더라도 부모가 아동의 즐거움을 촉진하기 위해 이러한 활동을 계속해 본다. 아동은 부모가 함께 상호작용하는 것이 즐거운 활동이라는 사실을 배울 것이다.
- 아동은 부모가 자신이 즐거워하는 것을 함께해 줄 때 유머 감각을 발달시키게 된다. 부모가 아동이 즐거워하는 활동을 함께해 줄수록, 아동은 더욱더 즐겁고 재미있는 것들을 함께 나누는 것을 배우게 될 것이다. 더불어 부모가 아동이 즐거워하는 것에 초점을 두고 상호작용할수록 아동은 부모를 재미있게 하기 위해 노력하게 된다.

《522 아동이 주의를 집중하는 것에 따르기》 아동이 주의를 집중하고 있다는 것은 아동이 쳐다보는 것, 귀 기울이는 것 또는 손을 뻗치는 것으로 나타난다. 아동이 주의를 기울이는 소리, 사물, 사람 또는 활동은 모두 아동이 흥미 있어 하는 것을 나타내는 것이다. 아동이 주의를 집중하는 것을 따르기 위해, 부모는 아동이 주의를 기울이는 것으로 보이는 미묘한 단서에 민감하고 반응적이어야 한다. 아동의 주의가 어떤 것에서 다른 것으로 옮겨 가는 것을 따라 계속해서 아동의 주의를 따르도록 한다.

실행 사항

- 어린 아동들은 자신과 직접 관련된 경험에 몰두하게 된다. 아동의 활동과 아동이 주의를 주는 것은 자신의 직접적인 흥밋거리에 따라 좌우된다. 아동이 어떤 것에 대한 흥미를 잃으면, 자신을 유혹하는 다른 상황으로 주의를 곧바로 옮기게 된다.
- 아동이 흥미 있어 하는 것은 현재 발달적 기능 수준에 따라 차이가 있다. 예컨대, 생애 초기 6개월쯤에 아동은 맛, 재질, 모형, 소리와 같은 사물의 물리적인 특성에 주로 흥미를 느낀다. 생후 1년경에는 아동의 발달이 변화함에 따라, 아동은 사물의 특성에 대한 관심보다는 자신이 할 수 있는 사물의 기능에 더욱 흥미를 느낀다.

3 중심축 행동(PB): 언어화

CM-3 언어화는 아동이 옹얼대는 것, 발성, 노래 또는 단어와 같은 소리를 실행하거나 반복하는 정도를 말한다. 아동은 혼자 있을 때나 다른 사람과 함께 있을 때 빈번하게 소리를 낸다. 언어화는 말이 얼마나 복잡한가 또는 의미가 있는가와 상관없이, 단지 소리를 만들어 내는 빈도를 말한다.

언어화에 대한 고려사항

CM-301 아동은 스스로 반복해서 소리를 내 보면서 소리를 만드는 방식을 배운다.

청각장애아들은 일반적으로 생후 4~5개월까지는 소리를 만들어 낸다. 이 소리들은 정상적인 청각을 가진 아동들이 만들어 내는 소리와 별다를 게 없는 소리지만,

약 5개월부터는 그 어떤 발성도 만들어 내지 못한다.

청각장애아들과 마찬가지로, 정상적인 청각을 가진 아동들도 약 5개월쯤에 발성의 전환점을 맞는다. 청각에 손상이 없는 아동들은 약 5개월경에 언어적 특성을 드러내기 시작한다. 아동이 언어 발달단계 중 한 단어 시기에 이를 때, 아동의 발성은 대부분 구어적 언어 양상을 띤다. 즉, 아동이 발성하는 것의 대부분은 실제 단어에 대해 잘못 생각하는 것일 수 있다.

청각에 손상이 있는 아동들이 생후 초기에는 소리를 만들어 낼 수 있다는 사실은 아동 초기의 소리 생산은 자동적이고, 생리적인 반응임을 나타내는 것이다. 따라서 정상적인 청각 능력을 가진 아동이 5세가 될 때까지 지속적으로 만들어 내는 소리의 발달과 청각장애아 아동이 5개월에 언어발달에 있어서 극적인 퇴행을 보이는 것은 같은 메시지로 볼 수 있다. 즉, 아동의 장기적 음성발달은 아동 자신이 만들어 낸 소리에 언어적 피드백을 받느냐에 달려 있으며, 이 피드백은 아동이 실행해 보고 더욱 복잡한 발성을 만들어 내도록 촉진해 준다.

아동은 부모가 자신이 만들어 내는 발성을 모두 반응해 준다는 확신이 있을 때, 발성을 더욱 자주하게 된다. 즉, 부모는 아동이 발성하는 비율에 영향을 미친다. 발성을 많이 하지 못하는 아동이더라도 만일 부모가 아동이 만들어 낸 몇 안 되는 발성에 대해 매우 적극적으로 반응해 준다면, 아동이 발성을 만들어 내는 비율은 증가할 것이다.

CM-302 아동은 먼저 소리를 만들 수 있어야 말을 할 수 있게 된다.

아동은 첫 단어를 생산할 수 있을 만큼 능숙한 언어 수준에 도달하기 위해, 생후 초기 2년 동안은 혼자서 혹은 다른 사람과 함께 소리를 연습하면서 많은 시간을 보내야 한다. 만일 아동이 능숙하게 발성하지 못한다면, 심지어는 아동이 언어를 학습하는 데 필요한 인지적 · 언어적 기술이 있더라도 단어를 만들어 내지 못할 것이다. 이는 부모나 다른 어른들이 아동의 소리에 변화를 가져오기 위해서는 특별한 노력이 필요하다는 것을 의미한다. 아동이 다른 사람과 상호작용할 때 습관적으로 발성하지 못한다면, 아동은 단어를 소리 내어 시도해 보는 것이 어렵다고 생각할 것이다. 이는 아동의 언어적인 의사소통 기술 발달을 저해할 것이다. 부모는 아동이 오직 몸짓이나 그 밖의 비언어적 의사소통만을 사용함으로써 의사소통하도록 두어서는 안 된다. 부모는 아동이 만드는 아주 사소한 발성에 대해서도 매우 반응적으로 대해 주고 조용하고 비반응적인 아동의 성향을 변화시키려는 노력을 꾸준히 해야 한다. 부모는 아동과 함께 상호작용하고 아동에게 적합한 소리나 단어를 사용해야만 아동이 계속해서 발성하게 된다는 것을 명심해야 한다.

또한 부모는 아동이 아직 사용하지 않는 언어는 사용하지 말아야 하며, 아동이 내는 소음을 모방하고, 소리를 주고받는 놀이를 하거나 또는 노래를 한 구절씩 교대로 부르면서 아동이 이미 만들어 내고 있는 비언어적 소리의 종류를 늘리도록 해야 한다.

CM-303 말이 없는 아동은 말이 없는 어른을 만들고, 말이 없는 어른은 더욱 말이 없는 아동을 만든다.

아동이 부모와 함께 상호작용할 때 어떻게 행동하는가는 부모가 아동과 함께 상호작용하는 방식에 영향을 미친다. 만일 아동이 부모와 상호작용할 때 조용하다면, 이러한 아동의 조용함이 부모의 말수도 적게 만들 수 있다. 만일 타고나면서부터 말이 없는 아동을 대하면서 부모의 말수가 줄어들었다면, 이러한 아동은 그만큼 언어적 피드백을 적게 받게 된다. 이렇게 언어적 피드백이 줄어들면 조용한 아동은 더욱 적게 발성하거나 이야기하지 않는 성향을 지니도록 강화하거나 조장할 수 있다. 심지어는 아동이 말하는 데 필요한 언어 유창성의 획득을 더욱 어렵게 만든다.

따라서 부모는 말이 없는 아동과 어떻게 상호작용할 것인가에 대해 신중하게 생각해 보아야 한다. 부모는 아동의 침묵이 정적인 상호작용으로 연결되지 않도록 해야 한다. 부모는 아동과 함께하면서 계속해서 단순한 발성을 하는 등의 특별한 노력을 기울여야 한다. 부모는 아동이 생산해 내는 사소하고 몇 안 되는 발성에 대해서도 매우 반응적이어야 한다. 이러한 상호적 교환 유형은 아동이 더 많은 소리를 만들어 내도록 촉진하는 동시에 침묵하려는 성향을 변화시킬 수 있으며, 이는 아동이 단어를 생산하는 데 필요한 언어적 기술을 발달시키도록 도와준다.

CM-304 소리를 만들어 내는 데 장애가 되는 근육 손상이 있는 아동은 말이 없을 수 있다.

아동은 대개 몇 개의 단어만으로 다양한 말소리를 만들어 낼 수 있다. 소리 조합은 다양한 소리 맥락에 따라 다른 복잡한 움직임을 만들어 내도록 한다. 예컨대, 'ㅏ' 'ㅂ'은 그냥 '아' '비읍'이 아니다. 'ㅂ'으로 보트, 바지, 배, 금붕어를 만들기 위해서는 다양한 근육 조합이 필요하다.

소리를 만들어 내는 데 필요한 복잡한 근육 움직임을 조합하는 것은 대부분의 아동들에게는 쉬운 일이다. 그러나 발달적 문제가 있는 아동들에게는 어렵고 좌절하게 만드는 과제일 수 있다. 언어가 지연된 아동들은 구강근육 발달을 방해하는 근육의 어려움이 있기 때문에 말이 없고 발성도 많이 하지 않는 경향이 있다. 이는 언어장애와 근육상의 문제가 있는 통합 운동장애(dyspraxia) 아동은 물론이고 다운증후군, 뇌성마비와 같이 일반적인 근육에 문제가 있는 아동에게 특별하게 나타날 수 있다.

말이 없는 아동은 소리를 내지 않고 의사소통하는 습관을 발달시키지 않도록, 그리고 아동의 언어 능력을 개발하도록 촉진해 주어야 한다. 부모는 놀이적이고, 상호적으로 소리를 교환하면서 아동이 소리를 내도록 촉진해 줄 수 있다. 구강근육 문제가 있는 아동이라고 하더라도, 이러한 연습을 계속하는 것은 시간이 지날수록 아동의 구강근육 조합을 개선시킬 것이며, 결국에는 아동이 복잡한 소리, 단어 및 단어의 조합을 만들어 내는 데 필요한 기술을 개발하도록 해 줄 것이다. 아동이 옹알이를 하고, 의미 없이 웅얼거리는 말을 하거나 또는 소리를 내며 놀이하는 것을 더 많이 하도록 격려해 줄수록, 아동은 언어를 사용하는 데 필요한 구강근육을 효과적으로 발달시킬 것이다.

CM-305 발성(언어적 놀이)은 일상적인 소리를 더 많이 만들어 내도록 이끈다.

소리를 주고받으며 하는 놀이는 어른이 아동에게 자연스럽게 다양한 소리를 내는 방식을 보여 주는 기회가 된다. 아동과 상호작용하는 동안, 부모는 아동이 소리나 단어를 만들어 낸 후 즉각적으로 일상적인 소리를 모방할 수 있다. 부모는 아동이 시도하는 의사소통 수준에 맞추어 일반적인 소리로 아동의 미성숙한 소리에 반응해 줌으로써, 아동이 실행하는 것을 더욱더 촉진하게 된다. 이렇게 소리를 교환하면서 소리를 생산하려는 아동의 노력에 맞출수록, 아동은 자신이 어떻게 소리를 내고 있는지를 차츰 인식하게 되면서 변화를 가져오게 될 것이다.

아동이 말하는 것을 배우는 데 도움이 되는 게임은 소리 모방이다. 이러한 상호교환적인 놀이를 통하여 부모는 먼저 아동을 모방하고, 그러고 나서 모방한 것을 일상적인 소리나 단어와 밀접한 것으로 다양하게 만들어 낸다. 이러한 상호교환적인 활동은 아동이 소리로 주거니 받거니 하는 놀이를 하도록 촉진한다. 또한 부모는 아동이 보다 성숙한 말소리를 만들어 내는 방법을 배우도록 예시를 줄 수도 있다.

대부분의 부모는 아동이 내는 음성을 단어로 바꾸어 주면서 화를 낸다. 그러나 부모는 간단히 소리를 내며 주거니 받거니 하는 놀이를 하면서 아동에게 말하는 방식을 배우도록 도울 수 있다. 부모는 아동이 단어를 정확히 말하도록 하기보다는 어른이 내는 소리 패턴을 비슷하게 흉내 내도록 연습시킬 때, 아동은 더 오랫동안 소리를 주고받는 것을 지속하게 된다.

CM-306 아동은 기계적이고 반복적인 훈련이 아닌, 사회적 의사소통 맥락에서 가장 효과적으로 구강근육 기술을 발달시킨다.

대부분의 전문가들은 아동이 말을 하기 위해서는 구강근육 연습이 필요하다고 제안한다. 이러한 연습은 아동이 말을 하기 위해 필요한 구강근육 기술을 배우도록 고안된 기계적이고 반복적인 훈련이다. 그러나 아동이 여러 소리를 함께 조합하려면 말소리는 유동적이고 여러 근육을 사용해야 하기 때문에, 근육을 발달시키기 위해서 매일 일어나는 일상 중의 의사소통을 통해 말소리를 실행해 보는 것이다.

혀, 입술, 그 밖에 구강근육 연습은 아동의 구강근육 체계를 강화시켜 준다. 물론 이러한 연습을 통하여 구강근육 체계가 강화될 수는 있지만 부모와 함께 소리를 내면서 실행해 보는 직접적인 연습의 효과만큼은 아니다. 아동은 즐겁게 상호작용하고, 다음 소리나 단어를 어떻게 만들어 낼지 모델을 제공해 주는 많은 말을 실행하게 될 것이다.

말은 단순한 근육의 움직임이 아니라 사회적 사건이다. 결과적으로, 말을 위한 소리를 만들어 낸다는 것은 신체적 훈련 문제 이상의 것이며, 그것은 또한 사회적 문제이기도 하다. 아동은 적합한 말소리를 배우기 위해서 신체적으로 소리를 만들어 내는 방법을 배우는 것뿐 아니라, 다른 사람이 어떻게 소리를 만들어 내는지를 경험해 보는 것이 필요하다. 이러한 피드백을 통해 아동은 자신이 만들어 낸 초기 발성을 보다 보편적인 소리로 수정해 나가는 데 성공할 수 있다.

아동은 명확하게 말하기 위해 대화 상대방에게 주의를 집중하고 빈번하게 상호작용하는 것이 필요하다. 일상적인 대화는 속사포같이 빨리 전개된다. 그러나 이와 같은 일반적인 사회적 상황에서 발생하는 대화 형태와는 달리 수행을 반복적으로 연습하는 구강근육 훈련만으로는 일상생활에서 아동이 구강근육 기술을 사용하는 방법을 학습시키지는 못한다.

논의점

CM-301 아동은 스스로 반복해서 소리를 내 보면서 소리를 만드는 방식을 배운다.

- 아동 초기의 소리 생산은 자동적이고, 생리적인 반응임을 나타내는 것이다.
- 아동의 장기적 음성발달은 아동 자신이 만들어 낸 소리에 언어적 피드백을 받느냐에 달려 있으며, 이 피드백은 아동이 실행해 보고 더욱 복잡한 발성을 만들어 내도록 촉진한다.

CM-302 아동은 먼저 소리를 만들 수 있어야 말을 할 수 있게 된다.

- 만일 아동이 능숙하게 발성하지 못한다면, 심지어는 아동이 언어를 학습하는 데 필요한 인지적 · 언어적 기술이 있더라도 단어를 만들어 내지 못할 것이다.
- 부모는 아동이 만드는 아주 사소한 발성에 대해 매우 반응적으로 대해 주고 조용하고 비반응적인 아동의 성향을 변화시키려는 노력을 꾸준히 해야 한다.

CM-303 말이 없는 아동은 말이 없는 어른을 만들고, 말이 없는 어른은 더욱 말이 없는 아동을 만든다.

- 만일 아동이 부모와 상호작용할 때 조용하다면, 이러한 아동의 조용함이 부모의 말수도 적게 만들 수 있다.
- 언어적 피드백이 줄어들면 조용한 아동은 더욱 적게 발성하거나 이야기하지 않는 성향을 지니도록 강화하거나 조장할 수 있다.

CM-304 소리를 만들어 내는 데 장애가 되는 근육 손상이 있는 아동은 말이 없을 수 있다.

- 언어가 지연된 대부분의 아동들은 말이 없고 발성도 많이 하지 않는 경향이 있다. 이는 아동의 구강근육발달을 방해하는 근육의 어려움이 있기 때문이다.
- 말이 없는 아동은 소리를 내지 않고 의사소통하는 습관을 발달시키지 않도록, 그리고 아동의 언어 능력을 개발하도록 촉진해 주어야 한다.

CM-305 발성(언어적 놀이)은 일상적인 소리를 더 많이 만들어 내도록 이끈다.

- 소리를 주고받으며 하는 놀이는 어른이 아동에게 자연스럽게 다양한 소리를 내는 방식을 보여 주는 기회가 된다.
- 부모는 아동이 실제 단어를 말하는 것보다 어른이 말한 소리 패턴을 더욱 근접하게 닮아 가도록 소리를 연습하는 것을 돕는 데 초점을 둘수록 아동은 소리를 주고받는 것을 지속하게 된다.

CM-306 아동은 기계적이고 반복적인 훈련이 아닌, 사회적 의사소통 맥락에서 가장 효과적으로 구강근육 기술을 발달시킨다.

- 아동은 상호작용을 즐겁게 만들고 다음 소리나 단어를 어떻게 만들어 낼지 모델을 제공하는 의사소통 상대방과 보다 많이 말소리의 실행을 하게 될 것이다.
- 아동은 명확하게 말하기 위해, 대화 상대방에게 주의를 집중하고 빈번하게 상호작용하는 것이 필요하다.

언어화를 촉진하는 RT 전략

◀ 123 소리를 주고받으며 놀이하기 ▶ 아동은 명확한 목적이나 의미가 없는 발성이나 소리를 만들어 내기도 한다. 이러한 발성에 대해 간단하게 즉각적으로 생동감 있게 따라해 주거나 반응해 주면서 아동과 상호작용한다. 만일 아동이 계속해서 소리를 내며 발성한다면, 주고받기식의 발성 놀이로 상호작용을 변형시키기 위하여 부모는 발성을 다양하게 변화시키며 아동에게 반응한다.

실행 사항

- 심지어 아동이 혼자서 놀이하는 단계에 있더라도 아동이 내는 소리에 반응해 주는 습관을 기른다. 아동의 소리에 자주 반응해 줄수록, 아동은 더 많이 소리를 내며 의사소통하게 될 것이다.
- 아동과 한 번씩 주고받으며 상호 교환 식으로 소리를 내어 동요를 불러 본다. 이는 다른 사람과 의사소통하는 상호적인 방식을 아동에게 가르치는 것이다.
- 자장가나 동요는 주고받는 소리 놀이 형태의 좋은 예다. 짧게 한 구절을 부르고 난 뒤, 남은 몇 구절을 부르기 전에 아동이 소리나 어떤 행위를 만들어 낼 때까

지 기다려 준다.

- 아동이 부모가 주고받기식 상호작용에 참여하는 것을 방해한다면, 제한한다. 아동에게 의사소통은 일방적인 것이 아니라 내가 한 번 말을 하면 상대방에게도 말할 시간을 주어야 하는 것임을 가르쳐 준다.

❰125 아동이 더 많이 의사소통하도록 어른이 적게 말하기❱ 말을 너무 많이 하는 것은 아동과 어른 간에 균형 있는 상호작용을 이루는 데 주된 장해물 중 하나다. 말하는 방법을 학습하기 위해 아이가 언어 자극을 받는 것도 중요하지만, 아동에게는 자신이 이미 알고 있는 소리나 단어를 계속해서 실행해 보는 것이 더욱 중요하다. 만일 당신이 짧은 문장을 사용하고, 했던 말을 반복하지 않고, 아동이 더 많이 말할 수 있도록 기다려 준다면 아동은 보다 많이 의사소통하게 될 것이다. 이것은 상호작용하는 동안 긴 침묵의 순간을 가져올 수도 있다. 그러나 아동은 자신의 발성과 언어로 그 공백을 채우는 것을 곧 학습하게 될 것이다.

실행 사항

- 아동에게 짧은 문장으로 이야기하고 보다 적게 말하는 것은 상호작용하는 동안 아동에게 무엇인가를 할 기회를 더 많이 주는 것이다.
- 실험적으로 짧은 문장, 중간 정도의 문장 또는 긴 문장을 사용해 본다. 각각 다른 길이의 문장을 사용함에 따라 아동이 어떻게 반응하는지 관찰한다.
- 아동과 함께 상호작용하는 장면을 비디오로 촬영하여 관찰한다.
- 아동과 놀이하는 5분 동안 말을 몇 번이나 반복하는지를 기록해 본다. 그리고 필요 이상으로 반복하고 있지는 않은지 생각해 본다.

❰222 작은 행동에도 즉각적으로 반응하기❱ 작은 행동이란 트림, 응시하는 대상을 바꾸는 것, 발차기, 얼굴 표정의 변화 등을 말하며, 부모는 아동의 이 같은 행동에 즉각적으로 반응해 주어야 한다.

실행 사항

- 아동이 '작은 행동'을 직접적으로 보이지 않거나 혹은 보일 때, 그것이 분명한 목적이나 의미를 가지고 있지 않더라도 부모가 즉각적으로 반응한다면, 이러한

행동을 의미 있는 사회적 상호작용으로 만들 수 있다.

- 아동이 혼자서 하는 놀이나 혼잣말에 즉시 반응함으로써 아동은 부모를 더욱 잘 인식하게 되고 사회적 교환 활동에 더욱 잘 참여하게 된다.
- 부모는 자신이 얼마나 즉각적으로 아동의 행동에 반응해 주었는지를 평가하기 위하여 비디오 관찰을 통해 살펴본다.

《312 아동의 행동과 의사소통 모방하기》 아동이 만들어 내는 행동은 어떤 것이든지 모방할 수 있다. 만일 아동이 어른과 상호작용하는 데 별다른 흥미를 보이지 않는다면, 부모는 아동의 이상 행동을 따라 함으로써 아동의 관심을 끌 수 있다(예: 앞뒤로 몸을 흔들기, 엄지손가락 빨기, 큰소리로 소리 지르기, 울기, 물건 던지기 등). 모방에는 두 가지 기능이 있다. 첫째, 아동이 현재 하는 것에 기초하여 아동과 상호작용 관계를 형성할 수 있다. 둘째, 모방은 어른과의 상호작용에서 아동이 주도할 기회를 직접적으로 주는 것이다.

실행 사항

- 모방으로 아동의 행동의 다양성과 범위를 확대하도록 촉진할 수 있지만, 바람직하지 않은 행동(예: 안전을 위협하거나 사회적 규칙에 벗어나는 행동)은 강화시켜서는 안 된다는 사실을 기억한다.
- 부모가 아동의 행동을 모방해 줌으로써 아동은 어른의 행동을 통제하는 것에 대해 즐거워하고 재미를 느끼게 되면서 주의 집중이 증가한다.
- 부모가 아동의 비언어적 또는 언어적 의사소통을 모방하는 것은, 아동으로 하여금 다른 사람에게 영향을 미치는 상호적인 초기 의사소통 기술을 학습하게 해 준다.

《515 아동이 의사소통하는 방식으로 대화하기》 아동이 평상시 하는 방식으로 의사소통한다(예: 아동의 움직임과 몸짓대로 반응한다. 아동의 소리로 반응한다. 한두 단어 말에는 한두 단어로 반응한다).

실행 사항

- 부모가 아동처럼 의사소통할 때, 아동이 더 많이 의사소통하는지 살펴본다. 아동이 사용하는 단어 유형, 억양 또는 몸짓을 사용하여 2~3분 동안 아동과 상

호작용한다. 그런 다음 어른들에게 사용하는 언어 유형으로 2~3분 동안 아동과 의사소통하면서 상호작용한다. 이 두 상황에서 각기 아동이 능동적으로 상호작용에 관여하는 시간의 양을 기록해 본다. 아동이 말하는 것을 학습하는 데 있어서, 두 상황에서 어떠한 차이가 발생했는지 그리고 그것이 의미하는 것은 무엇인지 기억한다.

- 아기 말투로 대화한다. 아동 양육에 관한 책에서는 부모가 아동에게 '아기 말투'로 말하지 않도록 조언하기도 한다. 이는 아동이 성숙한 방식으로 의사소통하는 방식을 배우는 데 어른이 언어적 모델을 제시해야 할 필요가 있다고 믿기 때문이다. 그러나 최근 아동발달 연구에 따르면, 부모가 아기 말투를 사용할 때 아동은 대화에 더 많이 참여하고 주의를 기울이는 것으로 보고되고 있다.

4 중심축 행동(PB): 의도적 의사소통

CM-4 의도적 의사소통은 아동이 자신의 의도를 의사소통하는 상대방에게 이해시키는 정도를 말한다. 다른 사람에게 자신의 요구, 감정 및 관찰 내용을 알리는 데 아동이 비언어적 의사소통, 단어 또는 두 가지 모두를 효과적으로 사용할 때, 의도적 의사소통을 한다고 말할 수 있다. 아동은 자신의 의도를 전달하기 위해 아동이 아는 단어와 언어를 사용한다.

의도적 의사소통에 관한 고려사항

CM-401 의도적 의사소통은 아동이 자신의 감정, 요구, 관찰 내용을 다른 사람에게 이해시키고자 할 때 발생한다.

의도적으로 의사소통하는 방식은 아동이 다른 사람에게 자신의 감정, 요구 및 관찰 내용을 전달하는 능력을 인식하게 됨에 따라 점차적으로 학습하게 된다. 이는 복잡한 과정이다. 그것은 아동의 울음, 쳐다보기, 손 뻗치기와 같은 본능적인 행동에서 시작된다. 아동은 이러한 반응이 다른 사람에게 어떠한 반응을 이끌어 낼 것인지를 인식함으로써 자신의 요구, 감정 및 관찰 내용을 전달하는 능력을 발견하게 된다. 아동은 이와 같은 행동을 통해 보살핌을 받고, 안정을 취하고, 사회적 접촉에 대한 욕구를 충족시키게 된다. 아동은 처음에는 비언어적 표시(예: 미소, 손 뻗치기 등)

를 사용하는 것을 배우는 것으로 시작해서 의도적 의사소통을 발달시킨다. 그러고 나서 발성을 사용하는 것을 배우고, 마지막으로 감정, 관찰 내용 그리고 요구 사항을 전달하기 위해 단어를 사용하는 것을 배운다.

의도적인 의사소통의 발달은 ① 자신에 대한 인식과 자신의 세계에 대한 인식의 증가, ② 발성과 몸짓을 만들어 내는 능력의 발달, ③ 사건을 표상하는 상징을 사용하고 기억하는 능력, ④ 자신의 의도를 보다 효과적으로 다른 사람에게 알리고자 하는 의지 등 여러 요인들에 따라 영향을 받는다.

언어발달은 아동이 의도를 전달하고자 하는 의식이 증가하고 그러한 자신의 능력을 이해하면서 발전해 나간다. 만일 아동이 자신이 의도하는 것을 다른 사람에게 알리는 것에 별로 관심을 가지지 않는다면, 단어에 담긴 의미를 이해하려 하거나 또는 단어의 사용을 배우는 것에 대해 아무런 동기를 부여하지 못한다.

아동은 첫 단어를 습득하기 전에 한동안은 자신이 어떻게 느끼는지, 원하는 것이 무엇인지, 그리고 무엇을 흥미롭게 쳐다보고 또는 하고 있는지를 다른 사람에게 알리는 데 궤변적 의사소통 방식을 발달시킨다. 아동이 이와 같은 기술을 발달시키지 못한다면, 아동이 반복적인 암기를 통하여 단어를 학습하는 능력을 지니고 있다고 하더라도 다른 사람과의 일상적인 상호작용 동안에 단어를 사용하여 의사소통을 하는 것에 별로 흥미를 가지지 못할 것이다. 따라서 아동이 비언어적 표현으로 자신의 감정, 요구, 관찰 내용을 전달하는 데 능숙해짐에 따라, 자신의 의도를 전달하고자 하는 의지가 강해지면 아동은 부모나 다른 사람들이 의사소통하는 데 사용하는 단어와 의사소통 방식을 주의 깊게 살피고 배우도록 동기화된다.

결과적으로, 아동의 의사소통을 위해 단어를 학습하게 하는 열쇠는 아동이 다른 사람과 비언어적으로 의사소통할 기회를 빈번하게 가지는 것임을 명심해야 한다. 이러한 과정을 통하여 아동은 단어에 담긴 의미를 배울 뿐 아니라, 다른 사람과 함께 나누고 싶은 감정, 요구 그리고 관찰 내용을 의사소통하는 데 단어가 어떻게 사용될 수 있는지에 대한 평가를 발달시킨다.

CM-402 의도적 의사소통을 하게 되는 첫 단계는 몸짓이나 발성이 감정과 욕구를 표현하는 데 사용된다는 것을 이해하는 것이다.

아동의 의사소통은 부모나 어른이 아동의 행동을 마치 의미가 있는 것처럼 응해 줌으로써 증진된다. 예컨대 아동이 자신의 손을 무심코 움직였을 때, 부모가 이러한 동작에 인사로서의 의미를 부여하여 "안녕하세요."라고 말하는 것으로 반응해 줄 수 있다. 어떤 소리나 동작이든지 그것이 일반적으로 상대방에게 영향을 미치는 것이라면 의사소통을 위한 행동이 될 수 있다. 무엇보다도 의사소통은 의도적인 의미를 교환하는 것이라기보다는 사람들 간의 관계로 볼 수 있다. 영아는 자신이 만들어 내는 초기 비의도적인 행동에 부모가 반응해 주는 것으로 의사소통을 시작한다.

아동의 비언어적 표현에 부모가 의사소통적으로 반응해 주었을 때, 아동이 의도적인 의사소통을 만들어 내는 것을 기대할 수 있다. 또한 부모는 아동이 만들어 내는 수많은 미묘한 비의도적인 행동에 반응할 필요가 있다. 그럼으로써 아동은 자신이 하는 것은 무엇이든 의사소통에 영향을 줄 수 있다는 것을 인식하게 된다. 아동은 어떠한 사람에게든 자신의 행동이 그들의 주의를 끌고, 그들에게 자신의 정보와 의도를 전달할 수 있다는 사실을 알아야 한다. 아동은 언제든지, 심지어는 자신이 의도적으로 그렇게 하려고 하지 않더라도 항상 메시지를 보낸다. 만일 부모가 고의적이지는 않더라도 아동의 작은 소리나 동작을 무시한다면, 아동이 소리나 동작을 사회적 상호작용을 위한 수단으로 사용하는 것을 저해할 수 있다.

아동은 몸짓이나 발성을 사용하여 자신의 감정과 욕구를 표현하는 방식(즉, 의도적인 의사소통을 위한 도구가 되는)이 다른 사람에게 미치는 영향을 주의 깊게 살펴봄으로써 배우게 된다. 부모가 아동의 비의도적인 표현에 잘 반응하지 않을수록, 아동이 자신의 의도를 전달하는 데 이러한 신호를 사용하는 것이 얼마나 강력한지를 이해하는 데 오랜 시간이 걸린다.

CM-403 아동은 자신의 초기 비언어적 행동이 다른 사람에게 영향을 미치는 정도에 따라 의도적 의사소통을 하게 된다.

감정과 생각을 타인과 나누고자 하는 마음은 아동의 발달 수준이나 언어상 문제와 상관없이 모든 아동들이 갖는 기본적인 욕구다. 비록 이러한 욕구가 일부 사람들에게서 더욱 강력하게 나타나기는 하지만 모든 아동들은 좀 더 효율적으로 의사소통하기 위해 언어학습에 동기를 부여하게 된다. 언어는 단순히 생물학적 성숙에 따라, 또는 구강근육 통제력이 증가함에 따라 발전하는 것은 아니다. 오히려 아동은 다른 사람과 효율적인 방법으로 의사소통하고자 하는 강한 동기부여가 생기기 때문에 언어를 학습한다.

아동이 자신의 의도를 의사소통을 통하여 효과적으로 표현할 수 있는 방식에는 두 가지가 있다. 첫 번째는 부모나 어른이 아동의 부적합한 의사 전달에 대해 반응하지 않거나 또는 아동이 의사소통을 하는 데 부적합한 단어를 사용하는 것을 정정해 주고 말해 줌으로써 직접적으로 알려 주는 것이다. 예컨대, 유치원 교실에서 아동이 주스를 요구하기 위해 의사 표현할 때 쳐다보는 것, 손을 뻗치는 것 또는 소리 내는 것 등 부적합한 형태를 보인다면, 교사는 아동에게 주스를 주지 않는다. 아동은 오직 적절한 형식으로 "주스 마시고 싶어요."라고 말할 때만 주스를 받을 수 있다.

두 번째는 아동이 자신의 의사 전달 방식이 비효율적이라는 것을 즉, 자신의 의사 전달 방식이 의도를 전달하는 데 효과적이지 못하다는 것을 어른의 압력 없이 발견하는 것이다. 이러한 상황에서 어른은 아동의 의사 전달 방식이 의도를 잘못 해석하게 만들어 부적합하게 전달된다는 것을 아동에게 알려 줄 수 있다. 아동은 자신의 의도를 잘 전달하지 못하고 있다는 것을 인식함에 따라, 자신의 신호나 행동을 변화시켜 의사를 명백하게 전달하고자 할 것이다. 아동은 어른이 자신에게 반응하는 방식에 따라 의사소통이 부적합한지를 발견한다. 어른의 반응이 아동의 의도에 부응하지 않을 때, 아동은 결과적으로 자신의 의도를 표현하기 위해서는 좀 더 효과적인 방식을 배우고 사용해야 할 필요가 있다는 것을 깨닫게 된다.

최근에는 어른이 특정한 방식으로 아동이 의사 전달하도록 압력을 행사하거나 정확하지 않은 의사소통 형태를 무시하는 것으로 아동에게 직접적으로 알려 주는 것보다는 아동이 스스로 자신의 의사소통 방식이 부적합하다는 것을 발견하게 해 주는 것이 아동이 의사소통 방식을 배우도록 돕는 데 보다 효과적이라는 연구 결과가 많이 나오고 있다. 아동이 만들어 내는 부정확한 의사소통 내용을 무시하거나 저지한다면, 부모는 아동이 전적으로 의사소통에 참여하는 것을 어렵게 만들고, 의사소통하려는 아동의 의지를 약화시킬 수 있다. 자신의 의도에 대해 어른이 잘못 이해하고 반응하면, 아동은 자신의 의사소통 기술에 한계를 발견하게 되고 의사소통하는 것에 좌절감을 느낀다. 이는 부모의 반응이 아동의 의도와 맞지 않는 것이라 하더라도 어른이 아동에게 반응하는 것으로 아동의 의사소통 행동을 강화하기 때문이다.

낮은 수준의 의사소통에 대해서는 반응하지 않음으로써 아동의 의사소통 방식을 교정하려는 것은 '목욕물과 함께 아기를 흘려보내는' 격이다. 아동이 정확한 형태로 의사를 전달하도록 강요하는 것 또한 아동으로 하여금 의사소통하려는 용기를 잃게 만드는 것이다.

CM-404 아동의 초기 의사 전달 내용은 반드시 이해되어야 하는 것은 아니며, 그냥 반응해 주는 것이다.

부모가 아동이 만들어 내는 의사소통 내용 모두를 이해할 필요는 없다. 사실 생애 초기의 의사소통 내용의 대부분은 의도적이지 않고 쉽게 해석되지도 않는다. 만일 부모가 아주 어린 아동에게 명확히 말하는 것을 재촉한다면, 아동은 의사소통 과정이 어렵고 좋은 일과는 거리가 먼 그 무엇이라고 생각할 것이다. 아동의 의사소통 학습과정에서 고려해야 할 중요한 사항은 빈번하고 쉽게 그리고 판단 과정 없이 의사를 전달하도록 하는 것이다. 부모는 아동이 자신 있고 융통성 있는 의사소통자가 되도록 도와야 한다. 아동은 실수를 걱정하거나 남들 앞에서 자신의 의사를 전달하는 것을 수줍어해서는 안 된다. 아동은 스트레스 없이 의사소통 과정을 즐기고 비언어적으로 의사를 전달할 수 있다고 느껴야만 보다 성숙한 의사소통 방식을 배울 수 있다.

의사소통 방식을 배우는 것은 신체적으로나 사회적으로나 그리고 인지적으로 어린 아동에게는 어려운 과제다. 따라서 어떤 형태로든 부모가 의사소통을 중단하거나 교정하거나 또는 부정적으로 반응하는 것은 아동의 의사소통 시도를 좌절시킬 수 있다. 만약 아동에게 언어적 문제가 있다면 더욱 중요하다. 이러한 아동들이 의사소통 방식을 배우는 것은 전형적으로 발달하는 아동에 비해 더 어렵다. 부모는 언어적 문제가 있는 아동과 의사소통할 때는 아동과 보다 직접적으로 관련이 있는 것으로 쉬운 방식으로 해야 한다. 어떤 특정한 의사소통 방식을 사용하도록 고수하는 것은 아동이 습관적으로 의사소통하도록 숙련하는 연습을 하지 못하게 막을 뿐이다.

언어적 문제가 있는 아동을 둔 부모는 아동이 '부정확하게' 발음하는 것을 염려하지만, 사실 그것은 자연스러운 현상이다. 아동이 할 수 있는 것이라면 그것이 무엇이든지 명확하지 않더라도 의미 있게 여기고 의사소통하는 것이 아동이 명확하게 의사를 전달하는 것보다 더 중요하다. 아동이 의사소통하는 것에 매우 동기화되어 있어야만, 언어 교정을(이전에는 좌절시키는 경험이었던) 수용적으로 받아들이게 될 것이다.

CM-405 아동이 처음 사용하는 단어는 자신의 행동, 경험 그리고 비언어적 의사소통 내용을 설명하는 것이다.

대부분의 부모는 말하기 시작하는 자녀와 매일 일상 중의 소통에서 제한된 단어만을 사용하여 아동을 가르치려고 한다. 결과적으로 언어적 문제가 있는 아동들은 색깔, 동물, 시간, 그 밖에 학교에서 일반적으로 가르치는 개념들에 대한 단어는 알지만, 일상에서 아동이 관심을 가지는 사물과 경험, 행위 그리고 관계에 관한 단어는 잘 알지 못한다. 단어는 아동이 그것들과 직접 관련된 경험이 있을 때만 유용하다. 아동이 배울 첫 단어로서 가장 좋은 단어 목록은 아동에게 직접 영향을 미치는 사람이나 행위 그리고 아동이 진정으로 보살피는 사물이나 사건과 관계된 것이다. 이러한 단어들은 아동의 일반적인 생각과 의도를 반영하는 것이기 때문에 숫자, 글자 그리고 색깔과 같은 개념들보다 아동에게는 일상과 관련된 단어일 가능성이 크다.

초기 언어발달에 관한 연구들은 아동이 처음 사용하는 단어는 아동이 경험하는 행위, 사물 그리고 행위자와 관련이 있음을 밝히고 있다. 만일 부모가 아동에게 아동의 일상적인 경험과 비언어적 의사소통과 관련된 단어를 가르친다면 아동이 보다 빠르게 의사소통하도록 할 수 있을 것이다. 아동의 행동은 아동의 생각이 되고, 생각은 아동의 말이 된다. 우리는 아동의 행위에 대해서는 직접적으로 언급하기가 쉽기 때문에 아동이 하는 행위는 단어를 가르치기에 가장 유용하다.

CM-406 아동은 단어와 언어가 더욱 효과적으로 의사소통하도록 해 준다는 것을 발견할수록 빠르게 그것들을 학습한다.

최근 연구에서는 어린 아동을 대상으로 언어를 가르치는 방법에 대해 두 가지로 비교하여 설명하였다. 첫째는 '모방 유도(elicited imitation)' 방법으로, 치료자는 사물, 사진 또는 행위와 관련된 단어를 아동에게 보여 주고 반복하여 말하게 한다. 둘째는 '대화 교정(coversational recast)' 방법으로, 아동이 치료자를 모방하도록 요구하거나 지시하지 않고 아동의 의도를 계속 유지하면서 놀이를 하는 동안 보다 앞선 언어 형식을 사용하여 아동이 말한 것을 치료자가 교정해 준다.

두 방법 모두 나름대로 언어를 가르치는 데 성공적이었다. 모방 유도 방법은 치료자가 모델이 되어 아동이 단어를 반복하도록 하는 데 보다 효과적이었다. 대화 교정 방법은 비록 치료자의 말을 아동이 반복하도록 하는 데 좀 더 느리게 진행되었지만,

아동이 말할 수 있는 단어를 동시에 학습하도록 돕는 데는 훨씬 더 효과적이었다.

앞의 연구 결과를 보면, 유도적 모방이 아동에게 새로운 단어를 반복하고 학습하도록 돕는 데 매우 효과적이었지만, 언어를 동시에 촉진하는 데는 왜 대화 교정 방법이 더 효과적인지에 대해 의문을 가지게 된다. 거기에 대한 해답은 다음과 같다. 이 두 방법 간의 차이는 얼마나 아동의 의도와 관련이 있는가에서 드러난다. 아동이 모방 유도 방법을 사용하여 단어를 학습했을 때의 단어는 대개 아동의 관심과 밀접한 관계가 없는 것이다. 그보다는 치료자가 아동에게 제시하는 도구들과 더 관련이 있다. 이러한 이유 때문에, 모방에 의해 언어를 가르치는 방법은 아동을 수행하도록 할 수는 있지만 동시에 아동이 의사소통 방식을 배우지는 못한다.

다시 말하면, 아동의 언어를 대화 형식에서 바로잡아 주는 것은 아동에게 사회적으로 어떻게 언어를 사용하는가를 보여 주는 것이다. 치료자가 대화 교정 방법을 사용하여 새로운 단어와 아동이 의도하고자 하는 것 간의 관계를 이해시켜 주면, 아동은 유사한 기회가 발생했을 때 그러한 단어를 사용하려는 동기를 가지게 된다. 대화 교정 방법에서는 아동의 의도를 전달할 수 있는 단어를 아동에게 제시한다. 이와는 대조적으로 모방 유도 방법은 아동에게 대개 아동의 의도와는 아무런 관련이 없는 단어나 문장을 제시한다.

논의점

CM-401 의도적 의사소통은 아동이 자신의 감정, 요구, 관찰 내용을 다른 사람에게 이해시키고자 할 때 발생한다.

- 의도적으로 상호작용하는 방식은 다른 사람에게 자신의 감정, 요구 및 관찰 내용을 전달하는 능력을 인식하게 됨에 따라 점차적으로 발전한다.
- 만일 아동이 자신이 의도하는 것을 다른 사람에게 알리는 것에 별로 관심을 가지지 않는다면, 단어에 담긴 의미를 이해하려 하거나 또는 단어의 사용을 배우는 것에 대해 아무런 동기를 부여하지 못한다.
- 아동이 의도를 전달하고자 하는 의지가 강해지면, 아동은 부모나 다른 사람들이 의사소통하는 데 사용하는 단어와 의사소통 방법들을 주의 깊게 살피고 배우도록 동기화된다.

CM-402 의도적 의사소통을 하게 되는 첫 단계는 몸짓이나 발성이 감정과 욕구를 표현하는 데 사용된다는 것을 이해하는 것이다.

- 어떤 소리나 동작이든지 그것이 일반적으로 상대방에게 영향을 미치는 것이라면 의사소통을 위한 행동이 될 수 있다.
- 아동의 비언어적 표시에 부모가 의사소통적으로 반응해 주었을 때, 아동이 의도적인 의사소통을 만들어 내는 것을 기대할 수 있다.
- 부모가 아동의 비의도적인 표시에 잘 반응하지 않을수록, 아동이 자신의 의도를 전달하는 데 이러한 신호를 사용하는 것이 얼마나 강력한지를 이해하는 데 보다 오랜 시간이 걸린다.

CM-403 아동은 자신의 초기 비언어적 행동이 다른 사람에게 영향을 미치는 정도에 따라 의도적 의사소통을 하게 된다.

- 아동은 다른 사람과 의사소통하는 데 보다 효율적인 방법을 발달시키고자 하는 강한 동기부여가 생기기 때문에 언어를 학습한다.
- 아동이 자신의 의사 전달 방식이 비효율적이라는 것을 학습하는 방식은 자신의 의사 표현이 의도를 전달하는 데 효과적이지 못하다는 것을 어른의 압력 없이 발견하는 것이다.

CM-404 아동의 초기 의사 전달 내용은 반드시 이해되어야 하는 것이 아니라, 그냥 반응해 주는 것이다.

- 부모는 아동이 만들어 내는 의사소통 내용 모두를 이해할 필요는 없다.
- 어떤 특정한 의사소통 방식을 사용하도록 고수하는 것은 아동이 습관적으로 의사소통하도록 숙련하는 상호적인 행동을 연습하는 것을 하지 못하게 막을 뿐이다.
- 아동이 할 수 있는 것이라면 그것이 무엇이든지 명확하지 않더라도 그것에 의미를 두고 의사소통하는 것이 아동이 명확하게 의사를 전달하는 것보다 더 중요하다.

CM-405 아동이 처음 사용하는 단어는 자신의 행동, 경험 그리고 비언어적 의사소통 내용을 설명하는 것이다.

- 많은 부모들이 말하기 시작하는 아동과의 매일의 의사소통 중에 제한된 단어만을 사용하여 아동들을 가르치려고 한다.

- 아동이 처음 사용하는 단어는 아동이 경험하는 행위, 사물 그리고 행위자와 관련이 있음을 나타낸다.

CM-406 아동은 단어와 언어가 더욱 효과적으로 의사소통하도록 해 준다는 것을 발견할수록 빠르게 그것들을 학습한다.

- 모방에 의해 언어를 가르치는 방법은 아동을 수행하도록 할 수는 있지만 동시에 아동이 의사소통 방식을 배우지는 못한다.
- 아동의 언어를 대화 형식에서 바로잡아 주는 것은 아동에게 사회적으로 어떻게 언어를 사용하는가를 보여 주는 것이다.

의도적 의사소통을 촉진하는 RT 전략

《 221 아동의 신호, 울음 또는 비언어적 요구에 즉시 반응하기 》 아동은 자신의 요구를 알리기 위해 말 이전 단계에서는 울거나 또는 비언어적 단서를 사용한다. 아동의 비언어적 신호나 울음에 즉각적으로 반응해 주는 것은 아동으로 하여금 의사소통을 위해 이러한 비언어적 행동을 더 많이 사용하게 하여 이들을 사용하는 방법을 학습하게 해 준다.

실행 사항

- 에인스웰스와 벨(Ainsworth & Bell, 1974)의 아동발달 연구 결과에 따르면, 아동 초기 1년 동안 울음에 즉각적으로 반응해 주었던 부모의 아이는 2세 무렵에 의사소통 기술이 보다 높은 수준으로 나타났다.
- 아동의 울음 등 비언어적 신호에 대해 즉각적으로 반응해 주는 것은 낮은 수준의 발달 행동을 강화하는 것이 아니며 오히려 사회적 상호작용에서 아동에게 이러한 행동을 더욱 효과적으로 사용하는 방식을 가르치는 것임을 기억한다.
- 아동의 비언어적 신호와 울음에 즉각적으로 반응한다. 그리고 그렇게 했을 때 아동이 부모에게 더 반응적이고 주의를 주는지 관찰한다.

《 222 작은 행동에도 즉각적으로 반응하기 》 작은 행동이란 트림, 응시하는 대상을 바꾸는 것, 발차기, 얼굴 표정의 변화 등을 말하며, 부모는 아동의 이 같은 행동에 즉각적으로 반응해 주어야 한다.

실행 사항

- 아동이 '작은 행동'을 직접적으로 보이지 않거나 혹은 보일 때, 그것이 분명한 목적이나 의미를 가지고 있지 않더라도 부모가 즉각적으로 반응한다면, 이러한 행동을 의미 있는 사회적 상호작용으로 만들 수 있다.
- 아동이 혼자서 하는 놀이나 혼잣말에 즉시 반응함으로써 아동은 부모를 더욱 잘 인식하게 되고 사회적 교환 활동에 더욱 잘 참여하게 된다.
- 부모는 자신이 얼마나 즉각적으로 아동의 행동에 반응해 주었는지를 평가하기 위하여 비디오 관찰을 통해 살펴본다.

《231 비의도적인 발성, 얼굴 표정, 몸짓을 마치 의미 있는 대화인 것처럼 반응하기》 종종 아동은 소리를 내는데 이는 감각 놀이를 위한 것이지, 의도적인 의사소통을 하기 위한 것은 아니다. 아동이 하는 모든 행동은 의사소통이 될 수 있다. 많은 사람들이 아동의 행동에 더욱 자주 반응해 줄수록 아동은 비의도적인 반성이나 몸짓 등의 행동을 사용하여 당신이나 그 밖의 사람들과 의미를 교환하는 방식을 더욱더 빨리 배우게 될 것이다.

실행 사항

- 아동이 그냥 혼자 놀이를 하거나 아동이 만드는 소리가 어떤 분명한 의미나 의사소통을 위한 의도가 없는 경우에도, 아동이 내는 소리에 반응하는 습관을 가지도록 한다.
- 만일 아동이 놀이하는 과정에서는 소리를 만들어 내지만 자신의 의도를 전달하기위한 소리는 내지 않는다면, 아동은 소리로 다른 사람의 주의를 끌 수 있다는 사실을 아직 배우지 못한 것이다. 아동이 소리를 내어 다른 사람과 의사소통하도록 돕기 위하여 아동의 얼굴 표정이나 접촉보다는 소리에 더 많이 반응해 준다.

《232 부정확한 단어 선택, 발음 또는 유사 단어에 아동의 의도대로 반응해 줌으로써 인정해 주기》

실행 사항

- 아동이 언어를 배우기 시작할 때, 부모는 아동이 얼마나 정확하게 언어를 사용

하는가에 관심을 두기보다는 의사소통 시에 나타나는 생각, 관찰 또는 요구에 더 많은 관심을 두어야 한다. 아동이 올바른 방식으로 정확한 단어를 말하도록 하는 데 지나치게 초점을 둔 나머지 아동이 의사 전달하려는 것을 좌절시키지 않도록 주의한다.

- 부모가 아동의 놀이나 의사소통하려는 의도에 반응해 주는 습관을 가지게 된 다음에는, 경우에 따라 아동에게 적합한 단어나 발음의 모델을 제시한다. 그러나 아동이 어른을 따라 하도록 시키지 않는다.

◖233 아동의 행동, 감정 및 의도를 단어로 표현해 주기◗ 아동은 자신이 경험하는 순간에 그것에 대해 어른이 적합한 단어로 반응해 줄 때 언어를 가장 잘 배운다. 부모가 아동의 행동, 감정 그리고 의도에 맞는 단어를 사용할 때(예: '이리 와!' '저리 가!' '엄마' '개' '트럭' 등), 아동을 가르치기 위해 아동의 의도와는 상관없이 요구하는 단어들(예: '2개' '3개' '빨강' '노랑' '말' '헛간')보다 아동이 경험하는 것과 관련 있고, 의미 있다.

실행 사항

- 아동의 생활 사전이 되어 준다. 아동의 첫 단어는 일상적인 행동이나 경험 또는 자신의 지각에서 나온다. 부모는 아동이 일상적으로 하고, 보고, 만지고, 듣고, 느끼는 것과 직접적으로 관련이 있는 한두 단어로 구성된 문장의 모델을 보여 줌으로써 아동이 단어를 보다 빠르게 배우도록 도울 수 있다.
- 아동이 지각하고 경험하는 것들에 대해 민감히 관찰한다. 아동에게 이러한 감정이나 느낌을 단어로 표현한다.
- 아동에게 사용하는 말을 선택할 때는 아동이 어떤 단어를 사용하여 어떻게 의사소통하는지 생각해 본다.

◖312 아동의 행동과 의사소통 모방하기◗ 아동이 만들어 내는 행동은 어떤 것이든지 모방할 수 있다. 만일 아동이 어른과 상호작용하는 데 별다른 흥미를 보이지 않는다면, 부모는 아동의 이상 행동을 따라 함으로써 아동의 관심을 끌 수 있다(예: 앞뒤로 몸 흔들기, 엄지손가락 빨기, 큰소리로 소리 지르기, 울기, 물건 던지기 등). 모방에는 두 가지 기능이 있다. 첫째, 아동이 현재 하는 것에 기초하여 아동과 상호작용 관계

를 형성할 수 있다. 둘째, 모방은 어른과의 상호작용에서 아동이 주도할 기회를 직접적으로 주는 것이다.

실행 사항

- 모방으로 아동의 행동의 다양성과 범위를 확대하도록 촉진할 수 있지만, 바람직하지 않은 행동(예: 안전을 위협하거나 사회적 규칙에 벗어나는 행동)은 강화시켜서는 안 된다는 사실을 기억한다.
- 부모가 아동의 행동을 모방해 줌으로써 아동은 어른의 행동을 통제하는 것에 대해 즐거워하고 재미를 느끼게 되면서 주의 집중이 증가한다.
- 부모가 아동의 비언어적 또는 언어적 의사소통을 모방하는 것은, 아동으로 하여금 다른 사람에게 영향을 미치는 상호적인 초기 의사소통 기술을 학습하게 해 준다.

《 415 억양, 손짓 그리고 비언어적 몸짓을 사용하여 의사소통하기 》 억양, 손짓 그리고 비언어적 몸짓과 단서를 사용하여 아동과 의사소통하도록 한다.

실행 사항

- 부모가 단일한 음조로 의사소통할 때 그리고 비언어적인 몸짓을 사용하면서 의사소통할 때, 아동이 어떠한 방식에 더 주의를 집중하는지 관찰한다.
- 아동과 함께 의사소통하는 장면을 비디오로 녹화하여 자신을 관찰한다. 그런 다음 자신이 얼마나 적절히 음조의 변화를 주고, 비언어적 의사소통을 사용하였는지, 아동과 얼마나 생동감 있게 의사소통하였는지 스스로 평가해 본다.

《 521 아동의 행동을 관심의 표시로 이해하기 》 아동의 행동을 이해하기 위해 아동과 상호작용하는 동안, 아동이 하는 분명한 행동뿐 아니라 사소한 것들도 주의 깊게 관찰한다. 또한 아동의 관심을 판단하기 위해 맥락 단서를 사용한다.

실행 사항

- 아동이 관심을 가지는 것은 어른들에 비해 매우 다양하다. 부모에게는 흥미롭게 보이지 않는 사물이나 활동도 아동에게는 흥미로울 수 있다. 그것들 대부분은 아동에게 신기한 경험이기 때문이다.

- 또한 아동의 관심은 순간순간 변화할 수 있음을 기억한다. 어제 아동에게 흥미로웠던 것이 오늘은 흥미롭게 느껴지지 않을 수도 있다.
- 아동의 관심이 항상 강력하게 드러나는 것은 아니다. 심지어 아동이 특정 활동에 능동적으로 참여하지 않더라도, 그것은 여전히 아동이 흥미 있어 하는 활동일 수 있다.
- 아동의 행동을 이해하기 위하여 다음과 같이 자문한다.
  '내 아이가 하는 행동은 어떠한 관심사와 관련이 있는가?'
  '내 아이가 그렇게 하면서 전달하려는 내용은 무엇인가?'
- 전문가들은 아동과 상호작용하는 동안 아동이 흥미를 나타내는 것의 단서로 보이는 것을 기술해 본다.
- 전문가들은 부모에게 아동이 흥미 있어 하는 것을 기술해 보게 하여 아동의 행동을 흥밋거리에 대한 표현으로서 이해하도록 이끈다.

5 중심축 행동(PB): 대화

CM-5 대화는 아동이 여러 사람과 다양한 주제로 대화에 참여하는 정도를 말한다. 아동은 대화에서 비언어적 의사소통과 음성 언어 모두를 사용한다. 아동은 주고받기 식으로 대화를 이끌거나 따르며 대화 주제가 변하더라도 계속 참여할 수 있다. 의사소통의 목적에는 교제, 설득, 정보 교환, 감정과 욕구 표현 등 여러 가지가 있다.

대화에 관한 고려사항

CM-501 언어 능력은 있지만 대화에 원활히 참여하지 못하는 아동의 경우, 대화 방법을 학습하기 위해 빈번히 상호작용해야 할 필요가 있다.

언어적 문제가 있는 아동은 많은 말을 알고 이해하지만, 그것들을 사용하여 자신을 표현하며 대화하지는 않는다. 이러한 아동은 대화하기 위한 수단으로 언어를 사용하기보다는 정보를 저장하고 보여 주기 위한 수행을 위해 배워 왔다. 아동이 적합한 대화 기술을 가지지 못한다면, 아동은 언어학습에서 더 나아가지 못할 것이다. 아동이 대화를 하기 위하여 언어를 학습할수록, 아동은 자연적으로 더 많은 언어를 학습하게 될 것이다. 그러나 단지 더 많은 단어를 배우는 것으로 대화하는 방식을 학습하지는 못할 것이다.

우리는 어떻게 아동이 대화 기술을 발전시키도록 도울 수 있는가? 부모는 이러한 문제를 해결하기 위해 각기 다른 세 가지 접근, 즉 자동적 접근, 지시적 접근 그리고 반응적 접근을 사용해 왔다. 자동적 접근에 따르면, 부모는 아동이 스스로 대화하는 방식을 배우도록 기다린다. 부모는 일단 아동이 단어를 알면, 대화에 필요한 모든 것을 알 것이라고 기대한다. 이는 치명적인 실수일 수 있는데, 특히 언어적 문제가 있는 아동에게 그러하다. 대화는 단어 이상의 것을 필요로 한다. 대화는 아동이 다른 사람과 함께하는 상호작용에 빈번히 참여하는 것을 필요로 한다. 아동은 부모를 자신의 활동에 합류시키고 점차적으로 주고받는 대화를 길게 유지해야 한다.

지시적인 접근에 따르면, 부모는 일차적으로 아동과 이야기하면서 대화한다. 종종 부모는 아동에게 많은 질문을 하지만 아동의 관심에는 거의 반응하지 않는다. 오히려 부모는 자신의 주제나 관심거리를 더 중요하게 다룬다. 부모는 아동의 대화 상대라기보다는 교사처럼 행동한다. 즉, 부모는 실제로 아동에게 수행할 능력이 없거나 관심도 없는 어떤 것을 하도록 압력을 행사한다.

반응적인 접근에 따르면, 부모는 아동이 관심을 두는 것이라면 무엇이든 그것에 관해 이야기하면서 대화를 계속하도록 격려한다. 부모는 아동의 일반적인 관심과 언어에 중점을 둠으로써 아동이 알고 있거나 아동이 보다 쉽게 대화로 이끌 수 있는 것을 존중한다. 부모는 행동, 몸짓, 얼굴 표정, 언어 표현 그리고 경우에 따라서는 단어를 주고받으면서 의사소통하고, 아동의 비언어적 활동을 함께 나눈다. 부모는 아동이 언어를 사용하여 의사소통하도록 압력을 행사하지 않는다. 다만 부모는 아동이 원하는 것이면 무엇이든 의미를 두고 사회적 상호작용에 능동적으로 참여하게끔 이끈다. 아동은 반응적, 즉 아동 중심적 대화에 참여함으로써 보다 성숙한 대화를 하는 데 필요한 기술과 규칙을 배운다. 아동은 보다 숙련된 비언어적 대화 운영자가 되면서, 새로운 단어를 배우고 자신의 대화에 부모를 통합시키기 시작한다.

CM-502 아동은 어른이 자신의 언어나 말을 정확히 교정해 주기보다는 아동의 의도에 반응해 줄 때 더욱 오랫동안 그리고 자주 대화한다.

아동은 보다 성숙한 대화 상대와 반복적으로 의사소통함으로써 언어에 담긴 의미와 문법을 배우게 된다. 결과적으로, 부모는 대화를 아동의 생활의 일부로 자연스럽게 통합시킴으로써 언어를 배우도록 도울 수 있다. 중요한 것은 아동의 관심, 능력 및 동기를 지지하고 격려하는 데 중점을 두고 아동과 놀이적인 상호작용에 참여하는 것이다. 이때 부모는 아동에게 어른과 같은 의사소통 형태를 사용하도록 압력을 행사하지 말아야 한다. 부모는 아동에게 어른의 방식으로 의사소통하도록 압력을 가하기보다는 아동이 처음 시작하는 행동이 무엇이든지 받아들이고 아동이 의미하는 것과 의도하는 것을 이해하도록 애써야 한다.

대부분의 경우, 어른은 아동의 학습을 위해서 아동에게 정확한 형태로 의사소통하는 것을 보여 주어야 한다고 믿는다. 최근까지 사실상 전문가들도 부모에게 아동이나 아기 말투로 이야기하는 것을 자제하도록 권유하였는데, 이는 아기 말투가 단지 아동의 초기 의사소통 형태를 만들어 내도록 격려하는 것일 뿐이라는 두려움 때문이었다. 그러나 연구 결과에 따르면, 아동은 어른과 같은 형태로 의사소통할 때보다 아기 말투로 의사소통할 때 더욱더 관심을 가지고 반응적이다.

만일 부모가 아동에게 정확하고, 어른과 같은 형태로 말하도록 하는 데 치중한다면, 아동은 부모와 능동적으로 대화를 지속하는 데 어려움을 느낄 것이다. 부모가 아동이 의사소통하는 방식과 유사하게 또는 어울리는 방식으로 의사소통하지 못한다면, 부모는 아동의 의사소통 기회를 제한하고 아동에게 적합한 의사소통 모델을 보여 주지 못하게 된다.

아동의 언어를 올바로 정정해 주는 것 또한 학습을 위해 필요한 대화의 시간과 빈도를 감소시켜 학습을 저해한다. 만일 부모가 아동의 미성숙한 의사소통을 있는 그대로 받아들이지 못하고 거부하여 그것을 아동에게 표현하는 것은 '네가 할 수 없는 것을 할 수 있을 때까지 나는 너와 대화하지 않을 거야.'라고 말하는 것과 같다. 부모가 아동의 일차적인 의사소통 형태에 반응해 준다고 아동의 낮은 수준의 행동을 강화하는 것은 아니다. 오히려 아동이 부모와 함께 능동적인 대화를 하기 위해 갖춰야만 하는 요구 조건을 낮춰 주는 것이다. 이는 의사를 전달하려는 아동의 노력을 강화해 주고 상위 수준의 의사소통 행동을 학습할 기회를 증가시킨다.

CM-503 아동은 즐겁고, 흥미롭고, 자신이 아는 것과 관련된 상황에서 대화를 더 잘한다.

어린 아동은 편안하고 그 자체로 즐거울 때, 그리고 주제가 흥미롭고 잘 알고 있는 것일 때 대화에 참여할 가능성이 더 크다. 결과적으로, 부모는 다음의 세 가지 필수적인 조건을 충족하며 아동과의 대화에 참여하는 것이 바람직하다. 즉, 아동과의 대화는 ① 재미있고 놀이적이고, ② 아동의 흥미에 기초하고, ③ 아동의 발달적 지식과 언어 능력에 맞추어야 한다.

첫째, 대화는 재미있고 놀이적이어야 한다. 아동은 미소 짓거나 웃는 일이 거의 없는 상황에서보다는 대화 자체가 즐거울 때 더 오랫동안 대화를 유지하게 된다. 아동은 스트레스나 실패가 아니라, 성공의 밑거름이 될 수 있는 대화를 경험해야 한다.

둘째, 대화는 그 순간에 아동이 가지는 흥미(즉, 아동이 관여하는 것)에 중점을 두어야 한다. 아동은 자신의 일반적인 관심과 관련이 없는 대화에는 거의 흥미를 가지지 못한다. 따라서 부모가 아동의 일상적인 활동에 중점을 두고 대화에 참여할 때 더욱 성공적일 것이다.

셋째, 부모는 아동이 친근하게 느끼고 아동의 발달적 능력 범위 안에 있는 사물, 행동 또는 특성에 대해 의사소통할 필요가 있다. 예컨대, 만일 아동이 사물을 상자 안에 넣었다 빼는 데는 흥미를 느끼지만 현재 색깔을 알 수 있는 발달 수준에 있지 않을 때, 부모가 아동에게 사물의 색깔에 관하여 대화하도록 강요한다면 아동은 부모와의 대화에 참여하는 것을 피하려 할 것이다.

CM-504 요구를 충족하기 위한 의사소통은 대화 습관을 만들기에 충분하지 않다.

언어적 문제가 있는 아동들은 주로 자신의 욕구 충족을 위해 의사소통하고, 다른 사람들과 경험을 함께 나누거나 사회적 관계를 위해 의사소통하는 일은 드물다. 불행히도 이러한 아동들은 사회적인 의사소통자가 되기 위해서 필요한 만큼의 상호적 경험을 얻고자 하는 욕구를 가지지 못한다. 이러한 아동들 대부분 '순한 기질(easy babies)' 로 보인다. 부모가 자신에게 주의를 주도록 요구하는 일이 거의 없으며, 혼자 남아 있을 때 더욱 만족스러워 보이고 자신에게 몰두할 수 있다. 이들에게는 혼자 있는 것은 문제가 되지 않기 때문에, 효과적인 의사소통자가 되는 데 필요한 상호작용의 기회를 스스로 박탈하게 된다.

아동이 울거나 보채는 소리를 내거나 또는 그 밖의 방법으로 부모의 관심을 요구할 때, 아동은 대화 기술을 발달시키는 데 중요한 사회적 상호 교환 활동을 주도하게 된다. 부모는 이러한 요구에 반응해 줌으로써, 아동과 대화를 하는 것이다. 비록 아동이 제한이나 경계를 배울 필요가 분명히 있고 부모의 주의를 항상 요구할 수는 없더라도, 아동의 요구는 아동이 대화나 언어적 기술을 발달시키는 데 필요한 상호작용 유형을 습득하는 데 중요한 역할을 수행한다.

실제로, 아동이 부모를 괴롭히는 행동은 아동이 언어를 발달시키기 위한 대화의 초기 단계이므로 어린 아동이 부모를 괴롭히는 행동을 하지 않는다면, 부모는 관심을 가지고 아동을 지켜봐야 한다. 만일 아동에게 언어적 문제가 있다면, 부모는 아동이 사람들과 상호작용하는 기회를 자주 갖도록 신경 써야 한다. 단지 아동이 그렇게 하는 것을 좋아하는 것 같아서 아동을 혼자 내버려 두거나 혼자서 놀게 하는 것은 좋지 않다. 아동은 혼자서 놀이하면서 대화하는 방식을 배울 수는 없다.

CM-505 모든 상호작용은 대화하는 방법을 배우고 실행해 보는 기회다.

만일 부모가 아동에게 단어를 가르침으로써 언어를 촉진하려 한다면 아동은 의사소통적 관계를 발달시키는 것이 어려워진다. 일차적으로 비언어적인 상태에 있는 아동에게 있어 성공적인 의사소통이란 다른 사람의 주의를 끌고, 메시지를 보내고, 감정을 표현하는 것을 의미한다. 아동이 자신이 할 수 있는 행동을 하면서 의사소통하는 것에 성공해야, 상위 수준의 단어나 언어를 사용하여 대화하는 것을 배울 수 있다.

대부분의 부모들은 발달 가능한 의사소통으로 아동의 비언어적 행동에 반응해 주려고 노력한다. 심지어 아동이 전형적인 발달 수준에서 단어를 사용하지 못하더라도 많은 부모는 일차적으로 단어 수준으로 아동의 의사소통 수준을 고려한다. 그러나 아동의 의사소통은 단어의 수나 문장의 길이보다는 대화의 빈도나 길이 면에서 이해하는 것이 중요하다. 아동의 대화 기술은 아동이 아직 알지 못하는 새로운 단어나 구를 반복하는 것이 아니라 어른과 빈번하고 지속적인 상호적 활동을 하면서 발달한다. 부모는 일상 중에 일반적으로 아동과 했던 것보다 한두 번 더 상호작용 기회를 가지도록 함으로써 아동의 대화 길이를 확장해 줄 수 있다. 아동은 상호작용을 실행하면서 자신의 역할이 부모와 접촉하거나 또는 접촉으로부터 벗어나는 것이라기보다는 상호작용에 계속해서 참여하는 것임을 점차적으로 배운다. 지속적으로 대화하며 상호 교류 활동을 하는 것은 부모가 아동에게 기대하는 단어와 문법적 구조를 아동이 자연스럽게 배우는 기회를 가지게 한다. 부모가 일상과는 별개의 독립적인 학습활동을 통하여 단어나 문장을 가르친다면 그것은 아동의 언어 습득이 자연스럽게 촉진될 수 있는 기회를 막는 동시에, 아동의 대화 참여를 방해하게 될 것이다.

CM-506 아동이 단지 알고 있는 방식보다는 아동이 말할 수 있는 방식으로 아동에게 말할 때 아동은 보다 능동적으로 대화하게 될 것이다.

언어학습과 관련된 두 가지 과제는 언어 자체를 이해하는 법과 다른 사람과 이야기하기 위해 언어를 사용하는 법을 배우는 것을 포함한다. 이들은 서로 관련된 기술이지만, 각각은 별개다. 일반적인 언어자극 이론에서는 아동의 언어학습은 언어자극의 노출에 달려 있다고 설명한다. 이 이론에서는 아동이 말을 이해하자마자, 표현언어로 말을 사용하기 시작한다고 가정한다. 언어자극 이론에 따르면, 아동의 언어 발달은 아동의 수용 언어 능력 범위 내에서, 아동의 현재 표현 언어 기술을 능가하는 언어에 노출되었을 때 향상될 수 있다고 가정한다. '아기를 목욕시킬 때 언어로 표현해 주면서 하라.' 는 권고 사항은 아동이 언어를 많이 들을수록, 더 많이 배울 것임을 나타낸다.

언어자극 이론을 연구하였던 1970~1980년대의 여러 언어발달 연구들은 부모가 아동의 표현 언어 능력 수준을 넘어서는 방식으로, 그러나 아동의 이해 범위 내에서 이야기할 때 아동이 언어를 가장 잘 학습한다고 주장하였다. 그러나 연구자들은 이러한 생각을 지지하는 증거를 찾을 수 없었다. 오히려 가장 효과적으로 아동의 표현언어를 촉진하는 부모는 아동의 현재 수준과 유사한 방식으로 언어를 사용하는 것으로 나타났다. 즉, 부모는 아동이 할 수 있는 언어를 사용하고 아동이 이미 사용하는 단어나 표현과 매우 관련이 있는 것들을 학습하도록 격려하였다. 효과적으로 대화하는 부모는 아동이 사용하는 것과 비슷한 단어, 억양 그리고 표현으로 이야기해 주고 아동의 의사소통 내용에 대해 의미 있고 적합한 표현인 것처럼 반응해 주지만, 어른의 의사소통 형태를 사용하도록 압력을 주지는 않았다.

부모가 아동이 알고는 있지만 말로 표현하지는 못하는 복잡한 언어로 의사소통하기보다는 아동이 사용할 수 있는 언어로 의사소통할 때 아동은 더욱 효과적으로 대화에 참여하게 된다. 부모가 아동이 사용할 수 있는 언어를 사용하여 의사소통할 때 아동은 보다 빨리 대화 형식으로 이야기할 수 있게 되지만, 그렇다고 해서 아동이 이후 학습을 위해 매우 중요한, 어른스러운 언어를 절대로 들어서는 안 된다는 것을 말하는 것은 아니다.

CM-507 아동은 혼자 이야기하면서 언어를 실행한다. 아동의 독백을 함께하는 것은 아동의 언어학습에 좋은 방법이다.

어린 아동은 혼자 놀이할 때, 대개 언어를 사용하며 새로운 기술을 탐색하고 실행한다. 심지어 다른 사람과 함께 있을 때라도, 아동이 혼잣말을 하는 것은 지극히 정상적이며 발달적으로 유용한 일이다. 아동이 자신에게 말할 때는 다른 사람의 요청대로 강요받는 것 없이 자유롭다. 아동은 새로운 언어를 연습할 뿐 아니라 창조적인 생각을 해내거나 그에 반응할 수 있다. 대부분의 아동은 혼자 놀이할 때 가장 성숙한 언어 능력을 보인다. 아동이 어떻게 의사소통하고 무엇에 흥미를 보이는지 알아보는 데 아동을 관찰하는 것은 매우 유익한 일이다.

부모는 경우에 따라서는 아동의 재미를 방해하지 않도록 조심하면서, 아동의 혼잣말에 끼어들어 성공적으로 대화할 수 있다. 이러한 대화는 부모가 아동의 의도에 반응적일수록 효과적이다. 만일 부모가 아동의 의도를 바꾸려 한다면, 대화를 가로막는 것이며 더 이상 발전시켜 나가지 못할 수 있다. 따라서 부모가 아동의 혼잣말에 대해 지지해 줄 때, 아동의 능동적 참여를 유지시키고 언어와 대화의 발달을 증진시킬 수 있다.

CM-508 아동에게 모방하도록 요구하고 질문을 통해 확인하는 것은 아동이 대화하지 못하게 방해하는 것이다.

부모는 보통 아동의 언어발달에 관심을 가지면서 다음과 같은 두 가지 행동을 한다. 첫째, 아동이 알고 있는지 확인하기 위해 질문을 한다(즉, 확인 질문). 둘째, 아동이 단어나 표현을 반복하도록 조장한다(즉, 모방 유도). 두 전략 모두 부모로 하여금 아동에게 언어를 학습시켰다고 느끼게 할지는 몰라도, 아동은 대개 그 반대로 느낀다. 이러한 전략들은 대개 아동으로 하여금 부모와 대화를 지속하지 못하게 한다.

모방 유도 방법과 확인 질문은 왜 대화를 방해하는가? 아동은 자신이 흥미를 가지고 있거나 의도한 것에 따라 대화가 동기화된다. 부모가 아동이 가지고 노는 장난감과 도구에 관해 질문하고(예: '이건 무슨 색깔이지?') 답하도록 하거나 또는 단어를 반복해서 따라 하도록 요청하며 아동을 확인해 보는 것은, 비록 부모의 요구가 아동의 활동과 관련된 것이더라도 그것은 아동이 흥미를 갖거나 의사소통하는 것과는 아무런 상관이 없는 것들이 대부분이다. 예컨대, 색깔은 아동이 가지고 노는 사물이 가지는 분명한 특성일 수 있다. 그렇지만 아동은 사물의 색깔에 초점을 두기보다는 오히려 사물을 가지고 무엇을 할 수 있는가에 더 흥미 있어 한다. 부모가 확인 질문을 하는 것은 안타깝게도 초점을 아동의 흥미에서 부모의 흥미로 옮기는 것이다.

예컨대, 아동이 흥미로운 활동을 하기 위해 부모에게 사물을 주려고 가리킬 수 있다. 그런데 부모가 사물의 이름을 반복해서 따라 하도록 아동에게 요청하며 아동의 활동을 방해한다면(예: '트럭, 트럭이라고 해야지.'), 부모는 자신에게는 중요하지만 아동에게는 중요하지 않은 행동에 중점을 둠으로써 아동의 활동이나 대화의 흐름을 중단시키게 된다.

질문과 모방 유도 방법 대신에, 부모는 아동의 활동을 보충해 주는 방법으로 명명하기, 덧붙여 설명하기 또는 감탄 소리 내기와 같은 전략을 사용하여 성공적으로 아동의 대화를 촉진할 수 있다. 이러한 의사소통 방식은 아동에게 흥미로운 활동을 포기하게 하거나 부모의 관심에 응하도록 요구하지 않는다. 부모는 아동의 흥미나 의도를 방해할 수 있는 반응을 아동이 만들어 내도록 요구하지 않으면서 아동의 활동을 지지하는 언어 모델을 제공한다. 부모는 동시에 높은 수준의 단어와 의사소통 기술이 적용된 표현을 아동에게 보여 주면서 아동이 계속해서 놀이와 대화에 참여하도록 할 수 있다.

논의점

CM-501 언어 능력은 있지만 대화에 원활히 참여하지 못하는 아동의 경우, 대화 방법을 학습하기 위해 빈번히 상호작용해야 할 필요가 있다.

- 언어적 문제가 있는 아동은 종종 많은 언어를 알고 이해하지만, 자신을 표현하기 위해 대화를 사용하지는 않는다.
- 아동이 대화를 하기 위하여 언어를 학습할수록 아동은 자연적으로 더 많은 언어를 학습하게 된다.
- 아동은 반응적, 즉 아동 중심적 대화에 참여함으로써 보다 성숙한 대

화를 하는 데 필요한 기술과 규칙을 배운다.

CM-502 아동은 어른이 자신의 언어나 말을 정확히 교정해 주기보다는 아동의 의도에 반응해 줄 때 더욱 오랫동안 그리고 자주 대화한다.

- 부모가 아동의 관심, 능력 그리고 동기를 지지하고 격려하는 데 중점을 두고 아동과 놀이적인 상호작용에 참여하였을 때 아동은 더욱 오랫동안 그리고 자주 대화한다.
- 아동의 언어를 올바로 정정해 주는 것은 학습을 위해 필요한 대화의 시간과 빈도를 감소시켜 학습을 저해할 것이다.
- 부모가 아동의 일차적인 의사소통 형태에 반응해 준다고 해서 아동의 낮은 수준의 행동을 강화하는 것은 아니다.

CM-503 아동은 즐겁고, 흥미롭고, 자신이 아는 것과 관련된 상황에서 대화를 더 잘한다.

- 어린 아동은 편안하고 그 자체로 즐거울 때, 그리고 주제가 흥미롭고 잘 알고 있는 것일 때 대화에 참여할 가능성이 더 크다.
- 대화는 그 순간에 아동이 가지는 흥미에 중점을 두어야 한다.
- 부모는 아동이 친근하게 느끼고 아동의 발달적 능력 범위 안에 있는 사물, 행동 또는 특성에 대해 의사소통할 필요가 있다.

CM-504 요구를 충족하기 위한 의사소통은 대화 습관을 만들기에 충분하지 않다.

- 언어적 문제가 있는 아동들은 사회적인 의사소통자가 되기 위해 성취해야 하는 양만큼의 상호적 경험을 얻는 데 충분한 욕구를 가지지 못한다.
- 아동이 부모를 괴롭히는 행동은 아동이 언어를 발달시키기 위한 대화의 근본이다.

CM-505 모든 상호작용은 대화하는 방법을 배우고 실행해 보는 기회다.

- 아동의 대화 기술은 아동이 아직 알지 못하는 새로운 단어나 구를 반복하는 것이 아니라 어른과 빈번하고 지속적인 상호적 활동을 하면서 더욱 발달한다.
- 지속적으로 대화하며 상호 교환 활동을 하는 것은 부모가 아동에게 기대하는 단어와 문법적 구조를 아동이 자연스럽게 배우는 기회를 가

지게 한다.

CM-506 아동이 단지 알고 있는 방식보다는 아동이 말할 수 있는 방식으로 아동에게 말할 때 아동은 보다 능동적으로 대화하게 될 것이다.

- 가장 효과적으로 아동의 표현 언어를 촉진하는 부모는 아동의 현재 수준과 유사한 방식으로 언어를 사용한다.
- 부모가 아동이 알고는 있지만 말로 표현하지는 못하는 보다 복잡한 언어로 의사소통하기보다는 아동이 사용할 수 있는 언어로 의사소통할 때, 아동은 더욱 효과적으로 대화에 참여하게 된다.

CM-507 아동은 혼자 이야기하면서 언어를 실행한다. 아동의 독백을 함께하는 것은 아동의 언어학습에 좋은 방법이다.

- 아동은 새로운 언어를 연습할 뿐 아니라 창조적인 생각을 해내거나 그에 반응할 수 있다.
- 부모가 아동의 혼잣말에 대해 지지해 줄 때 아동의 능동적 참여를 유지시키고 언어와 대화의 발달을 증진시킬 수 있다.

CM-508 아동에게 모방하도록 요구하고 질문을 통해 확인하는 것은 아동이 대화하지 못하게 방해하는 것이다.

- 유도적 모방과 확인 질문은 왜 대화를 방해하는가?
- 부모는 아동의 활동을 보충해 주는 방법으로, 명명하기, 덧붙여 설명하기 또는 감탄 소리 내기와 같은 전략을 사용하여 성공적으로 아동의 대화를 촉진할 수 있다.

대화를 촉진하는 RT 전략

《135 일상적인 공동 활동 중에 의사소통 습관 만들기》 소리, 몸짓 그리고 단어를 사용하여 놀이함으로써 아동에게 사회적 관계를 형성하는 방법을 학습하도록 돕는다. 사람들과 교제하기 위해서는 의사소통하면서 놀이하는 것이 중요하다는 것을 가르쳐 준다.

실행 사항

- 아동이 단어뿐 아니라 몸짓이나 소리를 사용하여 의사 전달하는 방식을 관찰한

다. 아동이 단어를 사용하거나 또는 초기 언어 단계로 들어가기 전에 단어나 문장을 사용하지 않더라도 비언어적 신호로도 효과적으로 의사소통할 수 있다는 것을 기억한다.

- 대부분의 부모는 질문을 함으로써 아동과 의사소통한다(예: '너, ○○하고 싶니?'). 그러나 이러한 의사소통은 대개 대화를 단절시킨다. 아동은 부모에게 답하거나 반응하기도 하지만 대화를 계속 이어 가지는 않는다. 아동이 하는 것을 명명해 주고, 덧붙여 주고, 즐거움을 표현해 주거나 아동의 감정이나 부모의 감정을 표현해 주면서 아동과 의사소통한다. 이러한 의사소통이 질문을 통한 의사소통에 비해 얼마나 길게 주고받기 식의 의사소통을 이끄는지 관찰한다.

《 231 비의도적인 발성, 얼굴 표정, 몸짓을 마치 의미 있는 대화인 것처럼 반응하기 》 종종 아동은 소리를 내는데 이는 감각 놀이를 위한 것이지, 의도적인 의사소통을 하기 위한 것은 아니다. 아동이 하는 모든 행동은 의사소통이 될 수 있다. 많은 사람들이 아동의 행동에 더욱 자주 반응해 줄수록 아동은 비의도적인 반성이나 몸짓 등의 행동을 사용하여 당신이나 그 밖의 사람들과 의미를 교환하는 방식을 더욱더 빨리 배우게 될 것이다.

실행 사항

- 아동이 그냥 혼자 놀이를 하거나 아동이 만드는 소리가 어떤 분명한 의미나 의사소통을 위한 의도가 없는 경우에도, 아동이 내는 소리에 반응하는 습관을 가지도록 한다.
- 만일 아동이 놀이하는 과정에서는 소리를 만들어 내지만 자신의 의도를 전달하기 위한 소리는 내지 않는다면, 아동은 소리로 다른 사람의 주의를 끌 수 있다는 사실을 아직 배우지 못한 것이다. 아동이 소리를 내어 다른 사람과 의사소통하도록 돕기 위하여 아동의 얼굴 표정이나 접촉보다는 소리에 더 많이 반응해 준다.

《 311 질문 없는 의사소통하기 》 부모는 많은 경우, 아동에게 무엇을 하라고 요청하면서 아동이 자주 하는 행동들을 통제하려고 애쓴다. 이때 아동을 통제하거나 아동에게 지시하는 횟수를 줄이는 간단한 전략은 '질문을 하지 않는 것'이다.

실행 사항

- 아동과 상호작용을 할 때, 아동에게 질문을 하기보다는 사물들의 이름을 말해 주거나, 반영해 주거나, 즐겁고 재미있다는 것을 표현해 주면서 아동이 지금 하는 것과 관련된 정보를 제시한다.
- 부모가 질문하는 것을 멈추어 보면, 실제로 얼마나 아동이 하는 것에 대해 지시적이었는지를 알게 될 것이다. 부모(또는 교사)가 지금 상태에서 지시를 반으로 줄이더라도, 여전히 아동을 지도하고 이끄는 것임을 명심한다.
- 아동이 응답하지 않는 질문을 반복해서 하지 않도록 한다.
- 아동의 현재 상황에 맞는 것을 하도록 요청한다. 이때 아동이 하고 있는 것과 관련된 것에 한하여 요청한다.
- 아동은 자신이 선택한 활동을 주도하는 상황에서 학습이 가장 잘 이루어진다. 아동과 놀이를 하거나 상호작용을 할 때 질문을 많이 하면 할수록, 아동이 자신의 활동을 주도하는 기회는 줄어들게 된다.

⟬321 아동에게 다음 발달단계를 보여 주어 확장하기⟭ 아동과 놀이하면서 의사소통할 때 부모나 다른 어른들은 아동에게 다음 단계를 보여 줄 필요가 있다. 이렇게 함으로써 아동은 어른과 상호작용을 유지하면서 새로운 정보를 접할 것이다.

실행 사항

- 부모가 아동에게 행동의 새로운 의미와 목적을 제시함으로써 확장해 줄 때, 이것이 아동의 행동이나 활동과 관련이 있는지 확인한다.

⟬322 아동의 의도를 명확히 표현해 주거나 아동의 주제를 발전시키며 확장하기⟭ 어른은 아동이 수행한 행동의 의도나 목적을 그대로 표현하면서 아동이 하는 활동이나 의사소통을 보다 복잡한 형태로 발전시킬 수 있다. 예를 들면, 아이가 3개의 블록으로 탑을 쌓았다면, 부모는 네 번째 블록으로 탑을 쌓아 확장할 수 있다.

실행 사항

- 아동과 함께 상호작용할 때, 부모가 시도하는 확장이 절대로 한쪽에만 치우치지 않도록 명심한다. 경우에 따라서는 아동의 활동 안에서만 확장의 내용을 소개해 준다.

- 만일 아동이 부모가 확장해 주는 것을 따르고 싶어 하지 않는다면, 아동이 능동적으로 계속해서 참여하도록 아동이 원래 하던 활동으로 돌아가도록 한다.
- 만일 부모가 확장하는 것에 대해 아동이 반응하지 않는다면, 확장 내용들을 아동의 발달적 능력 범위 내에 있는 것들로 하여 아동의 흥미와 감각에 맞도록 수정한다.

◀ 323 더욱 성숙한 반응을 만들어 내는 동안 조용히 기다려 주기 ▶ 아동이 '이전의' 미성숙한 행동을 보일 때, 경우에 따라서는 다른 반응을 할 때까지 기다려 줌으로써 아동이 상위 수준의 행동을 사용하도록 촉진할 수 있다. 대부분의 아동은 쉬운 행동을 수행하는 것을 더 좋아한다. 그러나 만일 아동이 먼저 반응하도록 기다려 준다면, 아동은 자신이 더욱 성숙한 행동을 어떻게 하는지 안다는 것을 보여 줄 수 있다. 기다려 주는 것은 아동이 이미 할 수 있는 것을 수행하도록 격려해 줄 때 더욱 효과적이라는 사실을 기억한다.

실행 사항

- 아동이 이전에 여러 번 하던 행동을 할 때까지 기다려 준다. 만일 아동이 상위 수준의 행동을 이전에 단지 몇 번만 해 볼 뿐이었다면, 그것은 아직 아동이 하기에는 쉬운 행동이 아닌 것이다.
- 만일 아동이 '기다리는' 동안 5초 이내에 특정 행동을 하지 않는다면, 부모가 행동을 간단히 모델로 보여 주고 아동이 행동을 모방하거나 하도록 강요하지 않은 채 활동을 지속한다.

◀ 413 놀이적인 방식으로 아동에게 반응하기 ▶ 아동을 웃게 하기 위해 자주 놀이적으로 상호작용한다. 부모가 아동과 함께 놀이적인 방식으로 상호작용할 때 아동은 부모를 더 잘 주시하며 상호적인 활동에 더욱더 많이 참여하게 된다.

실행 사항

- 당신의 아이를 상호적인 활동에 참여시키는 방법은 애정 어린 놀이적인 방식으로 아동을 대하는 것이다.
- 만일 아동이 주의나 관심이 거의 없는 상태에서 기계적이고 반복적인 방식으로 놀이한다면, 사물을 가지고 색다르고 독창적인 활동을 하도록 시도한다.

- 일부 어른들은 아이처럼 우스꽝스럽게 놀이하는 것을 불편해한다. 재미있거나 우스꽝스러운 모습은 아동이 당신과 함께 상호작용하도록 촉진하기 위해 지불해야 할 약간의 대가다.

❰515 아동이 의사소통하는 방식으로 대화하기❱ 아동이 평상시 하는 방식으로 의사소통한다(예: 아동의 움직임과 몸짓대로 반응한다. 아동의 소리로 반응한다. 한두 단어 말에는 한두 단어로 반응한다).

실행 사항

- 부모가 아동처럼 의사소통할 때, 아동이 더 많이 의사소통하는지 살펴본다. 아동이 사용하는 단어 유형, 억양 또는 몸짓을 사용하여 2~3분 동안 아동과 상호작용한다. 그런 다음 어른들에게 사용하는 언어 유형으로 2~3분 동안 아동과 의사소통하면서 상호작용한다. 이 두 상황에서 각기 아동이 능동적으로 상호작용에 관여하는 시간의 양을 기록해 본다. 아동이 말하는 것을 학습하는 데 있어서, 두 상황에서 어떠한 차이가 발생했는지 그리고 그것이 의미하는 것은 무엇인지 기억한다.
- 아기 말투로 대화한다. 아동 양육에 관한 책에서는 부모가 아동에게 '아기 말투'로 말하지 않도록 조언하기도 한다. 이는 아동이 성숙한 방식으로 의사소통하는 방식을 배우는 데 어른이 언어적 모델을 제시해야 할 필요가 있다고 믿기 때문이다. 그러나 최근 아동발달 연구에 따르면, 부모가 아기 말투를 사용할 때 아동은 대화에 더 많이 참여하고 주의를 기울이는 것으로 보고되고 있다.

❰523 아동의 주도에 따르기❱ 아동의 활동과 의도를 보충해 주거나 또는 그에 일치하는 방식으로 반응해 준다. 아동과 같은 방식으로 장난감을 가지고 놀이하거나 함께 상호적으로 활동한다. 만일 아동이 선택한 방식이 아니라면, 굳이 그 장난감이 제조된 원래 목적대로 장난감을 가지고 놀지 않아도 된다.

실행 사항

- 아동이 현재 가지고 노는 것은 그것이 무엇이든지 간에 그 순간에 아동에게 가장 흥미로운 것이다. 어른도 마찬가지로 자신이 관심 있는 활동을 하는 경우에 얼마나 동기화되어 참여하였는지, 스스로 흥미롭게 발견한 정보의 경우에 얼마

나 잘 배우고 기억하고자 노력했는지 기억해 본다. 아동 역시 마찬가지로 자신이 흥미 있어 하는 활동에 동기부여가 잘된다.

- 아동이 주도하는 대로 부모가 따라 주는 것은 바로 아동의 관심에 반응하는 것이다. 아동이 흥미 있어 하는 것에 더 많이 더 자주 반응해 줄수록, 아동은 더 많은 것에 관심을 보일 것이고, 이러한 흥미는 더욱 강력해질 것이다. 즉, 세상에 대한 아동의 관심이 많아질수록 관심의 강도 또한 더욱 강해질 것이다.

4 발달 영역: 사회 · 정서 기능

사회 · 정서 기능은 아동의 안정감과 일상의 사회적 상호작용과 가족의 요구에 대한 적응 능력을 말한다.

I 중심축 행동: 신뢰

SE-1 신뢰는 아동이 양육자에게 갖는 초기의 신뢰와 온정적인 관계의 정도와 관련이 있다. 아동은 안락함과 편안함을 위해 양육자를 찾거나 접촉하려 한다. 아동은 양육자와 함께 있으면서 만족감을 느끼고, 정보나 사물을 공유하거나 눈을 맞추거나 웃거나 안아 줄 때 기쁨을 느낀다.

신뢰에 관한 고려사항

SE-101 애착은 아동이 부모 및 다른 주 양육자를 신뢰하고 의존하는 것을 말한다.

애착은 아동이 자신의 부모나 초기 양육자와 생애 초기에 어떻게 관계를 맺느냐와 관계가 있다. 애착의 발달적 의미는 아동이 부모를 얼마나 신뢰하고 의존하는가에 근거한다. 애착은 단지 부모(양육자)와 아동 간의 상호작용 방법을 나타내는 것은 아니다. 애착은 아동의 타고난 특성이라 할 수 있다. 만일 아동이 천성적으로 사람에게 관심이 있고 순한(easy) 기질이라면 주 양육자와 강한 애착을 발달시킬 것이다. 그러나 만일 아동이 천성적으로 사람보다 사물에 더 많은 흥미를 보이는 '까다로운(difficult)' 기질이라면 강한 애착 관계를 형성하는 데 어려움이 있을 수 있다. 심지어 주 양육자가 매우 반응적으로 양육한다고 하더라도 어려움이 있을 수 있다.

아동에 대한 부모의 사랑과 부모에 대한 아동의 애착을 구별 짓는 것은 중요하다. 거의 모든 부모와 아동은 애착의 형태와 상관없이 서로를 깊이 사랑한다. 애착은 아동에 대한 부모의 사랑과는 거의 상관이 없고 그 역으로도 마찬가지다. 오히려 아동이 부모와 형성하는 애착은 그들의 기질, 상호작용에 대한 관심, 부모와 상호작용하는 경향과 방법에 따라 영향을 받는다.

SE-102 아동의 애착은 부모와 다른 주 양육자를 신뢰하고 찾는 것으로 분명하게 드러난다.

애착은 생후 1년 동안 아동과 부모 사이에 발달하는 정서적인 상호 의존이라고 할 수 있다. 이러한 관계를 통해 아동은 부모로부터 사랑과 양육에 대한 욕구를 충족하고, 부모의 경우에는 아동이 사회 · 정서적 능력을 발달시키는 데 필요한 것들을 지원해 준다.

이러한 관계는 출생 후 즉시 혹은 짧은 시간 내에 형성되는 것이 아니라 장기간에 걸쳐 발달된다. 이것은 아동의 인지적 자각과 사회적 경험에 따라 달라진다. 이러한 관계는 생후 2년 안에 확립된다. 그렇지만 정서적 애착은 역동적이며 일생을 통해 계속해서 발달하는 평생의 관계다.

이러한 정서적 의존성은 아동이 부모 혹은 다른 친밀한 어른에 대한 선호(preference)를 발달시키면서 형성된다. 아동은 어른을 관찰하고 어른에게 관심을 가지며, 둘 사이에 즐거움과 흥분을 만들어 내면서 정서적 의존성을 분명하게 드러낸다. 아동의 선호는 시선, 미소, 자세, 몸짓에 담긴 즐거움과 흥분의 비언어적 신호를 통해 보여 준다.

아동이 애착 관계를 통해 습득하는 최초의 능력은 타인에 대한 신뢰와 관심이다. 아동은 자신의 약점을 인식하고 부모 혹은 어른이 제공하는 양육, 지침 및 정보가 자신에게 해를 주는 것이 아니라 자신을 보호해 주고 흥미롭게 해 줄 것이라는 믿음을 발달시키면서 부모 혹은 다른 어른들에게 강한 애착을 보인다. 발달적으로 약 8개월에 낯선 사람에 대한 두려움이 나타나기 시작하는데, 이때 아이들은 신뢰할 수 있는 어른과 신뢰할 수 없는 어른 간의 차이를 확실히 인식한다는 것을 보여 준다. 이 시기 이전 아기들은 다른 사람들이나 환경에서 자신이 얼마나 연약한 존재인지를 이해하지 못한다. 아동은 점차 자신이 얼마나 연약한 존재인지를 인식하고, 낯선 사람이 믿을 만한지를 가늠하면서 낯선 사람을 경계하기 시작한다. 아동은 또한 부모나 다른 친밀한 어른을 신뢰하게 되면서 사람을 경계하기 시작한다. 아동은 다른 사람들도 부모가 하는 방식으로 자신을 보호하고 안전하게 지켜 줄 것이라고 인식하지 못한다.

SE-103 아동이 부모나 주 양육자와 갖는 애착 관계는 이후 시기의 사회 · 정서적 기능을 예견케 한다.

애착 형성은 아동이 생후 2년 동안 부모와의 관계는 물론 다른 사람들과의 관계가 어떤지, 유치원이나 보육기관에서 또래들과 얼마나 잘 지내는지와 관련이 높다. 부모와의 애착 관계를 통해 습득된 아동의 사회 · 정서적 기술은 사회적 관계를 형성하는 능력과 이후 아동이 스트레스와 불안에 대처하는 능력에 많은 영향을 준다. 어린 시절의 애착 경험은 아동이 영유아기 때 겪는 사회 · 정서적 경험에 영향을 미친다. 아동이 사회적 관계를 얼마나 잘 형성하며, 어린이집, 유치원 또는 다른 영유아기 환경에서 받게 되는 도전을 얼마나 잘 극복하는가는 아동이 부모나 주 양육자와 얼마나 안정된 양육 관계를 맺고 사회 · 정서적 능력을 발달시켰는가와 밀접한 관련이 있다.

주 양육자와 긍정적인 애착 관계를 형성한 아동은 다른 사람들과의 상호작용 경험을 보다 긍정적으로 바라볼 것이다. 부모나 다른 양육자와 형성된 배려적이고 신뢰적인 관계는 아동으로 하여금 다른 아동을 배려하고 다른 양육자를 신뢰하게 해주고, 낯선 상황에서 닥치게 되는 사회적 요구와 기대에 대처하는 사회적 기술과 사고방식을 발달시키도록 돕는다.

그러나 만일 아동이 초기 주 양육자와 강한 애착 관계를 형성하는 데 어려움이 있다면, 아동은 부모나 다른 양육자를 신뢰하고 배려하는 것을 주저하게 되고, 이후 아동기 동안에 긍정적인 사회적 관계를 형성하는 데 어려움을 겪게 된다. 아동과 부모 간의 관계에서 경험하는 불안과 불신은 다른 사람들과의 관계로 전이된다. 아동이 부정적인 애착 경험을 가졌다면, 아동은 새로운 환경과 새로운 사람들이 양육하거나 보살펴 주는 것에 대해 신뢰하지 못하고 다른 사람에게 도움을 요청하지 못하며, 그들이 안전하게 해 줄 것이라는 사실을 불신하게 된다. 아동의 삶에 가장 중요한 역할을 하는 부모 및 주 양육자와 강한 신뢰 관계를 형성하는 데 실패하면, 아동은 이후 만나는 가족 외의 다른 사람들에 대한 신뢰와 배려심을 형성하는 데 어려움을 겪게 된다.

SE-104 불안정한 애착 관계는 아동의 사회 · 정서적 행동에 영향을 미친다.

애착 결핍(attachment disruption)은 아동과 주 양육자 간의 애착 관계가 황폐해지고 와해되는 것을 의미한다. 애착 결핍은 일시적 또는 경미한 상태부터 만성 또는 심각한 상태까지 다양하다.

일시적 또는 경미한 상태의 애착 결핍은 자녀가 아주 어린 시절 동안, 부모가 아동과 긍정적인 애착 관계를 성립한 후 입원, 우울증, 결혼 생활이나 관계의 어려움과 같은 사건들 때문에 자녀와 상호작용하는 것에 문제를 겪을 때 나타날 가능성이 크다. 그러나 이러한 사건들이 회복됨에 따라 그들은 다시 자녀와 자주 함께하며 양육적이고 반응적인 관계를 갖는다면, 긍정적인 애착 관계를 회복할 수도 있다.

만성적이고 심각한 상태의 애착 결핍은 생후 초기 몇 년 동안 한곳에 머물러 지내지 못하고 여러 곳에서 양육될 때 일어나기 쉽다. 이러한 상황에서, 아동은 환경이 바뀌었을 때 양육자와 맺은 애착 관계를 지속하지 못하는 에피소드를 경험하게 된다.

많은 아동이 생애 초기에 주 양육자와의 관계에서 가벼운 결핍을 경험한다. 아동은 이러한 결핍을 울거나 화내거나 공격적이거나 먹고 자는 것과 같은 행동 문제로 나타낸다. 일반적으로 아동이 가벼운 애착 결핍을 겪으면서 나타낸 사회·정서적 문제는 애착 관계를 회복함으로써 바로잡을 수 있다. 가벼운 애착 결핍은 영아기에 일반적인 아동들에서 비교적 자주 발생한다. 이 대부분의 아동들이 그들의 부모가 회복된 후 곧 정상적인 사회·정서적 행동을 복구하여 충분히 원래대로 되돌아간다.

반면에 심각한 애착 결핍은 아동의 사회·정서적 기능에 보다 심각한 영향을 미친다. 이들 가운데 소수의 아동은 애착 관계에서 심각한 분열을 경험한다. 이러한 아동들은 오랜 기간에 걸쳐 지속되는 심각한 사회·정서적 문제를 겪게 된다(예: 공격성, 자퇴, 비규제, 비협력 등). 이러한 문제들은 아동이 악의적이고 속임수를 쓰며 부적합하게 관심을 끌기 위하여 일으킨 결과는 아니다. 오히려 그것은 이러한 아동이 계속해서 경계심과 불안을 지니고 있다는 것을 나타내며, 아동이 새로운 양육자에 대해 신뢰감을 가지지 못했거나 두려움을 지니고 있다는 것을 드러내는 것이다.

아동이 애착 관계에서 심각한 결핍 상태를 겪게 되면 사회·정서적 능력에 지속적으로 부정적인 영향을 받게 되는데, 이는 사춘기에 더욱 명백히 드러난다. 때에 따라 부모는 아동의 부정적이고 부적합한 행동을 다루기 위해 발달적으로 적절한 훈련을 적용해야 한다. 그러나 이러한 아동들은 양육자가 배려적이고 반응적인 상호작용으로 감싸 주어야 즐겁고 덜 공격적이며 더 협력적으로 될 수 있다. 아동은 새로운 양육자와의 애착 관계가 그대로 끝나지 않는다는 확신을 가지게 될 때 양육자를 따르고 신뢰하는 것을 배울 것이다. 또한 아동이 이러한 자신감이 있을 때, 아동의 사회 · 정서적 문제는 줄어들 것이다. 그러나 이러한 과정은 양육자에게는 지속성과 인내를 필요로 한다. 그렇게 되는 데는 몇 년까지는 아니더라도 꽤 오랜 시간이 요구된다.

SE-105 아버지나 다른 주 양육자는 아동의 신뢰감 형성 능력에 중요한 역할을 수행한다.

아동이 어머니에게 애착을 형성하는 것은 아동이 확립한 첫 애착으로서 이후의 사회 · 정서적 기능을 예측할 수 있게 한다. 그러나 아동은 아버지와 다른 주 양육자(예: 조부모, 친척, 아동에게 의미 있는 사람)와도 어머니의 애착과 유사한 애착을 형성한다.

다른 주 양육자에 대한 애착은 어머니와의 애착에 기초하여 동일한 반응으로 같은 양육적 관계를 나타내면서 촉진된다. 더욱이 아버지나 다른 주 양육자에 대한 애착 유형은 어머니에 대한 애착과 같은 유형을 따른다. 생후 1년경에 아동은 다른 어른들보다 이처럼 애착을 형성한 어른과 함께 있는 것을 좋아하고, 또 이러한 어른이 자신을 떠났을 때 두려움과 불안을 느끼게 된다.

어머니와 함께할 때처럼, 아동이 다른 어른과 애착 관계를 형성하는 데 중요한 특징은 보살핌과 신뢰다. 아버지나 다른 주 양육자와 아동의 관계는 다른 사람들과 신뢰 관계를 형성하는 것을 배우는 것이고 이러한 경험은 이후의 사회적 관계를 다루는 능력에 영향을 미친다.

한 가지 이상의 애착 형태를 가지는 것은 어려운 상황에서 어른이 아동에게 안정을 주고 양육할 수 있도록 부가적인 해결책을 주는 것이다. 또한, 한 양육자 또는 다른 양육자와의 관계에서 발생하는 작은 애착 결핍에 대한 위험을 줄이고 안정을 준다. 다인수 애착 형태는 아동의 사회 · 정서적 발달을 촉진하고, 아동이 사회적으로 독립적이고 대인관계와 정서적 문제들을 다루는 데 필요한 기술을 발달시킨다.

다인수 애착 형태는 생물학적인 조건 때문에 애착 형성에 어려움을 겪는 자폐와 같은 장애를 가진 아동들을 돕는 데 더욱 중요한 요인이 된다. 자폐나 발달장애 아동들이 다른 사람과 상호작용하는 것에 즐거움과 흥미를 느끼도록 배우기 위해서는 어른과 사회적 상호작용을 하는 기회를 자주 가져야 한다. 어떤 양육자는 이러한 사회 · 정서적 기술을 발달시키는 데 필요한 만큼 아동과 반응적인 상호작용을 할 에

너지나 시간이 없을 수 있다.

SE-106 어른과 아동 간의 애착 관계는 어른의 온정적이고 반응적인 상호작용에 의해 영향을 받는다.

아동이 부모와 긍정적인 애착을 발달시키려면 부모가 아동과 함께 많은 시간을 보내는 것이 필요하다. 그러나 시간만이 중요한 요인은 아니다. 만일 부모가 하루 종일 아이를 돌보더라도 아주 가끔씩만 일대일로 상호작용한다면, 부모는 아동이 애착을 형성하는 데 필요한 만큼의 상호작용 경험을 주지 못할 수 있다. 이러한 경우는 일반적으로 부모가 아동의 욕구(예: 옷 입기, 음식 먹기, 대소변 해결하기, 안전하게 보살핌 받기)에만 중점을 두고 아동과 놀이하면서 사회적 관계를 형성하는 데는 거의 관심이 없을 때 일어난다(예: 부모가 전화통화, TV 시청, 집안일 등에 많은 시간을 소비하여 가끔씩만 아동과 상호작용을 하거나, 또는 다른 자녀에게 놀아 주도록 하고 부모는 아이의 놀이에 참여하는 경우가 거의 없을 때).

심지어 부모가 아동과 많은 시간 동안 일대일로 상호작용에 참여한다고 하더라도 여전히 자녀의 애착을 증진하는 데는 효과가 없을 수도 있다. 만일 부모가 자녀의 욕구에 반응하지 않고 꽉 짜인 계획대로 상호작용을 구성하거나 부모의 상호작용이 대부분 자녀를 훈련하거나 발달적 행동을 가르치는 것이라면, 아동은 부모와 애착을 형성시키는 것이 어려울 수 있다.

부모가 자녀와 함께하는 시간을 애착을 증진시키는 경험으로 이끌기 위해서는 다음의 두 가지 요소가 중요하다 첫째, 부모가 자녀와 일대일 상호작용에 참여하는 정도다. 부모가 자녀와 함께할 때, 비록 짧은 시간이라도 자주 신체적 접촉을 하는 것이 중요하다. 둘째, 부모가 자녀에게 어떻게 반응적이냐는 것이다. 반응적인 부모는 자녀가 하는 것을 지지하고 북돋우며 풍성하게 하는 데 초점을 둔다. 반응적인 부모는 그들의 상호작용을 재미있고 즐겁게 하며 자녀의 욕구에 온정과 애정과 수용으로 반응한다.

반응성 상호작용은 부모가 아동의 감정에 영향을 미침으로써 아동의 애착을 촉진한다. 부모가 반응적이고 양육적일 때 자녀는 그 자체를 더욱 즐거워하고 자신이 인정받고 있으며 가치 있다고 여기게 된다. 이것은 아동이 더욱 능동적으로 상호작용에 참여하여 더욱 긴 시간 동안 유지할 수 있도록 북돋운다. 아동은 또한 점점 더 부모를 찾고 부모와 함께 있는 것을 좋아하게 된다. 반응성 상호작용에 참여함으로써 아동은 부모와 함께 있는 것에 즐거움을 느끼는 정도가 증가하고 아동이 부모와 함께 보내는 시간을 정서적으로 보상받는 상호작용 유형을 정착시킨다. 그래서 이러한 유형은 부모 자녀 간의 애착 관계를 촉진하는 동력이 된다.

SE-107 매우 반응적인 부모와 애착이 형성된 아동은 아동 후기에 스스로 능력을 발달시켜 나간다.

어떤 부모들은 자녀의 독립성을 저해할 것이라는 두려움 때문에 매우 반응적이고 양육적으로 대하는 것을 선뜻 받아들이지 못한다. 부모는 자립심을 아동의 성공에서 중요한 기술로 여기기 때문에 이를 발달시키기를 원한다. 그러나 반응성은 대부분의 부모들이 갖는 편견과는 달리 어른에 대한 아동의 애착을 촉진하고 아동이 독립하는 데 필요한 기술을 배우도록 도와준다.

반응적인 상호작용의 세 가지 기술, 즉 ① 사회적 상호작용 주도하기, ② 선택하도록 격려하기, ③ 자존감 발달시키기를 촉진함으로써 아동이 부모에게 자신의 자율성을 주장하도록 돕는 데 중요한 역할을 한다. 일반적으로 부모와 상호작용하는 동안 자율성을 주장하는 아동은 어린 시절부터 부모가 없을 때 의존하지 않고 독립적으로 기능하는 능력을 발달시킨다.

첫째, 반응적인 상호작용을 할 때, 부모는 반응을 한 후 자녀가 활동을 주도할 수 있도록 기다려 주어야 한다. 부모는 자녀에게 질문을 하거나 아동 앞에 장난감이나 사물을 놓아 활동에 참여하도록 시도하기보다는, 일단 아동을 관찰하고 무엇인가를 할 때까지 기다려 주는 것이 필요하다. 반응적인 부모는 기다려 줌으로써 자녀가 주도할 기회를 더 많이 갖도록 해 주고 그리하여 자녀에게 '행동의 주도자(an initiator of action)'가 되도록 가르친다. 이러한 상호작용 유형은 아동이 주도적 자신감을 갖도록 해 주며, 이러한 기술을 다른 사람과의 상호작용에서도 쉽게 사용하도록 만든다.

둘째, 반응적인 부모는 자녀가 선택하도록 격려한다. 반응적인 부모는 자주 아동의 선택에 반응해 주고 지지해 줌으로써, 아동이 선택하는 것을 배울 수 있는 기회를 증진시킨다. 부모가 아동이 선택한 결정을 격려하고 지지해 줌으로써, 아동은 더욱더 ① 자신이 선택할 수 있는 능력이 있고, ② 자신이 선택을 하는 것이며, ③ 자신이 선택한 결정은 바람직한 것이라는 확신을 갖게 된다.

셋째, 반응적인 부모는 자녀가 능히 할 수 있거나 또는 유능하다고 지속적으로 이야기해 줌으로써 아동의 자존감을 증진시킨다. 반응적인 부모는 ① 아동이 주도한 행동에 반응하고, ② 아동이 선택한 결정을 존중하며, ③ 아동이 성취할 수 있는 것을 하도록 권한다. 아동의 자존감은 부모와 다른 사람들이 그들을 바라보는 관점에 많은 영향을 받는다. 만일 부모가 아동에 대해 가치 있게 여기는 의사소통 방식으로 아동에게 지속적으로 반응해 준다면, 아동은 실제 가지고 있는 자신의 능력 여부와는 상관없이 유능감이나 능히 할 수 있다는 자기 인식을 발달시키게 된다.

SE-108 아동의 애착 행동은 예측 가능한 발달적 단계에 따라 발달한다.

아동의 애착과 관련된 행동이 때로 부모를 당황스럽게 하더라도 이는 발달적으로 정상적인 행동이다. 발달연령상 8개월일 때, 아동은 부모나 주 양육자에 대해 흥분하고 좋아하며 긍정적으로 반응하면서 애착을 보인다. 아동은 애착을 형성한 부모나 어른과 함께 있는 것을 좋아하지만, 일반적으로 이전 시기에는 다른 어른이 안아줘도 두려워하지 않는다. 다시 말하면, 발달연령이 8개월일 때까지 아동은 애착을 형성하지 않은 어른에 대해 두려움을 보이지 않고 애착을 형성한 어른에게만 격렬히 긍정적인 반응을 보인다.

애착 유형은 발달연령이 8~12개월일 때 오히려 극적으로 변화한다. 아동은 애착된 어른과 애착되지 않은 어른을 분명하게 구별하기 시작한다. 애착 대상에 대한 아동의 선호는 보다 강렬해진다. 아동은 '낯선 사람'이 가까이 오거나 자신을 안으려 하거나 잡으려 하면 심하게 몸부림치며 싫어한다. 부모가 이러한 발달연령 단계에 있는 아동을 이전 단계에서는 적응하는 데 어려움이 없었던 베이비시터나 다른 양육자에게 맡기고 떠나려 하면, 심하게 몸부림치며 싫어한다.

아동이 부모로부터 분리되는 것에 대해 저항하는 강렬한 반응은 어린 시기 동안에는 정상적이며 계속해서 나타난다. 그러나 12~18개월의 아동에게 대부분 강렬하게 나타나다가 3~4세가 되면서 점차 줄어든다. 대부분의 아동이 유치원에 진학할 시기에는 낯선 사람과 함께 있거나 부모와 분리되었을 때 불안해하지 않는다. 따라서 아동이 분리불안으로 괴로워하고 초조해 하는 모습은 친숙하지 않은 어른에 대한 당연한 두려움을 나타내는 정상적인 발달적 반응이다.

아동의 애착 행동 발달단계에 대해 고려해야 할 두 가지 사항이 있다. 첫째, 발달

연령이 8개월경일 때 아동이 낯선 사람을 두려워하고 분리불안을 보이는 것은 정상이다. 이러한 행동은 정상적인 사회·정서발달의 지표다. 이러한 발달단계를 거치지 않거나 주 양육자와 함께 있는 것에 강한 선호를 나타내지 않는 아동은 정상적인 애착 관계를 형성하지 못할 수 있다.

둘째, 이러한 애착 형성 단계는 아동의 발달연령과 관계가 있다. 낯선 사람에 대한 두려움과 분리불안은 아동의 사회적 상황 인식이 발달했기 때문에 일어나는 것이다. 결과적으로 발달적 문제가 있는 아동은 생활연령이 아닌, 발달연령에 상응하여 애착 발달단계를 거치게 된다. 예컨대, 만일 아동의 발달 비율이 50% 지연되었다면, 정상적으로 발달하는 아동의 연령의 2배가 될 때 애착 형성 단계를 거치기 시작할 것이다(예: 16~24개월). 게다가 이러한 애착 단계는 정상 발달하는 아동보다 발달적 문제를 지닌 아동에게 2배의 시간이 걸릴 수 있다.

결과적으로, 발달적 문제를 지닌 아동의 부모는 전형적인 발달을 하는 어린 아동과 동일한 방식으로 늦은 애착 행동을 다룰 필요가 있다. 발달적 문제가 있는 아동이 좀 더 늦은 나이에 이러한 과정을 겪을 수는 있으나 전형적인 발달을 하는 아동이 느끼는 것과 동일한 불안과 두려움을 드러낸다. 아동의 지연된 애착 행동은 정상적인 발달과정으로 진행되는 것이며, 사회적으로 부적합하거나 억제해야 하는 행동이 아니다.

SE-109 아동이 분리불안을 겪는 시기에 부모가 아동에게 안정감을 제공함으로써 아동의 독립성을 촉진한다.

낯선 사람에 대한 두려움과 분리불안은 때때로 어른의 입장에서는 이해하기 힘들지만 아동에게는 합당한 두려움이다. 어른의 관점에서 보면, 아동이 친숙한 어른을 고집하거나 보육교사나 베이비시터에게 맡겨 두고 갈 때 두려움을 나타내는 것에 대해 합당한 이유를 찾기는 어렵다. 부모는 낯선 사람이 아동에게 해를 끼치지 않으며 보육교사나 베이비시터가 자녀의 욕구를 돌볼 것이라고 전적으로 확신한다. 부모는 자녀가 더 어린 발달단계에서는 유사한 상황에서도 두려움이나 불안을 보이지 않았기 때문에 이러한 두려움을 이해하는 데 어려움을 느낄 수 있다.

그러나 아동이 이러한 두려움을 나타내는 것은 낯선 사람이나 보육교사가 안전하다거나 자신을 보호해 줄 것이라는 사실을 알지 못하기 때문이다. 아동이 최근에 겪은 개인적인 경험이나 사회적 상황을 이해하는 방식이 자신에게 안전할 것이고, 또한 세심한 보살핌을 받을 것이라는 믿음을 주지는 못한다. 낯선 사람에 대한 불편감이나 부모로부터의 분리감은 아동이 진실로 느끼는 두려움이므로 이를 부모를 속이려는 행동으로 다루어서는 안 된다.

단순히 아동에게 두려움을 느끼지 말라고 요구하는 것은 아동의 두려움을 올바로 다루는 것이 아니다. 아동 자신이 어떠한 것도 두렵지 않다는 것을 이해할 때까지는 불안과 두려움이 나타나는 것은 당연하기 때문이다. 부모는 이러한 두려움이 사라지기를 바라지만 말고, 자녀를 공감해 주고 이러한 두려움은 당연하고 의미 있는 것으로 다루며 대처해야 한다. 부모는 자녀가 불안해하고 괴로워할 때, 안정시켜 주고 지지해 주고, 모든 것이 잘될 것이라고 안심시켜 주고, 불안과 괴로움이 진정될 때까지 아동 곁에 머물러 준다.

부모는 어떻게 하라고 지시하면서 분리에 대해 자녀가 반응하는 정도를 통제하려 한다. 이러한 압력에 대한 반응으로, 어떤 아동은 자신의 부정적인 반응을 억제하고 평정을 찾으려 할 수도 있다. 그러나 아동이 아무리 자신의 감정을 억제하더라도 불안과 걱정은 계속될 것이다. 아동이 자신의 감정을 적절하게 다루는 법을 배웠을 때 익숙하지 않은 사람과 함께 있을 때도 안정될 수 있다. 스트레스 상황에서 아동의 감정적 반응을 억제하도록 하는 것은 장기적으로는 사회·정서적 안정을 증진시키는 데 매우 중요한 대처 기술, 즉 아동이 안정감을 느끼도록 해 주는 대처 기술의 발달을 방해할 것이다.

SE-110 애착은 효과적인 훈육을 위한 선행조건이다.

때때로 아동은 점점 더 위험하고 부적응적인 방식으로 행동한다. 따라서 부모는 그러한 행동을 제지시키고, 추후에 그러한 행동을 하지 않도록 훈육할 필요가 있다.

자녀가 무엇을 했고 왜 잘못했는지에 대해 이야기해 주고 아동의 불안과 분노에 대해 공감해 주거나 단호하게 경고하는 것과 같은 온화한 훈육 기법(gentle discipline technique)이 문제를 해결하는 데 효과적일 수 있다. 그러나 많은 상황에서 온화한 훈육만으로는 불충분하다.

예컨대, 만일 아동이 도로로 뛰어든다면, 부모는 즉각적으로 아동을 잡아야 하고 이후에는 같은 행동을 하지 못하도록 훈육하는 것이 절대적으로 중요하다. 이 행동은 생명을 위협하는 문제이기 때문에 일차적으로 부모에게 아동을 이러한 상황에 놓이도록 한 데 대한 책임이 있지만, 아동은 순간적으로 '도로로 뛰어드는 것'은 결코 적절하지 못한 행동이라는 것을 알아야만 한다.

이와 유사하게 아동이 다른 사람에 대해 실제로는 악의를 지닌 것은 아니지만, 발달 특성상 공격적인 행동을 할 수도 있다. 예컨대, 어떤 아동은 자신의 분노에 대한 반응으로 어머니를 때리기도 한다. 어머니가 아동에 의해 신체적인 상처를 입지 않았다고 하더라도, 어머니는 이러한 행동은 묵인될 수 없는 행동이라는 것을 아동이 알도록 즉각적으로 훈육해야 한다. 아동에게 따끔한 언어적 충고와 함께 손으로 제지하면서 아동이 그렇게 행동하는 것을 멈추게 하고 그것이 용인될 수 없다는 것을 알게 해야 한다. 아동은 아무리 화가 났다고 하더라도 결코 넘어설 수 없는 어떤 경계선이 있다는 것을 배울 필요가 있다.

어린 아동들을 효과적으로 훈육하는 요인에는 두 가지가 있다. 첫째, 부모는 자녀를 이따금씩만 훈육한다. 부모는 자녀 자신이나 다른 사람에게 해가 될 수 있거나 중요한 사회적 규범에서 벗어난 행동에 대해서는 항상 훈육해야 한다. 그러나 만일 부모가 계속해서 빈번하게 자녀를 훈육한다면, 훈육하는 행동 자체가 특히 자녀의 발달 수준과 관련하여 적합한 것인지 고려해 볼 필요가 있다. 발달상 정상 범위 안에 있는 행동을 하는 아동을 훈육하는 것은 추후에 이러한 행동을 줄이는 데 효과적이지 않다(예: 6개월의 발달 수준에 있는 아동에게 자신의 입으로 물건을 가져가도록 훈련하거나 18개월의 아동에게 식사 시간에 5분이 지나야 자리를 벗어날 수 있도록 훈련하는 것). 부모는 또한 바람직하지 않은 행동을 조절하기 위하여 환경, 계획, 일상적인 일과를 수정할 방법이 있는지를 고려할 필요가 있다(예: 위험하게 탁자나 책상에 오르내리는 것에 대한 대안으로 집에서 안전하게 오르내릴 수 있는 장난감을 만들어 주는 것).

둘째, 부모가 자녀와 강한 신뢰적 관계를 맺는 것이다. 훈육의 효과는 부모가 아동의 부적합한 행동을 어떻게 저지하는가에 달려 있는 것이 아니라 부모가 자녀와 맺은 관계에 따라 영향을 받는다. 어린 아동은 스스로 잘못된 행동을 하는 것에 대해 해가 되거나 부적합한 행동을 하는 것이 아니라 자신을 돌봐 주는 사람의 뜻을 거스른 것으로 이해한다. 어린 아동이 행동하는 일차적인 동기는 자신이 신뢰하는 어른을 기쁘게 하고 싶은 소망에서 비롯된다.

만일 아동이 자신을 훈육하는 성인에 대해 신뢰하지 못하고 자신을 잘 돌봐 주고 있다고 생각하지 못한다면, 아동은 자신이 한 부적합한 행동을 부모의 뜻을 거스른 것으로 보지 않을 것이다. 따라서 만일 부모가 자녀를 효과적으로 훈육하고 있지 못하다고 인식하였다면, 자녀로부터 존경받을 만한 관계를 형성하였는지 고려해 볼 필요가 있다.

어른의 훈육에 대한 효과는 아동과 빈번히 반응적이고 양육적인 관계를 가져온 이후에 극적으로 증가하게 될 것이다. 아동과의 관계를 보다 풍성하게 함으로써 어른은 아동의 부적합한 행동을 잘 통제할 수 있게 될 것이다.

논의점

SE-101 **애착은 아동이 부모 및 다른 주 양육자를 신뢰하고 의존하는 것을 말한다.**

- 애착의 발달적 의미는 아동이 어른을 얼마나 신뢰하고 의존하는가에 근거한다.
- 만일 아동이 천성적으로 사람보다 사물에 더 많은 흥미를 보이는 '까다로운(difficult)' 기질이라면 강한 애착 관계를 형성하는 데 어려움이 있을 수 있다.

SE-102 **아동의 애착은 부모와 다른 주 양육자를 신뢰하고 찾는 것으로 분명하게 드러난다.**

- 정서적 애착은 역동적이며 일생 동안 계속해서 발달하는 평생의 관계다.
- 아동이 애착 관계를 통해 습득하는 최초의 기술 혹은 능력은 타인에 대한 신뢰와 관심이다.

SE-103 **아동이 부모나 주 양육자와 갖는 애착 관계는 이후 시기의 사회 · 정서적 기능을 예견케 한다.**

- 애착 형성은 아동이 생후 2년 동안 부모와의 관계와 다른 양육자, 어른, 유치원과 보육기관과 관련하여 또래들과 얼마나 잘 지냈는지와 매우 관련이 높다.
- 부모나 다른 양육자와 형성된 배려적이고 신뢰적인 관계는 아동으로 하여금 다른 아동을 배려하고 다른 양육자를 신뢰하게 해 주고, 낯선 상황에서 부딪히는 사회적 요구와 기대에 대처하는 사회적 기술과 사고방식을 발달시키도록 돕는다.

SE-104 불안정한 애착 관계는 아동의 사회 · 정서적 행동에 영향을 미친다.

- 애착 결핍은 아동과 주 양육자 사이의 애착 관계가 황폐해지고 와해되는 것을 의미한다.
- 일반적으로 아동이 가벼운 애착 결핍을 겪으면서 나타낸 사회 · 정서적 문제는 애착 관계를 회복함으로써 바로잡을 수 있다.
- 아동이 심각한 애착 결핍을 겪게 되면 사회 · 정서적 능력에 지속적으로 부정적인 영향을 받게 되는데 이는 사춘기에 더욱 명백히 드러난다.

SE-105 아버지나 다른 주 양육자는 아동의 신뢰감 형성 능력에 중요한 역할을 수행한다.

- 아동이 어머니에게 애착을 형성하는 것은 아동이 확립한 첫 애착이다.
- 아버지나 다른 주 양육자에 대한 애착 유형은 어머니에 대한 유형과 같은 유형을 따른다.
- 아버지나 다른 주 양육자와 아동의 관계는 부가적으로 다른 사람들과의 신뢰할 만한 관계를 형성하는 것을 배우는 것이고, 이러한 경험은 이후의 사회적 관계를 다루는 능력에 영향을 미친다.

SE-106 어른과 아동 간의 애착 관계는 어른의 온정적이고 반응적인 상호작용에 의해 영향을 받는다.

- 부모가 자녀에게 어떻게 반응적이냐에 따라 자녀의 애착 관계에 영향을 미친다.
- 반응성 상호작용은 부모가 아동의 감정에 영향을 미침으로써 아동의 애착을 촉진한다. 부모가 반응적이고 양육적일 때 자녀는 그 자체를 더욱 즐거워하고 자신이 인정받고 있으며 가치 있다고 여기게 된다.

SE-107 매우 반응적인 부모와 애착이 형성된 아동은 아동 후기에 스스로 능력을 발달시켜 나간다.

- 반응적인 상호작용의 세 가지 기술, 즉 ① 사회적 상호작용 주도하기, ② 선택하도록 격려하기, ③ 자존감 발달시키기를 촉진함으로써 아동이 부모에게 자신의 자율성을 주장하도록 돕는 데 중요한 역할을 한다.
- 부모와 상호작용하는 동안 자율성을 주장하는 아동은 어린 시절부터 부모가 없을 때 의존하지 않고 독립적으로 기능하는 능력을 발달시킨다.

SE-108 아동의 애착 행동은 예측 가능한 발달적 단계에 따라 발달한다.

- 발달연령상 8개월일 때, 아동은 부모나 주 양육자에 대해 흥분하고 좋아하며 그들이 있는 것에 대해 긍정적으로 반응하면서 애착을 보인다.
- 아동의 발달연령이 8~12개월일 때 애착 대상에 대한 선호도는 보다 더 강렬해진다.
- 애착 형성 단계는 아동의 발달연령과 관계가 있다.

SE-109 아동이 분리불안을 겪는 시기에 부모가 아동에게 안정감을 제공함으로써 아동의 독립성을 촉진한다.

- 아동이 갖는 낯선 사람에 대한 불편감이나 부모로부터의 분리는 진실로 느끼는 두려움이므로 부모를 속이려는 행동으로 다루어서는 안 된다.
- 부모는 자녀가 불안해하고 괴로워할 때, 안정시켜 주고, 지지해 주고, 모든 것이 잘될 것이라고 안심시켜 주고, 불안과 괴로움이 진정될 때까지 아동 곁에 머물러 준다.
- 스트레스 상황에서 아동의 감정적 반응을 억제하는 것은 아동이 안정감을 느끼도록 해 주는 대처 기술의 발달을 방해할 것이다.

SE-110 애착은 효과적인 훈육을 위한 선행조건이다.

- 부모는 아동의 위험한 행동을 제지해야 할 뿐 아니라 추후에 이러한 행동을 하지 않도록 훈육할 필요가 있다.
- 부모는 자녀를 가끔 훈육한다.
- 훈육의 효과는 부모가 아동의 부적합한 행동을 저지하는 것에 달려 있는 것이 아니라 부모가 자녀와 맺은 관계에 따라 좌우된다.

신뢰성을 촉진하는 RT 전략

《111 신체적인 상호작용하기》 아동이 접근하기 쉬운 곳이나 아동의 손이 닿는 가까운 거리 안에 있도록 한다. 상호적인 참여가 아동에게 좀 더 현실적으로 이루어지도록 하려면 자주 아동과 접촉한다.

실행 사항

- 아이와 그저 함께 있는 것과 아동과 신체적으로 상호작용하는 것은 매우 다른

것임을 인식한다. 아동과 단순히 함께 있다는 것은 신체적으로 상호작용하는 것이 아니다.

- 아동이 하는 것에 시선을 집중하면서 아동과 함께하며 시간을 보낸다.
- 실질적으로 아동과 함께하는 것은 아동과 신체적으로 상호작용하면서 관여하는 시간임을 기억한다. 그리고 실제로 얼마나 상호작용하였는지를 표시해 본다(예: 도표, 막대그래프).

❰ 112 **자주 함께 놀아 주기** ❱ 놀이는 어른과 아동이 상호작용하기에 이상적인 방법이다. 일과 중에 일어나는 다양한 놀이 에피소드에서 아동과 상호적인 활동을 해 본다. 특히 아동이 놀이적인 상호작용에 참여할 준비가 되어 있고 기민하게 반응할 때, 가능한 한 자주 놀이하도록 한다.

실행 사항

- 얼마나 자주 아동과 놀아 주고 어떻게 놀아 주는지를 생각해 본다.
- 현재 아동의 발달연령 수준에서 아동과 가장 잘 놀이할 수 있는 장난감은 어떤 것인지 살펴본다.
- 전문가는 아동과 함께 놀이할 수 있는 다양한 형태의 모델을 제시할 수 있다.
- 전문가는 아동과 함께 놀이하는 동안 부모도 함께 참여해 보도록 권하고 점차적으로 부모가 아동과 직접 대면하여 놀이하도록 촉진한다.
- 전문가는 자신들이 아동들과 놀이할 때 잘하거나 좋아하는 게임 종류들을 부모에게 알려 준다.

❰ 212 **아동의 관점을 택하기** ❱ 아이가 흥미로워하고, 무서워하고, 민감하게 반응하며, 화내는 이유 그리고 보상이 되는 것을 기억하고, 아동의 생활 경험을 중요하게 여긴다.

실행 사항

- 아이가 좋아하는 것을 정확하게 알지 못하더라도, 아동에게 영향을 주거나 또는 그렇지 못한 사건의 유형을 주의 깊게 관찰함으로써 아동이 가지는 생활 경험에 보다 가깝게 다가갈 수 있다.
- 아동이 아는 것, 관심을 두는 것, 할 수 있는 것에 관하여 부모로서 가지는 느낌

과 직감을 믿어 본다. 전문 검사와 평가가 부모가 이미 알고 있는 것보다 아동에 관하여 반드시 더 잘 파악할 수 있는 것은 아니다.

- 아동이 부정확하게 수행하는 것에 중점을 두지 않는다. 더욱이 부모가 부당하다고 여기는 것을 아동이 왜 그렇게 수행하려고 하는지를 이론적 논리로 추론하려 하지 않는다(예: 이해하지 못한다. 아직 적합한 능력과 기술을 갖추지 못했다. 기분이 좋지 않다.).
- 부모 자신과 같이, 일반적으로 아동이 하는 것은 무엇이든지 아동 나름대로의 논리를 가지고 있다고 여긴다. 이는 부모를 짜증 나게 하고 신경 쓰이게 하는 행동뿐 아니라 부모가 즐거워하고 인정할 만한 행동 모두에 적용된다.

《 221 아동의 신호, 울음 또는 비언어적 요구에 즉시 반응하기 》 아동은 자신의 요구를 알리기 위해 말 이전 단계에서는 울거나 또는 비언어적 단서를 사용한다. 아동의 비언어적 신호나 울음에 즉각적으로 반응해 주는 것은 아동으로 하여금 의사소통을 위해 이러한 비언어적 행동을 더 많이 사용하게 하여 이들을 사용하는 방법을 학습하게 해 준다.

실행 사항

- 에인스윌스와 벨(Ainsworth & Bell, 1974)의 아동발달 연구 결과에 따르면, 아동 초기 1년 동안 울음에 즉각적으로 반응해 주었던 부모의 아이는 2세 무렵에 의사소통 기술이 보다 높은 수준으로 나타났다.
- 아동의 울음 등 비언어적 신호에 대해 즉각적으로 반응해 주는 것은 낮은 수준의 발달 행동을 강화하는 것이 아니며 오히려 사회적 상호작용에서 아동에게 이러한 행동을 더욱 효과적으로 사용하는 방식을 가르치는 것임을 기억한다.
- 아동의 비언어적 신호와 울음에 즉각적으로 반응한다. 그리고 그렇게 했을 때 아동이 부모에게 더 반응적이고 주의를 주는지 관찰한다.

《 223 즉시 훈계하고 위로해 주기 》 아동이 부적응 행동을 할 때, 이러한 행동을 멈추도록 즉각적으로 훈계한다. 이때 부모의 훈계는 아동의 주의를 끌 만큼 단호해야 하지만, 아동의 신체적 · 발달적 수준에 적합하게 주어져야 한다(예: 아동이 지금 하는 것을 저지하기 위해 단호하게 "안 돼!" 라고 말한다). 효과적인 훈계를 위해서는 시기가 중요하다. 따라서 아동이 부적응 행동을 하고 있는 그 순간 또는 직후에 즉시 훈계해야 한다. 그리고 아동을 훈계한 후 몇 분간 아동을 진정시켜 준다. 그렇게 하면 아동은 자신의 행동 때문에 훈계를 받기는 했지만, 부모는 여전히 평소처럼 자신을 사랑하고 있다는 것을 알게 될 것이다.

실행 사항

- 훈계는 부모가 아동의 행동에 반응하는 한 방법이다. 훈계는 아동의 바람직하지 않거나 해로운 행동에 대해 대처하는 자연스럽고 즉각적인 반응으로 생각한다.
- 아동을 훈계하기 위하여 어떤 전략을 사용하였는지와 상관없이(예: 날카롭게 꾸짖기, 저지하기), 훈계는 아동의 주의를 집중시키고 잘못하고 있다는 것을 알게 할 만큼 충분히 강력한 것이어야 한다. 신체적으로 상처를 주거나 해치며 훈계를 해서는 결코 안 된다.
- 만일 지나치게 자주 아동을 훈육하고 있다면, 아동과 상호작용이 잘 안 되고 있다고 생각되는 사항들을 먼저 탐색한다. 자녀와 많은 시간을 반응적으로 상호작용하며 보낼 때 자녀 훈육도 보다 효과적으로 하게 될 것이다.

《421 놀이 상대자로서 행동하기》 아동발달을 위해 어른이 할 수 있는 역할은 아동의 놀이 상대자가 되는 것임을 명심한다. 아동과 효과적이고 만족스러운 관계를 맺으려면, 성취 지향적인 과제나 목표보다는 아동을 즐겁고 재미있게 만드는 것이 중요하다.

실행 사항

- 부모들은 해야 할 일들이 많기 때문에 아동의 놀이 상대자가 되는 것이 어려울 수 있다. 그러나 아동은 일(work)의 세계가 아닌, 놀이와 재미의 세계에서 살아간다. 부모가 아동의 놀이 상대자로서 행동할수록 부모는 자신의 방식보다는 아동의 방식으로 활동에 참여하게 되는 기회가 더 많아진다.
- 모든 부모는 부모로서의 역할과 행동에 관하여 자신 나름대로의 내재적 모형을 가지고 있다. 이러한 모형은 어느 정도 자신의 부모로부터 배운 것이다. 생애 초기 단계에 있는 자녀에 대해 이해하려면, 이전에 부모는 먼저 아동과 함께하는 방식에 있어서 놀이적이어야 한다.
- 부모가 아동의 놀이 상대자가 된다고 해서 아동이 어른을 존중하는 방법을 배

우지 못하는 것은 아니다. 오히려 놀이적인 상호작용은 아동이 점차 성숙해짐에 따라, 효율적인 부모가 되는 데 필요한 일종의 온정성, 상호성, 보살핌의 관계를 형성하는 데 도움을 준다.

- 가정에 따라 부모 중 한 명은 아동과 재미있게 놀아 주는 반면, 다른 한 부모는 과제를 할당하는 역할을 떠맡는 경우가 있다. 가정에서 이러한 상황이 어떻게 일어나고 있는지 생각해 본다. 누가 놀아 주는 부모이고 누가 과제를 할당하는 부모인지, 또한 과제 할당자 부모는 어떻게 하면 보다 재미있는 부모가 될 수 있는지에 관하여 생각해 본다.

◖431 과격하지 않게 신체 접촉하기◗ 자주 아동을 만져 주고, 안아 주고, 쓰다듬어 주고, 뽀뽀해 주고, 포옹해 주고, 흔들어 준다. 아동과 함께 상호작용할 때, 신체놀이를 한다(예: 간지럼 태우기, 공중에서 아동을 안아 돌리기). 이때 아동이 불편해하는 것은 피하고 과격해지지 않도록 주의한다.

실행 사항

- 신체적 활동이 아동이 참을 수 있는 수준을 넘어서지는 않는지 확인하기 위하여 아동의 비언어적인 단서(예: 얼굴 표정, 시선, 자세)를 살핀다.
- 아동의 사랑과 애정에 대한 첫 경험은 접촉이나 그 밖의 비언어적 단서를 통하여 이루어진다는 것을 기억한다.
- 아동이 상호작용 중에 좋아하지 않는 것으로 보이는 신체 접촉 목록을 적어 본다.
- 만일 아동이 접촉을 피하거나 과민하게 반응한다면, 한 번에 몇 초 동안만 아동과 접촉한다. 그러나 가능한 한 자주 부드럽게 접촉을 시도해 본다. 어른과 마찬가지로, 아동들도 생물학적인 성향에 따라 신체 접촉과 행동에 각기 다른 민감성을 가진다. 아동이 접촉에 대해 혐오 반응을 보이는 것은 단지 그 사람에 대한 태도를 나타내는 것은 아니다. 차츰 빈도를 늘리고, 간단히 부드럽게 접촉을 시도하면 아동은 접촉을 좀 더 편안해할 것이다.
- 영아 마사지는 대부분의 부모들이 어린 아동들과 함께할 때 사용하는 기술이다. 영아 마사지에 대한 책이나 정보를 찾아본다. 그리고 만일 아동에게 이러한 경험이 좋은 반응을 가져온다면, 일상생활 중에서 아동과 함께하는 동안 그것을 적용해 본다.

《432 주의를 끌기 위한 아동의 울음이나 요구에 애정적으로 반응하기》 아동이 울거나, 징징거리거나, 부모의 관심을 끌고자 할 때 즉시 애정적으로(예: 접촉, 부드러운 목소리) 반응해 준다. 관심을 얻기 위해 하는 아동의 울음과 노력을 사랑받고 편안해지고 싶어 하는 아동의 중요하고도 적합한 요구로 여겨 반응해 준다.

실행 사항

- 아동의 안정감은 아동이 필요로 할 때, 아동에게 안정을 주고 돌봐 줄 것이라는 확신에서 생겨난다는 것을 기억한다. 아동이 관심을 끌기 위해 하는 요구에 반응한다고 아동이 버릇이 없어지는 것은 아니다. 오히려 그것은 아동에게 부모의 사랑과 애정을 확신시켜 주고 아동이 자신의 감정과 불안에 효과적으로 대처하는 방법을 배울 수 있도록 돕는다.
- 아동의 발달은 아동이 관심을 끌기 위한 요구로 나타내는 울음이나 표현에 대해 부모가 온정과 애정으로 어떻게 반응해 주는가에 따라 영향을 받는다. 부모는 생후 첫 2년 동안은 아동의 요구에 가능한 한 즉시 관심을 보이고 반응해 주어야 한다. 이후 시기에는 아동이 부모의 사랑에 대한 확신을 가지고 오랜 시간 동안 반응하면서 이에 대처하는 기술이 더욱 좋아짐에 따라, 부모는 점차적으로 반응해 주는 시간을 지연시킬 수 있다. 부모가 반응을 지연할 때, 부모는 가능한 한 즉시 아동의 요구를 처리해 줄 것이라는 믿음을 아동에게 주어야 한다.
- 아동이 관심을 끌려고 하는 요구를 무시하지 않는다. 아동이 부모로부터 관심을 받고 싶어 하는 것은 지극히 정상적이다. 아동은 부모의 관심을 받으며 사회 · 정서적 능력을 발달시켜 나갈 것이다.

2 중심축 행동: 감정이입

SE-2 감정이입은 아동이 다른 사람의 감정과 정서에 민감하고 다른 사람의 정서에 따라 자신의 정서를 바꿀 수 있는 능력을 말한다. 아동은 다른 사람이 어떻게 느끼는지를 살피며 종종 다른 사람의 정서에 의해 영향을 받는다. 아동은 양육자의 반응을 통해 안전하고 우호적인 상황인지 살피고 어떻게 반응할 것인지 자신의 반응을 조절한다.

감정이입에 관한 고려사항

SE-201 효율적인 사회적 관계는 아동이 다른 사람과 정서 상태를 공유하는 능력을 지니게 될 때 형성된다.

감정이입은 아동이 다른 사람의 정서적 상황을 인식하고 상호작용하는 사람의 관점을 받아들이는 일련의 과정이다. 감정이입은 감정 이상의 것이다. 이것은 다른 사람의 기쁨, 슬픔, 흥분, 두려움을 함께 느끼는 것으로 자신의 정서를 다른 사람의 정서 상태에 맞추는 능력이라 할 수 있다. 아동이 또래나 성인과 효과적으로 사회적 관계를 맺는 것은 본성에 의한 것이라 할 수 있다. 관계 형성은 서로가 어떻게 느끼는지 알고 그들의 느낌을 존중하며 심지어 잠시만이라도 상대방의 느낌을 거울에 비춘 것처럼 행동할 수 있을 때 매우 탄탄하고 만족스럽게 이루어진다.

감정이입은 내면의 정서 상태를 공유하는 과정이다. 이 능력은 대부분의 성인들에게는 직감적이고, 직관적인 과정처럼 보이지만, 아동의 생후 첫 1년 동안 점차적으로 발달하는 과정으로 아동의 사회·정서적 발달에 핵심적인 행동이다. 감정이입 능력을 발달시키지 못한 아동은 여러 심각한 사회·정서적 문제를 나타낼 수 있다. 이들은 다른 사람의 정서 상태에 대한 흥미나 관심이 거의 없고, 다른 사람의 정서 상태에 순응하도록 자신의 상호작용 행동을 조절하지 못하며, 일반적인 정서 반응을 발달시키지 못하여 과잉 반응하거나 반대로 아무런 표현도 하지 않는 경향을 보일 수 있다.

SE-202 아동은 정서적으로 반응하는 방법을 부모나 양육자에게서 배운다.

생후 2개월인 아기들은 대부분 흥미, 만족 및 고통의 세 가지 정서 상태를 나타낸다. 7개월 된 아기가 나타내는 정서 반응은 기쁨, 만족, 분노, 혐오감, 놀람, 흥미, 슬픔 등 7개 정서로 구분된다. 유치원 시기의 아동들은 제시된 그림에서 풍기는 정서 상태를 정확하게 말할 수 있으며 정서를 적합한 맥락에 알맞게 짝 지을 수 있다. 6세 이후에 아동은 더욱 복잡한 정서를 이해하는 능력이 발달한다.

아동은 이러한 과정을 발달시키는 타고난 능력을 가지고 있지만, 이러한 정서발달은 학습에 의해서도 영향을 받는다. 아동은 부모와 상호작용하는 맥락 안에서 정서적으로 반응하고 자신의 감정을 조절하는 방법을 배운다. 부모가 이러한 학습에 영향을 미칠 수 있는 방법에 대해 두 가지로 설명할 수 있다. 첫째, 사회적 참조

(social referencing)에 의한 것이다. 즉, 아동은 정서적인 지침을 얻기 위하여 부모를 쳐다본다. 부모가 어떤 상황에서 어떻게 반응하는가는 아동 자신의 정서 반응을 이끄는 정보를 제공하는 것이다. 부모가 긍정적으로(예: 흥미로워하거나 즐거워함) 반응해 주면 아동 또한 자주 긍정적인 정서로 반응하며 부모에게 가까이 다가올 것이다(예: 긍정적 정서를 나타내면서 새로운 장난감이나 사람을 쳐다보거나, 다가가거나, 만져 봄). 반면에 부모가 부정적으로 반응한다면, 아동은 회피 행동을 나타내게 될 것이다(예: 눈길을 돌리거나, 새로운 장난감이나 사람으로부터 멀리 떨어지거나, 부정적인 감정을 드러냄). 영아는 일차적으로 부모의 얼굴 표정을 통해 부모의 정서를 이해하지만, 얼굴 표정과 동반하여 나타나는 발성이나 애정적인 내용을 전달하는 신체적 접촉으로도 알게 된다.

둘째, 자녀가 표현한 정서에 알맞은 방식으로 아동에게 반응해 주는 것이다(예: 정서적인 조화 이루기). 예컨대, 아동이 두려워한다면, 부모는 자녀를 안아 주고 물리적으로 안심시켜 주는 것으로 반응할 수 있다. 만일 아동이 즐거워한다면, 부모는 자녀와 함께 미소 짓거나 웃음으로써 즐거움을 나누는 반응을 할 수 있다.

부모가 아동의 정서에 조화를 이루며 민감하게 반응하는 것은 아동이 자신의 반응을 조절할 수 있도록 지지해 주는 것이다. 이는 특히 아동의 부정적인 정서와 분위기를 조절하는 데 결정적이다. 그러나 만일 아동이 표현한 정서에 대해 부모가 조화를 이루지 못하거나(예: 자녀가 화나 있는데 웃으며 반응하기) 자녀의 정서를 무시한다면, 아동이 정상적으로 정서 표현을 발달시키는 것을 방해할 수 있다. 게다가 부모가 아이의 부정적인 정서에 일관성 없이 반응한다면, 아동 스스로 정서 반응을 통제하거나 조절하는 것을 더욱 어렵게 만들 것이다.

SE-203 눈, 얼굴 표정 및 몸짓은 아동의 감정과 정서를 들여다볼 수 있는 창이다.

어린 아동이 다양한 사람, 시각적으로 보이는 것, 목소리 그리고 소리에 대해 어떻게 느끼고 정서 반응은 어떠한지 우리는 어떻게 알 수 있는가? 사실 우리는 어린 아동이 느끼는 감정을 정확하게 알 수는 없다. 그러나 아동들 대부분은 응시, 얼굴 표정, 몸짓을 통하여 자신의 정서 상태를 나타낸다. 일반적으로 아동의 감정 상태를 판단하는 것은 그리 어려운 일이 아니다. 왜냐하면 아동은 다양한 비언어적 단서를 통해 자신을 표현하기 때문이다. 그러나 만일 아동이 복잡하고 매우 감성적인 상태에 놓여 있을 때 부모가 관심을 주지 않고 민감하게 반응하지 못한다면, 부모는 자녀의 감정과 정서 상태를 간과하고 무시해 버린 것이다.

부모가 자녀의 정서 상태를 정확하게 간파하고 해석하는 능력은 경험을 통해 향상시킬 수 있다. 부모가 자녀와 일대일로 호혜적인 상호작용을 많이 할수록, 더욱 정확하게 자녀의 정서 상태를 간파하고 해석할 수 있게 될 것이다. 부모가 아동과 함께 얼굴을 마주 보며 호혜적인 상호작용을 한다면, 자녀가 눈짓, 표정, 몸짓을 이용하여 자신의 정서를 표현하는 방식을 알아차릴 수 있는 기회를 더 많이 가지게 된다.

정서적 조화는 부모가 자녀의 정서적 상황을 보완하거나 지지하는 방법으로 아동에게 반응하는 것이 필요하기 때문에, 자녀가 만족감, 즐거움, 분노, 혐오감, 두려움과 같은 정서적 상황을 표현하기 위해 눈짓, 얼굴 표정, 몸짓을 어떻게 이용하는지를 가능한 한 효율적으로 판단해야 한다. 부모는 또한 자녀가 정서 반응을 일으킬 수 있는 상황을 예측할 수 있어야 한다.

자녀가 표현하는 정서 방식이나 특정 반응을 일으킬 수 있는 상황에 대해 정확히 알지 못하는 부모는 자녀와 일대일로 상호작용하는 빈도를 증가시켜야 한다. 어린 아동은 자신이 어떻게 느끼는지 직접적으로 말할 수 없지만 비언어적 상호작용을 통해 자신의 감정을 전달한다. 부모는 자녀와 빈번하게 호혜적인 상호작용을 함으로써 자녀의 정서적 반응을 이해하는 능력에 대해 더 큰 확신을 가지게 된다.

SE-204 상호 주관성: 아동의 정서적 반응 단계를 설정한다.

생후 1년이 지날 무렵 아동이 겪게 되는 변화 중 하나는 '상호 주관성의 발견(discovery of intersubjectivity)'이다. 이 발달단계에서 아동은 자신의 감정을 공유할 수 있고, 다른 사람의 감정을 간파할 수 있다는 것을 이해하기 시작한다. 아동은 다른 사람의 정서 상태를 간파할 수 있게 되면서 자신의 정서와 행동을 조절할 때 이러한 지식을 사용한다. 예컨대, 만약 부모가 곤충과 같은 새로운 사물에 두려움을 보인다면, 아동은 곤충에 대해 부모와 같은 방식으로 반응할 수 있다. 반대로 부모가 곤충을 보고 즐거워한다면 아동 역시 즐겁게 반응할 것이다.

아동은 그들 부모의 정서 반응을 모방하는 것으로 정서적으로 반응하는 법을 배운다. 아동은 자발적인 모방을 통하여, 부모와 다른 사람들과 공통의 경험(예: 행위, 의사소통, 풍습 등)을 가진다. 상호 주관성과 아동의 모방 사이에서 이러한 관계를 형성한다는 것은 두 가지 사실로 설명할 수 있다. 첫째, 아동의 자발적 모방 비율이 증가하는 동시에 상호 주관성이 발견된다. 둘째, 자폐와 같은 장애를 가진 아동이나 상호 주관성을 배우기 어려운 아동은 보다 낮은 수준의 자발적 모방을 보인다. 이러한 아동의 모방은 주로 반향어를 사용하는 형태로 나타나는데, 어른이 처음 사용했던 방식과는 거의 관계가 없는 것이다. 이러한 아동들에게 모방은 경험을 공유하는 것이라기보다는 본래의 의미를 상실한 기계적인 행동이라 할 수 있다.

아동은 오로지 한 명 또는 그 이상의 어른과 반복적이고 지속적으로 호혜적인 상호작용을 함으로써 상호 주관성을 획득할 수 있다. 아동은 일대일 상호작용 속에서 사람들과 친밀해지면서, 자신의 정서 표현이 자신의 행동과 어떻게 관련되는지 깨닫기 시작한다(예: 친숙한 어른과 마주쳤을 때 미소 짓기). 공통적으로 나타나는 반응에 대해 아동이 인식함으로써 아동은 궁극적으로 어른과 함께 행동(예: 미소)하는 것뿐 아니라 이러한 행동 뒤에 숨겨진 감정(예: 즐거움)을 함께 공유하게 된다.

만일 아동이 상호 주관성에서 문제를 보인다면, 부모는 아동과 자주 상호작용하는 것이 중요하다. 또는 아동이 호혜적인 상호작용에 참여하는 것을 회피하는 경향이 있다면, 부모는 아동과의 상호작용 기회를 찾고 만들어 내는 데 상당한 노력을 기울여야 할 것이다.

SE-205 어른이 아동의 정서적인 단서에 대해 민감할수록 아동은 어른의 감정에 더욱 반응적이게 된다.

만일 아동이 사람들을 무시하거나 다른 사람이 거기에 없는 것처럼 행동하거나, 다른 사람과의 눈 맞춤을 회피하거나, 자기만의 세상 안에 머물러 있거나, 드물게 미소 짓고 웃거나, 새롭고 흥미로운 사건에 냉랭하게 반응하거나, 자신의 이름에 반응하지 않거나, 장난감을 치웠을 때 별로 반응적인 행동을 보이지 않는다면, 아동은 과소 반응적이다. 이러한 행동을 보이는 데는 적어도 두 가지 이유가 있다. 첫째, 아동은 기질적으로 느리게 반응하고 사회적 상호작용에 두려움을 갖고 있을 수 있다. 둘째, 자폐와 같은 생물학적인 장애를 가지고 있어서 사회적 자극에 반응하는 능력이 부족할 수 있다.

부모 입장에서는 과소 반응적인 아동이 과잉 반응적인 아동보다 다루기가 편하다고 생각할 수 있지만, 장기적으로는 과소 반응적인 아동이 사회 · 정서적 발달 면에서 보다 심각한 결과를 초래할 수 있다. 과소 반응적인 아동은 사회적으로 고립되고 위축되고 우울한 경향이 있다. 이러한 아동은 친구와 우정을 맺는 것이 쉽지 않다. 더구나 이들은 애정적인 피드백이 너무 적기 때문에, 많은 시간 동안 상호작용하는 부모, 다른 어른, 또래들에게 주는 보상이 없다. 따라서 과소 반응적인 아동의 성향은 아동이 기본적인 사회 · 정서적 능력을 획득하는 데 필요한 즐겁고 흥미로운 사회적 상호작용을 하도록 애쓰는 사람들을 낙담하게 한다. 결과적으로, 과소 반응성은 아동의 사회 · 정서적 발달을 악화시키는 결과를 가져올 수 있다.

부모는 자녀의 과소 반응성을 다룰 수 있다. 단지 아동이 생물학적 또는 유전학적으로 과소 반응성 소질을 가졌다고 해서 반응적이지 못하게 되는 것은 아니다. 만일 부모가 자녀가 보여 주는 미묘한 정서 신호에도 매우 반응적이기 위해 특별히 노력한다면, 아동은 점차 정서적으로 반응하게 될 것이다. 하지만 아동이 보다 반응적이 되도록 압력을 가할 수는 없다. 아동에게 질문에 답하도록 하거나, 신체적으로나 표현으로 자극하는 것은 아동의 반응을 촉진하는 것이 아니라 단지 제압하고 용기를 잃게 할 뿐이다. 그러나 부모가 아동의 정서적 표현에 더욱 조화롭게 반응할수록, 그리고 이러한 행동 중 가장 미묘한 부분에 대해 잘 반응해 줄수록, 아동은 더욱 빈번하게 정서적 행동을 하게 되고 자신이 상호작용하는 사람들과 애정적인 단서로 반응하게 될 것이다.

SE-206 우울한 어머니에게는 우울한 아동이 있고, 활기찬 어머니에게는 활기찬 아동이 있다.

필드(Field, Hossain, & Malphurs, 1999; Hart, Field, del Valle, & Pelaez-Nogueras, 1998)는 임상적으로 우울증으로 진단된 양육자가 어린 아동들과 상호작용하는 유형을 관찰하였다. 연구 결과는 매우 놀라웠다. 아동들은 어머니와 상호작용할 때, 자신의 어머니처럼 우울하고 생동감이 없는 정서 유형을 나타냈다. 더구나 이 아동들은 우울하지 않은 어른과 상호작용할 때도 어머니와 함께 있을 때 보였던 우울 양상을 계속해서 나타냈다. 즉, 아동은 우울한 어머니의 감정과 정서 특성을 습득하는 것으로 보인다. 이 연구는 아동의 정서에 미치는 어머니의 영향력이 다른 어른들과의 상호작용에까지 연장된다는 것을 제시하고 있다. 따라서 부모의 우울은 부모 자신의 문제일 뿐 아니라, 아동의 정서 상태에도 중요한 의미를 가진다.

어린 아동의 어머니는 공통적으로 정기적으로 되풀이되는 우울 에피소드를 나타낸다. 이러한 우울은 출산 후 호르몬의 변화, 몸매에 대한 걱정, 육아 문제로 인해 직장에서 밀려나고, 집이라는 한정된 공간에서 자녀를 양육함으로써 발생하는 사회적 고립감을 포함한 다양한 요인으로 인하여 생겨난다.

그나마 다행스러운 것은 이러한 우울 에피소드가 필드의 연구에 의한 임상적 우울 유형에는 포함되지 않는다는 것이다. 더욱이 부모들 대부분은 짧은 기간이 지난 후에 이러한 우울감을 회복하게 된다. 대부분의 아기들이 우울하지 않기 때문에, 어린 아기들은 우울증 어머니의 일반적인 에피소드에 대처할 수 있는 것으로 나타난다. 그러나 어머니의 우울이 심각하거나 오래 지속될 때, 어린 아동의 정서에 어떤 영향을 미치는지 알아야 한다.

부모는 자녀에게 긍정적이고 애정적이며 활기 있는 상호작용의 기회를 주도록 노력해야 한다. 만일 부모가 우울 에피소드를 겪고 있다면, 자녀가 우울하지 않은 어떤 사람과 상호작용할 기회를 가지도록 다른 사람에게 육아와 관련해 도움을 청하도록 한다. 부모는 또한 자녀와 함께 활기차고 생기 있는 상호작용을 하기 위해 특별한 노력을 기울여야 한다. 우울한 부모는 자신의 우울 증상에 대해 전문가의 상담을 받아야 한다. 어머니의 우울이 몇 주 이상 지속되는 경우에는 반드시 의사와 상담을 받아야 한다.

논의점

SE-201 효율적인 사회적 관계는 아동이 다른 사람과 정서 상태를 공유하는 능력을 지니게 될 때 형성된다.

- 감정이입은 아동이 다른 사람의 정서적 상황을 인식하고, 아동이 상호작용하는 사람들의 관점을 받아들이는 일련의 과정이다. 감정이입은 감정 이상의 것이다.
- 감정이입이란 자신의 정서를 다른 사람의 정서 상태에 맞추는 능력이라 할 수 있다.
- 감정이입 능력을 발달시키지 못한 아동은 여러 가지 심각한 사회 · 정서적 문제를 나타낼 수 있다.

SE-202 아동은 정서적으로 반응하는 방법을 부모나 양육자에게서 배운다.

- 발달연령이 2개월인 아기들은 대부분 흥미, 만족 및 고통의 세 가지 정서 상태를 나타내는 행동을 보인다.
- 아동은 부모와 상호작용하는 맥락 안에서 정서적으로 반응하고 자신의 감정을 조절하는 방법을 배운다.
- 부모가 아동의 정서에 조화를 이루며 민감하게 반응하는 것은 아동이 자신의 반응을 조절할 수 있도록 지지해 주는 것이다.

SE-203 눈짓, 얼굴 표정 및 몸짓은 아동의 감정과 정서를 들여다볼 수 있는 창이다.

- 아동들 대부분은 응시, 얼굴 표정, 몸짓을 통하여 자신의 정서 상태를 나타낸다.
- 부모가 자녀와 일대일로 호혜적인 상호작용을 많이 한다면, 더욱 정확하게 자녀의 정서 상태를 간파하고 해석할 수 있게 될 것이다.

SE-204 상호 주관성: 아동의 정서적 반응 단계를 설정한다.

- 아동은 그들 부모의 정서 반응을 모방함으로써 정서적으로 반응하는 법을 배운다.
- 아동은 오로지 한 명 또는 그 이상의 어른과 반복적이고 지속으로 호혜적인 상호작용을 함으로써 상호 주관성을 획득할 수 있다.
- 만일 아동이 호혜적인 상호작용에 참여하는 것을 회피하는 경향이 있다면, 부모는 아동과의 상호작용 기회를 찾고 만들어 내는 데 상당한 노력을 기울여야 할 것이다.

SE-205 어른이 아동의 정서적인 단서에 대해 민감할수록 아동은 어른의 감정에 더욱 반응적이게 된다.

- 만일 아동이 사람들을 무시하거나 또는 지나치거나, 다른 사람이 거기에 없는 것처럼 행동하거나, 다른 사람과의 눈 맞춤을 회피하거나, 자기만의 세상 안에 머물러 있거나, 드물게 미소 짓고 웃거나, 새롭고 흥미로운 사건에 냉랭하게 반응하거나, 자신의 이름에 반응하지 않거나, 장난감을 치웠을 때 별로 반응적인 행동을 보이지 않는다면, 아동은 과소 반응적이다.
- 과소 반응성은 아동의 사회 · 정서적 발달을 악화시키는 결과를 가져

올 수 있다.

- 만일 부모가 자녀가 보여 주는 미묘한 정서적 신호에도 매우 반응적으로 특별히 노력한다면, 아동은 점차 정서적으로 반응하게 될 것이다.

SE-206 **우울한 어머니에게는 우울한 아동이 있고, 활기찬 어머니에게는 활기찬 아동이 있다.**

- 임상적으로 우울증으로 진단된 어머니가 아동과 상호작용할 때, 아동은 자신의 어머니처럼 우울하고 생동감이 없는 정서 유형을 나타내었다.
- 부모의 우울은 부모 자신의 문제일 뿐 아니라, 아동의 정서 상태에도 중요한 의미를 가진다.
- 부모는 자녀와 함께 활기차고 생기 있는 상호작용을 하기 위해 특별한 노력을 해야 한다.

감정이입을 촉진하는 RT 전략

❰ 113 아동의 세계로 들어가기 ❱ 아동과 같은 방식으로 세상을 보기 위해 다음 세 가지 사항을 적용해 본다. 첫째, 아동과 서로 간에 신체적 관계를 형성한다. 눈높이를 맞추어 아동과 같은 신체적 높이로 상호작용한다. 둘째, 아동과 같은 방식으로 놀이하고 대화하면서 상호작용한다. 부모도 얼마든지 아동의 말투로 상호작용할 수 있다는 것을 아동이 알 수 있도록, 아동처럼 의미 없는 말로 소리 내기, 옹알이하기, 웃기, 재미있는 얼굴 표정과 같은 행동을 따라한다. 셋째, 의도적으로 아동의 방식대로 세상을 이해하도록 한다. 이러한 경험을 통해 아동이 가지는 의미와 당신이 가지는 의미는 동일하지 않다는 것을 명심한다.

실행 사항

- 아동과 얼굴을 마주 볼 수 있는 자세로 놀이한다. 아동과 상호작용할 때는 신체적 높이를 맞추어 아동이 당신을 올려다보는 일이 없도록 한다.
- 아동과 함께 놀이하거나 상호작용할 때, 아동과 눈을 맞추도록 한다.
- 아동이 세상을 막 경험하기 시작할 때, 아동의 경험을 이해하도록 한다. 아동은 어른과는 매우 다르게 세상을 바라보고 이해한다.
- 아동이 성숙해짐에 따라, 계속해서 세상을 재발견한다는 것을 기억한다. 아이

가 3개월 때 이해했던 세상은 9개월에 접어들면서 새로운 의미를 가지게 된다. 발달 초기에 일어나는 사고와 이해의 변화는 극적이어서, 아동이 친숙하게 느꼈던 사물이나 사건을 새로운 관점으로 지각하고 경험하게 한다.

- 아동과의 상호작용 상황에 그냥 머물러 있기보다는 아동에게 어떤 것을 하도록 강요하지 않으면서 아동이 하는 간단한 방식으로 반응하며 놀이한다.

◖131 **장난감을 사용하지 않고 서로 마주 보며 놀이하기**◗ 아동이 능동적으로 참여할 수 있는 간단한 놀이들, 예컨대 노래, 짧은 동요, 손으로 하는 게임, 단순 반복 동작 등 신체를 이용하는 놀이를 활용한다.

실행 사항

- 부모는 자신의 부모나 다른 부모들이 어린 자녀와 함께했던 놀이들을 생각해 본다.
- 부모들이 어린 아동들과 할 수 있는 간단한 놀이를 소개하는 책을 찾아본다.
- 전문가는 일상생활 중에 조화로운 상호작용을 하기 위하여 놀이를 어떻게 수정하는지를 부모에게 보여 준다. 특히 발달적으로 어린 아동들이 하기에 어려운 놀이를 단순화시키는 것이 중요하다.

◖213 **아동의 상태에 민감하기**◗ 여기서 아동의 상태란 아동의 생물학적 또는 생리적 상태를 말한다. 아동이 비활동적이거나, 까다롭거나, 눈에 생기가 없거나, 부루퉁할(미소가 없는) 때, 또는 하품을 하거나, 달아나 버리거나, 등을 구부리거나, 바닥에 누워 버리는 행동 등은 부모에게 자신이 피곤하거나, 배가 고프거나, 불편하거나 또는 지쳐 있다는 것을 이야기하는 것이기도 하다. 아이가 미소 짓고, 소리를 내고, 눈을 마주치고, 반짝반짝 빛나는 눈빛으로 반응한다면, 이는 자신이 관심 있고, 즐겁고, 만족하고, 상호적 활동에 참여할 준비가 되어 있다는 것을 암시한다. 아동이 부모와 상호적인 활동에 참여하는 동안 아동의 상태는 갑자기 변할 수 있으며, 한 장면에서 다른 장면으로 순식간에 옮겨 갈 수도 있다. 따라서 부모는 아동이 사용하는 단서를 간파할 수 있어야 한다. 아동의 비언어적 행동은 아동의 생물학적 · 생리적 상태를 드러내는 창이다.

실행 사항

- 아동이 자신의 상태를 나타내기 위해 무엇을 하는지 기록한다.
- 아이와 함께 상호작용할 때, 아동이 만들어 내는 다양한 비언어적 행동의 상태를 규명해 본다.
- 전문가는 아동이 부모와 함께 놀이하는 동안 아동이 나타내는 감정이나 상태를 아동의 입장에서 설명해 줌으로써 부모가 아동의 비언어적인 행동을 잘 이해할 수 있도록 돕는다.

❰ 222 작은 행동에도 즉각적으로 반응하기 ❱ 작은 행동이란 트림, 응시하는 대상을 바꾸는 것, 발차기, 얼굴 표정의 변화 등을 말하며, 부모는 아동의 이 같은 행동에 즉각적으로 반응해 주어야 한다.

실행 사항

- 아동이 '작은 행동'을 직접적으로 보이지 않거나 혹은 보일 때, 그것이 분명한 목적이나 의미를 가지고 있지 않더라도 부모가 즉각적으로 반응한다면, 이러한 행동을 의미 있는 사회적 상호작용으로 만들 수 있다.
- 아동이 혼자서 하는 놀이나 혼잣말에 즉시 반응함으로써 아동은 부모를 더욱 잘 인식하게 되고 사회적 교환 활동에 더욱 잘 참여하게 된다.
- 부모는 자신이 얼마나 즉각적으로 아동의 행동에 반응해 주었는지를 평가하기 위하여 비디오 관찰을 통해 살펴본다.

❰ 233 아동의 행동, 감정 및 의도를 단어로 표현해 주기 ❱ 아동은 자신이 경험하는 순간에 그것에 대해 어른이 적합한 단어로 반응해 줄 때 언어를 가장 잘 배운다. 부모가 아동의 행동, 감정 그리고 의도에 맞는 단어를 사용할 때(예: '이리 와!' '저리 가!' '엄마' '개' '트럭' 등), 아동을 가르치기 위해 아동의 의도와는 상관없이 요구하는 단어들(예: '2개' '3개' '빨강' '노랑' '말' '헛간')보다 아동의 경험과 더 관련 있고 의미 있다.

실행 사항

- 아동의 생활 사전이 되어 준다. 아동의 첫 단어는 일상적인 행동이나 경험 또는 자신의 지각에서 나온다. 부모는 아동이 일상적으로 하고, 보고, 만지고, 듣고,

느끼는 것과 직접적으로 관련이 있는 한두 단어로 구성된 문장의 모델을 보여 줌으로써 아동이 단어를 보다 빠르게 배우도록 도울 수 있다.

- 아동이 지각하고 경험하는 것들에 대해 민감히 관찰한다. 아동에게 이러한 감정이나 느낌을 단어로 표현한다.
- 아동에게 사용하는 말을 선택할 때는 아동이 어떤 단어를 사용하여 어떻게 의사소통하는지 생각해 본다.

◖433 아동이 소란스럽고, 짜증 내고, 화낼 때 달래 주기◗ 아동이 소란스럽거나 화를 낼 때, 아동이 심하게 몸부림치면서도 부모가 접촉하는 것을 허용한다면 신체적으로 진정시켜 주고 달래 준다. 만일 아동이 사회적 접촉을 하기에는 너무 심하게 몸부림친다면, 평정을 되찾은 후에 달래 준다. 어린 아동이 자신의 감정에 대해 효과적으로 대처하는 법을 배우려면, 생애 초기에 부모가 주는 안정과 애정이 중요하다.

실행 사항

- 아동이 소란스럽고 짜증을 낼 때 부모의 기분은 어떠한가? 아동의 부정적인 상태와 기분은 부모를 혼란스럽게 만들려고 하는 것이 아니라, 짜증을 내거나 분노할 만한 적당한 이유가 있기 때문에 그러한 것이다.
- 아동이 소란스럽거나 짜증을 부려 화가 날 때 아동의 입장에서 이해해 주려고 노력한다.
- 전문가들은 아동을 안아 주고, 말로 달래 주고, 부드럽게 아동을 토닥이면서 진정시키는 방법을 보여 줄 수 있다.

◖442 아동의 두려움을 의미가 있고 적합한 것으로 대하기◗ 생애 초기에 아동들은 어른에게는 공포스럽게 보이지 않는 사람, 장소, 빛, 소리 등에 대해 두려움을 나타낸다. 아동이 느끼는 두려움은 다른 사람과 사건들에 대한 이해가 부족하기 때문에 나타나는 것으로 여긴다. 아동이 공포에 대처할 수 있도록 안정시켜 주고 지지해 준다.

실행 사항

- 아동이 발달해 감에 따라, 사람, 장소, 감각에 대한 아동의 이해는 지속적으로 변화하게 된다. 예컨대, 낯선 사람에 대한 두려움은 보통 아동이 부모를 지지해 주고 보호해 주는 유일한 대상으로 여기기 시작하는 때인 8~12개월경에 나타

나기 시작한다.

3 중심축 행동: 협력

SE-3 협력은 아동이 어른의 요청과 제안에 순응하고 어른과 함께 협동하는 정도를 말한다. 협력적인 아동은 일관되게 성인이 요청한 것을 하려고 애쓰거나 어른의 제안에 빠르게 반응한다.

협력에 관한 고려사항

SE-301 아동은 부모나 다른 사람들의 요구에 순응하여 성공적인 결과를 경험했을 때 협력하는 법을 배운다.

협력은 아동이 어른과 함께하는 협력적인 활동을 성공적이고 반복적으로 함으로써 발달하는 습관이다. 아동이 태어난 후 바로 아동과 부모 사이에 발생되는 비언어적이고 호혜적인 상호작용은 아동이 첫 번째로 배우는 협력 형태(예: 함께하는 것)의 맥락이다. 이러한 호혜적인 상호작용 속에서 부모는 자녀의 비언어적 신호와 행동에 반응할 뿐만 아니라 아동 역시 부모의 목소리, 접촉, 비언어적 몸짓에 반응한다. 초기의 상호작용이 상대방과 서로 간에 주고받기 식 활동으로 특징지어질 때 영아는 부모와 협력하는 것을 배우게 된다.

아동이 상위 수준의 발달단계에 도달하면 협력은 점차 다른 형태를 띠게 된다. 아동은 부모가 현재 활동과 직접적으로 관계가 있는 무엇인가를 하도록 요청한 경우, 처음에는 대부분 협력하게 된다(예: 부모의 지시나 요청에 적절히 반응함). 또한 부모가 아동에게 쉽게 할 수 있는 것들을 하도록 요구한다면, 대부분 부모와 잘 협력할 수 있을 것이다.

아동이 부모의 요청에 성공적으로 반응할수록, 협력 습관을 발달시킬 수 있는 기회를 더 많이 가지게 된다. 협력이 중심축 행동으로 형성될 때, 아동은 더 많은 노력이 요구되는 것임에도 불구하고 협력하는 습관을 점차 확장하게 될 것이다. 그리고 아동이 보다 높은 수준의 발달적 기능이 가능해짐에 따라, 아동은 자신의 현재 흥미나 활동과 직접적으로 관련이 없는 것을 요청받더라도 협력하는 능력이 더 좋아진다. 부모는 아동의 능력 범위 내에서 잘할 수 있는 활동과 행동을 협력하도록 요청하는 것이 아동의 협력하는 습관을 강화시키는 데 중요하다는 사실을 기억해야 한다.

SE-302 협력의 실패: 주요 부적응 행동 유형

부모는 만일 아동이 부모의 요구에 거의 응하지 않거나 먹기, 옷 입기와 같은 일상적인 일들에 협력하지 않는다면 아동에게 행동 문제가 있다고 볼 것이다. 이러한 경우에 부모는 아동이 고집이 세거나 호전적이거나 심지어 적대적이라고 볼 수 있다. 반면에 아동이 일과 중에 협력적이고 부모가 무엇을 하도록 요구했을 때 적절하게 응한다면, 부모는 자녀가 사회성이 좋다고 볼 것이다.

협력은 일부 아동이 자신에게 요구된 무엇인가를 자발적으로 하는 정도에 따라 좌우된다. 협력은 자발성을 기반으로 하기 때문에 협력하지 않는 아동은 부모가 요구하는 것을 거부하기도 한다. 협력적인 아동이 되는 데 영향을 미치는 두 가지 요인은 아동의 발달적 성장 단계와 부모가 아동에게 요구하는 것의 본질이다.

때때로 생후 2세 말 무렵에, 아동은 부모로부터 독립적으로 기능하는 방법을 배우는 발달단계를 거치게 된다. 이때 아동은 독립성을 학습하는 과정으로, 종종 부모가 요구하는 것을 거절하거나 흥미로운 것을 하기 위해 부모로부터 벗어난다. 아동들 대부분이 이러한 발달단계를 거치며 이 단계 동안 아동이 하는 행동들 중 많은 부분은 부적응 행동으로 설명되기도 한다. 그러나 다른 시각에서 보면 이것은 정상적인 발달 행동이며, 아동이 부모를 고의적으로 무시해서 하는 행동이 아니다.

만일 부모가 아동의 현재 능력을 넘어서거나 발달 수준에 맞지 않는 무엇인가를 하도록 요청한다면 아동은 협력하지 않을 것이다. 또한 부모가 일상적으로 아동에게 어려운 것을 하도록 요구한다면, 아동이 비협력적인 것을 고집이나 반항으로 해석하여 협력에 대한 실패를 아동 탓으로 돌려 비난하게 될 것이다. 그러나 부모가 아동에게 어려운 것을 자주 요구하거나 기대할수록 아동은 협력하지 못하게 된다. 유감스럽게도, 일상적으로 아동이 할 수 없는 무엇인가를 하도록 기대하는 부모는, 자녀의 '부적응 행동'이 자신이 자녀에게 요청하는 요구 사항이나 기대 때문에 일어난 것이라 할지라도 대개 자녀가 행동 문제를 가지고 있다고 여긴다.

SE-303 아동은 부모가 현재 아동의 능력 범위 안에 있는 것을 하도록 요구할 때 부모의 요구에 순응할 수 있다.

아동이 어른의 요청에 순응할 가능성은 요구된 것을 할 수 있는 능력 수준과 관계가 있다. 만일 요구된 행동이 아동이 분명하게 할 수 있는 것이라면 능력 부족으로 적절한 반응을 못하지는 않을 것이다. 그러나 아동이 학습과정 중에 있거나 또는 아직 잘할 수 없는 반응을 요구한다면, 요구에 협력하는 것은 어려워진다.

부모의 요구가 아동에게 얼마나 어려운 것인지 판단할 수 있는 두 가지 방법이 있다. 첫째, 아동의 행동을 관찰하는 것이다. 만일 아동이 요구받은 행동을 자주 수행한다면, 이 행동은 아동의 능력 범위 내에서 잘하거나 분명히 할 수 있는 행동이다. 그러나 아동이 요구받은 행동을 가끔씩만 수행한다면, 이것은 비록 아동의 능력 범위 안에 있더라도 요구에 응하는 것이 어려울 수 있다. 최근에 하기 시작하는 발달 기술이어서 만일 아동이 요청된 것을 결코 하지 못한다면, 이러한 행동은 아동의 현재 발달 수준을 넘어선 것일 수 있다. 그러한 요구는 아동의 연령대에서는 적합한 것일 수 있지만, 만일 아동이 일상 중에서 이러한 행동을 할 수 있는 능력이 없다면 요구받았을 때 이러한 행동을 하지 못할 것이다.

둘째, 현재 발달적 수준에서 대부분의 아동이 전형적으로 할 수 있는 행동인지를 판단하는 발달 검사나 프로파일(예: 발달 레인보우)을 활용하는 것이다. 이를 위해서는 아동의 현재 발달연령에 대해 정확하게 알아야 한다. 만일 아동이 12개월의 발달연령 수준에서 기능한다면 현재 기능 범위 이하에 있는 행동(예: 아동의 발달연령 이전 2개월의 발달연령에 목록화된 행동들), 현재 기능 수준에 있는 행동, 아동의 발달적 기능을 상위하는 행동(예: 아동의 발달연령보다 1개월 이상 높은 범위의 행동)을 규명하는 데 사용될 수 있다. 아동은 발달연령 이하 범위에 해당하는 행동을 하도록 요구받았을 때는 쉽게 반응할 수 있어야 한다. 또한 발달연령에 해당하는 것을 요구받았을 때는 어렵더라도 반응할 수 있지만, 현재 발달적 기능 수준 이상의 것을 요구받았을 때는 성공적으로 반응할 수 없을 것이다.

SE-304 부모가 아동의 현재 흥미와 관련된 것을 하도록 허용할 때 아동은 부모의 요구에 보다 쉽게 순응한다.

우리 대부분은 자신이 큰 관심을 두고 있거나 흥미 있어 하는 활동을 하는 동안에 하고 싶지 않은 어떤 것을 하도록 요청받은 경험이 있을 것이다. 예컨대, 아동은 부모가 함께 놀아 주기를 바라지만 부모는 자신이 좋아하는 텔레비전 쇼를 보는 것을 택하는 것과 같은 경우 아동이 요청한 것은 분명 부모의 능력을 넘어서는 것이 아니다. 그럼에도 불구하고, 그것이 부모에게 흥미로운 활동이 아니기 때문에, 아동의 요구에 응하는 데 동기화되지 않은 것이다. 어른이 흥미롭지 않은 요구에 순응하기 위해서는 욕심을 버리고 흥미로운 어떤 것을 희생하는 성숙된 자세가 필요하다.

아동 또한 이와 같은 이유로 부모에게 협력하는 데 어려움을 겪을 수 있다. 만일 부모가 아동이 흥미로워하는 활동에서 벗어난 무엇인가를 하도록 요청한다면, 아동은 요청받은 것에 협력하기가 힘들 것이다. 이러한 상황에서 아동이 협력하지 못하는 것은 너무 어려운 것을 요청받았기 때문이 아니라 그 순간에 흥미로운 것을 포기하도록 요청받았기 때문이다.

만일 아동이 부모가 요청한 것에 협력하지 못한다면, 부모는 아동의 흥미와 관련된 요구를 했는지 생각해 볼 필요가 있다. 또한 아동이 협력하지 못하는 이유가 일차적으로 부모가 아동이 흥미로워하는 것과 직접적으로 관련이 없는 것을 하도록 요청한 것이라면, 부모는 다음의 두 가지 사항을 생각해 볼 필요가 있다.

첫째, 협력에 대한 중심축 행동을 발달시키도록 하는 것은 아동으로 하여금 그 순간에 그리 중요하지 않은 요구에 순응하도록 하는 것보다 더 중요하다.

둘째, 아동이 현재 흥미 있어 하는 것에 요청의 초점을 둠으로써, 어른은 아동이 하기를 원하는 것을 하도록 조장하는 대안적 방법을 찾을 수 있다.

만일 부모가 그리 중요하지 않은 것을 아동에게 하도록 요청할 때 협력이 이루어지지 않는다면, 부모는 아동이 흥미 있어 하는 활동을 통해 아동의 협력을 이끌어 낼 수 있도록 노력해야 한다. 그러나 만일 부모가 아동에게 요청하는 것이 정말로 필요한 것이라면, 어떻게 하면 그 요청이 아동의 흥미에 부합될 수 있을지 생각해 볼 필요가 있다.

SE-305 부모가 아동에게 요구하는 횟수가 줄어들 때 아동은 부모의 요구에 더욱 자주 순응한다.

최근에 필자를 비롯한 연구진은 매우 지시적인 어머니와 지시적이지 않은 어머니 집단을 대상으로 어린 아동들이 얼마나 잘 순응하는지를 검증하기 위한 연구를 수행하였다. 본 연구에 참여한 아동들은 모두 발달적 문제가 있었고 평균연령은 2세 6개월이었다. 연구에서 보면, 매우 지시적인 어머니는 덜 지시적인 어머니에 비해 2.5배 더 많이 아동에게 어떤 것을 하도록 요구하였다. 그러나 이 두 집단의 아동들이 어머니에게 반응한 횟수는 거의 동일하였다. 더욱이 발달적 문제를 가진 아동이 어머니에게 반응하는 비율은 전형적인 발달을 하는 아동들이 어머니에게 반응하는 비율과 거의 일치하였다. 하지만 전형적 발달 집단의 어머니가 요구하는 비율은 발달적 문제를 가진 아동의 어머니들보다 42% 낮은 수준이었다. 다시 말하면, 어머니가 어떤 것을 하도록 아동에게 요청하는 횟수를 늘려도 아동이 어머니에게 반응하는 비율은 증가되지 않았다.

이 연구 결과가 가지는 함의를 두 가지로 요약하면, 첫째 아동이 부모의 요구에 반응할 수 있는 정도에는 한계가 있다는 것이다. 이 연구에서 아동이 1분 동안 어머니에게 반응하는 횟수는 약 8~9회였다. 아동이 반응할 수 있는 능력 수준이 있기 때문에, 어머니의 요구가 늘어난다고 하더라도 아동의 반응 비율은 증가하지 않았다. 둘째, 아동은 어머니가 더 많이 요구할수록 비협력적(즉, 어머니의 요구에 더 낮은 비율로 반응함)이었다. 따라서 부모가 자녀에게 무엇인가를 하도록 요청하는 횟수를 줄인다면, 아동이 반응하는 횟수가 증가하지 않더라도 아동은 더 협력적일 것이다. 이는 아동의 협력은 부모의 요구 횟수에 반응하는 비율이기 때문이다.

즉, 아동의 협력을 이끌어 낼 수 있는 핵심 요인은 부모가 아동에게 요구하는 횟수를 줄이는 것이다. 만일 아동이 비협력적이고 부모가 요구를 많이 하는 편이라면, 요구의 횟수를 줄이는 것이(제거하는 것이 아니라) 아동이 부모와 협력하는 비율을 증가시키는 데 즉각적인 효과를 가져올 것이다.

SE-306 어른이 아동과 빈번하게 호혜적인 상호작용을 할 때 아동은 부모의 요구에 보다 쉽게 순응한다.

아동이 보다 잘 협력하게 하기 위한 방법에 대해 반응성 교수에서 협력은 양방적이라는 것을 강조한다. 협력은 부모와 아동이 서로에 대한 요구와 소망에 대해 반응하는 것이지, 단지 부모가 원하는 것을 아동이 하게 하는 문제가 아니다. 아동은 매일의 일상적인 상호작용 맥락에서 부모와 협력하는 방법을 배운다. 아동은 부모가 자신의 활동, 감정, 욕구에 매우 반응적일 때 보다 잘 협력하는 경향이 있다. 이러한 호혜적인 상호 교환 속에서 아동은 부모의 협력적인 행동을 관찰하고 모방하는 기회를 갖는다. 즉, 아동과 부모 간의 호혜적인 상호작용은 아동이 협력하는 습관을 학습하도록 돕는다.

어린 아동은 일종의 자기중심적 생애 관점을 가지고 있기 때문에, 부모가 아동이 흥미 있어 하는 활동에 반응하고 도움을 줄 때만 아동은 자신에게 협력하는 부모를 주목할 것이다.

SE-307 아동에게 선택할 기회를 자주 줌으로써 부모는 아동의 협력을 이끌어 낼 수 있다.

부모와 무엇을 할지 또는 어떻게 협력할지에 관하여 아동이 선택권을 가질 때 더 잘 협력하게 된다. 여기에는 두 가지 이유가 있다. 첫째, 아동이 무엇을 할지 선택하는 상황에서 협력을 요청받았을 때 자신의 행동을 통제하는 연습을 할 수 있다. 자신이 선택하는 능력은 아동 초기 학습과 발달에 가장 근본적인 동기 요인 중 하나다. 둘째, 아동이 선택하는 것을 격려받을 때, 아동이 흥미 없는 것을 하도록 강요받을 때와는 반대로, 아동이 흥미 있어 하는 활동에 관여하도록 해 준다. 협력에 대한 저항은 아동이 협력함으로써 자신이 좋아하는 것을 할 수 있을 때 줄어들 것이다.

어떤 면에서는, 아동에게 선택하게 하는 것이 아동을 협력으로 이끄는 것과는 대립되는 것처럼 보일 수 있다. 그렇다면 협력이 부모가 아동에게 원하는 것을 하게 하는 것을 의미한다면, 아동에게 선택권을 주는 것은 부모의 목적을 포기하는 것인가? 만일 부모가 아동에게 제안한 선택안이 합당한 것이 아니라면, 이 질문에 대한 대답은 '예'다. 아동에게 한 가지 대안만을 제시하고 선택하도록 하였다면, 아동은 단순히 부모의 요구에 순응해야만 하는 것이다.

그러나 많은 상황에서 아동에게 대안을 제시하여 협력하도록 할 수 있다. 부모의 목표가 단지 아동이 하고 싶은 것을 하도록 하는 데 있어서는 안 된다. 더 중요한 것은 아동이 협력하는 습관을 발달시키도록 돕는 것이다. 부모는 대안을 제안함으로써, 아동으로 하여금 보다 쉽게 협력할 수 있도록 하고, 아동이 협력할 가능성을 증가시켜야 한다. 부모가 유동적으로 아동에게 무엇인가를 하도록 요청할 때, 아동은 협력하는 습관을 잘 형성하게 될 것이다. 부모가 덜 엄격하고 요구 횟수를 줄일수록, 아동은 부모와 더욱 쉽게 협력하게 되기 때문에 부모는 바라는 대로 자녀를 더욱 잘 통제할 수 있다.

SE-308 전환기에는 종종 아동의 협력을 어렵게 한다.

일반적으로 부모는 전환기 동안 자녀의 협력을 얻기가 힘들다. 전환기란 한 놀이 활동에서 다른 놀이 활동으로 옮겨 가는 것, 놀이에서 먹기나 잠자기로 옮겨 가는 것, 한 장소에서 다른 장소로 이동하는 것, 낯선 사람이 아동의 세계에 들어오거나 또는 즐거운 활동을 중단하는 것과 같이 하고 있는 활동에서의 변화를 말한다. 대부분 전환기에 울거나, 찡그리거나, 짜증을 내거나, 신체적으로 저항하거나, 부루퉁해지는 반응을 보인다. 이때 생각해 볼 만한 질문은 왜 아동은 전환기에 외현적 행동을 나타내는가다. 왜 아동은 전환기에 어른과 협력하기 어려운가?

모든 아동이 전환기에 어려움을 겪는 것은 아니다. '순한' 기질의 아동(즉, 대체로 즐겁고 변화나 새로운 상황에 많이 당황하지 않는 아동)은 때때로 이행에 대해 '까다롭거나' '느린' 기질의 아동에 비해 영향을 덜 받는다. 다시 말하면, 어떤 아동은 한 활동에서 다른 활동으로 옮겨 가는 요구에 대해 쉽게 적응하는 행동 유형을 가지고 태어났다. 전환기에 가장 어려워하는 아동은 어떤 새로운 상황이나 일상의 변화에 강하게 반응하는 까다로운 기질을 가진 아동이다. 이러한 아동은 자신에게 닥친 대부분의 스트레스 요인에 대해 강하게 반응하도록 생물학적으로 짜여 있는 것처럼 보인다. 이러한 아동에게 쉬운 것이란 아무것도 없다. 전환기는 이러한 아동이 적응하기에는 어려운 또 다른 상황인 것이다.

어린 아동들이 변화를 어렵게 느끼는 데는 두 가지 이유가 있다. 첫째, 아동은 앞으로 무엇이 일어날 것인지에 대한 이해 없이 현재 활동에서 벗어나도록 요구받는 과정으로서 전환을 경험한다. 아주 어린 아동은 하나의 활동이나 상황에서 다른 상황으로 옮겨 가는 데는 정당한 이유가 있다는 것, 현재 포기해야 하는 활동을 나중에 다시 할 수 있다는 것 그리고 아동이 전환하는 새로운 상황은 현재 하고 있던 상황보다 때로 더 좋을 수 있다는 것에 대해 아직 이해하지 못한다. 다시 말하면, 발달적으로 어린 아동은 자신의 행위를 단지 '지금 여기'에서만 이해한다. 미래에 대한 개념은 거의 없다. 만일 아동이 현재 자신이 하는 것을 즐기며 활동을 전환하였을 때 일어날 일들에 대해 전혀 이해하지 못한다면, 아무리 달래더라도 부정적으로 반응하는 것은 놀랄 만한 일이 아니다.

둘째, 어린 아동은 본질적으로 자기중심적이다. 아동은 흥미로운 활동을 그만두는 것에 어려움을 겪는다. 아동이 흥미롭고 재미있어 하는 활동을 능동적으로 행하고 있을 때 부모가 새로운 활동으로 전환시키려 한다면 이를 실행할 만한 능력이 부족하다. 아동은 온전히 자신의 세계에 빠지게 된다. 아동이 자신의 활동에 열성적으로 참여할수록, 부모가 현재의 활동에서 나오게 하려는 시도에 더욱 반발적으로 반응한다. 그렇게 반응하는 것은 자신의 개인적인 흥미를 포기하고 다른 사람의 요구나 관점에 순응하는 능력이 부족하기 때문이다. 아동들 대부분은 발달적 기능 수준이 최소한 3세는 되어야 다른 사람의 관점을 취할 수 있다.

부모가 활동을 전환시키려는 것에 대해 아동이 부정적으로 반응하는 것이 부모에 대한 경시나 반항의 표현이 아니라는 것을 부모가 명확히 이해해야 한다. 아동은 자신의 감정을 통제하고 전환의 필요성에 대해 이해하는 능력이 부족하기 때문이다. 아동이 자신의 감정을 통제해 볼 기회를 많이 가지고, 미래에 대한 이해가 발달하고, 다른 사람의 관점을 취하는 것을 배움으로써 전환기에 협력은 쉬워질 것이다.

SE-309 부모는 아동이 겪는 전환기에 스트레스를 줄일 수 있다.

부모가 자녀와 어떻게 상호작용하는가는 아동이 전환기에 대처하는 방식에 많은 영향을 미칠 수 있다. 특히 다음 세 가지 전략은 전환기 동안 아동이 잘 협력하도록 돕는 데 유용하다.

첫째, 전환기 동안 자녀가 어떻게 반응할 것인지 예측한다. 대부분의 경우, 아동이 전환기에 어떻게 반응할지는 상당 부분 예측할 수 있다. 예컨대, 부모가 아동에게 잠자기 전에 노는 것을 허용하였고 그래서 일상적으로 잠자리에 들기 전에 놀이에 심취해 있다면, 아동에게 놀이를 그만두고 잠자리로 옮겨가도록 시도할 때 자녀는 분명히 부정적으로 반응할 것이다. 만일 이러한 상황에서 자녀가 어떻게 반응할지 예측할 수 있다면 부모는 자녀의 반응에 준비할 수 있고, 더욱 중요한 것은 아동이 부정적인 반응을 일으키지 않도록 전략을 변경할 수 있을 것이다.

예컨대, 부모는 자녀의 놀이 속에 상대자로 끼어들 수 있다. 부모는 자녀의 방으로 데리고 가서 잠옷을 입히면서 자녀와 장난스럽게 상호작용을 계속할 수 있다. 갑작스럽게 놀이에서 옷을 갈아입히는 것으로 옮겨 가기보다는, 아동이 계속해서 놀이하게 하면서 놀이는 방해하지 않은 채 놀이의 초점을 옮기는 것이다(블록을 가지고 노는 것에서 잠옷을 가지고 노는 것으로 옮겨 감). 부모는 아동의 활동을 최초로 지지하며 궁극적으로 아동이 바라는 활동을 하는 다리가 되는 놀이 상대자가 됨으로써 아동의 부정적인 반응을 미연에 방지한다.

둘째, 자녀의 흥미를 전환시킨다. 변화가 어려운 이유 중 하나는 아동이 현재 하고 있고 흥미 있어 하는 활동을 포기시켜야 하기 때문이다. 이때 부모는 매우 흥미로운 사물이나 활동을 제시하여 아동의 스트레스를 줄이면서 활동을 전환할 수 있다. 아동에게 새로운 흥미로운 사물은 아동이 하고 있는 활동에서 흥미를 전환하고 아동의 협력을 지속시키는 데 사용될 수 있다. 예컨대, 한 아동이 매우 좋아하는 인형이 있다면, 하고 있는 활동을 그만두도록 요구하기 전에 그 인형을 아동에게 준다. 새로운 활동이나 상황으로 바꿀 때 아동에게 인형을 주는 것은 아동의 흥미를 처음 활동에서 인형으로 옮겨 가게 해 줄 것이다. 이렇게 하는 것은 아동이 전환기에 겪는 스트레스를 완화시켜 주고 흥미로운 사물이나 활동에 열중하도록 도와준다.

셋째, 전환기 동안 자녀를 편안하게 안정시킨다. 부모가 어떻게 하든 상관없이 어떤 아동들에게는 특정 변화 과정이 스트레스가 된다. 부모는 아동을 편안하게 돌보아 줌으로써 걱정거리를 잘 다루도록 도와줄 수 있다. 이렇게 하기 위해서 부모는 변화가 자녀에게는 스트레스적인 것이 당연하다는 생각을 가지고 있어야 한다. 자녀의 걱정에 대해 편안하게 해 주는 것은 자녀가 변화에 따른 긴장감을 잘 극복하도록 도와주고 보살펴 주는 것이다.

논의점

SE-301 아동은 부모나 다른 사람들의 요구에 순응하여 성공적인 결과를 경험했을 때 협력하는 법을 배운다.

- 협력은 아동이 어른과 함께하는 협력적인 활동을 성공적이고 반복적으로 함으로써 발달하는 습관이다.
- 초기의 상호작용이 상대방과 서로 간에 주고받기 식 활동으로 특징지어질 때 영아는 부모와 협력하는 것을 배우게 된다.
- 아동이 부모의 요청에 성공적으로 반응할수록, 협력 습관을 발달시킬 수 있는 기회를 더 많이 가지게 된다.

SE-302 협력의 실패: 주요 부적응 행동 유형

- 만일 아동이 부모에게 협력하지 않거나 요구에 순응하지 않는다면, 부

모는 아동이 고집이 세거나 호전적이거나 심지어 적대적이라고 볼 수 있다.

- 만일 부모가 아동의 현재 능력을 넘어서거나 발달 수준에 맞지 않는 무엇인가를 하도록 요청한다면 아동은 협력하지 않을 것이다.
- 일상적으로 아동이 할 수 없는 무엇인가를 하도록 기대하는 부모는 대개 자녀가 문제 행동을 가지고 있다고 여긴다.

SE-303 **아동은 부모가 현재 아동의 능력 범위 안에 있는 것을 하도록 요구할 때 부모의 요구에 순응할 수 있다.**

- 아동이 어른의 요청에 순응하는 능력은 요구된 것을 할 수 있는 능력 수준과 직접적인 관계가 있다.
- 아동의 행동 가운데 관찰된 행동은 아동이 요청에 부응할 수 있는 것이다.
- 아동의 현재 발달적 기능 수준이나 그 이하 범위에 속한 행동은 아동이 할 수 있는 것이다.

SE-304 **부모가 아동의 현재 흥미와 관련된 것을 하도록 허용할 때 아동은 부모의 요구에 보다 쉽게 순응한다.**

- 만일 부모가 아동이 흥미로워하는 활동에서 벗어난 무엇인가를 하도록 요청한다면, 아동은 요청받은 것에 협력하기가 힘들 것이다.
- 부모는 아동이 흥미 있어 하는 활동에서 아동의 협력을 이끌어 낼 수 있도록 노력해야 한다.

SE-305 **부모가 아동에게 요구하는 횟수가 줄어들 때 아동은 부모의 요구에 더욱 자주 순응한다.**

- 아동이 부모의 요구에 반응할 수 있는 정도에는 한계가 있다.
- 만일 부모가 자녀에게 무엇인가를 하도록 요청하는 횟수를 줄인다면, 아동이 반응하는 횟수가 증가하지 않더라도 아동은 더 협력적일 것이다.

SE-306 **어른이 아동과 빈번하게 호혜적인 상호작용을 할 때 아동은 부모의 요구에 보다 쉽게 순응한다.**

- 협력은 부모와 아동이 서로에 대한 요구와 소망에 대해 반응하는 것이다.
- 아동과 부모 간의 호혜적인 상호작용은 아동이 협력하는 습관을 학습하도록 돕는다.

SE-307 아동에게 선택할 기회를 자주 줌으로써 부모는 아동의 협력을 이끌어 낼 수 있다.

- 부모와 무엇을 할지 또는 어떻게 협력할지에 관하여 아동이 선택권을 가질 때 더 잘 협력하게 된다.
- 자신이 선택하는 능력은 아동 초기 학습과 발달에 가장 근본적인 동기 요인 중 하나다.
- 부모가 유동적으로 아동에게 무엇인가를 하도록 요청할 때, 아동은 협력의 습관을 보다 잘 형성할 것이다.

SE-308 전환기에는 종종 아동이 다른 사람과 협력하는 것을 어렵게 한다.

- 변화를 가장 두려워하는 아동은 거의 어떤 새로운 상황이나 일상의 변화에 강하게 반응하는 까다로운 기질의 아동이다.
- 아동이 변화에 어려움을 겪는 이유는 앞으로 무엇이 일어날 것인지에 대한 이해 없이 현재 활동에서 벗어나도록 요구받는 과정으로서 전환을 경험하기 때문이다.
- 어린 아동은 본질적으로 자기중심적이다. 아동은 흥미로운 활동을 그만 두는 것에 어려움을 겪는다.

SE-309 부모는 아동이 전환기에 겪는 스트레스를 줄일 수 있다.

- 전환기 동안 부모는 자녀가 어떻게 반응할 것인지 예측할 필요가 있다.
- 부모는 자녀의 흥미를 전환시키는 방법을 배워야 한다.
- 부모는 전환기 동안 자녀를 안정시켜야 한다.

협력을 촉진하는 RT 전략

《112 자주 함께 놀아 주기》 놀이는 어른과 아동이 상호작용하기에 이상적인 방법이다. 일과 중에 일어나는 다양한 놀이 에피소드에서 아동과 상호적인 활동을 해 본다. 특히 아동이 놀이적인 상호작용에 참여할 준비가 되어 있고 기민하게 반응할 때, 가능한 한 자주 놀이한다.

실행 사항

- 얼마나 자주 아동과 놀아 주고 어떻게 놀아 주는지를 생각해 본다.
- 현재 아동의 발달연령 수준에서 아동과 가장 잘 놀이할 수 있는 장난감은 어떤

것인지 살펴본다.

- 전문가는 아동과 함께 놀이할 수 있는 다양한 형태의 모델을 제시할 수 있다.
- 전문가는 아동과 함께 놀이하는 동안 부모도 함께 참여해 보도록 권하고 점차적으로 부모가 아동과 직접 대면하여 놀이하도록 촉진한다.
- 전문가는 자신들이 아동들과 놀이할 때 잘하거나 좋아하는 게임 종류들을 부모에게 알려 준다.

《 235 **불순종을 선택이나 능력 부족으로 해석하기** 》 아동은 부모가 하도록 요구한 것에 대해 '순종하지 않는 것'으로 자신의 의도를 전달한다. 대개 아동들은 부모의 요구에 잘 따르지 않는데, 이는 부모가 자신에게 하도록 요구하는 것은 너무 어려운 것이거나 흥미가 없는 것들이기 때문이다. 대단히 중요한 것이 아니라면, 아동이 순종하지 않는 것을 인정해 줌으로써 아동과의 상호작용을 계속 유지할 수 있다.

실행 사항

- 아동의 불순종을 선택으로 받아들이는 것이 아동에게 불순종하는 것을 가르치는 것이 아님을 기억한다. 이렇게 하는 것은 사실 아동의 흥미와 능력 제한에 대해 반응하는 것이다. 부모가 아동의 제한 능력과 희망 사항을 알고 이에 반응해 줄수록, 부모는 더욱 성공적으로 아동의 자발적인 협력을 이끌어 낼 것이다.

《 313 **아동에게 선택할 기회를 자주 주기** 》 아동과 상호작용하는 동안, 아동이 하고 싶어 하는 것과 하고 싶은 방법을 선택하도록 기다려 준다. 특히 아동이 선택하는 장난감이나 활동이 그 상황에 적합한 것들이고 아동이나 다른 사람들에게 해가 되는 것이 아니라면, 아동이 선택하는 장난감과 활동에 따라 준다.

실행 사항

- 아동은 다음 중 한 가지 또는 세 가지가 조합되어 나타나는 경우에 하고자 하는 것을 선택하는 데 어려움을 느낄 수 있다. 첫째, 장난감이나 활동이 아동 혼자 사용하기에는 너무 어려운 경우, 둘째 장난감이 아동의 손이 닿지 않는 곳에 놓여 있는 경우, 셋째 아동이 이 장난감들을 혼자 조작하거나 다룰 수 없는 경우다. 만일 아동이 선택에 어려움을 겪고 있다면, 아동의 능력 범위 안에서 쉽게 꺼내거나 다룰 수 있고 혼자서 작동할 수 있는 장난감과 활동들을 다양하게 제

공해 준다.

《423 일상적인 일을 게임으로 전환하기》 일상적인 아이 돌보기, 즉 옷 입히기, 밥 먹이기, 목욕시키기, 잠재우기, 장소를 옮겨 데려다 주기 또는 어떤 한 일과나 상황에서 다른 것으로 이행하는 것 등을 게임으로 바꾸어 본다. 부모가 너무 피곤해서 아이와 놀아 줄 상태가 아니더라도, 놀이의 즐거움은 아동을 더욱 협력적으로 만들고 아동의 즐거움을 촉진할 것이다.

실행 사항

- 아동과 함께 노래 또는 '너 잡으러 간다.' 와 같은 게임을 하면서 평상시 일과를 놀이적으로 만들어 본다.
- 일반적으로 어떻게 하면 아동이 미소를 짓거나 웃는지 기억한다. 아동이 따분하고 힘들어할 때 일상 중의 활동에서 그것을 시도해 본다.

《443 아동이 하는 것은 무엇이든지 수용하기》 다른 사람에게 해가 되거나 무례하거나 또는 가족의 가치와 권위에 맞지 않는 행동을 제외하고, 아동이 하는 행동은 어떤 것이든 지지해 주고 반응해 준다.

실행 사항

- 아동이 하는 것은 무엇이든지 반응해 주는 것은 장기적으로 볼 때 의미가 있다. 때론 부모의 이와 같은 반응이 아동이 현재 하고 있는 행동을 계속하도록 촉진하는 것이더라도, 아동이 새로운 발달 행동을 배우는 것을 방해하지는 않을 것이다. 더욱이 바람직하지 않는 행동을 제지하지 않으면서 반응해 주는 것은 아동이 하고 있는 것을 가치 있게 여기고 받아들인다는 것을 전달하는 것이다. 부모의 반복적이고 긍정적인 피드백은 아동이 유능감을 형성하는 데 도움이 될 것이다.
- 부모는 자신의 부모가 자신의 발달에 어떠한 영향을 미쳤는지 생각해 본다. 당신의 부모는 당신이 특정 행동을 배우도록 돕거나, 자기 개념과 성격을 형성하는 데 있어서 중요한 역할을 수행하였는지 생각해 본다. 만일 아동이 할 수 없는 행동에 지나치게 중점을 두고 있다면, 아동의 자아 형성에 부정적인 영향을 준다는 것을 간과하고 있는 것이다.

• 부모는 아동이 행동을 학습하도록 애쓰고 있지만, 동시에 아동이 할 수 있는 행동은 거부함으로써 부정적인 메시지를 준다면, 아동이 받은 부정적 피드백은 달리 보상하기 어려울 것이다.

❰ 513 아동의 발달적 수준에 맞는 활동 요구하기 ❱ 아동에게 무엇인가를 하거나 말하도록 요청할 때는, 아동의 조절(accommodation) 범위 내에 있는 행동으로 제한해야 한다. 아동은 자신의 조절 범위를 넘어서는 행동과 의사소통에 대해서는 반응하기 어려울 것이다.

실행 사항

• 아동과 함께 놀이하는 장면을 녹화한 비디오 자료를 관찰해 본다. 그리고 부모가 아동에게 요청한 행동들을 적어 본다. 이러한 행동들을 발달 프로파일(예: 발달 레인보우, Mahoney & Perales, 1996)에서 찾아본다. 아동의 조절 범위 내에 있는 것들을 아동에게 하라고 요청했을 때, 아동이 더 잘 반응하고 상호적 활동에 참여하였는지를 주의 깊게 살펴본다. 한편, 아이가 어려워하는 것을 요청하였을 때(즉, 아동의 조절 범위를 넘어서는 것), 아동이 얼마나 수동적이 되고 또 부모의 요청을 무시하는지 주의 깊게 살펴본다.
• 부모 또한 자신의 입장에서 할 수 없는 것을 하도록 요청받았을 때 어떻게 반응하는지 생각해 본다.
• 아동의 발달적 수용 능력(developmental capacity) 안에서 가능한 것을 하도록 요구하여 아동에게 성공의 기회를 더 많이 가지도록 한다.

❰ 516 발달적으로 적합한 규칙과 기대 가지기 ❱ 부모는 아동의 협력을 보다 잘 이끌어 낼 수 있다. 만일 부모가 가지는 규칙과 기대가 아동이 나타내는 사회 · 정서적 기능 수준에서 할 수 있는 것에 부합한다면 아동이 외현적 행동 문제를 나타내거나 부적응 행동을 할 가능성은 낮아질 것이다.

실행 사항

• 아동의 현재 사회 · 정서적 기능 수준을 평가하기 위하여 발달 관찰 도구를 사용한다. 대부분의 아동들은 발달연령 수준에 비추어 볼 때 의사소통, 인지발달 수준 그리고 사회 · 정서적 기능 수준이 다르게 나타난다.

• 아동이 외현적 문제 행동을 보이거나 부모의 기대에서 벗어나는 수행을 한다면, 그렇게 행동하는 공통적인 상황을 확인한다. 부모의 규칙이나 기대가 아동의 현재 사회 · 정서 기능 수준에 부합하는 것인지 판단하기 위해 발달 레인보우나 그 밖의 사회 · 정서 프로파일을 살펴본다. 만일 부모의 규칙과 기대가 너무 높다면, 아동의 현재 사회 · 정서 능력에 맞도록 수정한다.

4 중심축 행동: 자기 규제

SE-4 자기 규제는 아동이 당황스럽거나 좌절했을 때 스스로 가라앉힐 수 있는 능력을 말한다. 자기 규제력이 있는 아동은 짜증을 내거나 우는 기간은 빈번하지 않고 지속 시간은 짧다. 아동은 좋아하는 장난감을 지니고 있거나 다른 놀이 활동에 참여함으로써 스스로 안정을 취할 수 있다. 자기 규제력이 있는 아동은 이행이 좀 더 쉬우며 환경이나 일상의 변화에 빠르게 적응한다.

자기 규제에 관한 고려사항

SE-401 자기 규제: 정서를 다루는 방법

어린 아동들은 본능적으로 자신이 느끼는 방식대로 반응한다. 아기들은 고통, 불편함, 배고픔을 느끼거나 신체적 접촉을 원할 때 울음으로 반응한다. 마찬가지로 아기들은 행복하거나 흥분되거나 누군가를 보고 즐거울 때 미소로 반응한다. 아기들 대부분은 자신의 감정을 숨기지 못한다. 아기들은 자신의 감정에 어떻게 반응해야 하는지 알지 못하고, 단순히 반응한다.

어린 아동과 어른 간의 정서 반응에서 중요한 차이점 중 하나는 자기 규제에 관한 것이다. 어른은 자신의 감정을 스스로 규제하거나 통제할 수 있다. 어른도 고통, 슬픔, 불편함을 느낄 때는 울고 싶을 수 있다. 그러나 우는 것이 사회적으로 부적합한 상황이라면 울음을 자제한다. 비슷한 경우로, 어른은 화가 났을 때 대안적인 대처 전략을 사용함으로써 다른 사람들을 향해 공격적으로 행동하지 않도록 자제할 수 있다. 어른은 정서적 감정을 강하게 느끼는 경우에도 자신의 감정을 겉으로 드러내기에 부적합한 상황이라면, 일반적으로 자신의 감정을 애써 통제하려 한다.

반면에 어린 아동은 자신의 정서를 규제하기 위한 내적 능력을 가지고 있지 않다.

어린 아동은 자신이 경험하는 부정적 정서에 대한 반응을 규제할 수 있는 능력이 없기 때문에 처음에는 그저 울거나 무엇인가를 물거나 때리거나 부순다. 그렇다고 어린 아동들이 어른보다 부정적인 감정을 더 많이 느끼는 것은 아니다. 그러나 자신의 정서를 다루는 대안적인 방법이 없기 때문에 어른보다 더 많이 울고 더 많이 외현적 행동을 나타낸다.

초기 아동기에, 아동은 점차적으로 자신의 정서적 반응에 대처하거나 조절하는 전략을 발달시켜 나간다. 아동은 양육자가 일과 중에 자신의 감정과 정서를 다뤄 주는 방식을 이해하게 되면서 정서적으로 덜 격하게 된다. 더욱이 아동의 언어가 발달함에 따라 자신의 요구를 울음이나 공격적인 행동으로 나타내기보다는 효과적으로 표현하는 방법을 터득한다. 이때 아동이 자신의 감정을 효과적으로 전달하는 방법을 습득하는 것만큼 중요한 것이 있는데, 그것은 아동이 자신의 감정을 다루고 감정에 대한 반응을 규제하는 내적 전략이나 기제를 발달시키는 것이다.

SE-402 아동은 시간이 지나면서 대처 기술을 발달시킨다.

대부분의 아동들은 일반적으로 아동기 초기에 울거나 짜증 내거나 심지어 공격적으로 행동한다. 대부분의 아동들에게 이러한 행동은 2세 때까지 증가하고 아동기 후기가 되어서야 줄어든다. 그것은 아동이 약 2세가 되어서야 자신의 정서를 다룰 수 있는 능력이 발달하기 때문이다.

자기 규제는 아동 초기 동안 발달하는 능력이다. 대부분의 아동들은 약 10～12세 정도가 되어야 완전하게 발달하게 된다. 이는 매우 느리게 진행되는 과정이지만, 만일 부모가 아동의 외현적 행동이 일어나는 빈도를 계속해서 기록해 본다면, 아동이 점차적으로 자신의 정서를 관리하고 대처할 수 있게 된다는 것을 알 수 있을 것이다.

어떤 부모는 위협이나 처벌을 통해 자녀의 울음이나 공격적인 행동을 억압함으로써 아동의 부정적인 반응을 다루려고 한다. 이러한 방법은 경우에 따라서는 효과가 있다. 이 경우 아동이 부모에게 느끼는 두려움을 울음이나 외현적 행동으로 드러내지 않고 억누르도록 한다. 그러나 아동이 이러한 부정적인 정서를 억압하고 겉으로 드러내지 않는 것이 부정적인 정서에 대처하는 방법을 학습하였다는 것을 의미하지는 않는다. 아동이 고통, 분노, 걱정과 같은 감정을 표현하지 않는 것을 배웠다 하더라도 그러한 감정은 여전히 느낄 수 있다. 부모가 자녀에게 울거나 외현적으로 표현하지 못하도록 강요하는 것은 아동이 자신의 감정을 다루는 것을 본질적으로 가르치지 못하고 아동의 정서에 대한 증상에만 대처하는 것이다. 이렇게 대처하는 것은 어떤 아동에게는 장기적으로 정서적 안정을 제공하지 못하여, 불안, 두려움, 분노의 감정을 계속해서 유발할 수 있다.

아동에게 자신의 정서를 다루는 방법을 가르치는 것은 부정적인 정서를 억압하도록 하는 것보다 어려운 일이다. 부모는 아동의 부정적인 감정에 대해 적절한 감정으로 대해 줌으로써 아동이 대처 방법을 배우게 할 수 있다. 부모는 자녀가 좌절했을 때 공감해 주고 위로해 줌으로써 부정적인 감정을 적절한 감정으로 다룰 수 있다. 부모는 자녀가 부정적인 정서를 경험하는 동안 편안하게 해 주고, 진정시켜 주고, 아동의 감정을 진정으로 이해해 준다. 부모는 자녀의 불편감을 덜어 주기 위해, 아동이 배고플 때는 먹을 것을 주고, 아동이 피곤하고 짜증날 때는 진정시켜 줌으로써 아동이 부정적으로 반응하게 되는 원인을 제거해 주고자 시도할 수 있다. 비록 아동의 부정적인 반응에 예민하게 반응해 주는 것이 힘들더라도 부모는 자녀가 어른처럼 자신의 감정을 다루는 능력을 가지고 있지 않다는 것을 이해하고 인내심을 발휘해야 한다. 부모가 자녀의 정서 반응에 지속적으로 완충 역할을 할 때, 자녀는 자신의 정서를 다루는 기술을 발달시키게 될 것이다.

SE-403 아동의 행동 유형이나 기질은 자기 규제를 학습하는 데 중요한 역할을 수행한다.

정서를 조절하는 것을 학습하는 데 걸리는 시간은 아동마다 다르다. 어떤 아동의 경우, 정서 규제는 전혀 문제가 되지 않는다. 이러한 아동들은 잘 울지 않거나 거의 화내지 않으며 새로운 환경에 쉽게 적응하고 정서적으로 혼란스러운 일이 발생하더라도 침착하게 반응한다. 그러나 이는 예외적인 경우이며 일반적인 형태는 아니다. 자주 외현적 행동을 드러내지만 부모가 도와주는 만큼 조절하여 진정시킬 수 있는 아동이 좀 더 일반적인 형태다. 이러한 아동들은 지나칠 정도로 오랫동안 울거나 화내지 않는다. 따라서 이러한 아동이 부정적인 정서 반응을 보이더라도 평정을 되찾게 도와주는 것은 그리 어렵지 않다. 그러나 기회가 있을 때마다 과잉 반응을 나타내는 부류의 아동들이 있다. 이런 아동은 쉽게 분노하고, 변화와 새로운 것에 항상 강하게 반응하여 진정시키는 것이 어렵다. 아동의 자기 규제 능력은 아동의 발달 특성에 따라 다양하게 나타난다.

첫 번째 부류(예: 순한 기질)의 아동은 2세가 되면 거의 울지 않으며 다른 사람에 대해 적대적이거나 공격적이지 않으며 일반적으로 즐거워하고 만족하는 경향이 있다. 두 번째 부류의 아동은 2세 때 여전히 부모를 괴롭히기는 하지만, 외현적 행동으로 드러내기보다는 즐겁고 만족해하는 경우가 많다. 이러한 아동은 때때로 부모의 인내심을 한계점에 다다르게 만들지만 일반적으로 다룰 만하고, 느리긴 하지만 안정을 취하게 된다. 세 번째 부류의 아동은 2～3세, 심지어 4세가 되어도 계속해서 부모를 힘들게 한다. 이들은 공격적인 경향이 있고 다른 두 부류의 아동들에 비해 자주 부정적으로 반응한다. 부모는 이러한 자녀를 즐겁게 하고 진정시키기 위한 방법을 찾으려고 애쓸 것이다. 그러나 이러한 아동의 경우 대부분 7～9세가 되어서야 안정을 취하고 다룰 만해지거나 그 나이가 되어도 부모가 어떻게 다루어야 하는지 여전히 확신이 서지 않는 경우도 있다.

이러한 다양성의 원인은 무엇인가? 왜 아동들은 이렇게 다른가? 아동의 정서 규제 능력은 아동의 인지와 의사소통 발달 수준에 따라 차이가 있다. 상위 수준의 발달적 성숙에 이른 아동은 자신의 감정을 잘 이해하고 효과적인 의사소통 방법으로 자신의 요구를 충족시킨다.

그러나 그렇다고 해서 정서를 규제하는 데 어려움이 있는 아동들 모두가 사고나 의사소통 능력이 부족한 것은 아니다. 이러한 아동이 다른 두 부류의 아동과 차이를 보이고 자기 규제 능력에 영향을 미치는 요인은 기질이다. 이러한 아동은 태어날 때부터 어떤 형태든 대부분의 스트레스에 과잉 반응하는 생물학적 성향을 가진다. 이들은 하루 24시간 내내 매우 경계적인 신경학적 구조를 가진다. 결과적으로, 자신이 것을 하지 못하게 방해하는 사람이나 상황 또는 부정적인 감정에 대해 격렬한 반응을 보인다. 이러한 아동이 다른 아동들과 이해 방식이 다르거나 불편하고 부정적인 감정에 더 민감한 것은 아니지만, 다른 두 부류의 아동들은 쉽게 다룰 수 있는 상황에서 완전히 다르게 반응한다.

이러한 아이들은 기질적 성향대로 반응하기 때문에, 정서적으로 안정을 얻기 위해서는 다른 아이들보다 강한 자기 규제나 대처 기제가 필요한 것이다. 이들의 자기 규제 과정은 순하거나 느린 기질을 가진 아동들보다 훨씬 더 어렵기 때문에 자기 규제나 대처 기제를 발달시키는 데 더 오랜 시간이 걸린다.

SE-404 심한 짜증을 나타내는 아동의 스트레스나 좌절에 대한 반응

돌볼 일이 없는 어린 아동들에게 다루어야 할 스트레스가 상당히 많다는 것은 이해하기 어려운 일이다. 그러나 그것은 사실이다. 아동이 받는 스트레스는 자신이 원하는 것을 할 수 없다는 좌절감과 부정적인 감정에 대처하는 자신의 능력이 부족하다는 데서 비롯된다. 아동은 상위 수준의 발달 기능을 성취함에 따라, 자신의 세계에 대한 인식을 더욱 발전시켜 간다. 이는 아동이 자신이 할 수 있는 능력 범위를 인식하는 것이다. 그것은 또한 아동이 두려워하거나 종종 불완전하게 이해하는 자신의 취약점을 잘 인식하게 해 준다. 더불어 아동은 좌절하거나 하고 싶은 것을 할 수 없을 때 스트레스를 받는다.

아동은 자신의 정서에 대처하거나 규제할 수 있는 능력 범위를 넘어서는 것에 대한 좌절을 경험할 때 스트레스를 받아 공격적으로 변하고 심한 짜증을 낸다. 또한 아동은 자신의 스트레스에 효과적으로 대처하거나 규제하는 전략을 가지고 있지 않을 때 정서적인 폭발을 나타낸다. 아동의 심한 짜증은 어른의 신경쇠약과 같은 것이다. 두 경우 모두 스스로가 자신을 통제할 수 없다는 강한 느낌을 받을 때 나타나는 반응이다.

대부분의 아동은 심하게 짜증을 내거나 공격성을 드러내는 상황이 있지만, 이러한 반응의 빈도, 지속 시간 및 강도에는 차이가 있다. 이는 아동의 생물학적 기질과 관련이 있다. 만일 순한 기질의 아이라면, 스트레스에 강하게 반응하지 않는다. 과도하게 울고 비명을 지르고 때리거나 물면서 격렬하게 공격하지 않으며, 비교적 짧은 시간 안에 평정을 되찾을 수 있다. 그러나 까다로운 기질의 아동이라면, 정서적으로 매우 높은 각성 상태에 있고 아직 감정을 규제하는 능력이 발달되지 못했기 때문에 작은 스트레스 요인에도 강하게 반응할 수 있다. 까다로운 기질의 아동은 자주 오랜 시간 동안 짜증을 낸다.

대부분의 아동은 자신의 정서를 규제하는 전략이 발달함에 따라 심한 짜증과 공격적인 행동이 감소한다. 이러한 행동이 줄어드는 비율은 이들 대처 전략이 발달하는 속도와 스트레스의 본질에 따라 다르다. 일반적으로 까다로운 기질의 아동은 자신의 행동을 효과적으로 다루기 위해 자기통제력을 더욱더 발달시켜야 한다. 이러한 아동은 순한 기질의 아동과 같은 수준의 대처 기술을 가질 수 있지만, 다른 아동들에 비해 훨씬 더 강하게 스트레스를 경험하기 때문에 심한 짜증과 외현적 행동을 보이는 빈도를 줄이는 데는 좀 더 시간이 걸린다.

SE-405 아동이 짜증을 내는 것은 단지 자신의 방식대로 하기 위해서가 아니다.

아동이 자신의 방식을 고수하기 위한 수단으로 심한 짜증을 보이는 것은 흔한 모습이다. 그러나 대부분의 부모들은 아동의 심한 짜증을 자신의 의지를 관철시키기 위해 의도적으로 사용하는 전략으로 본다. 심한 짜증은 주로 부모나 다른 사람이 아동이 원하는 것을 하지 못하게 할 때 발생하기 때문에, 부모가 아동의 심한 짜증에 대해 이렇게 해석하는 것도 무리는 아니다. 그러나 이것이 아동이 심한 짜증을 부리는 유일한 이유는 아니다. 아동은 두려울 때나 자신이 좋아하는 어떤 것을 할 수 없다는 것을 알았을 때 짜증을 내기도 한다.

반응적인 부모는 아동의 심한 짜증을 스트레스에 대처하는 능력이 부족한 결과로 본다. 즉, 심한 짜증을 아동이 다룰 수 없는 스트레스에 반응하는 방식으로 여기는 것이다. 아동이 자신의 방식을 고수하기 위한 수단으로 심한 짜증을 보이는 것이라는 해석과는 대조적으로, 이 관점에서는 아동이 부모를 고의적으로 조정하거나 반항하기 위하여 짜증을 사용하는 것은 아니라고 본다. 게다가 이 관점에서는 심한 짜증을 아동이 자신의 정서를 통제할 수 있는 능력이 부족할 때 나타나는 결과임을 강조한다. 이와 같은 두 가지 관점에 따라 심한 짜증에 대해 부모가 아동을 다루는 방식도 매우 다른 의미를 가지게 된다. 아동의 심한 짜증을 고의적인 행동으로 해석하는 부모는 아동을 무시하거나 벌을 줌으로써 심한 짜증을 없애는 것이 정당하다고 생각한다. 반면에 심한 짜증을 아동의 스트레스 대처 능력이 부족한 결과로 여기는 부모는 좀 더 자녀에게 감정이입하려고 하고 자녀가 감정에 효과적으로 대처하도록 도와주고 보살펴 준다.

대부분의 아동은 대략 18개월에 심한 짜증을 처음으로 나타낸다. 이 연령의 아동은 심한 짜증이 자신이 원하는 것을 할 수 있도록 부모를 설득시키는 데 사용될 수 있다는 것을 알지 못한다. 만일 자녀가 심한 짜증을 냈을 때 부모가 원하는 것을 해준다면 자녀는 자신이 원하는 것을 획득하기 위한 전략으로 심한 짜증을 학습하게 될 것이다. 그러나 만일 부모가 아동의 정서 상태에 초점을 맞추어 편안하게 해 주고 지지해 주는 것으로 자녀의 짜증을 다룬다면, 아동으로 하여금 짜증을 자신이 원하는 것을 얻기 위한 수단으로 생각하지 않도록 할 것이다.

SE-406 아동은 위안과 수용을 통해 스스로를 진정시키는 법을 배운다.

어른들은 대부분 스트레스, 분노, 좌절을 다루는 전략을 배워 왔다. 예컨대, 화가 났을 때 ① 주제를 바꾸거나, ② 팽팽한 긴장감을 줄이기 위해 유머를 사용하거나, ③ 그 상황을 벗어나거나, ④ 화를 없앨 수 있는 신체 활동을 해 볼 수 있다. 또한 스트레스를 받았을 때 침착하게 해 줄 수 있는 활동, 즉 TV 시청하기, 산책하기, 먹기, 낮잠 자기 등을 한다. 어른들 대부분은 긴장을 감소시키고 우리의 정서를 통제하기 위해 이러한 활동을 하면서 분노나 스트레스에 대처하도록 배웠다.

반면에 어린 아동들은 분노, 스트레스, 불안을 다룰 수 있는 전략을 가지고 있지 않다. 어린 아동들은 신체적 능력에 한계가 있을 뿐 아니라 자신을 안정시켜 줄 방법을 인식하는 능력도 부족하다. 결과적으로 아동은 주로 울거나 공격적으로 행동함으로써 스트레스나 좌절 상황에 반응한다. 생의 초기에 아동은 자신을 효과적으로 진정시키는 전략을 알게 될 수도 있다. 그것은 손가락 빨기, 편안해질 때까지 꼭 껴안기, 담요같이 따스한 것 껴안기, 혹은 잠들기와 같은 전략들이다. 아동이 이러한 전략을 사용하지 못할수록, 더욱 폭발적이고 공격적인 행동으로 스트레스나 분노를 표출할 것이다.

부모가 아동을 안거나, 쓰다듬거나, 이야기를 해 주거나, 노래를 불러 주거나, 토닥토닥 두드려 주거나 번쩍 안아 달래 줄 때, 아동은 보다 빨리 안정을 찾을 수 있다. 아기들은 스스로 진정시키거나 자신의 정서를 통제할 수 있는 자원이 많지 않기 때문에 부모의 이러한 행동은 아기들에게 특히 도움이 된다. 부모는 자녀에게 정서적인 담요 역할을 한다. 이렇게 하는 것은 아동에게 스스로 진정할 수 있는 방법을 가르치고 스스로 안정을 찾을 수 있을 때까지 아동의 정서적 반응을 줄이는 수단이 된다. 아동이 고통스러워하는 동안 부모가 편안하게 해 주고 잘 돌봐 줄수록, 아동은 정서를 다루는 전략을 더 빨리 습득하게 된다.

만일 부모가 고통스러워하는 자녀를 혼자 내버려 둔다면, 아동은 정서적으로 지쳐 버리게 되고, 스스로 안정을 찾는 방법을 학습할 중요한 기회를 놓치게 될 것이다. 자녀가 고통스러워할 때 부모가 아동에게 반응하는 것이 아동의 울음을 강화하거나 울음이 발생하도록 더 조장하지는 않는다. 오히려 반대로 부모가 자녀에게 위안을 줄 때, 아동은 정서 반응의 강도를 점차 줄이게 되고 부모는 아동이 스스로 안정을 취하는 법을 가르치는 것이다. 아동의 고통이나 분노에 반응하는 것은 아동이 고통이나 분노에 대처하거나 자기 규제 능력을 발달시키도록 돕는 것이다. 이는 아동이 이후의 스트레스나 좌절 상황을 겪을 때 정서적으로 덜 혼란스럽게 한다.

SE-407 부모의 분노는 아동의 좌절을 악화시킨다.

아동의 폭발적인 울음, 심한 짜증, 공격적인 행동은 특히 부모가 스트레스를 받거나 지쳐 있을 때, 자주 부모들을 무기력하게 만든다. 부모들 대부분은 자녀의 감정적 폭발에 대해 화를 내거나 고함을 지르거나 자녀를 거칠게 다루는 식으로 반응한 경험을 갖고 있다. 이는 부모들이 스트레스를 겪을 때 보이는 자연스러운 반응이다.

그렇지만 이러한 반응은 아동의 고통을 해결하도록 돕지 못한다. 부모가 자녀의 불편한 감정에 화내는 반응을 보일수록 아동의 불편한 감정을 강화하고 폭발을 격화시킨다. 부모들은 스트레스를 받을 때 자녀가 스트레스에 대한 반응을 조절할 수 있는 능력이 부족하기 때문에 무의식적으로 스트레스를 표출한다는 것을 쉽게 잊어버린다. 그러나 부모는 이를 잊어서는 안 된다. 아동이 어른이 가지는 것과 동일한 정도의 감정 조절 능력을 가지고 있을 것이라고 기대한다고 해서 아동의 감정 조절 능력이 더 커지는 것은 아니다. 오히려 그것은 아동이 할 수 없는 방식으로 행동하기를 기대하는 것이다. 부모는 분노와 적대감으로 반응함으로써, 아동이 자신의 감정을 억압하여 표출하지 않게 하는 데 성공한다. 그러나 아동이 가지는 좌절, 분노, 또는 두려움은 해결되지 않을 것이다.

아동 역시 부모의 감정 상태를 민감하게 받아들이고 존중하는 것은 중요하다. 대부분의 아동은 생의 첫 1년 동안 특히, 부모가 아동의 정서 상태에 민감하고 반응적일 때, 이러한 민감성을 발달시킨다.

마찬가지로 부모는 자녀의 정서적 고통을 효과적으로 다루기 위해 부모 자신의 정서를 조절할 필요가 있다. 이렇게 하기 위해서 부모는 다양한 상황 속에서 자신이 자녀에게 어떻게 반응하는 편인지 알아야 한다. 만일 부모가 아동의 폭발에 화를 내는 편이라면, 이러한 폭발을 피하는 계획을 세울 필요가 있다. 자녀가 외현적 행동을 나타낼 때 부모가 자신의 감정을 조절하기 힘들 정도로 스트레스를 받는다면, 부모는 감정을 좀 더 효과적으로 조절하려면 어떻게 해야 하는지 생각해 볼 필요가 있다. 여기에는 낮잠을 잔다든지, 일종의 신체 운동을 한다든지 또는 다른 사람에게 아이를 부탁하고 자녀로부터 벗어나 휴식을 갖기 위한 계획을 세우는 것 등을 포함한다. 만일 배우자와 육아 분담이 가능하다면, 부모는 서로 간에 지원할 수 있는 방법을 계획하는 것이 좋다. 부모가 더 이상 자신의 감정을 조절할 수 없을 정도로 스트레스를 받으면서 육아를 계속하게 된다면 아동과의 부정적인 상호작용을 피하기는 어려울 것이다.

SE-408 부모가 아동이 자신의 기질이나 행동 유형에 따라 반응할 것이라고 기대할 때 아동의 행동을 성공적으로 다루게 된다.

아동 심리학자들은 기질과 아동의 행동 간에 밀접한 관련성이 있다는 관점을 가지고, 아동이 생애 초기에 보이는 많은 부적응 행동들은 의도에 의한 것이라기보다는 아동이 조절할 수 없는 생물학적 성향의 결과라는 데 더 중점을 둔다. 만약 자발적인 통제가 되지 않는 행동을 아동에게 조절하도록 요구한다면, 부모는 아동의 행동을 조정하는 데 성공할 수 없다. 아동의 행동을 좀 더 효과적으로 조정하기 위한 전략은 아동이 가장 잘 반응할 수 있는 방식에 따라 규칙과 기대를 가지는 것이다. 예컨대, 만약 아동이 신체적으로 활동적이라면, 부모는 자녀가 조용히 하거나 차분히 있도록 기대하기보다는 반대로 활동적이기를 기대할 때 그리고 일상적인 일과 속에서 신체적인 활동의 기회를 줄 때, 보다 성공적으로 아동의 협력을 이끌 수 있다.

이러한 접근은 어른의 기대가 아동의 선천적인 성향에 부합하거나 지지적일 때 아동이 더욱 협력적일 것이라는 가정에 근거한다. 부모는 아동의 선천적인 성향에 맞게 자신을 조절함으로써, 자녀가 좀 더 쉽게 행동하거나 협력할 수 있도록 만든다. 또한 아동이 자신의 행동을 통제할 수 있는 능력이 발달함에 따라, 부모는 점차적으로 자녀와 의견 일치를 보이거나 기대를 증가시킬 수 있다.

반대로 부모의 기대와 요구가 아동의 선천적인 성향에 부합하지 못하거나 조화를 이루지 못하는 것이라면, 아동은 그러한 기대와 행동을 다루기가 어려울 것이다. 부모가 아동의 선천적인 성향과 반대되는 방식으로 아동이 행동하기를 기대한다면, 자녀와 부모 간의 갈등과 긴장을 높일 뿐이다. 이는 아동이 자신의 행동을 규제하는 전략과 대처 기제를 발달시키는 것을 더욱 어렵게 만든다.

SE-409 아동에게 반응할 시간을 주어라.

정서적으로 매우 반응적인 아동들 대부분은 자신이 통제할 수 없는 생물학적 성향을 가지고 있다. 만일 이 아동들이 정서적으로 혼란스러워할 때 부모가 아동에게 스스로 통제하도록 요구한다면, 부모는 자녀가 할 수 없는 어떤 것을 하도록 요구하는 것이다.

부모가 까다로운 기질을 가진 아동과의 관계에서 갈등을 줄일 수 있는 방법은 이러한 아동이 전형적인 방법으로 반응하도록 시간을 주는 것이다. 예컨대, 가족이 앉아서 식사하는 20분 동안 아동이 식탁에 앉아 있지 못하고 소란을 피운다면, 5분 후에는 자리에서 일어나도 되고 계속 식탁에 앉아 있지 않아도 된다고 허락한다. 만일 아동이 낯선 사람과 함께 있을 때 두려움을 느낀다면, 아동이 낯선 사람을 상관하지 않고 자기 생각대로 행동할 수 있을 때까지 아동을 가까이에 앉히거나 안아 줌으로써 안심시켜 준다. 만일 아동이 정해진 시간(예: 저녁 8시)에 잠자리에 드는 것이 어렵다면, 재우려 애쓰기 전에 좀 더 늦게까지(예: 저녁 9시) 깨어 있도록 허락한다. 만일 아동이 형제자매와 자신의 장난감을 함께 가지고 놀지 못한다면, 한 명 이상이 동시에 같은 장난감을 가지고 놀 수 있도록 같은 장난감을 두 개 준비한다. 만일 아동에게 한 활동에서 다른 활동으로 옮겨 가도록 요구하였을 때 심하게 혼란스러워한다면, 아동에게 활동을 하도록 요구하기 전에 아동이 자신의 감정을 표현하고 평정을 되찾을 기회를 준다.

어른은 아동이 기질이나 생물학적 성향 때문에 하게 되는 행동을 중단시키기 위해 아동과 실갱이를 벌이지만 아동의 행동은 쉽게 중단되지 않을 것이다. 부모가 장기적인 목표를 가지고 아동의 기질과 성향에 맞는 기대를 유지한다면, 아동은 부모가 자신에게 가지는 행동적 기대에 대부분 순응하는 것을 배우게 될 것이다. 부모는 생애 초기에 아동의 행동 유형 또는 기질에 맞추어 유동적으로 조절할 때, 자녀와 정서적인 갈등을 피할 수 있다. 부모는 자녀가 적절하고 일반적인 행동을 하기를 바라는 마음을 결코 포기해서는 안 된다. 그러나 아동이 부모가 적합하고 필요하다고 여기는 것에 따라 행동하기보다는 아동에게 스트레스를 주는 상황과 활동을 다루는 법을 배우도록 시간을 주고 지원해 주는 것이 더 중요하다는 것을 깨달아야 한다.

부모가 생각하는 방식대로 자녀가 순응하도록 주장할 때 아동과 벌이는 싸움에서 이길 수도 있다. 그러나 아동이 자신의 정서적 반응을 규제하는 방법을 배우는 기회를 놓칠 수 있다.

논의점

SE-401 자기 규제란 정서를 다루는 방법이다.

- 어린 아동들은 본능적으로 자신이 느끼는 방식대로 반응한다.
- 어린 아동은 자신의 정서를 규제하기 위한 내적 능력을 가지고 있지 않다.
- 아동 초기 동안, 아동들은 점차적으로 자신의 정서적 반응에 대처하거나 조절하는 전략을 발달시켜 나간다.

SE-402 아동은 시간이 지나면서 대처 기술을 발달시킨다.

- 자기 규제는 아동 초기 동안 발달하는 능력이다.
- 아동이 자신의 정서를 다루도록 돕는 것은 부정적인 정서를 억압하도록 하는 것보다 어려운 일이다.
- 부모는 자녀가 어른처럼 자신의 감정을 다루는 능력을 가지고 있지 않다는 것을 이해하고 인내심을 발휘해야 한다.

SE-403 아동의 행동 유형이나 기질은 자기 규제를 학습하는 데 중요한 역할을 수행한다.

- 아동마다 정서 규제를 학습하는 데 걸리는 시간은 상당히 다르다.
- 아동의 정서 규제 능력에 차이를 만드는 요인 중 하나는 아동의 인지와 의사소통 기술의 발달수준이다.
- 정서를 규제하는 데 어려움이 있는 아동들은 태어날 때부터 어떤 형태의 스트레스든 대부분의 스트레스에 과잉 반응하는 생물학적 성향을 가지게 된다.

SE-404 심한 짜증은 아동의 스트레스나 좌절에 대한 반응이다.

- 아동은 자신의 정서에 대처하거나 규제할 수 있는 능력 범위를 넘어서는 스트레스나 좌절을 경험할 때 공격적으로 변하고 심한 짜증을 내게 된다.
- 심한 짜증과 공격적인 행동은 자신의 정서를 규제하는 전략이 발달함에 따라 감소한다.
- 까다로운 기질의 아동은 자신의 행동을 효과적으로 다루기 위해 자기 통제력을 더욱더 발달시켜야 한다.

SE-405 아동이 짜증을 내는 것은 단지 자신의 방식대로 하기 위해서가 아니다.

- 아동이 자신의 방식을 고수하기 위한 수단으로 심한 짜증을 보이는 것은 일반적인 현상이다.
- 반응적인 부모는 심한 짜증을 아동이 스트레스에 대처하는 능력이 부족한 결과로 본다.
- 만일 자녀가 심한 짜증을 냈을 때 부모가 원하는 것을 해 준다면 자녀는 자신이 원하는 것을 획득하기 위한 전략으로 심한 짜증을 사용하는 것을 학습하게 될 것이다.

SE-406 **아동은 위안과 수용을 통해 스스로를 진정시키는 법을 배운다.**

- 우리들 대부분은 스트레스, 분노, 좌절을 다루는 전략을 배워 왔다.
- 어린 아동들은 분노, 스트레스, 불안을 다룰 수 있는 전략을 가지고 있지 않다.
- 아동이 고통스러워하는 동안 부모가 편안하게 해 주고 잘 돌봐 줄수록, 아동은 정서를 다루기 위한 전략을 더 빨리 습득하게 된다.

SE-407 **부모의 분노는 아동의 좌절을 악화시킨다.**

- 부모들 대부분은 아동의 감정적 폭발에 대해 화를 내는 식으로 반응한 경험을 갖고 있다.
- 부모가 아동의 불편한 감정에 화내는 반응을 보일수록 아동의 불편한 감정을 강화하고 폭발을 격화시킨다.
- 부모는 아동의 정서적 고통을 효과적으로 다루기 위해 부모 자신의 정서를 조절할 필요가 있다.

SE-408 **부모가 아동이 자신의 기질이나 행동 유형에 따라 반응할 것이라고 기대할 때 아동의 행동을 성공적으로 다루게 된다.**

- 아동이 가장 잘 반응할 수 있는 방식에 따라 규칙과 기대를 가져야 한다.
- 부모는 아동의 선천적인 성향에 맞게 조절함으로써, 자녀가 좀 더 쉽게 행동하거나 협력할 수 있도록 만든다.
- 부모가 아동의 선천적인 성향과 반대되는 방식으로 아동이 행동하기를 기대한다면, 자녀와 부모 간의 갈등과 긴장을 높일 뿐이다.

SE-409 **아동에게 반응할 시간을 주어라.**

- 정서적으로 매우 반응적인 아동들 대부분은 자신이 통제할 수 없는 생

물학적 성향을 가지고 있다.

- 부모가 까다로운 기질을 가진 아동과의 관계에서 갈등을 줄일 수 있는 한 가지 방법은 이러한 아동들이 전형적인 방법으로 반응하도록 시간을 주는 것이다.
- 부모가 장기적인 목표로서 아동의 기질과 성향에 맞는 기대를 유지한다면, 아동은 부모가 자신에게 가지는 행동적 기대에 대부분 순응하는 것을 배우게 될 것이다.

자기 규제를 촉진하는 RT 전략

❰ 133 계속 반복되는 놀이 함께하기(상호적으로 하기) ❱ 아동이 한 가지만 반복하여 놀거나 혼자서 놀이할 때 아동의 세계로 들어가서 놀이를 상호적으로 만들어 본다. 부모가 성공적으로 아동의 세계에 들어가게 되면, 아동은 점차적으로 다른 방식의 놀이를 보여 줄 것이다.

실행 사항

- 만일 아동이 장난감을 가지고 매번 같은 것을 한다면(예: 모든 사물이 트럭인 것처럼 놀이하는 경우), 아동이 다른 방식으로 사물을 사용하도록 강요하기보다는 아동의 놀이를 함께한다. 아동의 강박적 행동을 아무런 대안도 없이 깨뜨리는 것보다는 아동이 흥미 있어 하는 것을 사용하여 아동에게 상호작용을 위한 기회를 주는 것이 더 중요하다. 강박적인 행동은 대부분 시간이 지남에 따라 점차 줄어든다.
- 때때로 아동은 다른 사람과의 상호작용을 회피하기 위하여 고정적이고 반복적인 행동을 한다(예: 손 흔들기, 휘젓기 등). 아동의 상동적인 행동을 상호작용의 기회로 여긴다. 아동의 상동적인 행동을 모방하며, 아동이 부모에게 어떻게 주의를 기울이게 되는지 주의 깊게 살펴본다.
- 만일 아동이 상호작용 중에 '손 흔들기'와 같은 상동적인 행동을 한다면, 그냥 무시하고 아동과 함께하고 있는 활동에 초점을 두고 진행한다.
- 자기 파괴적이거나 해로운 행동은 절대로 모방하거나 격려하지 않는다. 때에 따라 자기 파괴적인 행동을 할 경우(예: 머리 부딪치기, 자기 때리기) 아동에게 보

호 의류(예: 장갑, 긴팔 셔츠)나 보호 장비(예: 헬멧)를 착용시킬 수 있다.

《223 즉시 훈계하고 위로해 주기》 아동이 부적응 행동을 할 때, 이러한 행동을 멈추도록 즉각적으로 훈계한다. 이때 부모의 훈계는 아동의 주의를 끌 만큼 단호해야 하지만, 아동의 신체적 · 발달적 수준에 적합하게 주어져야 한다(예: 아동이 지금 하는 것을 저지하기 위해 단호하게 "안 돼!"라고 말한다). 효과적인 훈계를 위해서는 시기가 중요하다. 따라서 아동이 부적응 행동을 하고 있는 그 순간 또는 직후에 즉시 훈계해야 한다. 그리고 아동을 훈계한 후 몇 분간 아동을 진정시켜 준다. 그렇게 하면 아동은 자신의 행동 때문에 훈계를 받기는 했지만, 부모는 여전히 평소처럼 자신을 사랑하고 있다는 것을 알게 될 것이다.

실행 사항

- 훈계는 부모가 아동의 행동에 반응하는 한 방법이다. 훈계는 아동의 바람직하지 않거나 해로운 행동에 대해 대처하는 자연스럽고 즉각적인 반응으로 생각한다.
- 아동을 훈계하기 위하여 어떤 전략을 사용하였는지와 상관없이(예: 날카롭게 꾸짖기, 저지하기), 훈계는 아동의 주의를 집중시키고 잘못하고 있다는 것을 알게 할 만큼 충분히 강력한 것이어야 한다. 신체적으로 상처를 주거나 해치며 훈계를 해서는 결코 안 된다.
- 만일 지나치게 자주 아동을 훈육하고 있다면, 아동과 상호작용이 잘 안 되고 있다고 생각하는 사항들을 먼저 탐색한다. 자녀와 많은 시간을 반응적으로 상호작용하며 보내게 될 때 자녀 훈육도 보다 효과적으로 하게 될 것이다.

《516 발달적으로 적합한 규칙과 기대 가지기》 부모는 아동의 협력을 보다 잘 이끌어 낼 수 있다. 만일 부모가 가지는 규칙과 기대가 아동이 나타내는 사회 · 정서적 기능 수준에서 할 수 있는 것에 부합한다면 아동이 외현적 행동 문제를 나타내거나 부적응 행동을 할 가능성은 낮아질 것이다.

실행 사항

- 아동의 현재 사회 · 정서적 기능 수준을 평가하기 위하여 발달 관찰 도구를 사용한다. 대부분의 아동들은 발달연령 수준에 비추어 볼 때 의사소통, 인지발달 수준 그리고 사회 · 정서적 기능 수준이 다르게 나타난다.

- 아동이 외현적 문제 행동을 보이거나 부모의 기대에서 벗어나는 수행을 한다면, 그렇게 행동하는 공통적인 상황을 확인한다. 부모의 규칙이나 기대가 아동의 현재 사회 · 정서 기능 수준에 부합하는 것인지 판단하기 위해 발달 레인보우나 그 밖의 사회 · 정서 프로파일을 살펴본다. 만일 부모의 규칙과 기대가 너무 높다면, 아동의 현재 사회 · 정서 능력에 맞도록 수정한다.

《 521 아동의 행동을 관심의 표시로 이해하기 》 아동의 행동을 이해하기 위해 아동과 상호작용하는 동안, 아동이 하는 분명한 행동뿐 아니라 사소한 것들도 주의 깊게 관찰한다. 또한 아동의 관심을 판단하기 위해 맥락 단서를 사용한다.

실행 사항

- 아동이 관심을 가지는 것은 어른들에 비해 매우 다양하다. 부모에게는 흥미롭게 보이지 않는 사물이나 활동도 아동에게는 흥미로울 수 있다. 그것들 대부분은 아동에게 신기한 경험이기 때문이다.
- 또한 아동의 관심은 순간순간 변화할 수 있음을 기억한다. 어제 아동에게 흥미로웠던 것이 오늘은 흥미롭게 느껴지지 않을 수도 있다.
- 아동의 관심이 항상 강력하게 드러나는 것은 아니다. 심지어 아동이 특정 활동에 능동적으로 참여하지 않더라도, 그것은 여전히 아동이 흥미 있어 하는 활동일 수 있다.
- 아동의 행동을 이해하기 위하여 다음과 같이 자문한다.
  '내 아이가 하는 행동은 어떠한 관심사와 관련이 있는가?'
  '내 아이가 그렇게 하면서 전달하려는 내용은 무엇인가?'
- 전문가들은 아동과 상호작용하는 동안 아동이 흥미를 나타내는 것의 단서로 보이는 것을 기술해 본다.
- 전문가들은 부모에게 아동이 흥미 있어 하는 것을 기술해 보게 하여 아동의 행동을 흥밋거리에 대한 표현으로서 이해하도록 이끈다.

《 523 아동의 주도에 따르기 》 아동의 활동과 의도를 보충해 주거나 또는 그에 일치하는 방식으로 반응해 준다. 아동과 같은 방식으로 장난감을 가지고 놀이하거나 함께 상호적으로 활동한다. 만일 아동이 선택한 방식이 아니라면, 굳이 그 장난감이 제조된 원래 목적대로 장난감을 가지고 놀지 않아도 된다.

실행 사항

- 아동이 현재 가지고 노는 것은 그것이 무엇이든지 간에 그 순간에 아동에게 가장 흥미로운 것이다. 어른도 마찬가지로 자신이 관심 있는 활동을 하는 경우에 얼마나 동기화되어 참여하였는지, 스스로 흥미롭게 발견한 정보의 경우에 얼마나 잘 배우고 기억하고자 노력했는지를 기억해 본다. 아동 역시 마찬가지로 아동이 흥미 있어 하는 활동에 동기부여가 잘된다.
- 아동이 주도하는 대로 부모가 따라 주는 것은 바로 아동의 관심에 반응하는 것이다. 아동이 흥미 있어 하는 것에 더 많이 더 자주 반응해 줄수록, 아동은 더 많은 것에 관심을 보일 것이고, 이러한 흥미는 더욱 강력해질 것이다. 즉, 세상에 대한 아동의 관심이 많아질수록 관심의 강도 또한 더욱 강해질 것이다.

◀ 532 아동의 일반적인 상호작용 활동 관찰하기 ▶ 아기들은 태어나면서부터 일찍이 사람과 환경의 변화에 대해 비교적 일관된 반응 유형을 발달시킨다. 이러한 상호작용 유형은 아동의 유전적 성향에 따라 강력한 영향을 받기 때문에 생애 초기에 있는 어린 아동들이 쉽게 통제할 수 있는 사항이 아니다. 부모가 아동의 행동 유형을 잘 이해할수록, 아동의 전형적인 반응 방식에 적응하고 예견하는 것이 더욱 쉬워진다.

실행 사항

아동의 행동 유형은 어떠한지 다음의 질문을 참조하여 관찰해 본다.

- 능동적인가, 아니면 수동적인가?
- 평소에 기분 상태가 즐거운가 아니면 다소 일관성이 없는 편인가?
- 부모와 그 밖에 친숙한 사람들에게 어떻게 반응하는가? 낯선 사람들에게는 어떻게 반응하는가?
- 접촉과 신체적인 자극에 대해 어떻게 반응하는가?
- 수면, 수유(또는 식사), 배변은 규칙적으로 진행되는가, 아니면 일관성 없게 진행되는가?
- 하루 일과가 변화되었을 때, 이를테면 새로운 장소에 갔을 때 어떻게 반응하는가?
- 쉽게 달래지는가, 아니면 진정시키는 데 오랜 시간이 걸리는가?

- 쉬운 아이(easy child), 더딘 아이(slow to warm-up child), 까다로운 아이(difficult child) 중 어디에 속하는가?

《 533 아동의 행동 상태에 반응하기 》 아동이 상호작용 활동에 참여할 준비가 되었다는 단서를 나타내면 확인하고 반응해 준다.

실행 사항

- 아동이 부모와 상호작용하면서 보내는 시간과 혼자 있는 것을 좋아하는 시간이 있을 것이다. 아동이 상호작용하는 동안 자신의 성향을 드러내는 단서를 확인한다. 아동이 드러낸 단서를 아동과 함께하는 상호적인 에피소드를 조절하는 데 적용한다.
- 아동은 보통 함께 상호적인 활동을 하다가 일정 시간 동안은 참여하지 않는다. 아동은 함께가 아니라 혼자서 상호작용하고 싶을 수도 있다. 아동이 상호적인 활동을 하고 싶지 않다는 신호로 나타내는 행동을 확인한다.
- 아동이 부모로부터 벗어나려 할 때 그냥 내버려 둔다. 이때 부모가 계속해서 아동에게 주의를 주고 있다면, 아동은 곧 상호작용 활동으로 돌아올 것이다.
- 만일 아동이 혼자 있는 것을 더 좋아하고 부모와 상호적인 활동을 하는 것을 피하려 한다면, 부모가 아동의 활동에 개입한다. 이렇게 하는 좋은 방식은 아동이 하는 것을 함께하면서 아동의 활동에 합류하는 것이다.

《 534 아동의 행동 유형에 적합한 기대 가지기 》 만일 아동이 새로운 상황에 대한 적응이 느리다면, 이후에 일어나는 다른 상황에서도 이러한 방식으로 행동할 것이라고 예측한다. 아동이 한 번에 단지 짧은 시간 동안만 부모 또는 다른 사람들과 상호작용할 수 있다면, 상호작용을 지속하고자 할 때, 아동이 긍정적으로 응할 것이라고 기대하지 않는다.

실행 사항

- 단지 상황이 그렇게 하기를 요구한다고 해서 아동이 자신의 행동 유형을 바꿀 수는 없다는 것을 기억한다. 예컨대, 본래 활동적이고 충동적인 2세된 아동은 그렇게 행동해서는 안 되는 공공장소(예: 교회, 식당, 마트, 친구 집 등)에서도 여전히 활동적이고 충동적일 것이다.

- 아동이 일반적으로 행하는 방식에 적응하도록 한다. 아동이 평소 행동하는 것에 비해 공공장소에서는 더 잘 행동할 것이라고 기대하지 않는다. 아동이 자신의 반응을 스스로 통제할 수 없다는 것을 이해한다. 아동이 상황에 따라 달리 요구되는 행동 규준에 맞출 수 없을 때 일어나는 갈등을 피하기 위해서 부모는 아예 이러한 장소에 가지 않거나 베이비시터에게 맡겨 두고 혼자서 가도록 한다.
- 아동이 어려움을 느끼거나 스트레스를 받는 상황에 잘 적응하도록 도울 수 있는 활동을 생각해 본다(예: 아동이 즐거워하면서 그 장소나 활동에 머물러 있을 수 있도록 아동이 좋아하는 장난감 가져가기, 아동에게 앞으로 무슨 일이 일어날 것인지에 대해 미리 이야기해 주기 또는 식당에서 아동이 좀 더 자유롭게 활동할 수 있고 돌아다닐 수 있는 자리에 앉히기).

《535 아동의 상호작용속도에 맞추기》 아동과 상호작용을 할 때, 상호작용의 속도를 아동과 비슷하게 유지한다.

실행 사항

- 아동의 상호작용에 보조를 맞추기 위해서 아동이 움직임에서는 어른보다 빠르고, 사고와 이해 과정에서는 어른보다 느리다는 사실을 염두에 둔다. 아동은 행동 면에서 앞서 가고 어른은 생각 면에서 앞서 간다면, 부모와 아동은 서로 간의 연결 고리를 찾을 수 없다.
- 아동이 어른과 접촉을 시도할 수 있게 침묵의 시간을 준다. 침묵의 시간은 아동이 상호작용하려는 신호일 수 있다.
- 아동은 침묵하는 동안 아무것도 하지 않는 것이 아니라 무엇을 할 것인지 생각하고 있는 것이다.

5 중심축 행동: 자신감

SE-5 자신감은 아동이 사회적 또는 비사회적 과업을 수행하는 능력에 관하여 긍정적인 감정을 가지는 정도를 의미한다. 아동은 자신에 대하여 긍정적인 관점을 가지고 사람들과 상호작용을 하고 새로운 것을 시도하도록 동기화된다. 아동은 자신에 대해 자부심을 가지며 기꺼이 새로운 행동이나 활동들을 시도하려 한다.

자신감에 관한 고려사항

SE-501 아동의 능력만으로 아동이 자신에 대해 어떻게 느끼는가를 판단할 수 없다.

미국의 유명한 아동 동화 '작은 엔진이 할 수 있는 것(The little engine who could)'은 작고 오래된 기차의 엔진이 어떻게 훨씬 크고 힘이 센 엔진만이 가능한 일을 수행할 수 있는가에 관한 이야기다. 작은 엔진이 그동안 그 일을 할 수 없었던 것은 무엇보다도 그 일을 수행할 능력이 없다고 생각했기 때문이다. 이 동화의 교훈은 성공은 개인이 얼마나 강한가 또는 얼마나 능력이 있는가에 못지않게 자기 자신이 능력이 있고 유능하다고 믿는 것에 달려 있다는 것이다.

이러한 교훈은 자기 자신을 종종 다른 또래 아동과 비교하거나, 다른 아동보다 못하다고 생각하는 모든 아동에게 중요한 메시지를 준다. 특히, 발달적 문제가 있는 아동들, 즉 사실상 다른 아동들만큼 능력이 없고, 때때로 무엇인가를 하기 위해서는 다른 사람의 의지와 결정에 의존해야 하는 아동들에게는 더욱 중요하다. 제한된 능력을 가진 아동들도 작은 엔진처럼, 많은 것들을 성취할 수 있다. 많은 사람들이 불가능하다고 생각할지라도 아동이 자신에게 수행 능력이 있다고 믿는다면 이룰 수 있다. 즉, 아동의 과업에서 성공 여부는 아동이 가지는 '능력' 보다는 자기 자신에 대한 '믿음'과 해야 하는 것을 '할 수 있다는 생각'에 달려 있다. 이 시대의 영웅은 바로 자신의 불가능을 부인하고 기대 이상의 성과를 올리는 사람이다.

조기중재의 중요한 목적은 아동의 발달 능력을 최대화하는 것과 어쩌면 더 중요할 수 있는, 원하는 것을 이룰 수 있는 능력을 가지고 있다는 믿음과 자신감을 키우도록 돕는 것이다. 아동은 성공적인 경험을 많이 가질수록 자신감을 키우게 된다. 이를 위해 우리가 할 수 있는 방법은 아동의 현재 능력을 상위하는 것보다는 아동이 할 수 있는 것을 하도록 요구하는 것이다.

만약 우리가 아동이 지식, 의사소통 능력 그리고 기능을 더 많이 습득하도록 돕는다 하더라도 아동이 자신을 믿지 못하고, 시련을 견딜 능력에 대한 자신감을 가지지 못한다면 과연 무엇을 성취할 수 있겠는가? 아동이 자신감을 갖도록 돕는 것이 조기중재의 가장 중요한 목적이 되어야 하며, 아동이 아직 익히지 못한 기술을 배우고 발달시키기 위한 노력이 강요되어서는 안 된다.

SE-502 아동은 어린 나이에도 자신에 대한 내면적 모델을 형성한다.

아동은 의사소통을 하고 감정을 표현하기 훨씬 이전부터, 나이가 많고 감정 표현을 보다 잘하는 아동이 보이는 것과 같은 정도의 정서와 감정을 가지고 있다. 생후 첫 1년이 되면, 아동은 즐거움, 흥분, 기대, 놀람, 두려움, 슬픔, 분노 그리고 심지어 우울을 느낀다. 그들은 또한 자기 자신에 대해 내면적 감정을 형성하기 시작한다. 사랑받는다는 느낌, 좋아한다는 느낌, 심지어 자신의 유능감에 대해서도 느끼게 된다.

아동의 자신감은 부모와의 상호작용에 따라 강력한 영향을 받는다. 부모는 아동이 하나하나 새로운 성취를 할 때 마치 큰일을 이룬 것처럼 반응해 주고, 아동이 하는 모든 것을 즐겁게 받아들이고, 아동에게 "너무 대단하다." "너무 귀엽다." "너무 영리하다."라고 말해 주면서, 경쟁력이 있고, 특별하며, 가치가 있다는 메시지를 지속적으로 전달해 주어야 한다. 이러한 메시지들이 일상에서 습관적으로 주어진다면, 아동은 점차적으로 이 메시지들을 내면화하고, 실제와는 상관없이 자신을 경쟁적이라고 여기게 된다.

모든 아동이 부모와 규칙적으로 이러한 경험을 하게 되는 것은 아니다. 부모들은 자신이 피곤하거나 우울할 때 부정적인 메시지를 전달할 수 있고, 아동과 놀아 줄 시간이 부족하거나 그것이 즐겁지 않을 수도 있다. 만약 부모가 아동이 하는 대부분의 것을 귀찮다고 여기게 된다면, 또는 부모가 아동의 발달을 너무 걱정하여 할 수 없는 것에만 초점을 둔 나머지 아동이 하는 것에는 즐거움을 보이지 않는다면, 부모는 아동의 자아상에 부정적인 영향을 미칠 수 있다.

부모가 자식에 관하여 얼마나 사랑과 관심을 가지는지와는 상관없이, 이러한 부모의 행위는 아동에게 완벽하지 못하다거나, 바람직하지 않다거나, 경쟁력이 떨어진다는 식의 의미를 전달할 수 있다. 부모가 아동에게 긍정적인 메시지를 줄 때 아동이 자신에 대해 긍정적인 이미지를 형성하는 것과 마찬가지로, 아동이 매일 부정적인 메시지에 노출되는 것은 결국 아동이 자신의 능력과 가치에 대하여 부정적인 인식을 형성하는 결과를 낳는다.

아동의 일상적인 일과 경험은 어린 시기부터 자기 자신에 대해 느끼는 감정 형성에 영향을 미친다. 따라서 아동기 초기부터 아동이 부모와 함께하는 일상의 활동에서 성공을 경험하는 것은 자신감 형성에 주된 영향을 미친다. 또한 시간이 지나면서 이러한 경험은 점차적으로 자신이 누구이고, 무엇을 할 수 있으며, 자신의 가치는 무엇인지에 대한 의식을 형성하게 한다. 아동이 어린 시기에 가지게 되는 이러한 자신감은 아동의 남은 인생 동안에 자신에 관한 인식에 지속적인 영향을 준다.

SE-503 아동이 하는 것에 대해 어른이 기뻐하거나 즐거움을 표현할 때, 아동은 자신에 관하여 긍정적인 감정을 갖는다.

칭찬은 아동이 하도록 기대된 것을 성취했다는 것을 알게 하기 위하여 어른이 사용하는 애정의 말과 표현이다. 어른이 칭찬을 사용하는 이유 중 하나는 어른이 원하는 행동을 아동이 더욱 자주 시도하도록 촉진하기 위해서다. 그리고 수용(accepting)은 아동이 무엇을 하는지와 상관없이 아동을 가치 있게 여기는 것을 의미한다. 수용은 아동에게 그들이 얼마나 소중한 존재인지를 말해 주는 애정의 말과 표현이다. 칭찬과 수용의 주된 차이는 이들 행동에 따라오는 사건들이다. 칭찬은 아동이 어른의 기대에 부응했을 때 일어나지만 수용은 오직 아동 그 자체로 이루어진다.

만약 어른이 아동을 자주 칭찬하지만 조건 없는 수용을 하지 않는다면, 아동이 주로 다른 사람들이 원하는 것을 했을 경우에만 가치를 인정받는다는 것을 알려 주는 셈이다. 지나친 칭찬은 아동이 자신의 가치를 오직 다른 사람의 기대에 부응할 수 있는지에 따라서만 판단하게 되는 결과를 낳게 된다. 그러나 부모가 칭찬을 자신이 원하는 과제를 아동이 성취하기 위한 강화로 사용하는 경우, 자주 수용해 주면서 칭찬과 조화를 맞춘다면, 부모는 아동이 행한 것에 대해 보상을 주면서, 아동이 무엇을 하든지와 상관없이 그들이 가치 있다는 것을 계속적으로 피드백하게 된다.

아동 초기에는 아동이 성취했을 때뿐만이 아니라 아동 자체로 가치 있고 수용된다는 것을 알게 해 주는 것이 중요하다. 많은 경우, 아동이 발달적 문제가 있을 때 부모와 다른 어른들은 아동이 못하는 것과 배워야 하는 것들에 집중할 뿐, 아동이 평소에 하는 것들에 대해서는 즐거움을 느끼지 못하여 아동 그 자체로 받아들여진다는 것을 느끼게 해 주지 못한다. 아동이 하는 것에 기쁨을 표현하고 즐거워한다고 해서 필요한 것을 배우려는 노력을 방해하지 않는다. 특히 수용은 아동이 지닌 최대의 발달적 능력을 깨닫는 데 결정적인 자신감이나 자존감을 발달시킨다.

SE-504 성공은 자신감을 낳고, 실패는 자신감 부족을 낳는다.

자신감은 단순히 사람의 능력이나 영리함에서 비롯된다기보다는, 자기 자신과 자신의 능력에 대해 어떻게 느끼는지에 따라 영향을 받는다. 왜 어떤 사람은 자기 자신에 대해 자신감을 가지고, 어떤 사람은 그렇지 못한가?

수년 동안 심리학자들은 이러한 질문에 관심을 가져왔다. 여러 연구에서 심리학자들은 참여자들이 해야 할 과제를 임의로 계획하고 그 결과를 살펴보았다. 이 중 일부는 참여자들이 어떻게 하든지 상관없이 성공할 수 없게 계획되었다. 그리고 나머지는 참여자들이 어떻게 하든지에 상관없이 성공하도록, 아니면 적어도 성취감을 느낄 수 있도록 계획되었다. 연구 결과, 심리학자들이 발견한 것은 여러 번의 시도에서 실패를 경험한 참여자들은 자기 자신에 대해 그 과제를 수행할 수 없는 사람이라고 보았고, 과제에 대한 흥미를 잃었으며, 곧바로 포기하였다. 반면에 성공을 경험한 참여자들은 이와 반대로 시간이 흐르면서, 어떻게 과제를 수행해야 하는지에 대한 자신감이 증가하였고, 계속해서 과제에 흥미를 가지고 있었으며, 더 오랜 시간 동안 과제를 지속하였다.

앞의 연구 결과에서도 나타나듯이 아동이 부모나 다른 어른과의 상호작용에 있어서 일상에서 겪는 성공과 실패 경험은 아동의 자신감에 영향을 준다. 즉, 아동의 상호작용이 성공적일수록(예: 부모가 요구하는 것을 할 수 있다.) 긍정적인 자아 개념을 형성하게 될 가능성이 크다. 반면에, 아동이 부모와의 상호작용에서 실패를 경험할수록(예: 부모가 요구하는 것을 할 수 없다.) 부정적인 자아 개념을 형성하게 될 가능성이 크다.

3~5세의 아동은 주로 부모와 관계를 맺는 방식에서 일차적으로 자기 지각(self-perceptions)을 형성한다. 아동이 부모와 어떤 관계를 맺는가는 아동이 형제자매, 친구 또는 다른 어른과 맺는 관계보다 자기 지각(자신감)에 더 중요하다. 아동의 능력에 한계가 있다고 하더라도, 부모는 아동이 할 수 있는 활동을 수행하도록 요구하면서 아동이 자기 자신이 유능하다고 인식하도록 도울 수 있다. 반대로 영리하고 능력이 있는 아동이더라도 아동이 할 수 없는 것들을 요구하고 기대할 때, 아동은 부정적인 자아 개념을 가지게 된다.

SE-505 아동은 자신에게 요구된 것을 할 수 있는 능력이 없을 때 실패한다.

성공과 마찬가지로, 실패는 상대적인 현상이다. 사람들이 실패하는 것은 다른 사람들이 수행하기를 기대하는 것을 할 능력이 없는 것에 근거한다. 아동이 할 수 있는 것보다 높은 기대를 가질 때, 아동이 얼마나 영리한지 또는 능력이 있는지와 상관없이 실패할 확률이 높다. 아동이 실패하는 것은 자신의 능력보다는 자신에게 기대된 것을 얼마나 충족할 수 있는지와 더 많은 관계가 있다.

만약 부모가 발달적 문제가 있는 아동에게 그 아동의 나이 수준에 맞추어(발달 수준이 아닌) 수행하도록 요구하고 기대한다면, 실패 경험을 증가시킬 것이다. 정의에 따르면, 발달적 문제가 있는 아동은 같은 나이의 전형적인 발달을 하는 아동에 비해 적어도 하나 이상의 발달 영역에서 능력이 떨어진다. 따라서 발달적 문제가 있는 아동에게, 나이에는 적합한 것이더라도 아동의 현재 능력으로 할 수 없는 일을 기대하는 것은 실패할 확률을 증가시키는 것이다.

발달적 문제가 있는 아동이 실패할 가능성은 부모의 기대와 요구가 아동의 능력에 맞게 조정됨에 따라 줄어든다. 그러나 아동이 성공하거나 실패하는 것에 대한 확률상의 차이는 거의 없다. 비록 부모의 기대가 아동의 능력 범위를 아주 조금만 넘어서는 것이라도, 부모의 기대가 아동의 능력을 넘어서는 만큼 아동이 실패할 확률도 커진다. 예컨대, 자전거 타는 기술을 습득한 아동도, 자전거를 전혀 타지 못하는 아동과 마찬가지로 넘어질 확률이 있다.

아동은 부모와의 상호작용에서 첫 번째 실패를 경험한다. 부모가 아동 스스로 할 수 없는 것들을 하도록 요구하고 제안하는 경우, 아동은 실패를 경험한다. 의도하지 않았다고 하더라도 만약 부모가 계속적으로 아동이 할 수 없는 것을 하도록 조장하는 데 중점을 둔다면, 아동에게 요구하는 일들이 무엇이든지 간에 아동에게 실패를 기대하는 것을 가르치는 것이다. 이러한 기대는 시간이 지날수록 자기 자신에 대해 부정적인 인식을 형성하는 결과를 낳는다.

SE-506 장기간의 학습은 가르치고자 하는 특정 기술과 행동보다 아동이 그것을 어떻게 느끼는가에 달려 있다.

초등학교에서 최고로 성취하려는 경향이 있는 아동은 1학년을 성공적으로 보낸 아동이다. 그러나 1학년 때 배우는 것이 마법적인 내용들도 아니며, 1학년이 왜 그렇게 중요한지를 설명할 수도 없다. 실제로 1학년 때 해당 학습 내용을 숙달하지 못한 아동들도 2학년이 되면 그것들을 빠르게 배운다. 아마도 아동이 1학년 때 배우는 가장 중요한 것은 자신의 학습 능력에 관한 것일 것이다. 만약 그들이 1학년 때 성공적이었다면, 이러한 자신의 경험을 앞으로 학교생활에 성공적인 징조로서 해석할 것이다. 그러나 만약 성공적이지 않았다면, 자기 자신에 대해 학업 능력이 없는 것으로 해석할 수 있다. 아동이 저학년 때 배우는 구체적인 기술과 행동들은 자신에 대해 형성하는 태도에 비하면 일생 동안의 학습에서 그리 중요한 것이 아니다.

아동기 초기에 부모와 함께하는 상호작용에도 같은 원리가 적용된다. 아동은 태어나면서부터 성공이 무엇인지 아는 것이 아니다. 아동은 성공에 관하여 부모로부터 배운다. 부모가 아동이 할 수 있는 것을 하도록 기대한다면, 아동은 성공을 반복적으로 경험하게 될 것이다. 이처럼 어린 시절에 성공을 경험한 아동들은 자신을 '학습 가능한' 사람으로 인식하기 시작한다. 비록 아동이 제한된 학습 능력을 가지고 있더라도 일상생활에서 높은 수준의 성공을 경험할 때, 아동은 자신의 능력을 믿게 될 것이다.

따라서 아동의 개인적인 성공 경험은 부모가 아동에게 하도록 요구하는 것들과 밀접하게 관련되어 있다. 부모가 아동을 자랑스러워하고, 아동에 대해 기대하고, 아동 그 존재 자체만으로 기뻐하고, 행복해할 때, 아동은 성공을 경험한다. 그리고 아동이 부모가 기대하는 것을 할 능력이 있을 때, 아동은 보다 높은 수준의 성공을 경험하고 자신의 학습 능력을 믿게 되는데, 이는 아동의 일생을 통하여 학습에 중요한 이점이 된다.

발달적 문제가 있는 아동의 부모는 염려하기보다는 아동이 더 잘할 수 있도록 희망하고 기대해야 한다. 그러나 부모는 이러한 희망과 기대들이 아동에게 불가능한 것을 하도록 요청하거나 지시하는 것으로 해석하지 않도록 주의해야 하며, 아동의 자신감을 키울 수 있는 주된 방법 중의 하나가 성공을 경험하게 하는 것임을 명심해야 한다. 이렇게 하기 위하여, 부모는 아동과 함께하는 일상의 상호작용 동안 아동이 할 수 있는 것들을 하도록 기대해야 한다.

SE-507 자신감이 있는 아동은 인지적 · 사회적 과제의 도전에 맞서고 자신을 주장한다.

중재(intervention)에서 아동이 알아야 하는 것과 해야 하는 모든 것을 가르칠 수는 없다. 아동이 배워야 할 중요한 것은 학습자(learner)가 되는 능력과 세상에서의 시련과 요구에 대처하는 능력이다. 중재는 아동이 알아야 하는 모든 것을 가르치는 것보다 아동이 효과적인 학습자가 되기 위해 필요한 능력과 기술을 습득하도록 돕는 것이 훨씬 더 중요하다. 아동이 자신감 또는 아동이 자신의 학습 능력에 대해 유능감을 키우는 것도 중요한 능력 중 하나다.

자신이 유능하다고 느끼는 아동은 그렇지 않다고 느끼는 아동에 비해 어렵거나 도전적인 활동에 훨씬 더 오래 참여한다. 발달이란 아동이 세상에 있는 도전들을 발견하고 이러한 도전에 대처하는 데 필요한 시행착오의 과정을 통하여 무엇을 해야 하는지를 결정하는 과정이다. 이 과정은 아동이 능동적으로 상호작용에 참여하고, 자신의 세계에 흥미를 가지게 하며, 도전과 난관에 부딪혔을 때 포기하지 않도록 하는 데 필수적인 자신감을 필요로 한다.

논의점

SE-501 아동의 능력만으로 아동이 자신에 대해 어떻게 느끼는가를 판단할 수 없다.

- 과업에서 아동의 성공 여부는 아동이 가진 '능력' 보다는 자기 자신에 대한 '믿음' 과 해야 하는 것을 '할 수 있다는 생각' 에 달려 있다.
- 아동은 성공적인 경험을 자주 가질수록 자신감을 키우게 된다.
- 아동이 자신감을 갖도록 돕는 것이 조기중재의 가장 중요한 목적이 되어야 한다.

SE-502 아동은 어린 나이에도 자신에 대한 내면적 모델을 형성한다.

- 아동의 자신감은 부모와의 상호작용에 따라 강력한 영향을 받는다.
- 아동이 매일 부정적인 메시지에 노출되는 것은 결국 자신의 능력과 가치에 대하여 부정적인 인식을 형성하는 결과를 낳는다.
- 아동이 부모와 함께하는 일상의 활동에서 성공을 경험하는 것은 아동의 자신감에 주된 영향을 미친다.

SE-503 아동이 하는 것에 대해 어른이 기뻐하거나 즐거움을 표현할 때, 아동은 자신에 관하여 긍정적인 감정을 갖는다.

- 어른이 사용하는 주된 칭찬 방식 중 한 가지는 어른이 원하는 행동을

아동이 더욱 자주 시도하도록 촉진하는 것이다.

- 수용은 아동이 무엇을 하는지와 상관없이 아동을 가치 있게 여기는 것을 의미한다.
- 지나친 칭찬은 아동이 자신의 가치를 오직 다른 사람들의 기대에 부응할 수 있는지에 따라서만 판단하게 되는 결과를 낳게 된다.
- 수용은 아동이 지닌 최대의 발달적 능력을 깨닫는 데 매우 결정적인 자신감 또는 자존감을 발달시킨다.

SE-504 **성공은 자신감을 낳고, 실패는 자신감 부족을 낳는다.**

- 아동의 상호작용이 성공적일수록 긍정적인 자아 개념을 형성하게 될 가능성이 크다.
- 영리하고 능력이 있는 아동일지라도 아동이 할 수 없는 것들을 요구하고 기대할 때, 아동은 부정적인 자아 개념을 가지게 된다.

SE-505 **아동은 자신에게 요구된 것을 할 수 있는 능력이 없을 때 실패한다.**

- 아동이 실패하는 것은 그들의 능력보다는 그들에게 기대된 것을 얼마나 충족할 수 있는지와 더 많은 관계가 있다.
- 만약 부모가 발달적 문제가 있는 아동에게 그 아동의 나이에 적합한 수준에서 수행하도록 요구하고 기대한다면, 아동의 실패 경험을 증가시킬 것이다.
- 의도하지는 않았다고 하더라도 만약 부모가 계속적으로 아동이 할 수 없는 것을 하도록 조장하는 데 중점을 둔다면, 아동에게 하도록 요구하는 일들이 무엇이든지 간에 아동에게 실패를 기대하도록 가르치는 것이다.

SE-506 **장기간의 학습은 가르치고자 하는 특정 기술과 행동보다 아동이 그것을 어떻게 느끼는가에 달려 있다.**

- 비록 아동이 제한된 학습 능력을 가지고 있더라도 일상생활에서 높은 수준의 성공을 경험한다면, 아동은 자신의 능력을 믿게 될 것이다.
- 부모가 기대하는 것을 할 능력이 있을 때, 아동은 높은 수준의 성공을 경험하고, 일생을 통하여 중요한 이점이 되는 학습에 대한 자신의 능력을 믿기 시작한다.

SE-507 자신감이 있는 아동은 인지적 · 사회적 과제의 도전에 맞서고 자신을 주장한다.

- 중재는 아동이 알아야 하는 모든 것을 가르치는 것보다 아동이 효과적인 학습자가 되기 위해 필요한 능력과 기술을 습득하도록 돕는 것이 훨씬 더 중요하다.
- 자신이 유능하다고 느끼는 아동은 유능하지 않다고 느끼는 아동에 비해 어렵거나 도전적인 활동에 대해 훨씬 더 오래 참여하려고 한다.

자신감을 촉진하는 RT 전략

◖134 장난감을 가지고 아동과 함께 놀이하기◗ 아동과 함께 장난감을 가지고 놀이할 때, 처음에는 장난감을 가지고 아동이 하는 것처럼 놀이하다가, 점차적으로 아동에게 그것들을 사용할 수 있는 새로운 방법들을 보여 준다.

실행 사항

- 아동이 가지고 노는 장난감을 그대로 가지고 놀이한다. 아동이 선택한 것을 가지고 놀이할 때, 아동은 더욱 집중하고 보다 많이 상호작용하게 될 것이다.
- 어떤 것을 '올바르게' 해야 한다거나 장난감을 가지고 특정한 활동을 하도록 강요하지 않을 때 아동은 어른과 상호작용을 할 것이다.
- 일상에서 아동과 장난감을 가지고 주거니 받거니(back-and-force) 하는 형태가 형성된 후에, 아동에게 점차적으로 새롭거나 또는 좀 더 적합하게 놀이하는 방식을 소개한다(처음부터 가르치려 하면 아동은 그곳에 오래 머물지 않을 것이다).

◖231 비의도적인 발성, 얼굴 표정, 몸짓을 마치 의미 있는 대화인 것처럼 반응하기◗ 종종 아동은 소리를 내는데 이는 감각 놀이를 위한 것이지, 의도적인 의사소통을 하기 위한 것은 아니다. 아동이 하는 모든 행동은 의사소통이 될 수 있다. 많은 사람들이 아동의 행동에 더욱 자주 반응해 줄수록 아동은 비의도적인 반성이나 몸짓 등의 행동을 사용하여 당신이나 그 밖의 사람들과 의미를 교환하는 방식을 더욱더 빨리 배우게 될 것이다.

실행 사항

- 아동이 그냥 혼자 놀이를 하거나 아동이 만드는 소리가 어떤 분명한 의미나 의

사소통을 위한 의도가 없는 경우에도, 아동이 내는 소리에 반응하는 습관을 가지도록 한다.

- 만일 아동이 놀이하는 과정에서는 소리를 만들어 내지만 자신의 의도를 전달하기 위한 소리는 내지 않는다면, 아동은 소리로 다른 사람의 주의를 끌 수 있다는 사실을 아직 배우지 못한 것이다. 아동이 소리를 내어 다른 사람과 의사소통하도록 돕기 위하여 아동의 얼굴 표정이나 접촉보다는 소리에 더 많이 반응해 준다.

《441 아동이 하는 것에 가치를 두기》 아동이 하는 것을 중요하고, 흥미 있고, 의미 있는 것으로 여긴다. 또래의 다른 아동들이 하는 것과 다르다고 해서 아동이 하는 것을 쉽게 무시하지 않도록 한다.

실행 사항

- 지난 중재회기 이후에 아이가 했던 행동들을 목록으로 만든다. 아동이 하는 행동들 가운데 긍정적인 측면들에 초점을 둔다.
- 혼자 놀이하는 상황, 당신과 함께 놀이하는 상황, 다른 아이들과 놀이하는 상황 등 다양한 상황에서 아동의 행동을 비디오로 녹화한다. 비디오 자료를 보면서 아동이 하는 행동을 확인하고 아동이 완수한 내용을 기록한다.
- 전문가는 중재회기 동안 아동이 하는 행동에 대해 지속적으로 코멘트해 주어야 한다. 아동의 행동을 격려해 준다. 아동이 하는 행동의 중요성과 의미에 대해 부모와 이야기한다.

《442 아동의 두려움을 의미가 있고 적합한 것으로 대하기》 생애 초기에 아동들은 어른에게는 공포스럽게 보이지 않는 사람, 장소, 빛, 소리 등에 대해 두려움을 나타낸다. 아동이 느끼는 두려움은 다른 사람과 사건들에 대한 이해가 부족하기 때문에 나타나는 것으로 여긴다. 아동이 공포에 대처할 수 있도록 안정시켜 주고 지지해 준다.

실행 사항

- 아동이 발달해 감에 따라, 사람, 장소, 감각에 대한 아동의 이해는 지속적으로 변화하게 된다. 예컨대, 낯선 사람에 대한 두려움은 보통 아동이 부모를 지지해 주고 보호해 주는 유일한 대상으로 여기기 시작하는 때인 8~12개월경에 나타

나기 시작한다.

⟪443 아동이 하는 것은 무엇이든지 수용하기⟫ 다른 사람에게 해가 되거나 무례하거나 또는 가족의 가치와 권위에 맞지 않는 행동을 제외하고, 아동이 하는 행동은 어떤 것이든 지지해 주고 반응해 준다.

실행 사항

- 아동이 하는 것은 무엇이든지 반응해 주는 것은 장기적으로 볼 때 의미가 있다. 때론 부모의 이와 같은 반응이 아동이 현재 하고 있는 행동을 계속하도록 촉진하는 것이더라도, 아동이 새로운 발달 행동을 배우는 것을 방해하지는 않을 것이다. 더욱이 바람직하지 않는 행동을 강화하지 않으면서 반응해 주는 것은 아동이 하고 있는 것을 가치 있게 여기고 받아들인다는 것을 전달하는 것이다. 부모의 반복적이고 긍정적인 피드백은 아동이 유능감을 형성하는 데 도움이 될 것이다.
- 부모는 자신의 부모가 자신의 발달에 어떠한 영향을 미쳤는지 생각해 본다. 당신의 부모는 당신이 특정 행동을 배우도록 돕거나, 자기 개념과 성격을 형성하는 데 있어서 중요한 역할을 수행하였는지 생각해 본다. 만일 아동이 할 수 없는 행동에 지나치게 중점을 두고 있다면, 아동의 자아 형성에 부정적인 영향을 준다는 것을 간과하고 있는 것이다.
- 부모는 아동이 행동을 학습하도록 애쓰고 있지만, 동시에 아동이 할 수 있는 행동은 거부함으로써 부정적인 메시지를 준다면, 아동이 받은 부정적 피드백은 달리 보상하기 어려울 것이다.

⟪444 아동이 하는 신기하고, 재미있고, 바람직한 행동에 대해 이야기하기⟫ 아동이 하는 긍정적이고 재미있는 것들에 대해 이야기한다. 중재회기에서뿐 아니라 배우자, 친구, 친척과 이루어지는 일상 중의 상호작용에서도 이러한 대화를 하면서 상호적으로 활동한다.

실행 사항

- 친구와 친척들에게 자녀에 관한 긍정적인 경험과 긍정적인 일에 대해 이야기한다. 아동이 하는 긍정적이고 재미있는 사건들을 중요시하는 습관을 가질수록,

아동이 현재 하는 것들을 가치 있고 있는 그대로 받아들이는 것이 훨씬 수월해질 것이다.

- 아동의 발달적인 문제나 장애에 중점을 둘수록, 아동 자체에 대해 진실되게 받아들이는 데 더 어려움을 느끼게 된다. 아동의 발달적인 문제는 일생을 통해 의미를 가지는 문제이므로 무시하기 어렵다. 그러나 아동을 '문제가 있는 아이'라기보다는 그저 '아이' 라고 받아들이고 이야기할 때, 부모는 아동이 거의 통제하지 못하는 발달적 문제들과 실랑이하는 대신 아동을 있는 그대로 받아들이고 양육해 나가게 될 것이다.
- 교사(또는 중재자)는 각 중재가 시작되는 초기에 부모에게 지난 회기 이후로 아동과 함께 지내며 일어났던 재미난 경험이나 일화에 대해 말해 주도록 요청한다.

《513 아동의 발달적 수준에 맞는 활동 요구하기》 아동에게 무엇인가를 하거나 말하도록 요청할 때는, 아동의 조절(accommodation) 범위 내에 있는 행동으로 제한해야 한다. 아동은 자신의 조절 범위를 넘어서는 행동과 의사소통에 대해서는 반응하기 어려울 것이다.

실행 사항

- 아동과 함께 놀이하는 장면을 녹화한 비디오 자료를 관찰해 본다. 그리고 부모가 아동에게 하라고 요청한 행동들을 적어 본다. 이러한 행동들을 발달 프로파일(예: 발달 레인보우, Mahoney & Perales, 1996)에서 찾아본다. 아동의 조절 범위 내에 있는 것들을 아동에게 하라고 요청했을 때, 아동이 더 잘 반응하고 상호적 활동에 참여하였는지를 주의 깊게 살펴본다. 한편, 아이가 어려워하는 것을 요청하였을 때(즉, 아동의 조절 범위를 넘어서는 것), 아동이 얼마나 수동적이 되고 또 부모의 요청을 무시하는지 주의 깊게 살펴본다.
- 부모 또한 자신의 입장에서 할 수 없는 것을 하도록 요청받았을 때 어떻게 반응하는지 생각해 본다.
- 아동의 발달적 수용 능력(developmental capacity) 안에서 가능한 것을 하도록 요구하여 아동에게 성공의 기회를 더 많이 가지도록 한다.

《514 아동이 할 수 있는 방식대로 행동하기》 아동과 상호작용할 때, 아동이 하는 활동을 거울처럼 반영해 주기 위하여 부모는 자신의 활동과 방식을 아동에게 맞추어 조정한다.

실행 사항

- 아동의 행동 가운데 몇 가지를 모방해 본다. 이렇게 할 때 아동이 부모와 어떻게 함께 머물러 있는지 그리고 아동이 얼마나 더 주의를 기울이는지 유심히 관찰한다.
- 아동이 가지고 노는 장난감이나 사물을 가지고 아동과 같은 방식으로 놀이한다. 자녀가 선호하는 장난감이나 물건을 가지고 상호작용할 때, 아동은 더욱 능동적으로 주의를 집중하고 상호작용하게 될 것이다.
- 아동과 함께 놀이하는 과정을 비디오로 녹화하여 관찰해 본다. 아동이 자발적으로 행동할 때 부모가 얼마나 아동의 행동에 적절하게 반응하는가가 중요하다.
- 아동의 행동에 적절하게 반응하기 위해서는 아동이 현재 하는 것에 적합한 단어들(예: '이리 와!' '가자!' '먹자!' '엄마' '강아지' '트럭' 등)을 함께 말해 준다. 이때 단어들은 아동에게 더욱 의미를 가지게 되어 2개, 3개, 빨강, 노랑, 말, 농장과 같은 단어들을 쉽게 배우게 될 것이다.

6 중심축 행동: 통제감

SE-6 통제감은 아동이 활동의 숙달을 보여 줄 수 있는 정도와 활동의 결과를 통제할 수 있다는 인식을 말한다. 통제력이 발달된 아동은 다른 사람에게 의존적인 것과는 반대로 자기 의존적이다. 아동은 종종 무엇을 할지에 대해서 선택한다. 아동은 의도적으로 다른 사람들이 하는 것에 영향력을 행사하고, 통제당하는 것보다 통제하는 것을 더 좋아한다.

통제감에 관한 고려사항

SE-601 아동은 자신의 환경을 통제하려는 기본적인 욕구를 가진다.

아동발달에 관한 연구에서 영아가 머리 위에 있는 모빌을 움직이는 스위치가 있는 베개를 베고 침대에 누워 있는 동안 관찰하였다(Watson & Ramey, 1972). 영아가 자신의 머리를 한쪽 방향으로 돌렸을 때, 그 스위치가 움직였고, 모빌이 움직였다. 영아가 머리를 다른 쪽으로 돌리면, 스위치는 움직이지 않고, 모빌은 움직이지 않았다.

연구자들은 3개월 된 영아들이 스위치를 작동하는 방법을 곧바로 알아낸다는 것을 발견하였다. 영아들은 처음에 모빌을 우연히 움직였지만, 같은 결과가 몇 번 우연히 일어나고부터는, 자신의 머리를 어떤 방향으로 돌림으로써 모빌을 조정할 수 있다는 것을 발견하였다. 영아가 이러한 수반성(contingency)을 학습했을 때, 모빌을 움직이는 횟수가 증가하였다. 더욱이 영아들이 모빌을 움직일 때마다 웃거나 미소를 지으면서 즐거운 반응을 보였다.

이 연구는 통제가 발달의 기본적 욕구임을 보여 주는 중요한 예다. 아동은 생후 초반부터 환경을 통제하는 것을 즐거워한다. 또한 아동이 통제를 발휘할 수 있는 상황에 있을 때, 더욱 능동적이고 상호 활동에 참여적이다.

어떠한 상황이든지 아동을 동기화시키는 데 중요한 요소는 통제를 발휘할 수 있는 기회를 가지는 것이다. 이는 아동이 새로운 정보나 기술을 학습하도록 동기화하는 데 중요한 요소 중 하나다. 아동은 통제를 발휘할 수 있는 학습 경험에 더욱 능동적으로 참여하게 된다. 그들에게 일어나는 것을 통제하거나 영향력을 행사하고자 하는 아동의 소망은 아동이 상위 수준의 발달 기술을 학습하는 데 강한 동기 요소가 된다.

SE-602 아동은 다른 사람을 통제함으로써 통제를 배운다.

아동이 통제를 배우는 초기 경험은 부모나 다른 사람과 함께하는 상호작용 중에 통제할 기회를 가질 때 일어난다. 아동은 부모를 자신과 함께하도록 통제하기 위해서 울음을 사용하는 법을 학습한다. 또한 미소, 응시, 일반적인 신체 활동과 같은 신호를 사용해 부모의 반응을 이끌어 낼 때, 아동은 다른 사람의 행동에 영향을 미치기 위해 이와 같은 사회적 신호를 사용하는 것을 학습한다.

아동은 사람들과 상호작용하면서 타인을 통제하는 경험을 반복적으로 가짐으로써, 통제하는 것을 학습한다. 아동이 통제 능력을 얼마나 잘 발달시키는가 하는 것은 아동의 초기 사회적 신호에 부모와 다른 사람들이 얼마나 잘 반응해 주는가에 달려 있다. 만약 부모가 아동의 사회적 신호에 가끔씩만 반응해 준다면, 아동은 통제 능력을 향상시킬 만한 충분한 기회가 없을 것이다. 그러나 만약 부모가 아동의 사회적 신호에 매우 반응적이라면, 아동은 다른 사람을 통제하는 능력을 발달시킬 수 있는 기회를 많이 가지게 될 것이다.

아동은 성장하면서 자신이 가지고 노는 장난감이나 그 밖의 사물, 또는 경험을 통해 통제할 기회를 많이 얻게 된다. 부모와 상호작용하면서 통제를 학습해 온 아동은 혼자 놀이하는 동안에도 통제를 발휘할 가능성이 크다. 즉, 아동이 부모나 다른 익숙한 사람들의 행동을 많이 통제하게 될수록, 아동은 새로운 상황에서도 통제를 많이 발휘하게 될 것이다.

SE-603 부모가 아동에게 항상 무엇을 해야 하는지 일러 준다면, 아동은 선택할 것이 없다.

아동은 그들이 원하는 것을 결정하고 선택할 기회를 가질 때 통제하는 것을 학습한다. 통제를 학습하는 기회는 언제 어떤 장난감을 선택해서 가지고 놀지, 그것을 가지고 어떻게 놀지, 누구와 상호작용할 것인지, 언제 무엇을 먹고 마실지와 같이 일상에서 언제든지 일어날 수 있다.

부모는 하루 동안 아동을 위해서 수많은 선택을 한다. 여기에는 무엇을 입힐지, 언제 목욕을 시킬지, 언제 무엇을 먹을지, 어디에 있을지, 어떻게 갈지, 언제 자러 갈지 등에 관한 선택들이다. 만일 부모가 이러한 선택을 하지 않아도 된다면 책임 있게 행동하지 않게 될 것이다.

그러나 이러한 대부분의 상황에서 무엇을 했고 어떻게 그것을 했는지에 대해 생각해 볼 여지가 있다. 예컨대, 부모와 아동이 함께 놀이를 할 때, 어떤 장난감을 가지고 놀지, 그것을 가지고 무엇을 할지에 대해 선택해야 한다. 부모와 아동이 서로 의사소통할 때, 의사소통의 주제와 누가 대화를 시작할 것인지에 대해 선택해야 한다. 유사하게 부모가 아동을 위해서 영양가 있는 식단과 규칙적인 식사를 계획하는 동시에, 아동이 얼마나 많이 먹고, 어떻게 먹어야 하는지에 대해 좀 더 폭넓은 선택을 해야 한다. 아동과 부모가 각각 선택하는 것을 함께 나누어 하는 경우에 대해 몇 가지 예가 있다.

부모는 때때로 자녀와 상호작용할 때 선택하게 되는 기회를 주도한다. 이는 부모가 작업을 완성하는 것에 중점을 두고 있거나, 하나의 상황에서 한 가지 해결책을 가지고 있거나, 아동이 학습해야 하고 어떤 것을 특정한 방식으로 수행해야 한다고 느낄 때 주로 일어난다. 그러나 부모가 아동과의 상호작용을 주도한다면, 아동이 선택할 기회를 제한하고 그럼으로써 아동이 통제를 학습하는 것을 방해할 수도 있다.

부모는 아동에게 가능한 한 선택의 기회를 많이 주어야 한다. 부모는 아동에게 활동과 대화를 시작하도록 허용하고, 아동이 이끄는 대로 따르고, 아동이 결정한 선택을 지지해 주어야 한다. 물론 부모는 아동의 생존과 안정을 위해서라면 선택해야 하는 책임을 포기해서는 안 된다. 그러나 아동에게 무엇을 하라는 식으로 지시하는 것을 자제할수록, 아동이 스스로 선택하도록 격려하게 되고, 아동이 통제할 수 있는 능력을 발달시키게 된다.

SE-604 어린 아동은 어떻게 선택을 하는가?

한 유명한 유치원 교육과정(The High/Scope Preschool Curriculum)은 유치원생들이 교실에서 무엇을 할지 선택할 기회를 최대화하기 위해서 '플랜 두 리뷰(Plan-Do-Review)'로 불리는 교수 양식(intructional format)을 사용하였다(Hohmann & Weikert, 1995). '계획' 과정에서 아동들은 교사와 하고 싶은 것이 무엇인지 의논하고, '실행' 과정에서는 자신이 선택한 것을 수행한다.

이 교육과정은 취학 전, 특히 4~5세 아동들이 선택한 것을 실행하기 전에 최소한 몇 분 동안 자신이 원하는 것을 선택할 수 있도록 하였기 때문에 효과적이었다. 하이/스코프 교육과정(High/Scope Curriculum)은 유치원기 아동들에게 선택을 위한 절차를 제시한다.

그러나 발달적으로 세 살 이하의 아동들은 플랜 두 리뷰 활동을 하는 것이 어려웠다. 그 이유 중 하나는 세 살 이하의 아이들은 4~5세의 아동들보다 선택하는 데 어려움을 겪기 때문이다. 세 살 이하 발달단계에 있는 아동들 대부분은 대안적인 범위에 있는 것을 선택하는 능력이 없고, 자신의 선택을 고수하거나 심지어는 몇 분 이상씩 자신의 선택의 결과를 생각한다.

이 시기 아동들은 다양한 대안들의 이점을 비교해 보는 능력에 한계가 있다. 어린 아동이 선택하는 것은 그 순간에 아동에게 가장 끌리는 물건이나 활동들이다. 결과적으로 이 아동들은 자신이 흥미를 가지는 활동을 한다. 어떤 한 가지를 선택한다는 것은 아동이 선택한 활동에 끌리는 정도를 나타낸다. 아동의 선택은 다른 것을 하지 않겠다는 의식하에 이루어진 것이 아니라 선호하는 것을 보여 주는 것으로 이해하는 것이 더 바람직하다. 이러한 이유 때문에, 어린 아동들은 자신이 원하는 것을 자주 바꾼다. 아동은 때로 단지 몇 분 전에 하지 않겠다고 거절했던 바로 그 활동을 하겠다고 결정(선택)하기도 한다.

아동의 선택은 그들이 하는 것으로 나타난다. 만약 아동이 장난감을 집어 그것을 가지고 논다면, 그 장난감을 선택한 것이다. 만약 그 장난감을 내려놓고 다른 장난감으로 옮겨 가면, 아동은 그 장난감을 가지고 노는 것을 중단하고 다른 것을 가지고 노는 것을 선택한 것이다. 아동이 선택한 것은 대개 짧은 시간 동안 유지되며 선택한 활동을 오랫동안 계속 유지해야 할 책임은 없다.

SE-605 아동이 선택하는 활동은 부모가 선택하는 것만큼이나 중요하다.

부모가 아동이 할 것과 하는 방법을 50% 이상 결정하면, 아동과 함께하는 상호작용을 지배하는 것이다. 부모가 상호작용을 하는 이유 중 하나는 종종 부모가 선택한 어떤 것을 아동이 하거나 배워야 한다고 느끼기 때문이다. 그래서 아동이 그림을 그리고, 장난감 버스를 꺼내서 놀 때, 부모는 장난감 버스보다 링을 쌓아 올리는 것이 주는 정보(예: 색깔, 크기, 순서 등)가 더 중요하다고 생각하기 때문에 아동이 링을 쌓아 올리는 놀이를 하도록 전환한다. 그러나 부모가 이러한 방식으로 아동과 함께 상호작용을 지배한다면, 부모는 아동이 스스로 선택하고 통제감을 발휘할 기회를 박탈하는 것이다.

아동이 통제감을 발달시키도록 하기 위해서는 아동에게 스스로 선택할 기회를 자주 주고, 상호작용을 주도하게 해야 한다. 동시에 부모는 또한 아동에게 의미 있는 활동에 참여하도록 해야 한다. 대부분의 경우, 이러한 두 가지 목표는 동시에 이루어질 수 있다.

예컨대, 아동이 장난감 버스를 가지고 노는 상황에서 부모가 링 쌓아 올리기 놀이로 전환시키는 상황을 생각해 본다면, 첫째 아동은 자신이 선택한 활동에서 새로운 정보를 학습할 수 있다. 비록 링 쌓아 올리기는 장난감 버스 활동보다 어려운 정보를 학습할 수 있는 기회를 제공하지만, 링 쌓아 올리기든 장난감 버스 활동이든 가치 있는 정보라면 학습될 수 있다. 하지만 이때 링 쌓아 올리기가 반드시 더 바람직한 학습 기회는 아니다. 그것은 단지 어려운 기회일 뿐이다. 사실상 장난감 버스는 아동에게 색깔, 크기, 모양 등 링 쌓아 올리기와 같은 개념을 학습할 기회를 줄 수 있다.

둘째, 아동이 선택하는 것을 지지함으로써, 부모는 아동이 흥미로워 하는 것에 관한 안내와 정보를 직접 더 많이 제시할 수 있다. 아동은 부모가 선택한 그러나 자신에게는 흥미가 없는 활동보다는 아동 자신이 선택하고 흥미로운 활동에서 더 많은 것을 배울 수 있다. 아동은 자신이 선택한 활동으로부터 학습할 기회를 가질 때, 동시에 통제감을 키우는 것을 학습한다.

SE-606 학습된 무력감: 통제감이 없다.

발달적 문제가 있는 아동들은 자라면서 점점 '무기력'해진다. 그들은 수동적이고 비자발적인 경향이 있다. 이러한 아동들은 주도적으로 무엇을 하기보다는 무엇을 할지 말해 주기를 기다린다. 이러한 현상을 '학습된 무력감(learned helplessness)' 이라 한다. 그것은 아동이 가진 학습 문제에 의해 일어나는 것이 아니다. 오히려 학습 된 무력감은 아동의 생애 초기에 겪는 생활 경험에서부터 학습된 동기화된 특성이다. 대개 이러한 아동은 무엇을 할지, 어떻게 해야 하는지 알고 있으면서도 책임지는 것, 결정하는 것, 자신을 주장하는 능력에서 주도성의 부족을 자주 드러낸다.

학습 문제가 있는 아동들이 항상 무력감을 가지게 되는 것은 아니다. 상당히 자신감 있고 자신을 주장하고 상황을 해결하기 위하여 적합한 행동을 주도할 수 있는 능력이 있는 아동들 중에도 심각한 학습 문제를 가진 아동들이 많다. 문제는 학습 문제가 있는 아동들 중에서 통제력을 가지는 아동과 자기주장을 하지 못하고 무력감에 빠진 아동을 어떻게 구별할 수 있는가 하는 것이다.

학습 문제를 가진 아동의 많은 부모들이 아동에 대해 매우 지시적이고 통제적이다. 이는 발달적 문제에 핵심이 되는 기술과 행동을 아동에게 가르치려는 노력의 결과다. 이러한 부모는 아동이 선택하고 흥미로워 하는 것을 지속하는 방법을 학습할 기회를 박탈하게 된다.

이러한 상호작용 유형이 아동이 부모와 함께 겪는 경험을 제한하지는 않는다. 특수교육 역시 매우 지시적이고 아동의 경험을 통제할 수 있다. 일반적으로 특수교육은 아동의 학습 문제에 초점을 맞춘 기술과 능력을 직접적으로 가르치는 데 중점을 둔다. 특수교육 교사들도 부모와 같이 교사의 지시와 요구에 아동이 응답하도록 되어 있는 구조화된 절차를 사용하여 아동을 가르친다. 이러한 교수 방법이 아동을 순응하도록 촉진하는 데는 효과적일지 모르지만, 자기주장 능력과 결정 능력을 증진시키지는 못한다.

아동의 생활 경험에서 결정을 내리고 자신의 삶을 관리하는 문제가 다른 사람에 의해 주도될 때, 아동은 자신을 주도하고 주장하기보다는 오히려 무력감을 경험하고 다른 사람의 안내와 도움에 의존하게 된다는 사실은 그리 놀라운 일이 아니다.

SE-607 통제감이 높은 아동은 도전에 직면하여 맞선다.

아동의 생애 초기에 발달해야 하는 가장 중요한 능력 중 하나는 도전에 직면하여 자신을 주장하는 것을 학습하는 것이다. 아동발달 연구에서는 도전적인 상황을 해결해 나갈 가능성이 많은 아동은 강한 통제감을 가진 아동이지만 반드시 영리하다거나 능력이 뛰어난 아동은 아니라고 보고하고 있다. 학습 문제를 가진 아동은 도전적인 상황에 직면했을 때, 그렇지 않은 아동보다 빨리 포기하는 경향이 있다. 이러한 경향성은 그들이 시도하고자 하는 것이 얼마나 어려운지와는 상관없이, 자신이 도전적인 상황을 다룰 만한 능력이 없다고 판단하는 아동과 관련이 있다. 그러나 상황을 다룰 줄 아는 기술과 능력을 많은 부분 가지고 있더라도, 학습 문제가 있는 아동 중 일부는 도전적인 상황에서 포기하고 만다.

아동이 도전에 직면했을 때 상황을 극복하고자 시도하지 않으면 살아가면서 성장하는 데 어려움을 겪을 것이다. 이는 아동이 학습 문제를 가지고 있다면 더욱 그렇다. 부모와 어른들은 아동이 도전 상황에서 좀 더 자신을 주장할 수 있도록 도울 수 있다. 부모는 아동이 통제감을 발달시킬 수 있는 기회를 자주 가지게 함으로써 키워줄 수 있다. 부모가 아동과 함께하는 공동 활동 중에 아동이 주도하고 통제해 보도록 허용하는 특별한 노력을 기울인다면, 비록 아동이 심각한 학습 문제를 가지고 있다고 하더라도 강한 통제감을 발달시킬 수 있다. 부모는 아동이 강한 통제감을 발달시키도록 지속적으로 스스로를 인식하고, 일상생활 중에서 자신의 흥미를 표현하고 선택하며, 자신이 흥미를 느끼는 활동을 주도하고 지속하도록 해 줄 필요가 있다.

논의점

SE-601 아동은 자신의 환경을 통제하려는 기본적인 욕구를 가진다.

- 통제는 발달의 기본적 욕구다.

- 아동이 통제를 발휘할 수 있는 상황에 있을 때, 더욱 활동적이고 능동적으로 상호 활동에 참여하게 된다.

SE-602 **아동은 다른 사람을 통제함으로써 통제를 배운다.**

- 아동이 통제를 배우는 초기 경험은 부모나 다른 사람과 함께 상호작용하는 중에 통제할 기회를 가질 때 일어난다.
- 통제를 학습하는 데서 아동의 초기 경험은 부모와 타인과 함께하는 것을 통제함으로써 상호작용하는 가운데 일어난다.
- 아동이 통제 능력을 얼마나 잘 발달시키는가 하는 것은 아동의 초기 사회적 신호에 부모와 다른 사람들이 얼마나 잘 반응해 주는가에 달려 있다.
- 아동이 부모나 다른 익숙한 사람들의 행동을 더 많이 통제하게 될수록, 새로운 상황에서도 통제를 더 많이 발휘하게 될 것이다.

SE-603 **부모가 아동에게 항상 무엇을 해야 하는지 일러 준다면, 아동은 선택할 것이 없다.**

- 아동은 그들이 원하는 것을 결정하고 선택할 기회를 가질 때 통제하는 것을 학습한다.
- 부모가 아동과의 상호작용을 주도한다면, 아동이 선택할 기회를 제한하고 그럼으로써 아동이 통제를 학습하는 것을 방해한다.
- 부모는 아동에게 가능한 한 선택의 기회를 많이 주어야 한다.

SE-604 **어린 아동은 어떻게 선택을 하는가**?

- 어린 아동이 선택하는 것은 그 순간에 아동에게 가장 끌리는 물건이나 활동들이다.
- 어린 아동들은 자신이 원하는 것을 자주 바꾼다.
- 아동들이 선택한 것은 대개 짧은 시간 동안 유지되며 선택한 활동을 오랫동안 계속 유지해야 할 책임은 없다.

SE-605 **아동이 선택하는 활동은 부모가 선택하는 것만큼이나 중요하다.**

- 아동은 그들이 선택한 활동에서 새로운 정보를 학습할 수 있다.
- 아동은 부모가 선택한 그러나 자신들에게는 흥미가 없는 활동보다는 아동 자신이 선택하고 흥미로운 활동에서 더 많은 것을 배울 수 있다.

SE-606 **학습된 무력감: 통제감이 없다.**

- 발달적 문제를 가진 많은 아동들은 생의 후기에 무기력해진다.
- 학습된 무기력은 아동의 생애 초기에 겪는 생활 경험에서부터 학습된 동기적 특성이다.
- 아동의 생활 경험이 그들의 삶을 통제하고 결정하는 타인에 의해 주도될 때, 주도적이 되기보다는 의존적이 되고 무기력을 학습하게 된다.

SE-607 **통제감이 높은 아동은 도전에 직면하여 맞선다.**

- 도전을 많이 하는 아동은 개인적으로 강한 통제감을 가진 아동이다.
- 부모가 아동과 함께하는 공동 활동 중에 아동이 주도하고 통제해 보도록 허용하는 특별한 노력을 기울인다면, 아동의 강한 통제감을 발달시킬 수 있다.

통제감을 촉진하는 RT 전략

❰ 221 아동의 신호, 울음 또는 비언어적 요구에 즉시 반응하기 ❱ 아동은 자신의 요구를 알리기 위해 말 이전 단계에서는 울거나 또는 비언어적 단서를 사용한다. 아동의 비언어적 신호나 울음에 즉각적으로 반응해 주는 것은 아동으로 하여금 의사소통을 위해 이러한 비언어적 행동을 더 많이 사용하게 하여 이들을 사용하는 방법을 학습하게 해 준다.

실행 사항

- 에인스워스와 벨(Ainsworth & Bell, 1974)의 아동발달 연구 결과에 따르면, 아동 초기 1년 동안 울음에 즉각적으로 반응해 주었던 부모의 아이는 2세 무렵에 의사소통 기술이 보다 높은 수준으로 나타났다.
- 아동의 울음 등 비언어적 신호에 대해 즉각적으로 반응해 주는 것은 낮은 수준의 발달 행동을 강화하는 것이 아니며 오히려 사회적 상호작용에서 아동에게 이러한 행동을 더욱 효과적으로 사용하는 방식을 가르치는 것임을 기억한다.
- 아동의 비언어적 신호와 울음에 즉각적으로 반응한다. 그리고 그렇게 했을 때 아동이 부모에게 더 반응적이고 주의를 주는지 관찰한다.

❰ 222 작은 행동에도 즉각적으로 반응하기 ❱ 작은 행동이란 트림, 응시하는 대상을

바꾸는 것, 발차기, 얼굴 표정의 변화 등을 말하며, 부모는 아동의 이 같은 행동에 즉각적으로 반응해 주어야 한다.

실행 사항

- 아동이 '작은 행동'을 직접적으로 보이지 않거나 혹은 보일 때, 그것이 분명한 목적이나 의미를 가지고 있지 않더라도 부모가 즉각적으로 반응한다면, 이러한 행동을 의미 있는 사회적 상호작용으로 만들 수 있다.
- 아동이 혼자서 하는 놀이나 혼잣말에 즉시 반응함으로써 아동은 부모를 더욱 잘 인식하게 되고 사회적 교환 활동에 더욱 잘 참여하게 된다.
- 부모는 자신이 얼마나 즉각적으로 아동의 행동에 반응해 주었는지를 평가하기 위하여 비디오 관찰을 통해 살펴본다.

❰ 235 불순종을 선택이나 능력 부족으로 해석하기 ❱ 아동은 부모가 하도록 요구한 것에 대해 '순종하지 않는 것'으로 자신의 의도를 전달한다. 대개 아동들은 부모의 요구에 잘 따르지 않는데, 이는 부모가 자신에게 하도록 요구하는 것은 너무 어려운 것이거나 흥미가 없는 것이기 때문이다. 대단히 중요한 것이 아니라면, 아동이 순종하지 않는 것을 인정해 줌으로써 아동과의 상호작용을 계속 유지하도록 한다.

실행 사항

- 아동의 불순종을 선택으로 받아들이는 것이 아동에게 불순종하는 것을 가르치는 것이 아님을 기억한다. 이렇게 하는 것은 사실 아동의 흥미와 능력 제한에 대해 반응하는 것이다. 부모가 아동의 제한 능력과 희망 사항을 알고 이에 반응해 줄수록, 부모는 더욱 성공적으로 아동의 자발적인 협력을 이끌어 낼 것이다.

❰ 313 아동에게 선택할 기회를 자주 주기 ❱ 아동과 상호작용하는 동안, 아동이 하고 싶어 하는 것과 하고 싶은 방법을 선택하도록 기다려 준다. 특히 아동이 선택하는 장난감이나 활동이 그 상황에 적합한 것이고 아동이나 다른 사람들에게 해가 되는 것이 아니라면, 아동이 선택하는 장난감과 활동에 따라 준다.

실행 사항

- 아동은 다음 중 한 가지 또는 세 가지가 조합되어 나타나는 경우에 하고자 하는

것을 선택하는 데 어려움을 느낄 수 있다. 첫째, 장난감이나 활동이 아동 혼자 사용하기에는 너무 어려운 경우, 둘째 장난감이 아동의 손이 닿지 않는 곳에 놓여 있는 경우, 셋째 아동이 이 장난감을 혼자 조작하거나 다룰 수 없는 경우다. 만일 아동이 선택에 어려움을 겪고 있다면, 아동의 능력 범위 안에서 쉽게 꺼내거나 다룰 수 있고 혼자서 작동할 수 있는 장난감과 활동들을 다양하게 제공해 준다.

❰ 424 아동이 즐거워하는 활동 반복하기 ❱ 아동이 즐거움과 재미를 느끼는 활동을 계속 유지하도록 한다. 부모가 이러한 활동에 중점을 둘수록, 당신과 아동은 함께 있는 것 자체를 더욱더 즐기게 될 것이다.

실행 사항

- 어른과는 달리, 아동은 특정 활동을 여러 번 해도 지치지 않는 경향이 있다. 그러나 어른은 아동이 즐거워하는 활동을 반복해서 할 때, 아동보다 먼저 그 활동에 지쳐 버릴 수 있다. 비록 그렇다 하더라도 부모가 아동의 즐거움을 촉진하기 위해 이러한 활동을 계속해 본다. 아동은 부모가 함께 상호작용하는 것이 즐거운 활동이라는 사실을 배울 것이다.
- 아동은 부모가 자신이 즐거워하는 것을 함께해 줄 때 유머 감각을 발달시키게 된다. 부모가 아동이 즐거워하는 활동을 함께해 줄수록, 아동은 더욱더 즐겁고 재미있는 것들을 함께 나누는 것을 배우게 될 것이다. 더불어 부모가 아동이 즐거워하는 것에 초점을 두고 상호작용할수록 아동은 부모를 재미있게 하기 위해 노력하게 된다.

❰ 523 아동의 주도에 따르기 ❱ 아동의 활동과 의도를 보충해 주거나 또는 그에 일치하는 방식으로 반응해 준다. 아동과 같은 방식으로 장난감을 가지고 놀이하거나 함께 상호적으로 활동한다. 만일 아동이 선택한 방식이 아니라면, 굳이 그 장난감이 제조된 원래 목적대로 장난감을 가지고 놀지 않아도 된다.

실행 사항

- 아동이 현재 가지고 노는 것은 그것이 무엇이든지 간에 그 순간에 아동에게 가장 흥미로운 것이다. 어른도 마찬가지로 자신이 관심 있는 활동을 하는 경우에

얼마나 동기화되어 참여하였는지, 스스로 흥미롭게 발견한 정보의 경우에 얼마나 잘 배우고 기억하고자 노력했는지를 기억해 본다. 아동 역시 마찬가지로 아동이 흥미 있어 하는 활동에 동기부여가 잘된다.

- 아동이 주도하는 대로 부모가 따라 주는 것은 바로 아동의 관심에 반응하는 것이다. 아동이 흥미 있어 하는 것에 더 많이 더 자주 반응해 줄수록, 아동은 더 많은 것에 관심을 보일 것이고, 이러한 흥미는 더욱 강력해질 것이다. 즉, 세상에 대한 아동의 관심이 많아질수록 관심의 강도 또한 더욱 강해질 것이다.

참고문헌

Ainsworth, M. D., & Bell, S. M. (1974). Mother-infant interaction and the development of competence. In K. Connolly & J. Bruner (Eds.), *The growth of competence* (pp. 97-118). New York: Academic Press.

Applebaum, M., Batten, D. A., Belsky, J., Boller, K., Friedman, S., Phillips, D., et al. (2000). The relation of child care to cognitive and language development. *Child Development, 71*(4), 960-980.

Atkinson, J. W. (1964). *An introduction to motivation.* Princeton, NJ: Von Nostrand.

Bagnato, S., Neisworth, J., Salvia, J. J., & Hunt, F. M. (1999). *Temperament and Atypical Behavior Scale*. Baltimore: Brookes.

Baird, S., & Peterson, J. E. (1997). Seeking a comfortable fit between family-centered philosophy and infant-parent interaction in early intervention: Time for a paradigm shift? *Topics in Early Childhood Special Education, 17*(2), 139-164.

Basani, C. (2003). A look at changing parental ideologies and behaviors in Japan. *Sociological Research Online, 8*(1).

Bates, E., Benigni, L., Bretherton, I., Camaioni, L., & Volterra, V. (1979). *The emergence of symbols: Cognition and communication in infancy.* New York: Academic Press.

Beckwith, L., & Cohen, S. E. (1989). Maternal responsiveness with preterm infants and later competency. In M. H. Bornstein (Ed.), Maternal responsiveness: Characteristics and consequences. *New Directions for Child Development, 43,* 75-

87.

Biringen, Z., & Robinson, J. (1991). Emotional availability in mother-child interactions: A reconceptualization for research. *American Journal of Orthopsychiatry, 61* (2), 258-271.

Bornstein, M. H. (1989). Between caretakers and their young: Two modes of interaction and their consequences for cognitive growth. In M. H. Bornstein & J. S. Bruner (Eds.), *Interaction in human development* (pp. 32-47). Hillsdale, NJ: Erlbaum.

Bornstein, M. H., Tamis-LeMonda, C. S., & Haynes, O. M. (1999). First words in the second year: Continuity, stability, and models of concurrent and predictive correspondence in vocabulary and verbal responsiveness across age and context. *Infant Behavior and Development, 22* (1), 65-85.

Bowlby, J. (1969). *Attachment and loss.* New York: Basic Books.

Boyce, G. C., Marfo, K., Mahoney, G., Spiker, D., Price, C., & Taylor, M. J. (1996, March). *Parent-child interaction in dyads with children at risk for developmental delays: A factor analytic study.* Poster presented at Gatlinburg Conference on Research and Theory in Mental Retardation and Developmental Disabilities, Gatlinburg, TN.

Bradley, R. (1989). HOME measurement of maternal responsiveness. In M. H. Bornstein (Ed.), Maternal responsiveness: Characteristics and consequences. *New Directions for Child Development, 43,* 63-74.

Bronfenbrenner, U. (1974). *Is early intervention effective? A report on longitudinal evaluation of preschool programs* (Vol. 2). Washington, DC: Department of Health, Education and Welfare.

Bronfenbrenner, U. (1979). Contexts of child rearing: Problems and prospects. *American Psychologist, 34* (10), 844-850.

Brooks-Gunn, J., & Lewis, M. (1984). Maternal responsivity in interactions with handicapped infants. *Child Development, 55,* 782-793.

Brooks-Gunn, J., McCarton, C. M., Casey, P. H., McCormick, M. C., Bauer, C. R., Bernbaum, J. C., et al. (1994). Early intervention in low birthweight, premature infants. *Journal of the American Medical Association, 272,* 1257-1262.

Brown, R., & Hanlon, C. (1970). Derivational complexity and order of acquisition in child speech. In J. R. Hayes (Ed.), *Cognition and the development of language* (pp. 122-139). New York: Wiley.

Bruner, J. (1974). From communication to language: A psychological perspective.

Cognition, 3, 255–277.

Bruner, J. (1983). *Child talk.* New York: Norton.

Camarata, S. M., Nelson, K. E., & Camarata, M. N. (1994). Comparison of conversational-recasting and imitative procedures for training grammatical structures in children with specific language impairment. *Journal of Speech and Hearing Research, 37*(6), 1414–1423.

Carpenter, M., Nagell, K., & Tomasello, M. (1998). Social cognition, joint attention, and communicative competence from 9 to 15 months of age. *Monographs of the Society for Research in Child Development, 63*(4, V–143).

Crockenberg, S., & Litman, C. (1990). Autonomy as competence in two-year-olds: Maternal correlates of child compliance, defiance and self-assertion. *Developmental Psychology, 26,* 961–971.

Dale, P. (1976). *Language development: Structure and function.* New York: Holt, Rinehart & Winston.

De Wolff, M. S., & van Ijzendoorn, M. H. (1997). Sensitivity and attachment: A meta-analysis of parental antecedents of infant attachment. *Child Development, 68*(4), 571–591.

Dunst, C., Mahoney, G., & Buchan, K. (1996). Promoting the cognitive competence of young children with or at-risk for developmental disabilities. In S. Odom, & M. McLean (Eds.), *Early intervention for infants and young children and their families* (pp. 159–195). Austin, TX: PRO-ED.

Eccles, J. S., Wigfield, A., & Schiefele, U. (1998). Motivation. In W. Damon (Series Ed.) & N. Eisenberg (Vol. Ed.), *Handbook of child psychology: Vol.4. Social and personality development.* New York: Wiley.

Feldman, R., & Greenbaum, C. W. (1997). Affect regulation and synchrony in mother-infant play as precursors to the development of symbolic competence. *Infant Mental Health Journal, 18*(1), 4–23.

Fewell, R. R., Casal, S. G., Glick, M. P., Wheeden, C. A., & Spiker, D. (1996). Maternal education and maternal responsiveness as predictors of play competence in low birth weight, premature infants: A preliminary report. *Developmental and Behavioral Pediatrics, 17*(2), 100–104.

Fewell, R. R., & Deutscher, B. (2004). Contributions of early language and maternal facilitation variables to later language and reading abilities. *Journal of Early Intervention, 26*(2), 132–145.

Field, T. M., Hossain, Z., & Malphurs, J. (1999). Depressed father's interactions with their infants. *Infant Mental Health Journal, 20*(3), 322–332.

Findley, M. J., & Cooper, H. M. (1983). Locus of control and academic achievement: A literature review. *Journal of Personality and Social Psychology, 44*(4), 419–427.

Girolametto, L., Pearce, P. S., & Weitzman, E. (1996). Interactive focused stimulation for toddlers with expressive vocabulary delays. *Journal of Speech and Hearing Research, 39*(6), 1274–1283.

Goleman, D. (1995). *Emotional intelligence.* New York: Bantam.

Greenspan, S., & Wieder, S. (1998). *The child with special needs.* Reading, MA: Addison-Wesley.

Hart, B., & Risley, T. (1995). *Meaningful differences in the everyday experience of young American children.* Baltimore: Brookes.

Hart, S., Field, T., del Valle, C., & Pelaez-Nogueras, M. (1998). Depressed mothers' interactions with their one year old infants. *Infant Behavior and Development. 21*(3), 519–525.

Hoff-Ginsberg, E., & Shatz, M. (1982). Linguistic input and the child's acquisition of language. *Psychological Bulletin, 92,* 3–26.

Hohmann, M., & Weikert, D. P. (1995). *Educating young children: Active learning practices for preschool and child care programs.* Ypsilanti, MI: High/Scope Press.

Isabella, R. A. (1993). Origins of attachment: Maternal interactive behavior across the first year. *Child Development, 64,* 605–621.

Kaiser, A. P., Hemmeter, M. L., Ostrosky, M. M., Fischer, R., Yoder, P., & Keefer, M. (1996). The effects of teaching parents to use responsive interaction strategies. *Topics in Early Childhood Special Education, 16*(3), 375–406.

Kaiser, A., & Hester, P. (1994). Generalized effects of enhanced milieu training. *Journal of Speech and Hearing Research, 37*(6), 1320–1340.

Kochanska, G. (1997). Mutually responsive orientation between mothers and their young children: Implications for early socialization. *Child Development, 68,* 94–112.

Kochanska, G. (1998). Mother-child relationship, child fearfulness, and emerging attachment: A short-term longitudinal study. *Developmental Psychology, 34,* 480–490.

Kochanska, G., Forman, D. R., & Coy, K. C. (1999). Implications of the mother-child relationship in infancy for socialization in the second year of life. *Infant Behavior and Development, 22*(2), 249–265.

Koegel, R. L., Koegel, L. K., & Carter, C. M. (1999). Pivotal teaching interactions for children with autism. *School Psychology Review, 28* (4), 576–594. Baltimore: Brookes.

Koegel, R. L., Koegel, L. K., & McNerny, E. K. (2001). Pivotal areas in intervention for autism. *Journal of Clinical Child Psychology, 30* (1), 19–32.

Koegel, R., Koegel, L., Shoshan, Y., & McNerney, E. (1999). Pivotal response intervention II. Preliminary long-term outcome data. *Journal of the Association for the Severely Handicapped, 24* (3), 186–198.

Landry, S. H., & Chapieski, M. L. (1989). Joint attention and infant toy exploration: Effects of Down syndrome and prematurity. *Child Development, 60* (1), 103–118.

Lay, K. L., Waters, E., & Park, K. A. (1989). Maternal responsiveness and child compliance: The role of mood as a mediator. *Child Development, 60,* 1405–1411.

Leadbeater, B. J., Bishop, S. J., & Raver, C. C. (1996). Quality of mother-toddler interactions, maternal depressive symptoms, and behavior problems in preschoolers of adolescent mothers. *Developmental Psychology, 32,* 280–288.

Linder, T. W. (1993). *Transdisciplinary play-based assessment: A functional approach to working with young children* (Rev. ed.). Baltimore: Brookes.

MacDonald, J. (1985). Language through conversation: A model for language delayed persons. In A. Rogers-Warren & S. Warren, *Teaching functional language.* Austin, TX: PRO-ED.

MacDonald, J. D. (1989). *Becoming partners with children: From play to conversation.* San Antonio, TX: Special Press.

MacDonald, J. (2004). *Communicating Partners: 30 years of building relationships with late-talking children: Including Autism, Asperger's syndrome, Down syndrome and typical development.* London: Jessica Kingsley Press.

MacDonald, J., & Blott, J. (1974). An experimental parent assisted treatment program for preschool language delayed children. *Journal of Speech and Language Disorders, 39,* 244–266.

MacDonald, J., & Gillette, Y. (1984). Conversational engineering. *Educational Seminars in Speech and Language, 5* (3), 171–183.

MacDonald, J., & Gillette, Y. (1986). Communicating with persons with severe handicaps: Roles of parents and professionals. *Journal of the Association of Severe Handicaps, 11* (4), 255–265.

MacDonald, J., & Gillette, Y. (1992). Turntaking: The key to communication for language delayed children. *Exceptional Parent, 15,* 49–54.

Mahoney, G. J. (1988a). Communication patterns between mothers and developmentally delayed infants. *First Language, 8,* 157, 172.

Mahoney, G. J. (1988b). Maternal communication style with mentally retarded children. *American Journal of Mental Retardation, 93,* 352–359.

Mahoney, G. (1999). *The Maternal Behavior Rating Scale-Revised.* Available from the author, Mandel school of Applied Social Sciences, 11235 Bellflower Rd., Cleveland, OH 44106-7164.

Mahoney, G., Boyce, G., Fewell, R., Spiker, D., & Wheeden, C. A. (1998). The relationship of parent-child interaction to the effectiveness of early intervention services for at-risk children and children with disabilities. *Topics in Early Childhood Special Education 18* (1), 5–17.

Mahoney, G. J., Finger, I., & Powell, A. (1985). The relationship between maternal behavioral style to the developmental status of mentally retarded infants. *American Journal of Mental Deficiency, 90,* 296–302.

Mahoney, G. J., Fors, S., & Woods, S. (1990). Maternal directive behavior revisited. *American Journal of Mental Retardation, 94,* 398–406.

Mahoney, G. J., Kim, J. M., & Lin, C. S. (2007). Parental responsiveness and children's pivotal behavior: The keys to intervention effectiveness. *Infants and Young Children.*

Mahoney, G., & Neville-Smith, A. (1996). The effects of directive communications on children's interactive engagement: Implications for language intervention. *Topics in Early Childhood Special Education, 16* (2), 236–250.

Mahoney, G. J., & Perales, F. P. (1996). *Developmental Rainbow: Early Childhood Developmental Profile.* Tallmadge, OH: Family Child Learning Center.

Mahoney, G., & Perales, F. (2003). Using relationship-focused intervention to enhance the social-emotional functioning of young children with autism spectrum disorders. *Topics in Early Childhood Special Education, 23* (2), 77–89.

Mahoney, G., & Perales, F. (2005). A comparison of the impact of relationship-focused intervention on young children with Pervasive Developmental Disorders and other disabilities. *Journal of Developmental and Behavioral Pediatrics, 26* (2), 77–85.

Mahoney, G., & Powell, A. (1986). *The transactional intervention program: Teacher's guide.* Farmington, CT: Pediatric Research and Training Center.

Mahoney, G., & Powell, A. (1988). Modifying parent-child interaction: Enhancing the development of handicapped children. *Journal of Special Education, 22,* 82–96.

Mahoney, G., Robinson, C., & Powell, A. (1992). Focusing on parent-child interaction:

The bridge to developmentally appropriate practices. *Topics in Early Childhood Special Education, 12*(1), 105-120.

Mahoney, G., & Wheeden, C. A. (1997). Parent-child interaction: The foundation for family-centered early intervention practice: A response to Baird and Peterson. *Topics in Early Childhood Special Education, 17*(2), 165-184.

Mahoney, G., & Wheeden, C. (1998). Effects of teacher style on the engagement of preschool aged children with special learning needs. *Journal of Developmental and Learning Disorders, 2*(2), 293-315.

Mahoney, G. J., & Wheeden, C. A. (2000). *Family ties: A preschool parent education program.* Washington, DC: Model Demonstration Project, Office of Special Education Programs, U.S. Department of Education.

Mahoney, G., Wheeden, C. A., & Perales, F. (2004). Relationship of preschool special education outcomes to instructional practices and parent-child interaction. *Research in Developmental Disabilities, 25*(6), 493-595.

Mangelsdorf, S. C., McHale, J. L., Diener, M., Heim Goldstein, L, & Lehn, L. (2000). Infant attachment: Contributions of infant temperament and maternal characteristics. *Infant Behavior and Development, 23,* 175-196.

Manolson, A., Ward, B., & Dodington, N. (1995). *You make the difference: In helping your children learn.* Available from The Hanen Centre, 1075 Bay St., Suite 403, Toronto, ON M5A 4K2.

McCollum, J. A., & Hemmeter, M. L. (1997). Parent-child interaction intervention when children have disabilities. In M. J. Guralnick (Ed.), *The effectiveness of early intervention* (pp. 549-576). Baltimore: Brookes.

Miserandino, M. (1996). Children who do well in school: Individual differences in perceived competence and autonomy in above-average children. *Journal of Educational Psychology, 88,* 203-214.

Morales, M., Mundy, P., Delgado, C. E. F., Yale, M., Messinger, D., Neal, R., & Schwartz, H. (2000). Responding to joint attention across the 6-through 24-month age period and early language acquisition. *Journal of Applied Developmental Psychology, 21* (3), 283-298.

Mundy, P., Sigman, M., & Kasari, C. (1990). A longitudinal-study of joint attention and language-development in autistic children. *Journal of Autism and Developmental Disorders, 20*(1), 115-128.

Nelson, K. (1973). Structure and strategy in learning to talk. *Monographs of the Society for Research in Child Development, 38.*

Pepper, J., & Weitzman, E. (2004). *It takes two to talk: A practical guide for parents of children with language delays.* Toronto: The Hanen Center.

Phillips, D. A. (1984). The illusion of incompetence among academically competent children. *Child Development, 55*, 2000-2016.

Phillips, D. A. (1987). Socialization of perceived academic competence among highly competent children. *Child Development, 58,* 1308-1320.

Phillips, D. A., & Zimmerman, M. (1990). The development course of perceived competence and incompetence among competent children. In R. J. Sternberg & J. Kolligian (Eds.), *Competence considered.* New Haven, CT: Yale University Press.

Piaget, J. (1963). *The psychology of intelligence.* Totowa, NJ: Littlefield, Adams.

Rotter, J. B. (1990). Internal versus external control of reinforcement: A case history of a variable. *American Psychologist, 45*(4), 489-493.

Seligman, M. E. P. (1975). *Helplessness: On depression, development, and death.* San Francisco: Freeman.

Siller, M., & & Sigman, M. (2002). The behaviors of parents of children with autism predict the subsequent development of their children's communication. *Journal of Autism and Developmental Disorders, 32*(2), 77-89.

Skinner, E. A., Zimmer-Gembeck, M. J., & Connell, J. P. (1998). Individual differences in the development of perceived control. *Monographs of the Society for Research in Child Development, 63.*

Spiker, D., Ferguson, J., & Brooks-Gunn, J. (1993). Enhancing maternal interactive behavior and child social competence in low birth weight, premature infants. *Child Development, 64*, 754-768.

Stipek, D. J. (1980). A causal analysis of the relationship between locus of control and academic achievement in first grade. *Contemporary Educational Psychology, 5,* 90-99.

Stipek, D. J., & Weisz, J. R. (1981). Perceived personal control and academic achievement. *Review of Educational Research, 51,* 101-137.

Tamis-LeMonda, C. S., Bornstein, M. H., & Baumwell, L. (2001). Maternal responsiveness and children's achievement of language milestones. *Child Development, 72*(3), 748-767.

Thomas, A., Chess, S., & Birch, H. G. (1968). *Temperament and behavior disorders in children.* New York: New York University Press.

van den Boom, D. C. (1994). The influence of temperament and mothering on attachment and exploration: An experimental manipulation of sensitive responsiveness among lower-class mothers with irritable infants. *Child Development, 65,* 1457-1477.

van den Boom, D. (1995). Do first-year intervention effects endure? Follow-up during toddlerhood of a sample of Dutch irritable infants. *Child Development. 66,* 1798-1816.

Vereijken, C. M. J. L., Ricksen-Walraven, M., & Kondo-Ikemura, K. (1997). Maternal sensitivity and infant attachment security in Japan: A longitudinal study. *The International Society for the Study of Behavioural Development, 21* (1), 35-49.

Vygotsky, L. (1978). *Mind in society.* Cambridge, MA: Harvard University Press.

Watson, J. S., & Ramey, C. T. (1972). Reactions to response contingent stimulation in early infancy. *Merrill-Palmer Quarterly, 18,* 219-227.

Weiner, B. (1980). *Human motivation.* New York: Holt, Rinehart & Winston.

Zeanah, C. H. (Ed.). (2000). *Handbook of infant mental health* (2nd ed., pp.129-144). New York: Guilford Press.

* 반응성 교수를 보충해 주는 추천 자료

추천 도서

Bowman, B. T., Donovan, M. S., & Burns, M. S. (Eds.). (2001). *Eager to learn: Educating our preschoolers.* Washington, DC: National Research Council.

Brazelton, T. B., (1992). *Touchpoints: Your child's emotional and behavioral development.* Cambridge, MA: Perseus.

Brazelton, T. B., Greenspan, S. I. (2000). *The irreducible needs of children: What every child must have to grow, learn, and flourish.* Cambridge, MA: Perseus.

Bruner, J. S. (1983). *Child's talk: Learning to use language.* New York: Norton.

Eliot, L. (2000). *What's going on in there? How the brain and mind develop in the first five years of life.* New York: Bantam Dell.

Elkind, D. (1987). *Miseducation: Preschoolers at risk.* New York: Knopf.

Elkind, D. (2001). *The hurried child: Growing up too fast too soon.* Reading, MA: Addison-Wesley.

Golinkoff, R. M., & Hirsh-Pasek, K. (Eds.). (1999). *How babies talk: The magic and mystery of language in the fist three years.* New York: Dutton/Penguin Press.

Gopnik, A., Meltzoff, A. N., & Kuhl, P. K. (1999). *The scientist in the crib: Minds, brains, and how children learn.* New York: HarperCollins.

Gottman, J. M., & DeClaire, J. (1997). *Raising an emotionally intelligent child.* New York: Fireside.

Greenspan, S. I., & Weider, S. (1998). *The child with special needs: Encouraging intellectual and emotional growth.* Cambridge, MA: Perseus.

Heller, S. (2002). *Too loud, too bright, too fast, too tight: What to do if you are sensory defensive in an overstimulating world.* New York: Harper Collings.

Hirsh-Pasek, K., & Golinkoff, R. M. (Eds.). (2003). *Einstein never used flash cards: How our children really learn and why they should play more and memorize less.* Emmaus, PA: Rodale Press.

MacDonald, J. (2004). *Communicating partners: 30 years of building responsive relationships with late-talking children.* London: Jessica Kingsley.

Segal, M. (1998). *Your child at play: Birth to one year.* New York: Newmarket Press.

Segal, M. (1998). *Your child at play: One to two years.* New York: Newmarket Press.

Segal, M. (1998). *Your child at play: Two to three years.* New York: Newmarket Press.

Segal, M. (1998). *Your child at play: Three to five year.* New York: Newmarket Press.

Shelov, S. P., & Hannemann, R. E. (Eds.). (1998). *FAAP: The complete and authoritative guide: Caring for your baby and young child birth to age 5.* Elk Gove, IL: American Academy of Pediatrics.

Stern, D. (2001). *First relationship: Infant and mother.* Cambridge, MA: Harvard University Press.

추천 비디오

Videos by James MacDonald available through Child Development Media, Inc., 5632 Van Nuys Blvd., Suite 286, Van Nuys, CA 91401 (info@childdevelopmentmedia.com)

ECO Video II: Balance

ECO Video II: Match

ECO Video II: Responsiveness

ECO Video II: Nondirectiveness

ECO Video II: Emotional Attachment

ECO Video II: Adult Communication Styles w/Preconversational Infants-Toddlers-Preschoolers (set)

Videos and materials from the Hanen Center available through Child Development

Media, Inc., 5632 Van Nuys Blvd., Suite 286, Van Nuys, CA 91401 (info@childdevelopmentmedia.com)

It Takes Two to Talk
Hanen Resources for Parents of Children with Language Delays
Together We Can Know the World
Together We Can Know the World: Moving Forward with Music
Together We Can Know the World: Sharing Books
Together We Can Know the World: Creating Together
Together We Can Know the World: Playing Games
Together We Can Know the World: It Takes Two to Sing

찾아보기

《인 명》

《내 용》

■ 저자 소개

Gerald Mahoney(Ph. D.)

벤더빌트 대학교(Vanderbilt University)의 피보디 컬리지(Peabody College)에서 정신지체 및 특수교육 박사학위를 받았다. 현재 케이스 웨스턴 리저브 대학교(Case Western Reserve University), 사회복지학부인 MSASS(Mandel School of Applied Social Sciences)의 가족 및 지역사회학 전공 교수로 재직 중이다. 마호니 교수는 25년 이상 연구 및 교육 일을 해 왔다. 그리고 UCLA, 미시간 대학교(University of Michigan), 코네티컷 대학교(University of Connecticut), 윈스롭 대학교(Winthrop University) 및 켄트 주립대학교(Kent State University)에서 전임교원으로 몸담아 왔다. 또한 1991~2001년에 걸쳐 애크런 아동 병원(Children' s Hospital of Akron)과 켄트 주립대학교 부설 아동 조기중재 연구와 훈련센터인 가족 아동 학습센터의 소장으로 근무하였다. 현재 마호니 교수는 아동 · 가족 중재 센터의 소장으로 일하고 있다. 이 센터에서 부모와 전문가를 대상으로 반응성 교수 교육과정에 대해 훈련하고 기술적인 자문 역할을 하고 있다. 연구와 훈련에 관해서는 웹사이트(www.responsiveteaching.org)에서 자세한 정보를 얻을 수 있다.

James D. MacDonald(Ph. D.)

미네소타 대학교(University of Minnesota)에서 의사소통 장애와 행동심리학 연구로 박사학위를 취득했다. 그는 30년 이상 장애인들이 사회화하고 의사소통하는 방식에 관해 연구해 왔다. 또한 24년 동안, 오하이오 주립대학교(Ohio State University) 언어청각학부에서 전임교원으로 재직하며, 니손저 발달장애 센터에서 임상, 연구 및 교수를 수행하였다. 그는 니손저 센터에서 부모 · 아동 의사소통 클리닉 소장을 역임했으며, 사회 의사소통 발달을 위한 중재와 관련한 많은 연구 및 훈련 프로젝트를 이끌어 왔다. 현재 오하이오 주 컬럼비아에 있는 의사소통 파트너 센터(Communicating Partners Center)의 소장으로 재직 중이다. 그는 개별적으로 많은 가족들에게 임상적 서비스를 제공함과 동시에 인터넷 토론 집단에 속한 1,000명 이상의 대상자에게 정보를 제공하고 있으며, 자폐아동과 그 외에 언어 지체를 보이는 아동들이 안정적인 사회적 관계를 발달시키는 데 주 관심을 두고 있다. 웹사이트를 통해(www.jamesdmacdonald.org) 자세한 연구 정보를 확인할 수 있다.

■ 역자 소개

김정미(Ph. D.)

중앙대학교에서 발달심리학 전공 박사학위를 취득하였고, 박사학위 논문 연구로서 발달장애 아동을 대상으로 부모 · 아동 반응적 상호작용 증진 프로그램 개발 및 적용 효과를 진행하였다. 그리고 미국 케이스 웨스턴 리저브 대학교(Case Western Reserve University) 사회과학부에서 박사 후 과정 연구자로서 마호니(Mahoney) 박사와 함께 장애 영유아를 대상으로 반응성 교수 임상과 연구를 수행하였다. 이화여자대학교 특수교육 연구소와 서울대학교 사회과학 연구원의 전임연구원을 지냈으며 중앙대학교, 가톨릭대학교, 강남대학교 등에서 강의해 왔다. 주요 저서 및 논문으로 K-CDI 아동발달 검사, 부모 · 아동 상호작용 행동평가 척도(K-MBRS와 K-CBRS), 3세와 7세 사이 장애 영유아를 위한 RT 중재 적용 효과 등이 있다. 현재 백석예술대학교 사회복지학부 영유아보육 전공 교수로 재직 중이며, 한국 Responsive Teaching 센터(김정미 아동발달심리연구소)를 운영하며, 미국의 마호니 교수와 협약하여 RT 전문가 교육과정과 RT 중재를 실시하고 있다. 한국에서 RT 관련 연구와 전문가 교육과정에 관한 정보는 한국RT센터 홈페이지(www.rtinkorea.com)에서 확인할 수 있다.

부모와 교사를 위한 **반응성 교수 교육과정**
- 자폐와 발달지체 영유아 중재 프로그램 -
Autism and Developmental Delays in Young Children

2008년 9월 30일 1판 1쇄 발행
2019년 2월 19일 1판 5쇄 발행

지은이 • Gerald Mahoney & James D. MacDonald
옮긴이 • 김정미
펴낸이 • 김진환
펴낸곳 • (주) 학지사
04031 서울특별시 마포구 양화로 15길 20 마인드월드빌딩
대표전화 • 02)330-5114 팩스 • 02)324-2345
등록번호 • 제313-2006-000265호

홈페이지 • http://www.hakjisa.co.kr
페이스북 • https://www.facebook.com/hakjisa

ISBN 978-89-5891-879-0 94370
978-89-5891-878-3 (set)

정가 20,000원

역자와의 협약으로 인지는 생략합니다.
파본은 구입처에서 교환해 드립니다.